KB275502

더바이블 욥기:
정답이 무너진 자리에서
—욥기 히브리어 원문에 대한 새로운 번역과 해설

송민원 지음

제목 더바이블 욥기
부제 정답이 무너진 자리에서—욥기 히브리어 원문에 대한 새로운 번역과 해설
시리즈 더바이블 시리즈 2

지음 송민원
편집 김덕원, 김요셉, 이찬혁

발행처 감은사
발행인 이영욱
전화 070-8614-2206
팩스 050-7091-2206
주소 서울특별시 강동구 암사동 아리수로 66, 401호
이메일 editor@gameun.co.kr

종이책
초판발행 2025.1.15.
ISBN 9791193155783
정가 49,000원

전자책
초판발행 2025.1.15.
ISBN 9791193155790
정가 39,000원

The Book of Job: Wisdom for a Soul in a Vacuum
—A New Translation and Commentary on the Hebrew Text of the Book of Job

THEBIBLE series 2

Min Won Song

| 일러두기 |

1. 더바이블 욥기 번역 하단에, 절 표시와 함께 고딕체로 표현되어 있는 어구들은 개역개정판입니다. 더바이블 번역과 비교해 볼 수 있도록 수록해 놓았습니다.
2. 더바이블 욥기 번역 하단의 "개역개정과의 비교"는 본문과 색인에서 "도움말"로 지칭되었습니다.
3. 더바이블 욥기 번역에서 에일(אֵל), 엘로힘(אֱלֹהִים), 여호와/야훼(יהוה) 등 하나님을 지칭하는 표현은 모두 "하나님"으로 번역하였습니다.
4. 더바이블 욥기 번역에서 인명과 지명 등 고유명사의 음역은 개역개정을 따랐고, 고유명사가 처음 나올 때에만 원어에 보다 가깝게 음역한 것을 괄호 안에 넣었습니다: 우스(우쯔), 욥(이요브), 엘리바스(엘리파즈) 등.
5. 더바이블 욥기 번역에서 히브리어 원문의 산문 부분은 문장부호(마침표, 쉼표, 느낌표, 물음표 등)를 표기했고, 운문 부분은 문장부호를 표기하지 않았습니다.
6. 히브리어 어원에 대한 설명은 Koehler, Baumgartner, & Stamm, *The Hebrew and Aramaic Lexicon of the Old Testament*, Brill, 2001(약칭 HALOT)에 기초합니다. 이 사전 외에 어원과 의미 분석을 위해 사용한 자료는 다음과 같습니다. 정렬 순서는 이 책에 사용된 빈도 순입니다.
   - F. Brown, S. Driver & C. Briggs, *The Brown-Driver-Briggs Hebrew and English Lexicon*, Hendrickson Academic, 1994(약칭 BDB).
   - J. Hoftijzer & K. Jongeling, *Dictionary of North-West Semitic Inscriptions*, Brill, 2004.
   - M. Jastrow, *Dictionary of the Targumim, the Talmud Babili and Yerushalmi, and the Midrashic Literature*, Hendrickson Publishers, 2006.
   - G. del Olmo Lete, J. Sanmartin, *A Dictionary of the Ugaritic Language in the Alphabetic Tradition*, Brill, 2003.
   - M. Roth ed., *Assyrian Dictionary of the Oriental Institute of the University of Chicago*, Oriental Institute, 1964-2010(약칭 CAD).
   - J. Cowan (ed.), *Arabic-English Dictionary: The Hans Wehr Dictionary of Modern Written Arabic*, Spoken Language Services, 1993.
   - Tressy Arts (ed.), *Oxford Arabic Dictionary: Bilingual Edition*, Oxford University Press, 2014.

아침에 일어나 보니
얼굴 한쪽이 마비된

거울을 보면
감기지 않는 오른쪽 눈과
닫히지 않아 침이 흘러내리는 입을 마주해야 했던

병원에 가야 할 질병인지도 모른 채
여기저기 영발 센 기도원에 끌려다니며
용하다는 이 사람 저 사람에게 안수기도를 받아야 했던

초등학교 2학년 때 문방구를 터는 친구의 망을 봐준 것까지 기억해 내며
아무리 회개해도 병이 낫지 않아
또 무슨 잘못을 했는지 계속 생각해 내야만 했던

반만 귀신이 들린 거라면
나머지 반은 대체 무엇인지 몰라
더 이상 거울을 보지 않게 된

웃으면 비뚤어지는 입을 보이기 싫어
어느 순간 웃음을 잃어버린

열네 살의 나에게
들려주고 싶은 이야기

| 목차 |

약어표

AJSL	*American Journal of Semitic Languages and Literatures*, University of Chicago Press
BDB	F. Brown, S. Driver & C. Briggs, *The Brown-Driver-Briggs Hebrew and English Lexicon*, Hendrickson Academic, 1994
CEB	Common English Bible (2010)
CJB	Complete Jewish Bible (1998)
ESV	The Holy Bible, English Standard Version (2007)
GKC	H. Gesenius, E. Kautzsch, A. Cowley, *Gesenius' Hebrew Grammar*, 2nd Edition (1922)
HALOT	Koehler & Baumgartner, *The Hebrew and Aramaic Lexicon of the Old Testament*, Brill, 2002
JPS	Jewish Publication Society OT (1917)
KJV	KJA, KJG Authorized Version (KJV): 1769 Blayney Edition of the 1611 King James Version of the English Bible
NASB	The New American Standard Bible (1995)
NCBC	New Cambridge Bible Commentary, Cambridge University Press
NIV	The New International Version (2011)

NJB	The New Jerusalem Bible (1985)
NRSV	The New Revised Standard Version (1989)
TNK	The Jewish Bible: Torah, Nevi'im, Ketuvim (1985)
VTSup	Vetus Testamentum Supplements, Brill Academic Publishers
개역개정	개역개정 4판(2017)
공동번역	공동번역 개정판(1998)
새번역	새번역 성경(2004)

들어가며:
욥기—정답을 잃어버린 혹은 정답을 찾아가는 이들을 위한 지혜

욥기는 어렵다. 히브리어 원어의 측면에서 봤을 때 가장 이해하기 까다로운 성경이 욥기이다. 어휘의 수준에서만 보아도, 욥기에서만 한두 번 쓰인 것이 전부여서 정확한 뜻을 파악하기 어려운 단어들이 많다. 구약의 다른 곳에서 쓰이는 단어조차도 욥기의 문맥에 적용하기 어려워서 욥기만의 고유한 의미로 이해해야 하는 경우도 적지 않다. 구조적인 측면에서 보면, 각 등장인물이 1인칭 화법으로 각자의 주장을 펼치는 형식으로 되어 있다. 성경에서 다른 예를 찾기 어려운 아주 독특한 방식이다. 독자로서는 각 사람의 주장에 설득당하기 쉽다. 욥의 말을 들으면 공감이 되고 친구들의 말을 살펴보면 구구절절이 맞는 말이다. 욥은 대체 뭘 잘못했는지, 혹은 친구들의 말은 어디가 문제였는지, 막판에 등장하는 하나님이 하시는 말씀은 대체 무슨 소리인지, 그래서 나보고 어떻게 살라는 것인지,

욥기를 읽는 독자는 서로 부딪치는 수많은 말 속에서 길을 잃어버리기 쉽다.

동시에 욥기는 재미있다. 이렇게까지 흥미진진한 책이 성경에 또 있을까 싶을 정도이다. 마치 한 편의 연극이나 드라마를 보는 것 같다. 등장인물들의 캐릭터가 살아 있고 서로 치열하게 싸운다. 때로는 욥의 절규에 공감하기도 하고 때로는 친구들의 말이 마치 하나님 말씀 같기도 하다. 주석서와 해설서들을 살펴봐도 똑같은 설명이 하나도 없다. 욥기를 읽고 난 뒤에 온갖 질문들이 스멀스멀 올라온다. 착하고 순종하던 욥이 바락바락 대드는 독설가로 변하게 된 원인은 무엇일까? 극심한 고통을 주면 하나님을 욕할 거라는 사탄의 말이 맞았던 것 아닌가? 욥이 회개했다는데 대체 무엇을 잘못했는가? 욥기의 하나님은 친구들의 말이 틀렸다는데, 회개해서 다시 복을 받았다면 그것은 결국 친구들의 말이 옳았다는 것 아닌가? 불의와 악의 현존은 하나님의 잘못이 아니라 사탄 때문이라는 것이 욥기의 가르침인가? 부자였던 사람이 잠시 가난하게 되었다가 다시 더 큰 부자가 되는 이야기가 과연 우리가 경험하는 고통의 현실을 제대로 반영하고 있는가? 삶을 한 단계씩 더 살아가고 인생의 깊이를 조금씩 더 알게 되면서 욥기의 구절들이 계속 생각난다. 만약 매년 한 번씩 욥기를 읽으면 매번 다른 이야기를 그 속에서 발견할 것이고 매번 다른 독후감을 쓰게 될 것이다.

욥기를 이해하는 몇 가지 열쇠

이렇듯 어렵고 그만큼 재미있는 욥기를 읽을 때는 좋은 가이드가 필요한 것이 사실이다. 다음의 주의 사항에 유념하여 욥기를 읽으면 욥기는 조금씩 자신의 이야기를 우리에게 들려줄 것이다.

첫째, 첫 구절을 대충 읽지 마라: 성경에서 어떤 이야기가 시작되는 첫 구절은 가벼운 '도입부'가 결코 아니다. 생각보다 훨씬 많은 정보가 담겨 있을 뿐 아니라 다음에 이어지는 내용 전체를 이해하는 틀과 기반을 제공한다. 욥기의 첫 구절(1:1), 첫 단락(1:1-5), 그리고 욥기의 '서문' 혹은 '프롤로그'라고 (잘못) 불리는 욥기 1-2장을 제대로 이해하는 것이 욥기 전체의 내용을 파악하는 핵심이다. 정말 중요한 내용이 욥기의 뒷부분에 가서야 나올 것이라는 기대는 선입견일 뿐이다. 욥기는 첫 두 장에서 핵심을 모두 이야기한다.

둘째, 신학적 선입견을 버려라: '원죄론'이나 '이신칭의', '행위와 율법의 이분법'과 같이 구약시대에는 존재하지 않았던, 혹은 구약시대의 독자에게 낯선 틀로는 욥기를 바르게 이해할 수 없다. '교만과 징벌'(Pride and Punishment)이라는 오랜 전통을 가지고 있는 욥기 해석의 뿌리에는 이러한 시대착오적 이해가 깔려 있다. 하지만 '모든 인간은 죄인'이라는 신학적 관점은 욥기가 제기하는 '의로운 자의 고난'(Innocent Suffering)이라는 주제에 부합하지 않는다. '의로운 자의 고난'이라는 주제의 가장 중요한 전제는 고난을 겪는 사람이 '의롭다', 즉 그 고난을 겪을 만한 잘못을 저지르지 않았다는 것이기 때문이다. 이 대전제가 흔들리면 '의로운 자의 고난'이라는 문제 제기 자체가 불가능하다.

셋째, 현대인의 기대감을 버려라: 욥기의 형식이 영화나 드라마와 비슷하게 보이기 때문에 우리는 우리 시대의 드라마를 볼 때 갖는 기대를 하고 욥기를 읽는다. 주인공이 갈등과 역경을 딛고서 캐릭터(성격)의 '성장'을 이루거나 이전에는 몰랐던 어떤 '깨달음'에 이르는 것이나, 혹은 최후의 극적 반전을 기대하는 것 등은 욥기를 오독하게 만드는 주된 이유이다. 성장과 반전의 구조는 그러나 근대 유럽의 시대정신이 반영된 '성장소설' 혹은 '교양소설'이 구축해 놓은 것으로서, 이러한 관점으로 수천 년 전에 쓰인 욥기를 읽으면 안 된다.

'교만에서의 회개'라는 전통적 해석 틀이 점점 현대 학자와 독자들에 의해 '무지에서의 깨달음'으로 대체되는 것은 '성장과 깨달음'이라는 구도가 현대인의 문화적 렌즈에 잘 부합하기 때문이다. 그러나 성경의 지혜 장르에서 악과 무지는 동의어이고, 회개와 깨달음도 같은 의미를 지닌다. 지혜자는 곧 의인이고, 무지한 자는 악인이다. 죄를 지어 벌을 받는 것이나, 무엇을 깨닫지 못해서 고통을 받는 것은 결국 같은 말이다. 욥기에 대한 '새 관점'은 하나도 새롭지 않다. 단어만 듣기 좋은 어휘로 바꾸었을 뿐이다. 욥기의 마지막에 하나님의 등장으로 인해 무언가 대단한 반전이나 엄청난 깨달음이 있을 거라는 것은 단지 현대 독자들의 기대일 뿐이다. 동일한 기대를 가지고 잠언이나 전도서를 읽지는 않는다. 욥기도 다르지 않다. 이 기대를 버려야 욥기가 보인다.

* * *

그렇다면 욥기를 어떻게 읽어야 하는가: 욥기는 지혜 장르가 가지고 있는 '규범적 지혜'(Standard Wisdom)와 '반성적 지혜'(Speculative Wisdom)의 상관관계라는 해석 틀에서 읽을 때에야 비로소 자신의 속살을 보여 준다. 쉽게 말하면, 잠언을 잘 알아야 욥기가 보인다. 잠언의 지혜와 욥기의 지혜가 어디에서 갈라지는지를 살펴보아야 욥기가 무슨 질문을 제기하는지, 욥기의 등장인물들이 무슨 말을 하고 있는지, 욥기의 하나님이 하시는 말씀이 무슨 뜻인지를 이해할 수 있게 된다.

우리가 가지고 있는 성경은 잠언보다 욥기가 앞에 있어서 잠언과 욥기의 관계를 파악하기 쉽지 않다. 구약성경(Old Testament)의 배열은 전통적으로 알려진 저자를 기준으로 연대순으로 나열한 것이다. 아브라함과 동시대로 알려진 욥을 가장 먼저 위치시키고, 주 저자가 다윗으로 알려진 시편을 그다음에, 그리고 그 뒤에 솔로몬의 잠언과 전도서를 배치한다. 반면에 유대 경전(Hebrew Bible)은 분량에 따라 순서를 정하는 경향이 있다. 가장 긴 시편을 성문서(케투빔)의 맨 처음에, 42장의 욥기를 그다음에, 그리고 31장의 잠언과 12장의 전도서가 뒤를 잇는 구조이다. 하지만 '저자'나 '분량'이 아니라 '내용'에 관해서 보자면, 사실 욥기는 잠언이 끝난 곳에서 시작한다.

욥기의 구조와 형식이 말하는 바는 무엇인가

욥기의 전체 구조는 다음과 같다.

1-2장(산문): 의로운 욥에게 닥친 고난과 그에 대한 욥의 반응: 사탄의 규범적 지혜와 욥의 반성적 지혜 사이의 대립

3-31장(운문): 욥과 세 친구 사이의 논쟁 - 친구들의 규범적 지혜와 욥의 반성적 지혜 사이의 대립

a. 3-14장: 1차 논쟁

b. 15-21장: 2차 논쟁

c. 22-31장: 3차 논쟁

32-37장(운문): 엘리후의 발언 - 규범적 지혜와 반성적 지혜의 혼합

38-41장(운문): 하나님의 언설 - 하나님의 반성적 지혜

42:1-6(운문): 욥의 마지막 말

42:7-17(산문): 하나님의 판결과 욥의 결말

욥기는 앞뒤의 산문 사이에 운문이 들어 있는 액자구조로 되어 있다: 산문(1-2장) + 운문(3:1-42:6) + 산문(42:7-17). 산문과 운문을 서로 독립된 다른 문서로 취급하는 관점은 적절하지 않다. 3장 이하의 운문은 1-2장의 산문의 이야기가 없으면 도무지 이해될 수 없고, 42장 7절 이하도 욥과 친구들 사이에 논쟁이 있었음을 전제로 하기 때문이다.

이 구성은 욥기를 이해하기 위한 아주 중요한 질문들을 파생시킨다:

- 1-2장의 욥과 3장 이하의 욥은 성격(캐릭터)에 있어서 같은가 다른가?
- 친구들의 주장은 차이점이 있는가, 아니면 전체적으로 같은 이야기를 나눠서 발언하는 것인가?
- 세 차례에 걸친 논쟁 중에 욥이나 친구들의 생각에 어떤 발전이나 변화가 있는가?
- 엘리후의 발언은 그 앞의 세 친구의 발언이나 그 이후에 나오는 하나님의 말씀과 어떤 면에서 차이를 보이는가?
- 하나님의 말씀은 욥과 친구들 사이의 논쟁에서 불거진 문제들에 대한 답이 되는가?
- 마지막의 '욥의 회복'은 무엇 때문인가?

욥기를 읽는 것은 이러한 질문들에 대한 답을 찾아가는 것이다.

* * *

가장 많은 부분을 차지하는 욥과 세 친구 사이의 논쟁의 구성을 좀 더 자세히 살펴보면 다음과 같다.

- 1라운드: 욥(3장) - 엘리바스(4-5장) - 욥(6-7장) - 빌닷(8장) - 욥(9-10장) - 소발(11장)
- 2라운드: 욥(12-14장) - 엘리바스(15장) - 욥(16-17장) - 빌닷(18장) - 욥(19장) - 소발(20장)
- 3라운드: 욥(21장) - 엘리바스(22장) - 욥(23-24장) - 빌닷(25장) - 욥(26-31장)

이 구성의 특징은 다음과 같다.

1) 욥은 홀로 반성적 지혜를 대변하는 반면, 친구들은 세 명이 함께 규범적 지혜를 지지한다. 이것은 욥기가 쓰인 당대에(지금도 마찬가지지만) 규범적 지혜가 훨씬 보편적인 지혜였음을 나타낸다. 성경 전체로 보아서도 '의인/지혜자에게는 상과 복이, 악인/무지자에게는 재앙과 징벌이'라는 규범적 지혜의 표현이 주를 이룬다. 반면에 욥이 대변하는 반성적 지혜는 상대적으로 적게(그러나 중요도는 결코 적지 않게) 나타난다. 우리의 행위와 무관하게 값없이 주시는 하나님의 은혜, 우리가 잘못한 대로 우리에게 갚지 말아 달라는 탄원시들, 논밭과 외양간에 아무것도 없어도 하나님 한 분으로 기뻐할 수 있다는 하박국의 신앙 등이 바로 인과응보의 원리를 초월한 진술이다. 부자와 나사로의 비유, 포도원 품꾼의 비유, 탕자의 비유 등 예수님의 천국 비유들 역시 여기에 속한다.

2) 삼 대 일의 불균형한 구도임에도 불구하고 친구 세 명의 말을 합친 것(총 9장)보다 욥이 월등히 많은 말을 한다(총 20장). 친구들

의 말은 회가 거듭될수록 점점 줄어드는 경향을 보이는 반면, 욥은 점점 더 말을 많이 한다. 이 분량의 배분은 욥기가 욥의 반성적 지혜에 현저히 더 많은 비중을 두고 있으며 욥에게 더 힘을 실어 주고 있다는 것을 의미한다.

3) 엘리바스와 빌닷은 세 차례씩 발언을 하는데 소발은 두 차례만 말한다. 욥의 마지막 발언은 총 6장에 걸쳐 있는데, 이 중 28장을 소발의 말로 보는 견해도 있다. 그러나 28장은 규범적 지혜라기보다는 반성적 지혜의 핵심 주제들이 나타나 있다. 사람은 지혜를 알 수 없고 인간의 영역 속에서는 지혜를 발견할 수 없다는 주제(12-13절), 더 나아가 인간 외의 피조물과 죽음의 세계마저도 지혜를 깨달을 수 없다는 주제(21-23절)는 잠언(규범적 지혜)의 가르침과 상충한다. 규범적 지혜는 인간이 경험할 수 있는 자연 세계 속에서 하나님의 규범과 그의 지혜를 깨달아 알 수 있다고 가르치고 있기 때문이다. 따라서 28장 역시 욥의 말로 여기는 것이 타당하다.

욥기가 다루는 중요한 주제들

규범적 지혜와 반성적 지혜의 대결

성경의 지혜는 크게 두 가지로 나눠진다. 하나는 '규범적 지혜'(Standard Wisdom)라 부르는 것이고, 다른 하나는 '반성적 지혜'(Speculative Wisdom)이다. 규범적 지혜의 가장 중요한 명제는 세상에는 하나님이 정하신 특정한 '패턴'이 있다는 것이다. 누구나 경험하는 반복적인 패턴, 즉 아침이 오고 나면 저녁이 되고, 밤이 지나고 나면 아침이 되고, 봄과 여름이 가면 가을을 지나 추운 겨울이 오는 것이 바로 하나님이 정하신 규범이다. 그리고 하나님께서 만드신 패턴을 잘 이해하고 그것에 맞게 살아가는 것이 '지혜'이고, 그 패턴을 잘 모르거나, 알면서도 따르지 않는 것은 아둔하고 미련하며 몰지각한 '악'이며 '무지'이다. 욥기에서는 욥의 세 친구(엘리바스, 빌닷, 소발)가 이 규범적 지혜를 대표한다. 엘리후의 일부 발언도 여기에 포함된다. 또한 욥기의 모든 문제의 시발점이 되는 사탄의 질문 "욥이 어찌 까닭 없이 하나님을 경외하리이까"(욥 1:9)도 원인이 있으면 결과가 있고, 그 결과가 행위를 촉발하는 원인이 된다는 주장이다. 이것은 인과응보의 규범적 지혜에 맞닿아 있다.

이에 반해, 반성적 지혜는 규칙에 예외가 있다는 것을 알려 주거나(욥기), 규범적 지혜가 말하는 패턴을 다른 시각, 다른 관점에서 바라보는 지혜이다(전도서). 욥기의 반성적 지혜가 지적하는 것은, 대부분의 경우 규범적 지혜의 패턴이 적용되지만 아주 자세히 현미경으로 들여다보면 그 패턴에 어긋나는 예외도 존재한다는 것이다. '하나님의 규범을 모르거나 따르지 않으면 고통과 어려움이 찾아온다'는 명제가 곧 '고통과 어려움이 찾아오면 그것은 전부 하나님의 규범을 모르거나 따르지 않았기 때문이다'라고 해석되어서는 안 된다. 욥처럼 아무 잘못이 없는 사람에게도 불행과 고난이 닥치는 경우도 존재하므로, 하나님의 운행하심과 창조세계에서 벌어지는 모든 것을 인과응보의 원리 하나로 설명할 수 없다는 것이 욥기의 반성적 지혜이다. 하나님은 주시기도 거두시기도 하고(욥 1:21), 복을 주시기도 하고 화를 주시기도 하는 분이라는 욥의 고백(2:10)은 하나님은 뿌린 대로 거둔다는 규범적 지혜의 원리를 초월한 분이라는 신앙 고백이다.

욥기 전체를 이끌어 가는 중심축은 모든 행위나 현상에는 분명한 원인과 까닭이 있다고 주장하는 측(사탄, 세 친구, 그리고 엘리후)과, 모든 일에 반드시 원인과 까닭이 있는 것은 아니거나 혹은 있다 하더라도 인간은 그 원인과 까닭을 알 수 없다고 주장하는 측(욥, 그리고 하나님) 사이의 대립이다.

'무죄한 자의 고난'(Innocent Suffering)과 신정론(theodicy)의 문제

신정론(theodicy)은 하나님의 의로우심을 신학적 주제로 다룬다. 하나님이 세상의 모든 것을 다스리시는 주권자이심(절대주권)과 그 다스리심은 선함과 의로움을 기반으로 하고 있다(절대 선)는 두 가지 명제가 신정론의 핵심이다. 하나님께서 바르고 선한 의지로 세상 모든 것을 다스리신다면, 왜 세상에는 악과 불의가 존재하느냐는 문제가 신정론의 '약점'이자 신정론에서 다루는 가장 중요한 문제이다. 이 신정론의 가장 약한 고리를 파고드는 것이 바로 '그렇다면 대체 왜 의로운 사람 혹은 무죄한 사람에게 고난이 발생하는가'라는 질문이다. 욥기는 정확히 이 질문을 던진다.

'무죄한 자의 고난'(Innocent Suffering)이라는 주제를 다루기 위한 대전제는 바로 고난을 겪는 이가 그 고난을 당할 만한 '잘못을 하지 않았다'(innocent)는 것이다. 만약 이 전제가 흔들린다면, 즉 욥이 무언가 잘못을 했거나 혹은 어떤 지혜나 깨달음이 부족해서 고난을 당한 것이라면 욥은 더 이상 '무죄한 자'가 될 수 없다. 그 고난은 욥 자신에게서 비롯된 '까닭 있는, 이유 있는' 고난이 되어 버린다. 욥기 1-2장은 욥이 당하는 고난이 욥의 죄, 혹은 욥의 무지에서 비롯된 것이 아니라는 점을 명시하려는 목적을 지닌다. 이후에 벌어지는 친구들과의 논쟁은 모두 하늘에서 벌어지는 일을 알지 못하는 사람들 사이의 논쟁이라는 점을 독자는 반드시 기억해야 한다. 욥기 1-2장을 읽은 독자들은 욥기 안에서 욥의 잘못이나 무지를 찾으려 해서는 안 된다.

욥기가 신정론의 문제를 풀어내는 방식은 현대 신학이 흔히 하는 방식과는 다르다. 설명하기 어려운 불의한 현실을 설명하는 손쉬운 해결책 중의 하나는 하나님이 이 모든 세상을 다 관할하지 않는다는 것이다. 이 세계를 선과 악의 두 세력이 대립하는 공간으로 이해하면서 하나님은 오직 선의 영역만을 주관하신다고 설명하는 방식이다. 신학적으로 설명하자면 이러한 해결책은 신의 절대주권을 어느 정도 약화시킴으로써 하나님의 절대 선을 강조하는 방식이라 할 수 있다. 하지만 성경의 지혜(잠언-욥기-전도서)는 결코 하나님의 절대주권을 약화시키는 방식으로 신정론의 문제를 해결하지 않는다. 규범적 지혜와 반성적 지혜 모두가 하나님의 절대주권, 즉 세상에 벌어지는 모든 일은 다 하나님께서 주관하신다는 믿음을 절대 놓지 않고 있다. 욥의 세 친구와 엘리후도 마찬가지이다. 그리고 욥기의 하나님의 언설(38-41장)은 모든 것을 하나님이 창조하셨고 하나님이 다스리신다는 절대주권을 강조하면서, 동시에 어떤 선악 개념이나 인과응보의 원리에 대해서는 침묵한다. 이것은 절대 선 개념을 약화시키고 절대주권 개념을 강화시킴으로써 신정론의 문제를 해결하는 방식이다. 참고로, 전도서는 여기서 한 발 더 나아가 선악 개념을 욥기보다 약화시키고 하나님의 절대주권을 극단적으로 강조하는 방식을 택한다.

지혜란 무엇인가: 잠언-욥기-전도서의 상호작용(interplay)

잠언과 욥기와 전도서는 마치 한 인간이 성숙해 가는 과정과도 같다. 잠언은 입문 단계로서 마치 초중고 과정처럼 하나님께서 창조하신 세계의 일반적인 현상과 규범들을 배우는 단계이다. 그다음 단계는 욥기의 단계로서, 학교를 졸업하고 세상에 나가 직접 경험을 해 보니, 학교에서 배운 대로 되지 않는다는 것을 깨닫는 단계이다. 규칙에 예외들이 있다는 것을 알게 되는 과정이라 할 수 있다. 마지막 단계는 전도서의 단계이다. 마치 인생을 살아가면서 규범과 예외를 다 경험한 사람이 나중에 일생을 뒤돌아보면, 그 당시에는 예외처럼 보였던 것조차 어느 거대한 규칙의 일부였음을 깨닫게 되는 것이다. 신앙의 언어에 대입해서 표현하자면, 마치 하나님이 보이지 않고 하나님에게 버림을 받은 것같이 느껴지던 순간들, “하나님, 대체 나한테 왜 이러십니까?” “하나님이 계시기나 합니까?”라고 욥처럼 울부짖고 싶었던 순간들조차 다 하나님의 계획하심과 인도하심이었음을 깨닫는 순간이 바로 전도서의 단계라 할 수 있다.

그렇다면 욥기나 전도서의 지혜가 잠언의 지혜보다 '수준 높은' 지혜라는 말인가? 그렇지 않다. 규칙이 있어야 예외도 존재한다. 규칙이 없으면 예외라는 것은 존재할 수가 없다. 잠언의 지혜는 '일상의 지혜'이고 우리 삶의 뼈대를 이룬다. 매일매일 하루에도 수십 번씩 사랑과 미움, 전쟁과 평화, 부지런함과 게으름 사이에서 갈등하는 것이 인간이다. 규범적 지혜는 우리가 선택을 해야 하는 매 순간마다 기준점과 방향을 제시해 준다. 반면에 욥기는 '예외적인' 경우에 대한 지혜를 다룬다. 욥이 당하는 정도의 극심한 고통을 매일 겪는 사람은 거의 없을 터이고, 또한 없기를 간절히 바란다. 우리는 삶에서 잠언의 규범이 알려 주는 가치와는 다른 선택을 해야 할 예외적인 경우들도 있음을 잘 알고 있다. 사랑과 용서로 감싸안는 것만이 능사가 아니고 분명하게 끊고 단절해야 할 관계도 있다. 또 어떤 경우는 너무 부지런해서 문제가 될 수도 있다. 폭력은 나쁜 것이지만 더 큰 폭력을 막기 위해 폭력이 필요한 경우도 있을 수 있다.

사람들은 각자가 신앙의 여러 단계에 산재해 있고, 각각의 단계에 맞는 지혜가 있다. 잠언과 욥기와 전도서가 모두 '지혜'이지만, 욥기의 단계를 겪고 있는 사람에게 잠언의 지혜를 들이대는 것은 "우매"한 일이 된다(욥의 친구들의 지혜가 하나님에 의해 "우매함"으로 판정되는 이유가 바로 이것이다). 또한, 이제 막 신앙을 시작한 입문 단계의 사람에게 전도서의 지혜를 가르치는 것 역시 지혜롭지 못한 일이다. 사람을 살리는 지혜가 적절하게 사용되지 못하면 사람을 죽이고 영혼을 파괴하는 폭력이 될 수 있다는 것이 욥기가 알려 주는 지혜의 핵심이다.

욥기의 반성적 지혜는 지금 우리에게 무슨 말을 하고 있는가

'니플라오트'(נִפְלָאוֹת): 하나님을 박스 안에 가두지 마라

욥기는 잠언의 인과응보 원리 자체를 부정하지는 않는다. 욥 또한 그 원리에 따라 살아온 사람이다. 하지만 욥기는 규범적 지혜의 원리가 작동하는 영역에는 한계가 있다는 사실을 의로운 자의 고난이라는 소재를 통해 극적으로 보여 준다. 잠언이 이 땅에서 살아가는 인간의 삶을 다룬다면, 욥기는 하늘의 세계와 죽음 너머의 세계로, 그리고 인간의 영향력이 미치지 못하는 야생동물들의 세계로 시야를 확대한다. 하나님이 다스리는 영역 중 인간이 영위하는 공간은 제한적이라는 사실을 알려 줌으로써 잠언의 규범적 지혜의 한계를 폭로한다. 잠언의 '뿌린 대로 거둔다'는 원리도 대부분의 경우에 적용할 수 있지만 한 치의 오차도 없이 작동하는 기계적인 원리가 아니라는 사실을 지적한다. 인간 세상이 그 원리대로 움직이도록 창조하시고 다스리시는 분은 하나님이지만, 하나님 자체가 그 원리 안에 갇혀 있는 분은 아니라는 것이 욥기의 신론(神論)이다. 하나님의 창조세계 안에 인간의 이해가 다다를 수 없는 공간이 아주 많은 것처럼, 하나님께서 움직이시는 방식 중에는 인간의 이해를 뛰어넘는 '놀라운, 기묘한, 신묘막측한 기사와 이적'(니플라오트)의 영역이 존재한다. 그렇기에 한낱 진흙 알갱이에 불과한 인간은 하나님이 일하시는 방식을 언제나 예측할 수 있는 것은 아니다.

'까닭 없이'(חִנָּם 힌남): 아무 대가를 바라지 않는 신앙은 가능한가

욥기 전체를 관통하는 핵심 주제어는 '회개'나 '깨달음'이 아니라 바로 '까닭 없이'이다. 잠언의 가르침을 잘 따르고자 하는 신앙이 그 뒤에 약속된 보상을 바라는 '투자심리'에 불과한 것이 아니냐는 질문을 욥기는 던지고 있다.

하나님께서 아무런 대가를 바라지 않고 우리를 사랑하시는 것을 '은혜'라 부른다. 하나님의 백성이 수도 없이 하나님과의 언약을 어겨도 자신의 백성을 향한 하나님의 사랑은 변함이 없다는 것이 성경의 증언이다. 하나님의 사랑은 인간에게 대가를 요구하지 않는 공짜 사랑이자 '까닭 없는' 것이다.

욥기는 동일한 질문을 뒤집어 우리에게 되돌려준다. "그렇다면 당신도 마찬가지로 아무런 대가를 바라지 않고 하나님을 사랑할 수 있는가?" 하나님께서 우리가 바라는 대로 움직이시지 않는다 해도, 하나님에 대한 믿음이 아무런 효용 가치가 없다 해도, 당신은 '까닭 없이' 하나님을 사랑할 수 있겠는가? 하나님께서 우리에게 그렇게 하시는 것처럼 말이다. '까닭 없는 신앙'은 불가능하다는 것이 사탄의 신학이고, 그것이 가능하다는 것이 욥의 신앙이다. 주시거나 거두시거나 하나님이 찬양받지 못할 이유는 없다. 비록 무화과나무와 포도나무에 열매가 없고 외양간에 소가 없을지라도 하나님 한 분으로 인해 즐거워하며 기뻐하겠다는 하박국의 신앙이다(합 3:17-18). 욥은 욥기의 처음부터 끝까지 신앙인으로서 가질 수 있는 최고의 모습을 우리에게 보여 준다.

'눈 가리고 아웅 하는 신앙'에서 벗어나 현실을 직시하라

자신이 가지고 있는 신앙관으로는 도무지 이해하기 어려운 현실을 맞닥뜨리게 되면, 신앙을 지키기 위해 현실을 왜곡하거나 아예 눈을 감고 귀를 막아 버리기도 한다. 욥의 친구들은 인과응보 사상을 지키기 위해 욥과 그의 자녀들을 죄인으로 몰아가기도 하고, 지금 당장은 아니어도 언젠가는 뿌린 대로 거두게 될 것이라는 '정신 승리'를 외치기도 한다.

여기에 욥은 인과응보의 원리로 설명할 수 없는 현실이 세상에 존재한다는 것을 직시하라고 요청한다. 신앙과 현실 사이에 괴리가 발생할 때 자신의 신앙을 지키기 위해 현실을 왜곡하거나 부정하지 말고, 하나님이 창조하신 세상을 올바로 보기 위해 자신의 신앙을 수정하거나 과감히 버릴 용기가 신앙인에게 필요하다.

지혜와 겸손의 의미를 재해석

잠언의 지혜란 하나님이 창조하신 패턴을 알고 그것에 따라 사는 것이다. 규범을 간절히 알고자 하는 것은 그 규범을 창조하신 분 앞에서 피조물인 인간이 가질 수 있는 가장 겸손한 자세이다. 그러므로 하나님이 정하신 규범과 창조세계의 패턴을 선조들에게 배우고 나이가 들고 경험이 많아질수록 사람은 더욱 지혜로워진다.

하지만 모든 규칙에는 예외가 있는 것처럼, 하나님의 창조세계에 대한 지식과 경험이 많아질수록 우리는 단순한 원리 한두 개로 세상을 설명할 수 없음 또한 깨닫게 된다. 하나님과 세상에 대한 우리의 지식이 코끼리 다리 만지는 격으로 지극히 제한적이라는 사실을 아는 것이 욥기의 지혜이다. 욥기의 반성적 지혜는 규범을 안다고 하는 잠언의 지혜가 어쩌면 교만일 수 있다고 알려 준다.

욥이 당한 고난 같은 자연재해와 질병, 사고 등은 그것이 설령 인재(人災)일지라도, 분명 절대주권자이신 하나님께서 허락하신 것이다. 그리고 거기에는 아마도 어떤 하나님의 뜻이 담겨 있을 것이다. 그러나 그 뜻이 무엇인지 인간인 우리는 온전히 알 수가 없다. 모르는 것을 모른다고 말하는 것이 신앙인이 가질 수 있는 겸손이고, 모르는 것을 안다고 말하는 것이 주제넘은 교만이다.

욥기와 신정론: 악에 책임을 전가하지 마라

무언가 나쁜 일이 벌어지면 '악마의 소행'으로 단정 짓기 쉽다. 누군가 아플 때 '귀신에 들렸다'고 하든지, 목회자를 비롯한 신앙인의 범죄에 '사탄의 꼬임에 넘어갔다'거나 '마귀가 넘어지게 했다'는 표현을 쓰기도 한다. 그러나 '악'에게 책임을 전가하는 것은 규범적 지혜의 가르침도 반성적 지혜의 가르침도 아니다. 잠언은 규범을 이해하지 못하고 악한 길을 선택한 자의 '무지'를 탓한다. "지혜"의 부름을 듣지 않고 "음녀"의 꼬임에 넘어간 사람의 잘못이다. 반면에 욥기는 선한 것도 악한 것도 모두 하나님에게서 오는 것이라고 말한다. 고통과 질병을 잠언의 틀에서만 이해하는 것은, 욥의 친구들이 그러했던 것처럼, 피해자를 탓하는 폭력 혹은 '2차 가해'를 저지를 수 있음을 경고하고 있다. 욥기의 하나님이 사탄에게 책임을 돌리지 않으시듯, 신앙인은 손쉽게 타인을 정죄하거나 악에 책임을 전가해서는 안 된다.

한 사람의 고통 앞에서

욥기는 우리가 극심한 고통을 겪는 사람에게 어떠한 태도를 취해야 하는가를 잘 보여 준다. 고통을 당하는 사람에게 그 고통의 원인을 설명하거나 이해시키려는 태도를 취해서는 안 된다. 고통을 당하는 사람의 잘못을 지적해서도 안 되지만, 그 고통이 무언가를 '깨닫게' 하시려는 하나님의 뜻이라는 설명 역시 교만이다. 욥기의 '의로운 자의 고난'은 '까닭 없는 신앙'이 가능한가 하는 문제를 제기하기 위해 시작되었지, 욥에게 무언가를 깨닫게 하기 위해 시작된 것이 아니다.

한 발 더 나아가, 욥의 친구들처럼 하나님을 '변호'하려는 시도 역시 티끌인 인간에게는 주제넘는 짓이다. 한편으론, 하나님의 선하심을 지키기 위해 한 인간을 정죄하는 폭력을 저지를 수 있기 때문이고, 또 한편으론, 하나님은 인간의 변호와 보호가 필요하실 정도로 약한 분이 아니시기 때문이다. 욥기의 하나님은 욥에게 고난을 허락할 수밖에 없는 자초지종을 설명하지 않는다. 만약 하나님께서 욥에게 사탄 때문에 어쩔 수 없이 그랬다고 변명했다면 아마도 하나님 자신의 '선함'을 어느 정도 지켜 낼 수 있었을지 모른다. 하지만 하나님은 자기 변명을 늘어놓지 않으신다. 하나님이 스스로를 변호하지 않으시는데 우리가 나서서 지켜 드리려 하는 것은 주제넘는 짓이다. 하나님을 변호하는 것은 신앙인의 역할이 아니다. 하나님의 선함을 지켜 내려 고군분투한 욥의 친구들은 하나님의 눈에 우매한 자로 보일 뿐이다.

욥기 설교와 묵상을 위한 추천 도서

최근 3-4년간 욥기에 대한 좋은 책이 많이 출간되었다. 대부분 고난을 대하는 신앙의 질문들을 욥기를 바탕으로 풀어내는 책들이어서 목회자의 설교와 신앙 대중의 묵상에 많은 도움이 된다. 아래의 책들이 욥기를 읽어 내는 방식은 서로 다르다. 욥기가 이렇게 다양하게 읽혀질 수 있다는 것은 축복이다. 욥기는 정답을 이미 잘 알고 있는 신앙인을 위한 책이 아니라, 정답을 잃어버린 혹은 정답을 찾아가는 신앙인들을 위한 성경이다. 다른 삶의 과정을 거쳐 온 사람들이 욥기에서 서로 다른 이야기를 읽어 내는 것은 지극히 당연하다. "내가 주께 대하여 귀로 듣기만 하였사오나 이제는 눈으로 주를 뵈옵나이다"(욥 42:5). 남들에게서 귀로 들은 모범답안을 버릴 때 그분께서 직접 내 눈앞에 나타나신다. 그분은 동일한 하나님이시지만 우리 각자의 눈에는 모두 다르게 비친다.

지혜서 개관

- 김학철, 『허무감에 압도될 때, 지혜문학』, 21세기북스, 2024.
- 송민원, 『지혜란 무엇인가: 잠언-욥기-전도서의 상호작용』, 감은사, 2021.
- 장일선, 『삶을 위한 지혜: 히브리 지혜문학 연구』, 대한기독교서회, 2000.
- 크렌쇼, 제임스 L., 『구약 지혜문학의 이해』, 강성열 역, 한국장로교출판사, 1993.

욥기 주석

- 권지성, 『특강 욥기』, IVP, 2019.
- 클린스, 데이빗 J. A., 『욥기 (상, 중, 하)』, 한영성 역, WBC 성경주석, 솔로몬, 2006-2014.
- 하경택, 『욥기』, 한국장로교총회창립 100주년기념 표준주석, 개정증보판, 한국장로교출판사, 2020.

욥기 해설과 묵상

- 강산, 『욥기, 풀어쓴 성경』, 감은사, 2023.
- 구티에레즈, 구스타보, 『욥기: 무고한 자의 고난과 하느님의 말씀』, 제3세계 신학연구소번역실 역, 나눔사, 1999.
- 김근주, 『고난을 해석하는 제3의 시선: 구약 욥기』, 봄이다프로젝트, 2024.
- 김기현, 『욥, 까닭을 묻다』, 두란노, 2022.
- 김성진, 『하나님의 위로, 욥기』, SFC, 2022.
- 김회권, 『하나님 나라 신학으로 읽는 욥기』, 복있는사람, 2023.
- 래리모어, 마크, 『욥기와 만나다』, 비아, 2021.
- 박영선, 『박영선의 욥기 설교』, 무근검, 2021.
- 박재순, 『바닥에서 하나님을 만난 사람: 욥기 묵상』, 나눔사, 2022.
- 안근조, 『지혜말씀으로 읽는 욥기』, 감은사, 2020.
- 안근조, 『하나님의 지혜 초청과 욥의 깨달음』, 킹덤북스, 2012.
- 양명수, 『욥이 말하다』, 복있는사람, 2022.
- 외밍, 만프레드/콘라드 슈미트, 『욥의 길: 고난에 멈추다 그리고 고난으로부터 걷다』, 임시영 역, 대한기독교서회, 2017.
- 하경택, 『질문과 응답으로서의 욥기 연구』, 한국성서학연구소, 2006.
- 황대원, 『제대로 읽는 욥기: 욥의 의와 하나님의 경륜』, 블리스, 2022.

더바이블 옵기

욥기 1장 1-12절

'뿌린 대로 거둔다'는 인과응보의 원리가 잠언을 비롯한 규범적 지혜의 근간이다. 욥기 1장은 이 원리의 약한 고리를 파고드는 '그렇다면 무죄한 자의 고난(Innocent Suffering)을 어떻게 설명할 것인가'라는 질문을 던진다. 이 질문을 위한 두 가지 전제를 1-12절에서 다룬다. 첫째, 욥은 의로운 자이다. 즉, 욥은 잘못한 일이 없다(1-5절). 둘째, 욥의 고난은 하늘에서 벌어진 사건 때문이지 욥의 잘못에서 비롯된 것이 아니다(6-12절).

A. 1-5절　규범적 지혜의 화신으로서의 욥
- a. 1절　주제 진술: 욥은 규범적 지혜의 관점에서 의로운 지혜자이다
- b. 2-4절　의인/지혜자에게 합당한 자녀와 재물의 복
- c. 5절　스스로 지혜롭다고 여기지 않는 욥

B. 6-12절　규범적 지혜의 약한 고리를 묻는 사탄의 질문
- a. 6-8절　천상 회의의 배경
- b. 9-12절　주제 진술: "까닭 없는 신앙"은 있을 수 없다는 사탄의 주장

더바이블 욥기 1장 1-12절

1 우스(우쯔) 땅에 한 사람이 있었는데, 그의 이름은 욥(이요브)이었다.
그는 항상 하나님 앞에 온전히 서 있었으며
그분이 알려 주시는 길을 똑바로 걸었다.
그는 하나님을 높이며 경외하는 사람이었고
하나님이 원하시지 않는 것을 항상 멀리하는 사람이었다.
2 그에게는 일곱 명의 아들과 세 명의 딸이 태어났다.
3 그는 칠천 마리의 양과 염소, 삼천 마리의 낙타, 오백 마리의 소, 오백
마리의 암나귀, 그리고 아주 많은 노비들을 가졌다.
그 사람은 동쪽 사람들 중에서 가장 큰 자였다.
4 그의 아들들은 각자 자기 차례가 되면 자신의 집에서 잔치를 베풀곤

개역개정과의 비교

1절 그 사람은 온전하고 정직하여 하나님을 경외하며 악에서 떠난 자더라: "온전"과 "정직", "하나님을 경외"하는 것과 "악에서 떠난 자"라는 표현은 하나님의 뜻을 잘 알고 그 뜻에 따라 행하는 것을 의미한다. 잠언에서 설명하는 의인과 지혜자의 특질이다.

3절 이 사람은 동방 사람 중에 가장 훌륭한 자라: 동쪽은 고대 이스라엘 사람들의 방향 기준으로 '앞쪽'이고, 또한 시간적으로 '과거'를 나타낸다. 정확한 위치가 중요한 것이 아니라 이 단어가 '지혜'를 연상시키는 단어라는 사실이 중요하다. "가장 훌륭한 자"로 번역된 단어는 가돌(גָּדוֹל)로서, '크다'라는 의미가 가장 기본적인 뜻이다. '가장 큰 자'라는 표현은 욥이 그 지역에서 가장 부유하다는 것을 뜻하기도 하고, 의와 지혜에 있어서 가장 존중받고 뛰어나다는 의미 또한 포함되어 있다.

4절 그의 아들들이 자기 생일에: '자신의 날'이라고 직역되는 요모(יוֹמוֹ)는 "생일"을 의미할 수도 있고, 혹은 각자 날짜를 정해 돌아가면서 함께 모여 식사와

했다.

그들은 세 명의 자기 누이를 자신들과 함께 먹고 마시도록 초대했다.

5 잔칫날이 돌아오면 욥은 사람을 보내서 그들을 성결하게 했다.

즉, 그는 아침에 일찍 일어나서 그들 모두의 수대로 번제를 드리곤
했다.

그가 이렇게 한 이유는, 자신의 아들들이 범죄하여 그들이 마음속으
로라도 하나님의 뜻을 거역할 가능성이 있기 때문이었다.

욥은 매일매일을 이렇게 행했다.

6 어느 날 하나님의 아들들이 하나님 앞에 와서 섰다.

그리고 사탄(사딴)도 와서 그들 중에 있었다.

7 하나님께서 사탄에게 말씀하셨다.

"너는 무엇을 하다 왔느냐?"

잔치를 벌이는 것을 의미할 수도 있다. 칠 일을 일주일로 정한 규정이 고대 바빌로니아 시대까지 거슬러 올라가기 때문에, 4절은 일곱 아들이 일주일 단위로 매일 돌아가면서 잔치를 벌였다는 의미로 이해하는 것도 가능하다.

5절 하나님을 욕되게 하였을까 함이라: 원문에는 저주를 뜻하는 아라르(ארר)나 깔랄(קלל) 대신에 바라크(ברך)의 피엘형('복을 주다', '축복하다')이 쓰였다. '하나님을 저주하다'라는 불경한 표현을 피하기 위한 완곡어법으로 여겨진다. 참고로 칠십인역(LXX)은 '하나님에 대해 나쁜 마음을 품는다'라는 표현으로 풀어 설명하고 있다.

6절 사탄도 그들 가운데에 온지라: 원문의 사탄은 정관사가 포함된 핫사딴(הַשָּׂטָן) 형태로 표현된다. 형태상 고유명사라기보다는 일반명사라 볼 수 있다. 어원적으로, '(어떤 의견에) 반대하는 자, 반론을 제기하는 자', 혹은 법정에서 피의자의 죄를 고발하는 '검사'나 '고발자' 같은 의미를 지닌다.

사탄이 하나님께 대답했다.

"세상을 여기저기 돌아다니다 왔습니다."

8 하나님께서 사탄에게 말씀하셨다.

"너는 나의 종 욥을 잘 살펴본 적이 있느냐?

이 세상 어느 누구도 욥처럼 나의 뜻을 온전하고 올바르게 행하
는 사람이 없으며 나를 경외하며 내가 원치 않는 일을 멀리하는
이가 없다."

9 사탄이 하나님께 대답했다.

"욥이 그렇게 하는 데에 과연 아무 이유가 없을까요?

10 하나님께서 그 사람과 그의 집, 그가 가진 모든 것을 보호해 주고
계시지 않습니까?

하나님께서 그가 하는 일에 복을 주셔서 그의 재산이 땅 위에 엄
청나게 되었기 때문이 아닌가요?

11 만약 욥이 가지고 있는 것들을 하나님께서 모두 빼앗으시면 어
떻게 될까요?

그는 분명 하나님의 면전에 대고 저주를 퍼부을 것이 분명합니다."

12 하나님께서 사탄에게 말씀하셨다.

"그가 가진 모든 것을 너의 손에 맡긴다. 단지 그 자신에게만은

9절 욥이 어찌 까닭 없이 하나님을 경외하리이까: '까닭 없이'로 번역된 힌남(חִנָּם)은 '불쌍히 여김, 긍휼히 여김'과 '값없이, 공짜로'를 뜻한다. '은혜'를 뜻하는 명사 헤인(חֵן)의 부사형이다.

11절 주를 향하여 욕하지 않겠나이까: 5절에서와 마찬가지로 '복, 축복'을 의미하는 바라크(ברך)의 피엘형이 대신 사용되었다.

손대지 말아라."

사탄이 하나님 앞에서 나왔다.

욥기 1장 1-12절 해설

배경 이해

'무죄한 자의 고난'(Innocent Suffering)이라는 주제를 다루기 위한 대전제는 바로 고난을 당한 이가 그 고난을 당할 만한 '잘못을 하지 않았다'(innocent)는 것이다. 만약 이 전제가 흔들린다면, 곧 욥이 무언가 잘못을 했거나 혹은 어떤 지혜나 깨달음이 부족해서 고난을 당한 것이라면 욥은 더 이상 '무죄한 자'가 될 수 없다. 즉, 욥이 당하는 고난은 욥 자신에게서 비롯된 '까닭 있는, 이유 있는' 고난이 되어 버린다. 욥기 1장은 욥이 앞으로 당할 고난이 욥의 죄, 혹은 욥의 무지에서 비롯된 것이 아니라는 점을 명시하려는 목적을 지닌다.

본문 이해

본 단락은 크게 두 가지로 나뉜다: 1) 욥이라는 인물의 캐릭터 설정(욥 1:1-5); 2) 욥의 고난의 이유를 설명하는 천상 회의(6-12절). 이 단락(1-12절)은 앞으로 전개될 욥과 친구들 사이의 대화, 엘리후의 진술, 하나님의 언설 등을 이해하기 위한 대전제가 된다. 욥기를 읽는 독자는 욥이 하나님의 뜻에 따라 살아온 지혜자이자 의인이라는 것, 욥이 앞으로 당할 고난은 욥의 잘못 때문이 아니라는 사실을 잊거나 혼동해서는 안 된다.

1절 욥의 출신 지역 우스(עוּץ 우쯔)는 1) 에돔 지역에 있거나(렘 25:20-21; 애 4:21), 혹은 2) 메소포타미아 북부 아람 지역에 있을 것으로 추정된다(창 10:23, 22:20-21을 근거로). 에돔설의 경우, 에돔과 지혜를 연결하는 선지서(느비임)의 전통에 부합한다(옵 1:8; 렘 49:7). '동쪽 사람들'(בְּנֵי קֶדֶם 브네이-께뎀)이라는 표현으로 모압-암몬-에돔을 모두 지칭하는 것이 가능하다(사 11:14). 하지만 창세기 29:1의 "동방 사람의 땅"이라는 표현은 하란을 비롯한 메소포타미아 북부 아람 지역을 가리킨다. 에돔이든 메소포타미아 지역이든, 욥의 출신 지역을 '동쪽'으로 설정하는 것은 고대 독자들로 하여금 욥을 '지혜'와 연결시키기 쉽게 만든다.

1절 욥이라는 이름의 의미 욥(אִיּוֹב 이요브)이라는 인명에 대해서는 여러 설명이 제기되어 왔다: 1) 의문사 아이(אי '어디?') + 아브(אב '아버지')로 분석하는 설; 2) 어근 아야브(איב)에서 파생된 능동분사형('대적하는 자')이라는 설명 등. 이름 자체가 여러 가지 설명이 가능한 특이한 형태이다. 기존의 제안들은 욥기에 대한 해석을 기반으로 이름의 의미를 도출해 낸 것이다. 따라서 욥기의 전체적인 주제나 욥이라는 인물에 대한 이해를 이 이름에 대한 해석을 기반으로 다시 끌어내는 것은 순환오류이다. 욥이 어떤 인물(캐릭터)인지는 1:1b에 명시되어 있다(그리고 1:8과 2:3에서 반복).

2-5절 욥의 캐릭터 설정 욥의 성격을 정의하는 네 가지 표현, 탐(תָּם), 야샤르(יָשָׁר), 여레이-엘로힘(יְרֵא אֱלֹהִים), 싸르 메이라아(סָר מֵרָע)는 한마디로, 욥이 규범적 지혜를 온전히 구현한 인물이라는 의미이다. 규범적 지혜가 잘 표현되어 있는 잠언과 시편 등에서 탐(온전함)과 야샤르(올바름)는 '하나님의 뜻대로 행하는 것'을 나타낸다(잠 2:21, 28:10, 29:10; 시 25:21, 37:37). 잠언 3:7에서처럼 규범적 지혜를 갖춘 자는 스스로를 지혜자(의인)로 여기지 않고 하나님을 경외한다. 하나님 앞에 겸손한 자는 악을 행할 수 있는 가능성을 경계하며 항상 조심하는 사람이다. 이러한 욥의 태도가 잘 나타나 있는 것이 욥기 1:4-5이다.

우선, 열 명의 자녀가 있다는 것과 '동방 사람 중에 가장 큰 자'로 불릴 만큼 많은 재물을 가지고 있다는 사실을 언급하는 이유는, 인과응보의 원리에 입각한 규범적 지혜의 관점에서 볼 때, 하나님의 뜻에 따라 행한 지혜자(의인)에게 주어지는 당연한 보상이기 때문이다. 다산의 축복과 수많은 재물(3절), 그리고 자녀들 사이의 화목(4절)은 1절에서 정의한 욥의 성격("온전하고 정직하여 하나님을 경외하며 악에서 떠난 자")을 재확인시켜 주는 역할을 한다.

욥의 아들들이 각자 '자신의 날'에 잔치를 벌이며 누이들까지 초대했다는 구절(4절)은 개역개정처럼 생일잔치(일 년에 총 일곱 번 모임)로 볼 수도 있고, 각 요일을 정하여 매일 모여 함께 식사를 했다는 의미로 해석할 수도 있다(후자의 해석에 대해서는 하경택, 『욥기』, 47 참조). 어떤 해석이든 간에 이 구절은 욥의 자녀들 사이의 우애가 매우 돈독하다는 것을 알려 주는 장치이다. 잠언의 규범적 지혜는 형제 사이의 화목을 매우 중요한 가치로 여긴다(잠 6:19, 17:17, 18:19 등).

5절은 하나님 앞에서 올바른 의인이자 지혜자인 욥의 성격을 더욱 강화시켜 준다. 자녀들이 저지를 수 있는 범죄마저도 염려하는 욥의 태도는 "스스로 지혜롭게 여기지 말지어다 여호와를 경외하며 악을 떠날지어다"(잠 3:7)라는 잠언의 말씀을 실천하는 것이다. 당대 최고의 복을 누리는 욥의 상태가 하나님의 뜻에 따라 살고 있다는 것을 입증하는 증거라 할지라도 욥은 하나님 앞에서 겸손한 태도를 취하고 있다. 욥기의 저자는 "욥의 행위가 항상 이러하였더라"라는 표현을 덧붙임으로써 욥이야말로 잠언의 가르침을 문자 그대로 실천하는 의인이자 지혜의 화신임을 독자에게 확인시켜 준다. 욥에 대한 이러한 묘사는 이후에 벌어질 욥의 고난에 대해 욥에게 책임이 없음을 분명히 하려는 것이다.

6-8절 천상 회의 무대를 하나님이 계시는 천상의 공간으로 옮기는 이유는 두 가지이다. 우선, 욥의 운명이 결정되는 것이 인간이 경험하고 관찰할 수 있는 영역을 벗어난 공간에서 일어났다는 점을 표현하는 것이다. 또한, 하나님이 모든 것을 다스리시는 절대주권자라는 것을 강조하기 위함이다. 하나님의 크심과 인간의 작음을

극명하게 대비하는 것은 반성적 지혜의 가장 중요한 주제 중 하나이다.

하나님을 중심으로 천상적 존재들이 함께 모여 있는 장면은 시편 82편, 89:5-7; 열왕기상 22:19-23; 이사야 6:1-3 등에 나타난다. 고대 근동과 그리스-로마 신화의 만신전(Pantheon)과 유사해 보이는 이러한 장면이, 성경에서는 철저히 (인간과 피조물의 작음에 대비되는) 하나님의 크심과 높으심, 절대주권자로서의 하나님을 강조하려는 목적으로 기술된다. "하나님의 아들들"(브네이 엘로힘)이 하나님 앞에 도열해 있는 모습은 결코 이들이 어떤 존재인지 어떤 모습인지를 설명하고자 함이 아니다. 오직 이들 위에 군림하시는 하나님을 돋보이게 하기 위한 '들러리'로 기능한다.

사탄의 등장 역시 '악의 기원'을 설명하기 위한 목적이 아니다. 정관사가 포함된 형태로 표현되는 핫사딴(הַשָּׂטָן)은 마치 법정의 검사처럼 문제를 제기하는 '고발자'의 역할을 하고 있는데(슥 3:1-2 참조), 사탄 역시 하나님의 주권과 허락하에 행동한다(욥 1:12). 욥기는 사탄에 대해 정보를 제공하는 아주 드문 자료이긴 하지만, 욥기에서의 사탄의 역할은 극히 제한적이다. 욥기 1-2장을 제외하고는 다시 등장하거나 언급되지 않는다. 따라서, 악과 부조리의 기원이 사탄이라는 것을 증명하려는 것을 욥기의 주제로 보기는 어렵다.

9-12절 주제 진술: '까닭 없는 신앙'은 있을 수 없다는 사탄의 주장

사탄은 욥기 전체를 관통하는 가장 중요한 질문을 던진다. '까닭 없는 신앙이 가능한가'라는 질문이다. 욥이 하나님을 경외하며 그분의 뜻을 따르는 것은 하나님께서 욥에게 많은 재물을 허락하시고 보호해 주시기 때문이다(10절). 따라서 그의 재물을 빼앗으면 욥에게는 더 이상 하나님을 경외할 이유가 사라진다는 논리이다(11절). '까닭 없이'로 번역된 히브리어는 힌남(חִנָּם)으로, 주로 '은혜'로 번역되는 헤인(חֵן)의 부사형이다. 은혜란 하나님께서 우리를 '불쌍히 여기시는 긍휼의 마음으로' '아무런 이유 없이, 아무런 대가를 바라지 않으시고' '값없이' 주시는 것이다. 이러한 은혜는 인과응보의 원리를 따르지 않는다. 인간의 선한 행위에 대한 하나님의 보상이 아니다. 욥기에서 사탄이 던지는 질문, 즉 '사탄의 신학'은 다음과 같이 정의될 수 있다. 하나님에 대한 인간의 신앙은 인과응보의 원리를 벗어날 수 없다. 신앙에 뒤따르는 보상은 하나님을 경외하는 것의 결과일 뿐 아니라 목적이자 이유이기도 하다. '뿌린 대로 거둔다'는 인과응보 사상을 사탄의 입을 빌려 표현하는 점이 욥기의 가장 흥미로운 지점이다. 욥기의 반성적 지혜는 '선한 열매를 거두지 않아도 당신은 계속 선한 씨앗을 뿌릴 수 있는가'라는 질문에서 시작한다.

욥기 1장 13-22절

하늘에서 결정된 대로 욥에게 고난이 닥친다. 외국인들의 폭력과 하늘에서 내리는 불과 바람으로 인해 욥은 종들과 가축 등 모든 소유를 잃게 된다. 숨 쉴 틈 없이 연속적으로 불어닥치는 '까닭 없는 고난' 앞에서 욥은 인과응보의 원리를 초월한 신앙을 보여 준다. 하나님의 절대주권을 인정하는 욥의 신앙 고백은 규범적 지혜를 뛰어넘는 반성적 지혜의 가장 이상적인 모습이다.

13–19절 욥에게 닥친 고난들

- A. 13–14절 고난이 닥치기 전의 평온한 상황
- B. 15–19절 욥에게 닥친 네 가지 재앙

20–21절 '까닭 없는' 고난에 대한 욥의 반응

22절 욥의 반응에 대한 평가

더바이블 욥기 1장 13-22절

13 어느 날이었다.
이날 욥의 자녀들은 맏형네에서 함께 모여 식사를 했다.
14 그때 누군가가 욥에게 와서 말했다.
"소들이 밭을 갈고 있었고
나귀들은 그 주변에서 풀을 먹고 있었습니다.
15 스바(쉐바) 사람들이 갑자기 나타나 그것들을 가져가 버렸고
또 하인들을 칼로 쳐 죽였습니다.
오직 저 홀로 도망쳐서 이 소식을 당신께 전합니다."
16 이 사람의 말이 끝나기도 전에 다른 사람이 와서 말했다.

개역개정과의 비교

13절 하루는 욥의 자녀들이 그 맏아들의 집에서 음식을 먹으며: 마소라 본문은 정관사가 있는 '그날'(הַיּוֹם하욤)로 되어 있으나 어떤 날로 특정할 수 없으므로 '어느 날', 혹은 개역개정처럼 "하루는"이라고 번역할 수 있다. 참고로, 타르굼(Targum)은 '일주일의 첫째 날'로 특정하면서, 맏아들의 집에 모이는 근거를 제시하고 있다. 즉, 타르굼은 욥의 자녀들이 (각자의 생일에 모인 것이 아니라) 일주일 단위로 매일 돌아가면서 일곱 아들의 집에 모였다고 이해하고 있다(1:4 해설 참조).

15절 스바 사람이 갑자기 이르러: 원문은 쉐바(שְׁבָא)로서 여성 단수로 쓰여 있다. 그러나 동사 히쿠(הִכּוּ, '치다, 때리다, 쳐서 죽이다')가 복수형으로 쓰인 것으로 미루어 쉐바는 집합명사로 취급해야 한다. 성경에서 스바는 구스(에티오피아)의 아들로서(창 10:7; 대상 1:9), 아프리카 혹은 아라비아 지역의 부족으로 여겨진다. "갑자기 이르러"는 '떨어지다'라는 의미의 동사 나팔(נפל)을 번역한 것이다. 직역하면, '쉐바가 떨어졌다'가 된다. 이 문맥에서는 예기치 않게 갑자기 나타나는 것을 가리킨다.

16절 그가 아직 말하는 동안에: '이 사람이 여전히 말하고 있었는데'라는 표현이 16,

"엄청 커다란 불이 하늘에서 떨어져서
양과 염소 떼와 하인들을 불살라 삼켜 버렸습니다.
오직 저 홀로 도망쳐서 이 소식을 당신께 전하게 되었습니다."

17 이 사람의 말이 끝나기도 전에 다른 사람이 와서 말했다.
"갈대아 사람들이 세 무리를 지어 낙타들을 습격하여 가져가 버렸고
또 하인들을 칼로 쳐 죽였습니다.
오직 저 홀로 도망쳐서 이 소식을 당신께 전합니다."

18 이 사람의 말이 끝나기도 전에 다른 사람이 와서 말했다.
"주인님의 자녀들이 맏형의 집에서 먹으며 포도주를 마시고 있
었습니다.

19 그때 광야 쪽에서 커다란 바람이 불어왔습니다.

17, 18절의 서두에 동일하게 나타난다. 이것은 네 번의 고난이 연속적으로 욥에게 닥친 것을 강조하기 위해 사용되었다.

16절 하나님의 불: "하나님의 불"은 성경에서 주로 번개를 지칭한다(왕상 18:38; 왕하 1:12).

17절 갈대아 사람이 세 무리를 지어: '갈대아'라는 이름은 바빌로니아의 마지막 왕조(주전 7-6세기)로 유명하지만, 욥기의 문맥에서는 요단강 동쪽과 유프라테스 사이의 지역에 거주하던 아람인의 한 부족을 의미하는 것으로 보인다.

19절 그 청년들 위에 무너지므로 그들이 죽었나이다: 개역개정이 "청년들"로 번역한 네아림(נְעָרִים)은 15, 16, 17절에서는 모두 "종들"로 번역되었다. 네아림(단수 נַעַר나아르)은 1) 나이로는, (결혼하기 이전의) 어린이부터 청년까지를 지칭하거나, 2) 계층적으로는 '하인'이나 '부하'를 의미하므로, 19절의 네아림이 욥의 자녀들과 하인들을 모두 포함하고 있다는 해석이 불가능하지는 않다. 하지만 14절부터 19절은 완전히 동일한 구조로 되어 있고, 동일한 단어들이 반복되고 있기 때문에, 19절의 네아림 역시 (욥의 자녀들이 아니라) 욥의 하인들로 이해하는 것이 보다 적절하다. 따라서, 욥의 자녀들이 모두 죽었고 42장에서 다시 새로운 열 명의 자녀를 얻었다는 해석은 재고할 필요가 있다. 욥의

바람이 그 집 사방에 불어닥쳤습니다.

그 집이 하인들 위에 무너져 내려 그들이 죽었습니다.

오직 저 홀로 도망쳐서 이 소식을 당신께 전합니다."

20 욥은 일어나서 자신의 외투를 찢었다.

그는 자신의 머리를 밀었다.

그는 땅에 엎드려 몸을 구부렸다.

21 그가 말했다.

"저는 어머니의 뱃속에서 발가벗고 나왔으니

거기로 발가벗고 돌아갈 것입니다.

하나님은 아무 이유 없이 주시는 분이시며

아무 까닭 없이 가져가실 수 있는 분입니다.

내가 어떤 처지에 있든지

하나님께서 찬양받지 못하실 이유가 전혀 없습니다."

22 이렇듯 욥은 그 어떤 경우에도 하나님의 뜻을 거역하지 않았다.

자녀들에게 임한 재앙은 맏형의 집이 무너지는 사건 정도에 그쳤을 가능성도 살펴보아야 한다.

20절 겉옷을 찢고 머리털을 밀고: 겉옷을 찢는 행위와 머리털을 깎는 행위는 모두 깊은 슬픔과 애도를 표현한다(창 37:34; 수 7:6; 삼하 1:11, 3:31, 13:31; 스 9:3, 5; 에 4:1; 렘 7:29; 미 1:16 참조).

20절 땅에 엎드려 예배하며: 바이쉬타후(וַיִּשְׁתָּחוּ)는 하바(חוה) 동사의 히쉬타펠형으로서, 기본적인 의미는 '스스로를 구부리다, 몸을 접다'이다. '예배'로 번역이 되는 경우가 많지만, 일차적인 의미는 엎드려 몸을 접는 행위를 가리킨다.

22절 하나님을 향하여 원망하지 아니하니라: 개역개정은 티플라(תִּפְלָה)를 "원망"으로 번역하지만, 원래의 의미는 '우매함/무지'이다(렘 23:13 참조: "내가 사마리아 선지자들 가운데 우매함을 보았나니"). 따라서, 본문은 '하나님께 무지(우

이런 상황에서도 그는 하나님께 결코 불의하고 무지한 죄를 저지르지 않았다.

욥기 1장 13-22절 해설

배경 이해

욥에게 닥친 고난은 총 네 가지로, 둘은 외국인들에 의한 것이고 나머지 둘은 천재지변에 의한 것이다. 욥기는 인재(人災)와 천재(天災)를 구별하지 않는다. 성경 시대의 고대 이스라엘인들뿐 아니라 주변 고대근동 사람들의 사고체계에서 불행과 화가 사람에게서 온 것이든 예측 불가능한 기상변화에 의한 것이든 모두 신의 주권하에 신의 뜻에 따라 발생한 일이다. 하늘에서 내린 불을 "하나님의 불"이라고 명명한 것과, 자신에게 허락된 것을 모두 가져가신 분이 하나님이시라는 욥의 고백은 모두 하나님의 주권을 강조하는 표현이다.

본문 이해

본문은 욥에게 어떤 고난들이 닥쳤으며 그 고난에 대해 욥이 어떻게 반응했는가를 보여 준다. 인간의 이해 영역을 벗어난 천상의 공

매함)를 저지르지 않았다'로 이해하는 것이 적절하다. 우매함/무지는 지혜 장르에서 상당히 중요한 단어이다. 1장의 결론을 맺으면서 욥은 처음부터 지혜의 화신이었고, 이유/까닭 없는 고난에도 여전히 지혜자로 남아 있었다고 말한다.

간에서 욥의 고난이 결정되었다. 즉, 욥은 그리고 앞으로 등장하게 될 욥의 친구들(엘리후를 포함)은 욥에게 왜 재앙이 임했는지 이유를 알지 못한다. 욥기의 독자는 이유를 알 수 없는 고난이 임했을 때 어떻게 반응하는 것이 가장 바람직한 신앙적 태도인지를 욥을 통해 배울 수 있다.

13-14절 고난이 닥치기 전의 평온한 상황 욥에게 고난이 닥치기 전의 상황을 욥의 자녀들이 맏아들의 집에서 먹고 마시는 장면으로 시작한다. 이것은 4-5절에서 묘사된 것으로서, 매일 벌어지는 일상이 이날도 여전했음을 표현한다. 소와 나귀는 평소와 다름없이 일을 하고 풀을 먹고 있었다. 어떤 불행한 일이 닥칠 것이라고는 전혀 예상할 수 없는 상황이 배경으로 묘사되어 있다. 배경을 이렇게 설정하는 목적은 욥이나 그의 가족의 일원이 재앙(하나님의 분노)을 불러일으킬 만한 어떤 특별한 잘못된 행동을 하지 않았음을 보여주기 위함이다. 욥의 의롭지 않은 어떤 행동이나 무지, 혹은 마음가짐의 변화로 인해 재앙이 발생한 것이 아니라는 사실 역시, 이 재앙이 '까닭 없는' 것이자 인과응보의 원리에서 벗어난 것이라는 것을 뒷받침해 준다.

15-19절 욥에게 닥친 네 가지 재앙 15-19절에서는 네 가지 고난이 연속적으로 묘사된다. 사용된 표현들은 동일한 어휘들이 반복적으로 쓰였다: "그가 아직 말하는 동안에"(16, 17, 18절), "또 한 사람이

와서”(16, 17, 18절), “나만 홀로 피하였으므로 주인께 아뢰러 왔나이다”(15, 16, 17, 19절). 이러한 동일한 표현의 반복은 이 재앙들이 시간 순차적으로 하나씩 온 것이 아니라 동시다발적으로 이루어졌다는 것을 나타낸다. 하나의 재앙이 발생했을 때 재앙이 발생한 “까닭”을 생각할 겨를이나 혹은 다른 재앙을 대비할 여유가 있지 않았을까라는 독자들의 질문을 미리 차단하는 효과를 준다.

흥미로운 것은 재앙이 발생하는 대상이 2-3절에 묘사된 욥의 소유 목록의 순서와 정반대라는 사실이다. 하나님께서 욥에게 허락한 소유를 순서대로 나열하자면, 열 명의 자녀(2절)와 양, 낙타, 소, 나귀, 그리고 종들(3절)이다. 순서는 가치를 나타낸다. 욥에게 있어 가장 소중한 것은 자녀들이며, 그다음이 양(양과 염소를 포함한 크기가 작은 가축)과 낙타, 그다음이 소(크기가 큰 가축)와 나귀이다. 3절에서 “종도 많이 있었으니”와 같이 분리된 문장으로 종이 언급된 것은 자녀들의 시중을 들고 가축들을 돌보는 종들이 각각 따로 있었음을 표현하는 것이다. 재앙이 묘사된 순서는 역순이다. 맨 처음에 소와 나귀, 그리고 그것들을 돌보는 종들에게 닥치고(14-15절), 그다음에 양과 낙타(16-17절), 그 후에 자녀들(19절)의 순서로 재앙이 임한다. 이러한 순서의 나열이 주는 효과는 첫째, 재난이 점점 더 크게 점층적으로 일어났음을 표현하는 것이고, 둘째, 재앙이 욥이 소유한 모든 것, 즉 하나님께서 욥에게 허락하신 모든 것에 총체적으로 발생했다는 것을 표현하는 것이다.

본문이 제기하는 질문 중 하나는 ‘욥의 자녀들이 죽었는가’ 하는 문제이다. 개역개정은 19절의 네아림(נְעָרִים)을 "그 청년들"로 번역함으로써 욥의 자녀들이 모두 죽은 것으로 해석하도록 유도한다. 히브리어 나아르(נַעַר)는 연령상으로 어린 사람들과 계층상으로 아랫사람을 모두 지칭할 수 있는 단어이므로, 한 단어를 "종들"로 번역하는 것과 "청년들"로 번역하는 것이 모두 가능하다. 다만, 네 번의 연속된 재앙의 서술이 모두 동일한 표현 양식과 어휘로 되어 있기 때문에 19절의 네아림만 욥의 자녀들(과 하인들)을 가리킨다고 보기는 쉽지 않다. 만약 19절의 네아림이 "종들"로 번역된 15, 16, 17절의 네아림과 같은 의미의 단어라면, 18-19절의 사건은 욥의 맏아들의 집이 무너진 일을 기술할 뿐이다. 그렇다면 욥기 42:13의 "아들 일곱과 딸 셋"은 새로 얻은 자녀들이 아니라 욥기 1:2의 "아들 일곱과 딸 셋"과 동일 인물이 된다.

주목해야 할 또 다른 신학적 주제는 야만적인 외부세력의 폭력(인재)과 천재지변을 따로 분리하지 않는다는 것이다. 첫 번째와 세 번째 재앙은 스바 사람들과 갈대아 사람들의 약탈로 인한 것이다. 약탈이라는 폭력적인 행위로 재앙이 발생했다는 것 역시 이 재앙이 피해를 당한 욥(과 그의 종들)에게 원인이 있지 않다는 것을 나타낸다. 피해자의 입장에서는 '까닭 없는' 재앙이다. 두 번째와 네 번째 재앙은 "하나님의 불"과 "큰 바람"으로 인한 것이다. 번개나 바람 같은 자연 현상은 욥기에서 특히 인간이 마음대로 컨트롤할 수 없는 하나님의 영역에 속해 있다. 3장 이하에서 욥과 세 친구, 엘리후와 하나님 모두 하나님의 크심과 인간의 작음을 대비할 때 자연 현상을 그 예로 든다. 자연에서 비롯된 재앙은 인간의 행위 여부와 무관한 하나님의 절대주권을 나타낸다. 그것이 인재이든 자연재해이든 간에 욥기는 이 모든 재앙이 발생한 이유가 하늘에서 결정된 사항 때문이라고 설명한다. 이 모든 것은 하나님의 허락과 주관하에 벌어진 일이다.

20-21절 '까닭 없는' 고난에 대한 욥의 반응 욥기의 독자들은 욥에게 왜 고난이 임했는지 그 이유를 알고 있다. 다만 욥은 모른다. 모든 소유를 잃게 된 끔찍한 재앙은 욥에게는 이유를 알 수 없는 '까닭 없는' 것이었다. 이러한 재앙이 닥쳤을 때 욥은 어떠한 행동을 보여 주고 어떠한 신앙 고백을 하는지 살펴보자.

욥은 우선 일어나서 겉옷을 찢고 머리카락을 민다. 겉옷을 찢는 행위는 극심한 고통을 표현하는 행위이다. 마음이 찢어진 상태라는 것을 외부로 표현하는 것이다(창 37:34; 수 7:6; 삼하 1:11; 스 9:3, 5; 에 4:1). 특별히 사랑한 아들 요셉이 죽었다고 생각한 아버지 야곱의 경우(창 37:34)나, 사울과 요나단의 죽음(삼하 1:11)과 아브넬의 죽음(3:31), 자녀들의 죽음(13:31)을 알게 된 다윗의 경우처럼 소중한 사람을 잃은 깊은 슬픔을 나타낸다. 머리카락 혹은 수염을 미는 행위 역시 '통곡'(렘 7:29)을 표현하는 것이다. 미가 1:16에서는 사랑하는 자녀들이 포로로 사로잡혀 가는 것을 애통해하는 부모의 마음을 표현할 때 사용된다. 겉옷을 찢고 머리를 미는 행위가 '잘못한 것에 대한 회개'를 의미하는 경우도 있지만, 위에서 언급한 모든 경우가 회개의 상황을 표현하지는 않는다. 특히 욥의 경우, 욥에게는 회개할 만한 잘못이 없다. 욥의 몰골을 본 세 친구도 옷을 찢는데(욥 2:12), 이는 회개의 행위가 아니다.

"주신 이도 여호와시요 거두신 이도 여호와시오니"(1:21)라는 욥의 신앙 고백은 '하나님에 대한 까닭 없는 경외, 대가를 바라지 않는 신앙은 있을 수 없다'라는 사탄의 주장을 정면으로 반박한다. 욥은 '알몸'으로 태어났으니 다시 아무것도 없는 상태로 죽는다 하더라도 하나님의 이름이 찬양받지 못할 아무런 이유가 되지 않는다고 고백한다. 본문을 직역하면 '주님은 주시고 주님은 거두신다'이다. 이 고백에는 이유나 조건이 붙어 있지 않다. 하나님이 무엇인가 우리에게 주시면 우리가 무엇인가 받을 만한 일을 해서가 아니다. 마찬가지로, 하나님께서 우리에게서 무엇인가 가져가실 때도 하나님의 행동을 촉발할 만한 어떤 (잘못된) 일을 우리가 했기 때문이 아니다. 하나님께서 주시고 거두시는 데는 아무런 까닭이 없다는 욥의 말은 하나님의 절대주권, 혹은 하나님의 자유에 대한 신앙 고백이다. 하나님은 인과응보의 원리에 갇혀 계신 분이 아니라는 증언이다. 이 신앙 고백은 하늘에서 벌어지는 일을 알 수 없는 인간이 가질 수 있는 최고의 태도이다.

22절 욥의 반응에 대한 평가 이유를 알 수 없는 고난이 닥쳤을 때 욥은 그 고난을 다음과 같이 이해한다: 하나님께서 허락하신 모든 것을 하나님께서 다시 가져가시는 것이다. 욥은 고난을 겪은 후에도 여전히 의인이자("욥이 범죄하지 아니하고") 지혜자("하나님을 향하여 [무지를 주지] 아니하니라")로 남아 있었다고 욥기는 평가한다. 티플라(תִּפְלָה)는 (개역개정의 번역처럼 "원망"을 의미하기보다는) 예레미야 23:13에서처럼 "우매함"으로 이해하는 것이 적절하다. 하나님을 향한 인간의 신앙은 인과응보의 원리에 따라 좋은 결과를 바라는 '투자심리'가 아니어야 한다는 욥의 대답을 성경은 '지혜'라고 말한다. 욥기는 1장에서 이미 인과율을 뛰어넘는 반성적 지혜의 '정답'이 무엇인지 분명히 언급하고 있고, 이 정답은 이후로도 변하지 않는다.

욥기 2장

욥의 신앙이 보상을 바라는 인과응보의 원리에 따른 것임을 입증하려던 사탄의 1차 시도는 실패했다. 다시 무대는 하늘로 옮겨지고, 사탄은 보다 강도 높은 시험을 준비한다. 욥의 소유에 한정되었던 재앙은 이제 욥 자신에게로 향한다. 지독한 피부병이 온몸을 덮어도 욥의 신앙은 이번에도 흔들리지 않는다. "하나님을 욕하고 죽으라"는 아내의 말을 욥은 '어리석은' 말로 평가하며, 1:21에서와 마찬가지로 하나님의 절대주권을 인정하는 신앙 고백을 한다. 마지막에 세 친구가 등장함으로써 3장 이하의 인과응보 사상에 대한 논쟁을 준비한다.

A. 1-6절	두 번째 천상 회의
B. 7-10절	두 번째 재앙과 그에 대한 반응
C. 11-13절	욥의 세 친구의 등장

더바이블 욥기 2장

1 어느 날 하나님의 아들들이 와서 하나님 앞에 섰다.
사탄 또한 그들과 함께 하나님 앞에 섰다.
2 하나님께서 사탄에게 말씀하셨다.
"너는 무엇을 하다 왔느냐?"
사탄이 하나님께 대답했다.
"세상을 여기저기 돌아다니다 왔습니다."
3 하나님께서 사탄에게 말씀하셨다.
"너는 나의 종 욥을 잘 살펴보았느냐?
이 세상 어느 누구도 욥처럼 나의 뜻을 온전하고 올바르게 행하는 사람이 없으며 나를 경외하며 내가 원치 않는 일을 멀리하는 이가 없다.
네가 나로 하여금 아무 까닭 없이 그에게 고난을 허락하도록 하였지만 그는 여전히 나에 대한 온전한 신앙을 굳게 붙들고 있다."

개역개정과의 비교

3절 네가 나를 충동하여 까닭 없이 그를 치게 하였어도: "충동하여"는 어근 쑤트(סות)의 히필형인데, 그 의미는 '자극하다, 꼬시다, 속이다' 등 상대를 나쁜 길로 유혹하고 잘못된 길로 인도하는 부정적인 문맥에서 자주 쓰인다(신 13:6; 왕상 21:25; 왕하 18:32; 사 36:18; 렘 38:22; 욥 36:16, 18; 대상 21:1; 대하 18:2, 32:11 등). "그를 치게 하였어도"의 원어는 '그를 삼키다'이다.

3절 그가 여전히 자기의 온전함을 굳게 지켰느니라: '굳게 지키다'라고 번역된 마하지끄(מַחֲזִיק)는 '강하게 하다, 단단히 붙잡다'라는 의미이다. '여전히, 계속'의 뜻을 지닌 부사 오덴누(עֹדֶנּוּ)와 함께 욥이 하나님의 기준에 온전히 합당한 의인/지혜자로 남아 있다는 것을 강조한다.

4 사탄이 하나님께 대답했다.

"'가죽에는 가죽으로'라고 하죠.

소유가 생명보다 귀하겠습니까?

목숨을 건질 수만 있다면 재산 따위는 다 내어놓을 수 있답니다.

5 만일 하나님께서 그에게 죽을 만큼의 육체적 고통을 허락하신다

면 그는 분명히 하나님의 면전에 대고 저주를 퍼부을 것입니다."

6 하나님께서 사탄에게 말씀하셨다.

"그래, 어디 네 마음대로 해 보아라.

다만 그의 생명을 빼앗아서는 안 된다."

7 사탄이 하나님 앞에서 나왔다.

그는 욥의 발바닥부터 정수리까지 지독한 피부병으로 욥을 때렸다.

8 욥은 잿더미 위에 앉아 도자기 파편으로 자신의 온몸을 피가 나도록

긁어 댔다.

4절 가죽으로 가죽을 바꾸오니: '가죽에는 가죽'이라는 표현은 성경에 한 번밖에 안 나오기 때문에 정확한 의미를 알기 어렵다. 표현 자체로 보아서 아마도 등가 교환의 의미를 담은 것으로 여겨진다. 유사한 표현들이 우가릿 문헌과 아랍어 문헌에 등장하지만(클린스, 『욥기 (상)』, 241 참조), 완전히 동일한 표현은 아직 발견되지 않았다. 이 구절의 해석이 어려운 이유는 '물물교환 시 동일한 물건으로 물물교환하는가'라는 문제와, '한 사람의 소유물과 목숨이 과연 동등한 값어치를 가지는가' 하는 해석적 문제가 발생하기 때문이다.

5절 이제 주의 손을 펴서 그의 뼈와 살을 치소서: '하나님의 손'은 질병과 재앙을 의미하는 경우가 많다(출 9:3; 신 2:15; 삿 2:15 등)

8절 욥이 재 가운데 앉아서: 에이페르(אֵפֶר)는 무엇을 태운 뒤 남은 재를 가리키기도 하고 흙더미나 흙먼지를 가리키기도 한다(애 3:16). 칠십인역은 이 단어를 '똥더미'로 번역하는데, 이 단어를 바탕으로 욥의 현재 위치를 도시 밖의 쓰레기나 분뇨를 처리하는 장소로 추정하기도 한다.

9 그의 아내가 그에게 말했다.

“당신은 어떻게 하나님에 대한 신앙을 굳게 붙들고 있을 수 있나요?

하나님을 욕하고 죽는 게 차라리 낫겠어요.”

10 그가 그녀에게 말했다.

“왜 당신은 어리석은 사람처럼 말합니까?

하나님께서는 우리에게 정말 좋은 것들을

아무런 이유 없이 주셨습니다.

그런데 그분께서 아무런 까닭 없이 나쁜 것을 주신다고

우리가 거부하면 되겠습니까?”

어떠한 경우에도 욥은 하나님의 뜻에 어긋나는 말을 전혀 하지 않았다.

11 욥의 세 친구가 욥에게 닥친 이 모든 재앙에 대해 들었다.

각자가 자신의 지역에서 왔는데, 데만(테이만) 사람 엘리바스(엘리파즈)와 수아(슈아흐) 사람 빌닷(빌다드), 그리고 나아마 사람 소발(쪼파르)

9절 하나님을 욕하고 죽으라: “욕하고”는 1:11과 2:5과 마찬가지로 바라크(ברך)의 피엘 명령형이 쓰였다.

10절 그대의 말이 한 어리석은 여자의 말 같도다: 어리석음을 나타내는 나발(נָבָל)의 여성 복수형이 사용되었다. 지혜의 반대말로서, 1:22의 티플라(תִּפְלָה)와 그 의미가 유사한 평행어이다.

11절 그들이 욥을 위문하고 위로하려 하여 서로 약속하고 오더니: “위문하고”로 번역된 누드(נוד)는 ‘함께 있다, 동정심을 보이다’라는 뜻이다(사 51:19; 욥 42:11; 렘 15:5, 16:5, 20:10, 48:17; 나 3:7). “위로하려 하여”는 어근 나함(נחם)의 피엘형이 쓰였다. 이 어근의 가장 기본적인 의미는 ‘마음을 바꾸다’라는 뜻이다.

이었다.

그들은 욥을 위로하기 위하여 함께 모여서 왔다.

12 그들은 멀리서 눈을 들어 보았지만 욥을 알아보지 못했다.

그들은 소리 높여 울었다.

그들은 각자 자신의 옷을 찢었다.

그들은 먼지를 자신의 머리 위에 뿌렸다.

13 그들은 땅바닥에 칠 일 낮 칠 일 밤을 그와 함께 앉았다.

그러면서도 그에게 아무 말도 하지 않았다.

왜냐하면 그의 고통이 너무도 컸기 때문이었다.

욥기 2장 해설

배경 이해

욥기 1장과 2장은 평행 구조(parallel structure)로 되어 있다. 두 이야기 사이에는 완전히 동일한 표현과 더불어 약간의 변형이 존재한다. 유사한 이야기를 두 번 혹은 그 이상 반복하는 것은 일종의 강조 용법이다. 같은 의미를 가진 이야기를 다른 표현으로 나타냄으로써 의미를 풍부하게 하기도 하고 반대로 더 좁게 할 수도 있다. 하나의 단어나 문장으로 표현할 때 오히려 다양한 해석이 가능한 경우가 많다. 오히려 여러 단어로 하나의 의미를 표현할 때 더욱 분명한 뜻을 전달할 수 있다. 따라서 평행 구조를 해석할 때 중요한 태도는 둘 사이의 차이점에 지나치게 몰두하지 않는 것이다.

본문 이해

1-6절 두 번째 천상 회의 1장과 유사한 서사구조가 좀 더 단순한 형태로 나타난다. 두 번째 천상 회의가 강조하는 것은 두 가지로서, 첫째, 하나님께서 모든 것을 다스리신다는 하나님의 주권을 강조하며, 둘째, 욥은 하나님의 뜻을 따라 살아온 의인이자 지혜자로서, 그에게 닥치는 고난은 '까닭 없는' 것, 즉 욥의 잘못으로 인한 것이 아니라는 사실이 강조된다.

1-2절: 다시 무대가 하늘로 옮겨져 벌어지는 일은 첫 번째 장면과 거의 동일하다. 같은 어휘와 표현이 반복된다. 2:1은 1:6과 동일하나 문장의 맨 끝에 사탄도 "여호와 앞에 서니"라는 표현이 첨가되어 있다(참고로, 일부 칠십인역 사본은 이 첨가된 부분을 생략함으로써 1:6과 완전히 동일한 문장으로 기록한다). 사탄이 하나님의 아들 중에 있다는 진술만으로도 사탄도 하나님의 주권 아래 있다는 것이 충분히 표현된다. 거기에 "여호와 앞에 서니"라는 표현을 덧붙임으로써 하나님이 사탄을 포함한 모든 것을 다스리신다는 사실이 강조되고 있다.

3절: "네가 나를 충동하여 까닭 없이 그를 치게 하였어도"라는 표현은 두 가지 의미를 내포한다. 첫째, 욥에게 고난이 임한 이유는 사탄의 질문과 "충동" 때문이다. '까닭 없는 신앙'이 가능하겠느냐는 사탄의 질문이 없었다면 욥에게 고난을 허락할 아무런 이유가 없다는 것이다. 둘째, 고난을 허락하신 분은 하나님 자신이라는 것이다. "그를 치게 하였어도"의 의미상의 주어는 하나님이다. '정당한 이유'가 없는, 즉 설명할 수 없는 일조차도 하나님의 주권하에 벌어진다는 것을 강조한다.

고난 이후에도 욥은 여전히 지혜자이자 의인으로 남아 있다. "온전하고 정직하여 하나님을 경외하며 악에서 떠난 자"라는 욥에 대한 평가는 1:1, 1:8, 그리고 2:3에서 되풀이된다. 소유한 모든 것을 다 잃은 후에도 욥은 여전히 하나님의 뜻에 합당한("온전") 자로, 하나님의 길에 똑바로 서 있고 그 길을 올바로 가고 있는("정직") 자로 평가된다. 따라서 그가 당하는 고난은 인과응보의 원리를 벗어난 '까닭 없는'(חִנָּם 힌남) 것이라는 것을 욥기는 하나님의 말씀으로도 확증한다.

4-6절: 첫 번째 시도가 실패로 돌아간 이유를 사탄은 고난의 정도가 약했기 때문이라고 논증한다. 강도를 높여, 그의 소유물보다 더 값진 생명을 위협하면 욥은 하나님에 대한 신뢰를 저버릴 것이라는 주장이다. 이때 사탄이 사용한 "가죽으로 가죽을 바꾸오니"라는 표현은 사실 그 의미를 정확히 알기 어렵다. 이와 비슷한 표현들이 우가릿 문헌과 아랍어 문헌에 등장하지만(클린스, 『욥기 (상)』, 241 참조), 완전히 동일한 표현은 아직 발견되지 않았다. 만약 가죽을 가죽과 교환한다는 것이 등가(等價)의 물물교환을 뜻하는 것이라면 뒤에 이어지는 문맥과 어울리지 않는다. 왜냐하면 한 사람의 소유물과 그 사람의 목숨이 동등한 값어치를 가지고 있지 않기 때문이

다. 한 가지 가능한 해석은, 두 번 언급된 "가죽"이 한 번은 동물의 가죽, 즉 생필품이자 소유물을 나타내고, 또 다른 가죽은 사람의 가죽, 즉 건강과 생명을 의미한다는 해석이다. 자신이 소유한 동물 가죽을 팔아 생명과 건강을 지킨다는 의미라면, 소유물보다 생명이 더 소중하다는 "모든 소유물로 자기의 생명을 바꾸올지라"라는 문장과 연결된다.

5절 상반절을 직역하면, '제발 당신의 손을 보내서 그의 뼈와 그의 살을 치세요'이다. 이 표현은 욥에게 고난을 주시는 분이 하나님이라는 사실을 분명히 한다. 하나님은 사탄의 제안을 이번에도 받아들이신다. 단 하나의 조건은 그의 생명까지는 빼앗지 말라는 것이다. 강화된 두 번째 시험은 욥기의 독자들을 긴장하게 만든다. 이 시험이 아무리 고통스럽더라도 욥이 죽지 않는다는 것을 우리는 알고 있다. 그러나 욥은 모른다. 목숨이 위태로운 상황에서 욥은 과연 하늘의 시험을 통과할 수 있는지가 관건이다.

7-10절 두 번째 재앙과 그에 대한 반응 "발바닥에서 정수리까지"라는 표현은 몸 전체를 가리킨다. 이 표현은 신명기 28:35을 배경으로 하는 듯 보인다. 하나님의 말씀에 순종하지 않고 그의 명령을 지켜 행하지 않는 자(신 28:15)에게 임하는 징벌 중 하나가 "발바닥에서부터 정수리까지" 이르는 "심한 종기"(שְׁחִין רָע 쉐힌 라아)이다(28:35). 두 본문에 기록된 히브리어 표현도 완전히 동일하다. 욥기의 반성적 지혜는 뿌린 대로 거두는 인과응보의 정수인 신명기의 규범적

지혜를 겨냥한다. 하나님의 뜻에 따르지 않으면 그에 따르는 징벌을 받게 된다는 진술이 곧 재앙이 닥치면 그것은 모두 하나님의 뜻에 따르지 않았기 때문이라는 논리로 귀결될 수 있는가를 묻는다. 욥기는 하나님의 말씀에 순종하고 그의 명령을 지켜 행하는 욥의 예를 들어 반론을 제기하고 있다.

성경이 주는 정보만으로는 욥의 온몸에 생긴 피부질환이 정확히 어떤 것인지 알 수 없다. 그리고 그 병을 현대의학용어로 옮기는 문제는 (여러 학자들의 많은 수고에도 불구하고) 별로 중요한 문제가 아니다. 중요한 것은 병명이 무엇이든 간에 이 질병이 단순히 가려운 정도의 피부질환이 아니라는 점이다. 사탄의 표현에서처럼(욥 2:5) 이 질병은 욥의 뼈와 살을 치는 병이다. 비록 욥기의 독자는 이 병이 죽을 병이 아니라는 것을 알지만, 하늘에서 벌어진 이야기를 알지 못하는 욥에게는 죽음이 임박했다고 느꼈을 만한 질병이다. 3장 이하에서 욥이 고통에 대해 토로할 때 죽음에 대한 언급이 많은 것은 이러한 이유 때문이다(3:21, 7:15, 9:23, 14:10, 14:14, 30:23 등). "하나님을 욕하고 죽으라"(2:9)는 아내의 말도 욥이 겪는 질병이 죽음에 이를 정도의 심한 병이라는 것을 뒷받침해 준다.

이 질병으로 인해 욥은 "재 가운데" 앉아 있게 된다(8절). 칠십인역(LXX)은 에이페르(אֵפֶר)를 '분뇨 더미'로 번역하고 '성 밖에서'라는 표현을 덧붙인다. 전염 가능성을 염두에 두고 피부질환자를 진영 밖으로 내보내는 레위기 규정(레 13:46)이 적용된 것인지는 명확하지 않다. 왜냐하면 레위기 규정에 따르면 그는 진영 밖에 홀로 머물러야 하기 때문이다. 아내를 비롯한 가족이나 친구의 방문이 허용되지는 않아 보인다. 정말 중요한 것은 이 에이페르가 가장 낮고 천한 것을 가리킨다는 사실이다. 인간의 하찮음과 보잘것없음을 나타낼 때 이 단어가 쓰이고(욥 30:19), 세 친구의 '조언'이 하나님의 진노를 받을 만한 형편없는 것이라고 욥이 논박할 때도 이 단어가 쓰인다(13:12). 욥이 지금 가장 낮은 자리에 있다는 사실을 에이페르라는 표현으로 강조한다. 그 자리의 실제적 위치가 집 안이든 성 밖이든 그것은 중요한 문제가 아니다.

욥의 아내의 말에 나타나는 "자기의 온전함을 굳게 지키느냐"라는 표현은 2:3의 하나님의 말씀에 나타난 표현과 동일하다("그가 여전히 자기의 온전함을 굳게 지켰느니라"). 욥기에 등장하는 모든 인물(천상의 존재들을 제외하고)은 모두 하늘에서 벌어진 일을 모르는데, 욥의 아내만 유일하게 하나님의 말씀과 동일한 표현을 사용한다. 이 때문에 욥의 아내의 말을 긍정적으로 해석할 수도 있다(욥의 아내에 대한 전통적인 부정적 해석과 새로운 긍정적 해석에 대해서는 하경택, 『욥기』, 66-69 참조). 그러나 아내의 말에 대해 욥은 그것이 지혜의 말이 아닌 '무지한 자의 말'이라고 평가한다. 1:22의 티플라(תִּפְלָה)와 마찬가지로 나발(נָבָל) 역시 지혜 장르에서는 무지/악의 범주에 속해 있는 단어이다. 지혜의 관점에서 아내의 말은 결코 긍정적으로 볼 수 없다. 또한 욥기의 화자는 "욥이 입술로 범죄하지 아니하니라"(2:10)라는 표현으로써, 아내의 말을 무지로 평가한 욥의 판단을 지지한다.

11-13절 욥의 세 친구의 등장 세 명의 친구가 등장한다. 그들의 이름과 출신 지역에 대해 여러 해석과 논의가 있지만, 욥기를 이해할 때 크게 중요한 부분은 아니다. 성경이 강조하는 것은 그들이 "각각 자기 지역에서부터" 왔다는 사실이다. 이것은 이 세 사람이 욥이 있는 지역으로부터 먼 곳에서 왔다는 것, 그리고 그들이 서로 같은 지역 출신이 아니라는 것을 나타낸다. 그들은 욥이 지난 세월 동안 어떤 삶을 살았는지, 욥의 자녀들이 하나님 앞에 온전한 삶을 살았는지 그렇지 않은지를 직접 목도하지 않았다. 그러므로 욥과 그의 자녀들에 대한 이들의 평가는 직접 목격한 사실을 기반으로 한 것이 아니라, 인과응보의 법칙에 따른 추론에 불과하다. 또한, 이들이 여러 곳에서 왔다는 사실은 이들의 공통된 '인과응보 신학'이 어느 특정지역이나 소수의 의견이 아니라 널리 퍼진 주류적 관점이라는 것을 의미한다. 서로 다른 견해를 지닌 두 사람이 서로 논쟁을 벌이는 것이 아니라 세 명(엘리후까지 네 명)과 한 명의 논쟁이라는 불균형한 구도를 잡은 이유도 인과응보를 기반으로 한 규범적 지혜가 훨씬 널리 받아들여지는 보편적인 지혜라는 사실을 말해 준다.

욥기 3장

욥의 극심한 고통 앞에서 세 명의 친구는 아무 말도 하지 못한 채로 칠 일 동안 함께 보낸다. 욥의 이야기는 이들의 침묵을 깨는 계기가 되며, 앞으로 진행되는 아주 긴 논쟁의 시작이 된다. 3장에 나타난 욥의 말 중에 세 친구로 하여금 더 이상 참지 못하고 말을 하도록 촉발한 것은 과연 무엇일까? 이 질문에 대한 해답을 찾는 것이 욥기 3장을 이해하는 열쇠이다.

A. 1–2절 도입부
B. 3–13절 고통에 대한 호소 (1)
C. 14–19절 사후 세계에 대한 묘사
D. 20–26절 고통에 대한 호소 (2)

더바이블 욥기 3장

1 마침내 욥이 입을 열었다.

그는 자신이 태어난 사실조차 고통스러워했다.

2 욥이 말했다.

3 내가 태어난 날이 없었더라면

사내아이가 태어났다고 말한 그 밤이 없었더라면

4 그날이 어둠이었더라면

위에 계신 하나님께서 그날을 만드시지 않았더라면

빛이 그날 위에 나타나지 않았더라면

5 어둠과 죽음의 그림자가 그날을 사 버렸었다면

구름이 그 위에 머물렀더라면

개역개정과의 비교

5절 그날을 자기의 것이라 주장하였더라면: 원문에는 '값을 지불하다, 구원하다'라는 의미의 가알(גאל)이 쓰였다. 따라서 원문을 풀이하면 '어둠과 죽음의 그림자가 그날을 사 버렸다면'이 된다. 어둠이 계속되어 그날(낮)이 존재하지 않기를 바라는 심정을 표현하고 있다. 다른 제안으로는, 이 어근이 앞에서 설명한 어근과는 무관한 동음이의어로서 '상하게 하다, 오염시키다'라는 의미일 수 있다. 이러한 의미로 어근 가알(גאל)이 쓰인 경우는 말 1:7("더러운" 떡을), 1:12(여호와의 식탁은 "더러워졌고")가 있다.

5절 흑암이 그날을 덮었더라면: 개역개정은 BDB나 HALOT의 제안대로 '어둡게 하다'로 캄리르(כַּמְרִיר)를 해석하여 "흑암"으로 번역하였다. 그러나 어근 카마르(כמר)는 '뜨겁다, 흥분하다'의 의미를 가지고 있다. 따라서 본문은 '밤/어둠이 낮의 더움/뜨거움을 압도하기를'이라는 의미로 이해하는 것이 적절하다. "덮었더라면"으로 번역된 단어의 어근은 바아트(בעת)로서, '압도하다, 무섭게 하다'라는 의미를 가지고 있다.

먹구름이 한낮의 뜨거움을 덮었더라면
6 그 밤이 어둠에 사로잡혔더라면
그 밤이 일 년의 하루로 여겨지지 않았더라면
그 밤이 달의 수에 들지 않았더라면
7 오 그 밤에 아무도 태어나지 않았더라면
그날에 아이의 탄생을 기뻐하는 소리가 없었더라면
8 빛을 사라지게 하는 마술사들이 그날 활동했었더라면
주술사들이 악어를 이용해 해를 가렸더라면
9 샛별들이 어두웠더라면
아무리 빛을 기다려도 빛이 나타나지 않았더라면
동이 터 오는 것을 볼 수 없었더라면
10 그랬더라면 내가 태어날 문이 닫혀
이 고통을 당하지 않았을 텐데
11 어째서 나는 자궁에서 죽지 않았을까
왜 뱃속에서 나올 때 사산되지 않았을까

6절 해의 날 수와 달의 수에 들지 않았더라면: 옛 번역인 개역한글은 "해의 날 수 가운데 기쁨이 되지 말았었더라면"으로 번역했다. 동사 이하드(יִחַדְ)를 '기뻐하다'라는 의미로 이해했기 때문이다. 그러나 이 해석은 평행법의 시각에서 문맥에 어울리지 않는다. 이 동사는 '보다, 보이다, 여기다' 등으로 해석하는 것이 적절하다(HALOT 참조). 개역개정은 이를 반영하여 개정하였다.

8절 날을 저주하는 자들 곧 리워야단을 격동시키기에 익숙한 자들이: 아마도 낮을 어둡게 할 수 있는 주술사를 의미하는 듯하다. 악어나 용과 같은 존재(리워야단)로 하여금 해를 가려 일식이 일어나게 하는 신화적 생각을 배경으로 하는 것으로 보인다.

12 태어난 아기를 받아줄 사람이 왜 거기 있었을까
왜 그 아이가 먹을 모유가 있었던 걸까
13 만일 그런 일이 없었더라면
지금 나는 누워서 조용히 잠을 자고 있었을 텐데
나는 단지 평온히 쉬었을 텐데
14 허허벌판에 커다란 도시를 건설했던
대단한 왕들이 지금 누워있는 곳
15 금은보화로 집 안을 가득 채웠던 지도자들도 누워있는 곳
16 산모의 뱃속에서 죽은 사산아도 누워 있는 그곳에
나도 함께 누워 햇볕을 볼 일이 없었을 텐데

17 그곳은 나쁜 놈들도 아무런 악행을 저지르지 못하는 곳이고

12절 어찌하여 무릎이 나를 받았던가: 원문을 직역하면 '대체 왜 나를 받을 무릎이 내 앞에 있었던가'이다. 아이가 태어날 때 아이의 아버지, 산파 등이 아이를 무릎에 올려놓는 것으로 출산 과정이 종결되는 것을 나타낸다(창 30:3, 50:23 참조). 덧붙여 말하면, 어근 까담(קדם)은 장소나 시간적으로 '앞'을 가리킨다. 개역개정의 "어찌하여 무릎이 나를 받았던가"는 적절한 의역이다.

14절 자기를 위하여 폐허를 일으킨: 호르바(חָרְבָּה, 복수 חֳרָבוֹת 호라보트)는 '폐허'를 가리키는 단어이다. 이 단어가 동사 바나(בנה)와 함께 쓰이는 겔 36:10, 36:33과 말 1:4에서는 '폐허에서 도시를 건설(혹은 재건)하다'라는 의미로 사용된다. 따라서 본문은 "폐허를 일으킨 세상 임금들"로 해석하기보다는 '폐허에서 도시를 건설한 세상의 왕들'로 해석하는 것이 적절하다. 참고로, 새번역은 "지금은 폐허가 된 성읍이지만, 한때 그 성읍을 세우던 세상의 왕들과…"로 번역하면서, 과거의 영광이 지금은 폐허가 된 것으로 해석하는데 이 해석은 '폐허를 건설하다'라는 본문과 어울리지 않는다. 공동번역의 "저 허물어진 성터에 궁궐을 세웠던"이라는 번역이 보다 나은 번역이다.

살아서 힘깨나 쓰던 자들도 아무 힘도 발휘하지 못하는 곳인데
18 감옥에 갇혔던 자들도
더 이상 간수들의 말을 듣지 않아도 되는 곳이며
19 큰 자와 작은 자 의인과 악인 지혜자와 아둔한 자의
구별이 사라지는 곳
주인이 더 이상 주인이 아니고
하인도 더 이상 하인이 아닌 곳인데

20 대체 왜 하나님은 사람에게 빛을 주시고
생명을 주셔서 이렇게 힘들고 고통스런 인생을 살게 하실까
21 처참한 고통 속에 사는 사람들이 아무리 이 삶이 끝나기만을
기다려도 죽음은 좀처럼 그들을 찾아오지 않는다
숨겨진 보물을 찾듯 땅을 파서
22 어렵사리 자신이 묻힐 자리를 발견할 수만 있다면
그들은 기쁨의 환호성을 내지를 텐데
23 어디로 가야 할지 도무지 길이 보이지 않는 사람
하나님께서 콕 집어 길을 막으시는 사람
대체 왜 하나님은 그런 사람에게 빛을 주시고
생명을 주셔서 이렇게 힘들고 고통스런 인생을 살게 하실까
24 나는 아무리 맛난 음식이 눈앞에 있어도
고통의 눈물과 탄식만이 쏟아질 뿐이다
25 내가 무서워하던 것이 내게로 왔고

내가 두려워하던 것이 내게 임했다

26 나는 전혀 괜찮지 않다

내 삶은 더 이상 평안한 쉼을 누릴 수 없다

단지 고통만이 가득할 뿐이다

욥기 3장 해설

배경 이해

3:1부터 42:6까지는 '누가 말했다'와 같은 일부 도입부를 제외하고 모두 운문(韻文)으로 되어 있다. 히브리어 운문의 특징은 평행법(parallelism)이다. 비슷하거나 혹은 상반된 의미의 단어나 구, 문장을 서로 짝이 되게 반복하여 나열하는 것이 평행법이다(혹은 대구법이라고도 한다). 짝이 되는 단어나 구문이 동의적인가, 반어적인가, 혹은 상보적인가를 파악하는 것은 운문을 이해할 때 필수적이며 핵심적이다.

본문 이해

1-2절 도입부: 단절인가 연속인가 3장을 이해하는 핵심은 3장의 욥의 말이 1-2장과 단절된 것이냐 아니면 연속된 것이냐를 파악하는 것이다. 욥의 성격(캐릭터)에 변화가 있다는 관점은 1-2장과 3장 사이의 단절을 강조하는 해석이다. 착하고 순종적이었던 욥이 반항

적이고 도전적으로 바뀌게 되었다고 보는 이 해석에는 문제점 혹은 약한 고리가 있다. 욥이 그렇게 바뀌게 된 계기에 대해 욥기가 명시적으로 말하지 않는다는 것이다. 추측과 상상력이 개입될 수밖에 없다. '아마도' 심한 고통(2:13)이 욥으로 하여금 더 이상 침묵할 수 없게 만드는 요인이었을 것이라 추정한다. "밤낮 칠 일 동안"(2:13)이라는 시간의 경과를 지칭하는 표현과 '침묵'을 깨고 마침내 '자신의 입을 열었다'(3:1)라는 구절이 이러한 단절의 관점을 지지해 준다. "주신 이도 여호와시요 거두신 이도 여호와시오니"(1:21)라고 고백하던 욥은 이제 변하여 자신이 태어난 날을 저주하기에 이르렀다.

그러나 태도나 말투에 현혹되지 않은 채로 1-2장의 욥과 3장 이하의 욥의 진술이 과연 차이가 있는가 살펴볼 필요가 있다. 앞에서 살펴본 바대로, "주신 이도 여호와시요 거두신 이도 여호와시오니"(1:21)와 "하나님께 복을 받았은즉 화도 받지 아니하겠느냐"(2:10)라는 욥의 신앙 고백은 욥이라는 인물의 착하고 순종적인 캐릭터를 표현하고자 하는 목적이 아니다. 바로 인과응보의 원리, 즉 뿌린 대로 거두는 원리를 초월해서 움직이시는 하나님의 절대주권(하나님의 자유)에 대한 고백이다. 하나님의 결정과 판단이 '까닭 없는' 것이라는 것은 하나님의 행동이 무작위라는 진술이 아니라, 하나님의 행위, 즉 하나님의 주권하에 세상에서 벌어지는 모든 일에 대해 인간이 그 까닭(원인)을 다 알 수 있는 것은 아니라는 인간의 한계성에 대한 진술이다.

3-13절 고통에 대한 호소 (1): 저항인가 탄식인가 1-2장과 3장 이하를 연속적인 것으로 보는 관점은 욥기 3장을 하나님께 대들고 반항하는 '저항시'가 아니라 죽을 만큼 고통스러운 상태를 호소하는 '탄식시'로 이해한다. 3장은 2:13에서 언급된 "욥의 고통이 심함"을 욥의 입을 통해 표현한 것이다. 욥이 자신의 생일을 저주하는 장면(특히 3:3-13)은 예레미야 20:14-18과 그 언어 표현이 상당히 유사하다("내 생일이 저주를 받았더면, 나의 어머니가 나를 낳던 날이 복이 없었더면 … 어찌하여 내가 태에서 나와서 고생과 슬픔을 보며 나의 날을 부끄러움으로 보내는고 하니라"). 예레미야의 탄식을 하나님에 대한 반항과 도전으로 해석하지는 않을 것이다. 욥의 탄식도 마찬가지다. 예루살렘이 무너지고 약속의 땅을 잃어버린 현실 앞에 망연자실한 예레미야와 마찬가지로, 욥 또한 2장에서 묘사된 뼈와 살을 치는 심한 고통(13절)을 호소하고 있는 것이다.

'차라리 태어나지 않았더라면' 혹은 '죽으면 이 고통이 없어질 텐데'라는 의미의 표현들이 현대 독자들에게 불편함을 야기시킬 수는 있다. 하나님께서 주신 고귀한 생명을 값어치 없는 것으로 취급하는 욥의 태도에서 '하나님께 대한 불경함'을 읽어 낼 수는 있다. 그러나 이후에 나오는 세 친구의 발언과 엘리후, 그리고 하나님의 말씀 중에서 '태어나지 않았으면 좋았을 것이라'는 욥의 탄식이 하나님에 대한 모독이라고 비판하는 장면은 단 한 번도 나오지 않는다. 즉, 욥기의 등장인물들과 하나님은 욥의 이 진술을 하나님께 도전하는 '문제적 발언'으로 여기지 않는다는 것이다. 칠 일 동안

말없이 욥의 고통을 함께한 친구들로 하여금 침묵을 깨도록 만든 것은 바로 다음에 이어지는 욥의 사후 세계에 대한 진술 때문이다.

14-19절 욥의 사후 세계에 대한 묘사 차라리 죽었으면 이 고통을 보지 않았을 것이라는 욥의 진술은 그의 사후 세계에 대한 묘사로 이어진다. 죽음 이후의 세계라는 주제는 반성적 지혜에서 아주 중요한 위치를 차지하고 있다. 왜냐하면 잠언을 비롯한 규범적 지혜에서는 이 주제를 다루지 않고 있기 때문이다. 규범적 지혜는 '의인/지혜자에게는 생명이, 악인/무지자에게는 멸망(죽음)이'라는 도식 이상을 넘어가지 않는다. 규범적 지혜는 "그것을 얻는 자에게 생명이 되며 그의 온 육체의 건강이" 된다(잠 4:22). 이 지혜가 결여된 악인을 기다리는 것은 멸망(죽음)이다(1:32, 6:15, 10:8-15, 10:29, 18:7, 28:24). 지혜와 의는 죽음에서 건지며(10:2, 11:4), "의인은 그의 죽음에도 소망이" 있다(14:32). 육체의 건강과 생명('영적 생명'이 아니다)은 지혜에 속해 있고, 멸망과 죽음(마찬가지로 '영적 죽음'이 아니다)은 무지와 악의 영역에 속해 있다.

반성적 지혜는 이 이분법에 의문을 제기한다. 그렇다면 의인/지혜자는 죽지 않는가? 죽음이 그들에게도 찾아오는 것은 마찬가지이다. 욥기 1-2장이 규범적 지혜가 다루지 않는 천상의 공간을 신학적 사유의 영역으로 끌어온 것처럼, 욥기 3장은 규범적 지혜에서 언급되지 않는 죽음의 평등성을 논의의 단상에 올려놓는다. 욥이 묘사하는 사후 세계는 의인과 악인, 지혜자와 무지자가 모두 함께 있는 곳이다. "임금들"과 "모사들"(욥 3:14)은 의인과 지혜자를 나타낸다. 잠언에서 임금(왕)은 "의/공의"(잠 8:15, 16:12, 13), "재판/심판/정의"(16:10, 29:4), "정직"(16:13), "생명"(16:15), "지혜"(20:26)와 연결된다. "모사들"에게는, 잠언에 따르면, "평안"(11:14), "화평, 희락"(12:20), "경영"(15:22), "승리"(24:6)가 주어진다. 또한, 욥기 3:15의 "금을 가지며 은으로 집을 채운 고관들" 역시 하나님의 복을 받은 자로서, 부요는 의와 지혜의 결과물이다. 그런데, 욥의 사후 세계에 대한 진술은 이 의인이자 지혜자들이 정반대의 영역에 속해 있는 사람들과 한곳에 있다는 것이다. "낙태되어 땅에 묻힌 아이"나 "빛을 보지 못한 아이들"(16절), "악한 자"와 "피곤한 자"(17절), 그리고 "갇힌 자"(18절)가 바로 그들이다.

"작은 자와 큰 자가 함께" 있으며 종과 상전의 구분도 없는(19절) 사후 세계는 '규범이 무너진 자리', '정답이 사라진 공간'이다. 규범적 지혜의 근간인 인과응보의 원리가 적용되지 않는 장소이다. 반성적 지혜에 속해 있는 전도서 역시 이 지점에서 욥의 이해와 궤를 같이하면서 한 발 더 나아간다. 죽음에 있어서는 지혜자와 우매자의 구별이 없을 뿐 아니라 인간과 짐승의 구별 역시 존재하지 않는다(전 3:19-20). 만약 지혜자와 우매자의 결말이 동일하다면, 규범적 지혜를 추구해야 할 "까닭"이 있을까? 욥의 첫 번째 발언 중에 친구들의 심기를 크게 건드리는 지점이 바로 여기이다. 뿌린 대로 거두는 인과응보의 원리가 무너지면 규범적 지혜의 선악 구분이나 지혜를 추구하는 명분이 모두 사라지기 때문이다. 좋은 결과물을 얻기 위한 '까닭 있는 신앙' 혹은 '신앙적 투자'를 아무도 하지 않게 될 것이다.

20-26절 고통에 대한 호소 (2) 고통에 대한 두 번째 호소는 '죽음으로써 고통을 끝내고 싶다'는 탄식(1-13절)에서 한 발 더 나아간다. 첫째, 고난과 고통을 주시는 분이 하나님이라는 하나님의 주권에 대한 고백이 23절에 묘사되어 있다("하나님에게 둘러싸여 길이 아득한 사람에게"). 고통을 주시는 분이 하나님이라는 표현이 하나님을 원망하는 발언으로 이해될 수도 있으나, 이 말은 "하나님께 복을 받았은즉 화도 받지 아니하겠느냐"(2:10)와 동일한 고백이다. 둘째, 규범적 지혜에 대한 반문이다. 고난이 악인에게 주어지는 징벌이라면, 그 악인에게는 멸망(죽음)이 뒤따라와야 하는 것이 규범이다. 그런데 욥은 왜 "고난"과 "생명"이 동시에 주어지는지를 고통스럽게 묻는다(3:20). 22절의 '기쁨'과 '즐거움'은 의인과 지혜자에게 주어지는 상이라는 것이 규범적 지혜의 진술인데, 고통에 신음하는 자들에게는 "무덤"을 발견하는 것, 즉 죽음이 찾아오는 것이 "보배"요 '기쁨'과 '즐거움'이 된다는 역설이다(21-22절). 선과 악, 상과 벌의 이분법이 깨어진다.

욥기 4장

욥기에서 가장 많은 부분이 할애된 욥과 세 친구 사이의 본격적인 논쟁(4-31장)이 시작된다. 세 친구 중에서 엘리바스가 가장 먼저 말하는 것뿐 아니라 다른 두 친구들보다 더 많은 말을 하는 점에서 엘리바스가 세 친구의 대표 격이라 할 수 있다. 4장에서 주목해야 할 것은 3장의 욥의 발언 중 엘리바스로 하여금 침묵을 깨도록 만든 것이 무엇이냐를 파악하는 것이다. 엘리바스가 지키고 변호하고 싶은 지혜(신학적 입장)는 무엇이었을까?

A. 1-6절 고난의 원인에 대한 엘리바스의 추론
B. 7-11절 규범적 지혜의 근간: 인과응보
C. 12-21절 계시와 지혜의 내용

더바이블 욥기 4장

1 데만 사람 엘리바스가 대답했다.

2 내가 이렇게 말하면 자네가 무척 불편해 할 수도 있겠지만
자네가 하는 말을 듣고
잠자코 가만히 있을 수 있는 사람은 아무도 없을 걸세
3 이보게 자네는 그동안 많은 이들을 올바로 인도했고
연약한 자들을 굳건히 해 주었네
4 자네의 말이 넘어지는 자를 일으켜 세워 주었고
쓰러진 무릎들을 강하게 해 주었다네
5 그런데 이제 그 일이 자네에게 미치니 자네는 그만 견디질 못하고

개역개정과의 비교

2절 누가 네게 말하면 네가 싫증을 내겠느냐: 풀어서 번역하면, '너를 시험하는/불편하게 하는 말을 하면 네가 지치고 힘들까?'이다. 최대한 욥을 불편하지 않게 하려는 조심스러운 태도를 나타낸다.

2절 누가 참고 말하지 아니하겠느냐: "말"이라는 뜻의 단어로 상반절에서는 다바르(דָּבָר)가, 하반절에서는 밀린(מִלִּין)이 사용되었다. 다바르는 히브리어이고 밀린은 아람어이다. 남성 복수형으로 히브리어의 -임(ִים־)이 아니라 아람어 -인(ִין־)을 사용함으로써 엘리바스의 언어에 아람어의 색깔을 입히려는 저자의 의도가 보인다는 주장이 있는데, 정확한 설명은 아니다. 왜냐하면 하나님과 욥도 동일한 단어를 사용하고(욥 12:11, 26:4, 38:2), 엘리바스도 밀림(מִלִּים)이라는 히브리어 어미를 쓰기 때문이다(15:3).

3절 손이 늘어진 자: '늘어진 두 손'을 직역한 번역이다. 이 표현은 약함과 좌절, 그리고 아무 도움을 받지 못하는 상태를 의미한다(삼하 4:1; 사 13:7 참조).

4절 무릎이 약한 자: 직역하면 '꿇은/엎드린 무릎'이다. 참고로 히 12:12에 동일한 표현이 나온다.

5절 이 일이 네게 이르매, 이 일이 네게 닥치매: 원문에는 주어가 명시되어 있지 않다.

자네에게 닥치니 좌절하고 말다니

6 자네가 그동안 안전했던 것은

자네가 하나님을 경외했기 때문이고

자네의 삶이 온전했던 것은

자네가 그분만을 바라기 때문이 아니었던가

7 부디 잘 생각해 보길 바라네

아무 죄 없는 자가 멸망한 적이 있던가

하나님의 뜻을 올바로 행한 자가 어떻게 망할 수 있단 말인가

8 죄악으로 밭을 일구고 고통을 씨 뿌리는 자는

그것을 그대로 거둔다는 것이 내가 아는 바일세

9 그들은 하나님이 숨 한번 내쉬면 멸망하고 말며

그분의 콧바람에 끝장난다네

10 사자같이 소리치고 울부짖어도 결국 그치고 말며

젊은 사자의 이빨이라도 부러지고 말 것이네

11 먹을 것이 없으면 어미 사자는 죽고 말며

그 새끼들은 뿔뿔이 흩어지고 말 것이네

6절 네 자랑이 아니냐: "자랑"으로 번역된 단어인 키슬라(כִּסְלָה)는 두 가지 상반된 의미가 있다: 1) 아둔함, 2) 확신. 이 문맥에서는 "소망"이라는 단어와 평행하기 때문에 후자의 의미로 보는 것이 적절하다.

7절 정직한 자: 예샤림(יְשָׁרִים)은 하나님의 뜻에 따라 바르고 곧게(straight) 사는 지혜자/의인을 지칭한다.

9절 하나님의 입 기운, 그의 콧김: 숨/호흡을 뜻하는 네샤마(נְשָׁמָה)와 루아흐(רוּחַ)를 번역한 것이다. 하나님의 숨은 거센 바람을 뜻하며, 하나님의 '코의 바람'은 하나님의 분노에서 비롯한 징벌을 뜻하는 숙어적 표현이다.

12 어떤 소리가 내게 몰래 다가왔고
속삭이는 소리가 내 귀를 사로잡았다네
13 남들이 다 깊은 잠을 잘 무렵
그 캄캄한 밤에 나는 무언가를 보고 공포에 사로잡혔다네
14 두려움과 떨림이 내게 닥쳐서
내 온몸의 뼈가 달달 떨렸었다네
15 바람이 얼굴로 휙 지나가서
온몸의 털이 바짝 섰다네
16 무언가가 내 눈앞에 서 있었는데
나는 그것이 무슨 형상인지도 알아볼 수 없었다네
단지 나는 이렇게 말하는 아주 조용한 소리를 들었을 뿐이네
17 인간이 하나님보다 더 올바를 수 있는가
사람이 창조주보다 더 순결할 수 있는가
18 그분은 자신의 종들조차 신뢰하지 않으시며
자신의 천사들에게도 잘못을 지적하시는 분이신데
19 사람이란 고작 벌레 한 마리 때문에

13절 그 밤에 본 환상으로: "환상"으로 번역된 단어는 헤즈요노트(חֶזְיֹנוֹת)로서, 어근 하자(חזה)의 어원은 단순히 '보다'라는 뜻이다. 평행구인 "사람이 깊이 잠들 즈음"과 연관하여 해석하면 '꿈에서 본 것'을 의미한다.

15절 영이 내 앞으로 지나매: 이 문맥에서 루아흐(רוּחַ)는 어떤 신비한 영적 존재(spirit)를 가리킬 수도 있고, 단순히 바람(wind)을 의미할 수도 있다.

17절 사람이 어찌 하나님보다 의롭겠느냐: "사람"으로 번역된 에노쉬(אֱנוֹשׁ)의 어원 아나쉬(אנשׁ)는 '약함, 부서지기 쉬움'을 의미한다. 하나님의 크심과 인간의 작음을 대비하는 장면에서 많이 차용되는 단어이다.

부서지는 집을 지을 뿐이고
그 집조차 흙 위에 터를 잡고 있을 뿐이다
20 인간은 하루만 살다 죽는 하루살이에 불과하며
그들의 인생은 오래가지 못하고 영영 없어지고 말 것이다
21 땅에 박혀 있는 핀이 뽑혀 버리듯
그들은 하나님을 아는 지혜가 없어서 죽고 말 것이다

욥기 4장 해설

배경 이해

규범적 지혜(Standard Wisdom)란 하나님께서 창조 때부터 정하신 패턴(규범)이 있고 그 패턴을 잘 알고 따르는 것이 지혜요 의(義)이며, 그 패턴을 모르거나 알려고 하지 않는 것, 알면서도 따르지 않는 것이 무지요 악이라는 것이다. 그 패턴의 가장 근간에는 '뿌린 대로 거둔다'는 인과응보의 원리가 있다. 규범적 지혜가 성립하기 위한 중요한 전제 중 하나는 '인간은 하나님께서 정해 주신 패턴을 알 수 있다'는 것이다. 하나님이 정하신 규범(패턴)에 대한 인간의 인식 가능성이 엘리바스의 4장의 중심 주제 중 하나이다.

본문 이해

4장은 엘리바스의 첫 번째 발언으로서, 여기에 규범적 지혜의 핵심

적인 주제들이 다 표현되어 있다. 욥에게 고난이 찾아온 이유, 하나님께서 정하신 규범인 인과응보의 원리, 모든 것을 다스리시는 하나님의 주권이 차례로 설명된다.

1-6절 고난의 원인에 대한 엘리바스의 추론 2절 엘리바스의 첫 발언("누가 네게 말하면 네가 싫증을 내겠느냐")을 욥을 꾸짖는 말로 이해할 수도 있지만, 조심스럽게 욥에게 반론을 제기하는 태도로 이해할 수도 있다. 번역을 좀 달리 하면 '불편한 말을 하면 과연 자네가 견딜 수 있을까?' 정도로 해석 가능하다. 지금부터 엘리바스가 하는 말은 극심한 고통 중에 있는 욥의 심기를 건드릴 수 있는 말이지만, 욥의 잘못을 바로잡기 위해 이 말은 어쩔 수 없이 꼭 해야겠다는 엘리바스의 마음을 읽을 수 있다. 욥의 지나온 삶에 대해 칭찬을 하는 것으로 시작하는 방식(3-4절)은 한편으로는 상대를 설득하는 기술이고, 또 다른 한편으로는 불편한 대화에 대한 조심스러운 접근법이기도 하다.

3-6절에서 엘리바스가 사용하는 언어는 철저하게 규범적 지혜의 언어이다. 연약한 자들("손이 늘어진 자", 3절), "넘어지는 자"와 "무릎이 약한 자"(4절)는 규범적 지혜에서 '지혜가 부족한 자'를 가리킨다. 그들에게는 "훈계"가 필요하고 "강하게" 해 줄 지혜자가 필요한데, 그 역할을 욥이 훌륭히 해냈다고 평가한다. 하나님의 뜻을 잘 알고 따르는 지혜자/의인의 특질은 하나님을 "경외"하는 것, 그리고 이와 동의어로서 "온전한 길"을 "소망"하는 것이다(6절). 엘리바스가 평가하는 욥은 '규범적 지혜의 화신'이며, 이는 욥기 1-2장에서

언급된 "온전하고 정직하여 하나님을 경외하며 악에서 떠난 자"(1:1, 8, 2:3)라는 평가와 일치한다.

4:5의 "이제 이 일이 네게 이르매"와 "이 일이 네게 닥치매"라는 문장의 히브리어 원문에는 주어가 명시되어 있지 않고 여성 단수 동사로만 표현되어 있다. 일종의 '비인칭 주어'라 할 수 있는데, 문맥상 욥에게 닥친 고난을 의미한다. 보다 구체적으로는, 앞 문장의 표현인 '손이 늘어짐', '넘어짐', '무릎이 약해짐'이 의미상의 주어이다. 엘리바스의 규범적 지혜의 관점에서 볼 때 이러한 일은 지혜가 없는 자, 하나님의 뜻에 따라 살지 않은 악인에게 벌어지는 일이기 때문에, 엘리바스는 지금 욥의 지혜 없음과 악함을 지적하고 있는 것이다.

7-11절 규범적 지혜의 근간: 인과응보 욥에게 이러한 일이 벌어진 이유는 한마디로 욥이 죄를 지었기 때문이고, 욥이 하나님 앞에 바로 서지("정직") 못했기 때문이다. '뿌린 대로 거둔다'라는 원리가 8절에 그대로 나타나 있다: "악을 밭 갈고 독을 뿌리는 자는 그대로 거두나니." 여기서, 죄 없이 망한 자가 없고 하나님의 뜻에 따라 바르게 산 사람("정직한 자")에게는 끊어짐이 없다는 엘리바스의 말(7절)을 자세히 살펴볼 필요가 있다.

첫째, 좋은 것을 심으면 좋은 것이 나고 나쁜 것을 심으면 나쁜 것이 나온다는 극히 '당연한' 원리(규범)는 성경 말씀(특별계시)과 자연 현상에 대한 우리의 경험(일반계시)을 통해 지극히 잘 알려져 있다. 잠언 22:8; 호세아 10:12; 시편 126:5-6 등 성경의 수많은 구절들이 이 원리를 바탕으로 하고 있고, 이 말씀들로 우리는 삶을 견딜 수 있는 힘과 용기를 얻게 된다. 그러나, 죄 없이 망한 자가 없다는 엘리바스의 단언은 세상 모든 사람의 경우를 직접 관찰하여 도출한 결론이 아니다. '이론적인 추론'일 따름이다. '나쁜 것을 뿌리면 나쁜 결과를 맺는다'라는 말을 뒤집어, '나쁜 결과를 맺은 것을 보니 나쁜 것을 심은 것이 분명하다'는 추론을 얻어 낸 것이다. 그러나 '악인에게 징벌이 찾아온다'는 말과 '고난이 오는 사람은 모두 악인이다'라는 말은 같은 말이 아니다.

둘째, 욥이 죄를 지어서 고난을 당한다는 엘리바스의 추론은 욥이 죄를 짓는 장면을 직접 목격한 뒤에 나온 분석이 아니다. 1-2장을 읽은 욥기의 독자는 욥에게 닥친 고난이 욥의 죄 때문이 아님을 잘 알고 있다. 욥뿐만 아니라 엘리바스도 하늘에서 벌어진 일을 알지 못한다. 설사 욥의 잘못을 지적하는 엘리바스의 말이 욥을 아끼는 마음에서 그를 바로잡고자 건네는 조언일지라도, 욥기의 독자는 엘리바스의 말이 정당하지 않다는 것을 잘 알고 있다. '알지도 못하면서 떠드는 말'일 뿐이다. 진실이 아닌 말은 고난을 당하는 자에게 진정한 위로가 될 수 없다. 욥기는 엘리바스의 '신학적 추론'이 천상의 세계를 직접 경험할 수 없는 인간의 한계에서 나온 것이라는 점을 폭로하는 것을 목표로 한다.

셋째, '넘어짐'(4절)과 '끊어짐'(7절)이 죄인과 악인, 하나님의 뜻을 모르는 아둔한 자에게 내리는 하나님의 징벌이라는 규범적 지혜의 일반적 진술에 대해 반성적 지혜는 반론을 제기한다. 욥기의 반성적 지혜는 인과응보의 원리가 100% 예외 없이 항상 적용되는 규칙이 아니고, 욥과 같은 예외적인 경우도 존재함을 보여 준다. 그럼으로써 규범적 지혜의 인과응보 원리는 많은 경우에 해당되는 근본적인 원리이긴 하지만, 그 원리 하나로 모든 현상을 설명할 수는 없다는 '규범의 한계'를 지적한다.

덧붙여 말하자면, '넘어짐'과 '끊어짐'에 대한 전도서의 증언은 다음과 같다: "혹시 그들이 넘어지면 하나가 그 동무를 붙들어 일으키려니와 홀로 있어 넘어지고 …"(전 4:10); "한 사람이면 패하겠거니와 두 사람이면 맞설 수 있나니 세 겹 줄은 쉽게 끊어지지 아니하느니라"(4:12). 이 구절은, 넘어짐과 끊어짐은 (인과응보의 원리에 따라서 악인/무지자에게만 벌어지는 것이 아니라) 누구에게나 벌어질 수 있는 일이므로 거기에 미리 대비하는 것이 (반성적) 지혜라는 뜻이다. 지혜가 없으면 넘어지고 끊어진다는 잠언의 진술과는 상반된다. 오히려, 넘어지고 끊어질 가능성을 염두에 두지 않는 것이 어리석은 것이다.

12-21절 계시와 지혜의 내용 4장에 나타난 엘리바스의 진술을 비판적으로 바라보는 해석가들이 흔히 하는 실수가 있다. 엘리바스의 진술의 문제점을 지적하면서 8절의 "내가 보건대"라는 표현과 13절의 "환상"이라는 단어를 문제 삼는다. 엘리바스가 '개인적인 경험'을 바탕으로 진술하고 있다거나, '직통계시'라는 주관적이고 신비적인 체험을 기반으로 자신의 주장을 하고 있다는 것이다. 그러나 이러한 비판들은 특정한 표현들에 집착하여 전체적인 문맥을 보지 못

한 비판이다. “내가 보건대”라는 문장의 목적절은 “악을 밭 갈고 독을 뿌리는 자는 그대로 거두나니”(8절)이다. 인과응보의 원리를 설명하는 문장이다. 이 원리는 엘리바스 개인에 한정된 경험을 바탕으로 한 주장이 결코 아니다. 동일한 주장을 빌닷도 하고 소발도 한다. 잠언과 신명기 등의 규범적 지혜도 같은 원리를 말하고 있다.

13절의 “환상”도 마찬가지이다. 보이지 않는 영이 눈앞을 지나가는 특이하고 신비한 체험이 엘리바스에게 알려 준 내용의 결론은 “그들은 지혜가 없이 죽느니라”(21절)이다. 하나님의 뜻을 알지 못하는 무지는 죽음과 멸망을 초래한다는 ‘규범’에 대한 진술이다. 하나도 특이하고 신비할 것 없는 인과응보의 원리를 말하고 있을 뿐이다.

“환상”은 계시의 정당한 한 방법이다. 나단 선지자가 다윗에게 전한 “계시”(삼하 7:17)나, 선지자 요엘이 젊은이가 본다고 한 “이상”(욜 2:28)이 엘리바스가 본 “환상”과 동일한 히브리어 힛자욘(חִזָּיוֹן)이 쓰인 경우이다. 하나님의 말씀이 “환상 중에” 아브람에게 임하였고(창 15:1), 선지자들에게 환상으로 자신을 계시하신다고 하나님께서 직접 말씀하시기도 했다(민 12:6). “환상”이라는 ‘직통계시’가 문제라면 다른 모든 구절들도 동일하게 문제 삼아야 한다.

엘리바스가 개인적인 체험이나 신비 체험을 기반으로 주장한다는 비판은 핵심을 놓친 비판이다. 중요한 것은, 3장에서의 욥의 진술이 선악 이분법을 기반으로 한 인과응보의 원리에 대한 도전이기 때문에 그것을 다시 바로잡으려는 것이 엘리바스의 첫 번째 진술의 핵심이라는 것이다.

욥기 5장

엘리바스는 1-2장의 천상의 일을 모른 채 '경험'과 '환상'을 통한 계시를 바탕으로 고난의 원인을 욥에게 알려 주었다(4장). 욥의 고난은 욥의 죄 때문이고 욥이 하나님 앞에 바르지 못했기 때문이다(4:7). 그것은 곧 지혜가 없다는 말과 동일하다(4:21). 5장에서 엘리바스는 그다음 단계의 조언을 욥에게 건넨다. 고난을 벗어나고 이겨 낼 방법을 알려 주는 것이다. 그의 해결책은 신앙인들이 아픔을 겪는 사람들에게 흔히 하는 위로의 말이기도 하다.

A. 1-7절	죄인/무지자에게 임하는 재앙
B. 8-16절	엘리바스의 조언: 하나님께로 돌아가라
C. 17-27절	하나님께로 돌아간 자에게 임하는 복

더바이블 욥기 5장

1 자네가 하는 말에 호응해 줄 사람이 있다면 어디 한번 말해 보게
옛 성인들 중에서 자네같이 말하는 자가 또 있을까
2 아둔한 사람은 화를 내다 죽게 되며
멍청한 사람은 자기 성질을 못 참고 죽는 법일세
3 뿌리를 내리지도 않은 것을 추수하려는 멍청이를 본 적이 있다네
나는 그런 자가 있다는 것을 도무지 참을 수가 없네
4 그런 자의 자식들은 어디서 도움을 받을 데도 없고
많은 사람이 드나드는 성문에서 고통당하고 있어도
누구 하나 도와주질 않는다네
5 그가 추수한 것은 배고픈 자가 와서 먹고
바구니에 든 것도 낚아채 가며

개역개정과의 비교

5절 덫, 올무: 쩨인(צֵן 복수 צִנִּים^찐님)이 무엇인지 정확히 알 수 없다. 이 단어는 보통 가시나무, 가시덤불로 이해된다. 개역개정은 가시덤불을 '걸리는 것'으로 이해해서 "덫"으로 번역한 것으로 사료된다. 그러나 이 단어는 아람어에서 '바구니'(basket)라는 의미로 쓰인다(HALOT 참조). 문맥상 악인이 추수해서 자신의 바구니에 넣은 것을 다른 이에게 빼앗기는 것으로 해석하는 것이 더 적절하다. "올무"라는 개역개정의 번역 역시 평행법에 따라 추정한 해석으로, 단어의 어원이나 활용에 대한 근거가 명확하지 않다. 평행구의 '배고픈 자'에 어울리게 '목마른 자'로 수정하여 읽는 것이 가능하다. 그렇더라도 여전히 헤일람(חֵילָם 직역: '그들의 힘')의 남성 복수 인칭 어미가 누구/무엇을 의미하는지 명확하지 않다는 문제가 남아 있다. 전체적인 의미를 무지자/악인은 좋은 결과를 얻지 못한다는 규범적 지혜의 틀 안에서 이해하면 안전할 것이다.

그의 재산은 목마른 자가 눈독 들이고 있다네

6 재앙이 저절로 흙에서 솟아나오고

고통이 저절로 땅에서 자랄 리가 있겠는가

7 인간은 원래 고통을 당하기 위해 태어나는 법일세

마치 불꽃이 위로 올라가는 게 당연한 것처럼 말이야

8 그러나 나는 하나님을 바라보고 있다네

내 모든 일을 하나님께 의탁하고 있지

9 그분은 끝을 알 수 없는 엄청난 일을 하시는 분이며

이해할 수 없는 놀라운 일을 행하시는 분이네

10 그분은 땅 위에 비를 내리시는 분이며

거리에 물을 보내시는 분이지

11 낮은 자를 높은 자리에 두시며

애통하는 자들을 구원하시는 분이라네

12 아무리 슬기로운 자들의 계획이라도

그분이 막으시면 성공할 수 없다네

13 지혜로운 사람이 아무리 계획을 잘 짜놓아도

12절 교활한 자의 계교를: 아룸(עָרוּם)을 "교활"로 번역하는 것은 창 3장의 뱀 이야기에 대한 해석이 투영된 번역이다. 잠언에서뿐 아니라 이 본문에서도 아룸은 '지혜'와 동의어로 사용되고 있다(욥 5:13; 잠 12:16, 23, 13:16, 14:8, 15, 18, 22:3, 27:12 참조). 따라서 본문의 의미는 '아무리 슬기로운 자(지혜자/의인)들의 계획이라도 그분이 막으시면 성공할 수 없다'는 하나님의 절대주권을 나타내는 뜻으로 이해하는 것이 적절하다.

그분은 그것을 엉망으로 만드실 수 있는 분이시네
14 낮에도 캄캄하게 하실 수 있으며
한낮에도 마치 밤처럼 손으로 더듬어야 할 것이네
15 그분은 칼날에서 건지시는 분이며
강한 자의 손에서 고통받는 자를 건지시는 분이라네
16 그래서 가난한 자에게도 희망이 있게 되고
부당한 일이 멈추게 되는 것일세
17 이보게나 하나님께 꾸중을 듣는 사람은 복받은 것이라네
자네는 부디 그분의 가르침을 거부하지 말게나
18 그분은 병을 주시기도 하지만 약도 주시고
그분의 손은 때리기도 하지만 병이 낫게도 한다네
19 여섯 번 고난이 닥쳐도 그분은 자네를 구원하실 것이며
일곱 번의 어려움에도 재앙이 자네에게 미치지 못할 것이네
20 그분은 기근 때에 자네를 죽음에서 건지시고
전쟁 때에 칼에서 자네를 구해 주신다네
21 자네는 날카로운 채찍에서 피할 수 있을 것이며

16절 악행이 스스로 입을 다무느니라: 히브리어 원문을 직역한 문장으로, 잘못된 일이 저절로 그치게 될 것이라는 의미이다.

19절 여섯 가지 환난, 일곱 가지 환난: 숫자를 하나 더 늘리는 것은 평행법에서 흔히 사용되는 방식이다. 여섯과 일곱이라는 숫자를 병행하여 '많음'과 '증가'를 표현하는 것은 잠 6:16; 암 1:3; 미 5:5에도 동일하게 나타난다.

21절 혀의 채찍: "혀의 채찍"은 히브리어의 '연계형 사슬'(Construct Chain)을 순서 그대로 번역한 것인데, 문법상 '채찍의 혀'로 해석할 수도 있다. 채찍의 앞부분을 가리키는 말일 수 있고, 동시에 날카로운 채찍이 마치 혀처럼 움직이

환난이 다가와도 두려워하지 않을 것이네
22 환난과 기근에도 자네는 웃을 수 있을 것이며
야생동물도 무서워할 필요가 없네
23 자네는 들판의 돌들과도 화친을 맺고
야생동물도 자네와 화평할 것이네
24 자네는 자네의 거처가 안전하다는 걸 알게 될 것이며
자네가 머무는 곳을 아무리 뒤져도
잘못된 것을 찾을 수 없을 것이네
25 자네의 후손이 많아질 것이며
자네에게서 나온 자손들은 마치 대지의 초목 같을 것이네
26 자네의 수명을 온전히 살고 나서야 무덤에 들어갈 것인데
마치 이삭이 제때에 올라오듯이 말일세
27 우리가 깨달은 확실한 진리가 바로 이것이네
부디 자네도 이것을 깨닫기를 바란다네

는 것을 묘사하는 것이기도 하다.

26절 네가 장수하다가 무덤에 이르리니: 원문의 켈라흐(כֶּלַח)는 '기운, 힘'으로 이해되어 '기운차게, 건강하게' 등의 의미로 번역되기도 한다(NASB, NIV 등). 그러나 곡식이 충분히 다 익어 적절한 시기에 추수되는 것을 뜻하는 하반절에 비추어 '장수'를 의미한다고 보는 것이 적절하다. 장수는 평균적인 수명보다 더 오래 사는 것이 아니라 하나님께서 주신 만큼의 생명을 충실히 다 사는 것을 뜻한다. 규범적 지혜에서 지혜자/의인에게 주시는 하나님의 복 중의 하나로 여겨진다(창 15:15; 신 22:7; 욥 12:12; 시 21:4).

욥기 5장 해설

배경 이해

규범적 지혜가 무엇인지 잘 알아야 욥기가 전하고 싶은 메시지를 파악할 수 있다. 규범적 지혜는 패턴을 아는 것이다. 이 패턴은 하나님께서 천지를 만드실 때 이미 결정된 규범이다. 엘리바스가 자신의 지혜가 하나님으로부터/하늘로부터 온 것이라고 주장할 수 있는 이유가 이것이다. 규범적 지혜가 말하는 하나님의 절대주권(하나님께서 모든 것을 다스리신다) 개념은 인과응보의 원리가 하나님의 창조원리로서 모든 현상이 이 원리에 따라 움직인다는 것이다.

본문 이해

4장에 이어 계속되는 엘리바스의 말은 5장에서 한 걸음 더 나아간다. 고난이 죄 때문임을 깨달으면, 즉 다시 지혜를 얻게 되면, 하나님께서 지혜자에게 주시는 복을 욥에게 (자동적으로) 베푸실 것이라는 조언이다.

1-7절 죄인/무지자에게 임하는 재앙 4장에서 '경험'과 '환상'을 바탕으로 욥에게 인과응보의 원리를 설득하려고 한 엘리바스는 이번에는 "거룩한 자"(1절)라는 표현을 써서 설득을 더욱 강화하려고 시도한다. "거룩한 자 중에 네가 누구에게로 향하겠느냐"라는 수사의문문은 욥의 말을 지지해 줄 이가 아무도 없음을 의미한다.

“거룩한 자”는 께도쉼(קְדֹשִׁים)을 번역한 것인데, 복수형으로서 천사들과 같이 천상적 존재를 가리키는 것으로 보인다. 칠십인역은 이 단어를 ‘거룩한 천사들’로 번역한다. ‘거룩한 자들’을 천상적 존재로 이해하는 해석은, 그것이 어떤 존재인지 명확히 알 수 없다 하더라도, 엘리바스가 자신의 지혜를 “영”으로부터 직접 듣고 배운 것이라는 주장(4:15-16)과 잘 어울린다. 그러나 께도쉼은 사람들을 지칭하는 경우에도 많이 쓰인다. 특별한 일에 선택받은 하나님의 사람이나(왕하 4:9; 민 16:5, 7), 제사장들(레 21:8; 대하 35:3)과 나실인(민 6:5, 8)뿐 아니라 하나님의 백성 전체를 가리키기도 한다(출 19:6; 신 7:6, 14:2, 21, 26:19, 28:9). 께도쉼을 지혜를 대표하는 조상들이라고 보는 해석도 충분히 가능하다.

엘리바스가 말하는 지혜가 천상적 존재로부터 온 것인지 아니면 조상들에게서 배운 것인지를 따지는 것은 그리 중요하지 않다. 중요한 것은 그 지혜의 내용이 무엇인가 하는 것이다. “분노가 미련한 자를 죽이고 시기가 어리석은 자를 멸하느니라”(욥 5:2)라는 문장에 쓰이는 모든 단어는 잠언을 비롯한 규범적 지혜가 사용하는 전형적인 어휘들이다. “분노”와 “시기” 같은 감정의 동요는 지혜자의 특질이 될 수 없다(잠 6:34, 14:30). 이런 지혜 없는 자에게 벌어지는 일은 이렇다: 자녀들이 성문에서 짓밟힘을 당해도 아무도 구해주지 않고(욥 5:4), 열심히 농사를 지어 수확을 얻어도 다른 사람들에게 빼앗기게 된다(5절). 이러한 원리는 땅에서부터 생기는 것이 아니라(6절) 하늘의 하나님께서 정하신 원리이다.

엘리바스의 말은 시편 50:22의 '하나님을 잊어버린 악인들에게는 구원자가 없다'는 표현과 같은 의미를 지닌다. 인과응보의 원리를 바탕으로 한 이 '지혜'를 엘리바스는 지금 모든 것을 잃은 욥에게 적용하고 있다. 자녀들에게 재앙이 닥쳤을 때 아무도 구해 줄 수 없었던 이유는 아버지인 욥이 '미련한 자'이고 '어리석은 자'이기 때문이라는 말이다. 고통받는 자녀를 둔 부모한테 할 수 있는 가장 끔찍한 "혀의 채찍"이다. 욥의 고난이 죄나 무지 때문이 아니라는 사실을 잘 알고 있는 독자는, 엘리바스의 규범적 지혜가 고난을 당하고 있는 사람에게 얼마나 끔찍한 폭력이 될 수 있는지 여실히 깨닫게 된다. 사람을 살리는 지혜가 사람을 죽이고 그 영혼을 파괴하는 데 쓰일 수도 있음을 알려 주는 것이 반성적 지혜의 중요한 가르침 중 하나이다.

8-16절 엘리바스의 조언: 하나님께로 돌아가라 고난에서 벗어날 수 있는 해결책을 위한 엘리바스의 조언은 '하나님을 의지하라'는 것이다(8절). 욥의 고난은 하나님을 찾지 않는 무지와 그분을 의지하지 않는 악에서 비롯되었(다고 착각했)기 때문이다. 어려움에 처한 이들에게 신앙인들이 흔히 하는 '애정 어린 조언'이기도 하다. 그리고 긍휼히 여기는 선한 마음에서 비롯한 조언이라도 그 말이 하늘에서 벌어지는 일을 알지 못하는 이들이 하는 말일 뿐이라는 사실을 욥기는 폭로한다. 선한 의도가 항상 선한 결과를 맺는 것은 아니다. 좋은 것을 뿌린다고 반드시 좋은 결과를 맺는 것은 아니라는 사

실을 엘리바스의 예가 역설적으로 보여 준다.

여기서, 엘리바스가 하나님이 어떤 분이신가를 묘사하는 장면을 꼼꼼히 살펴볼 필요가 있다(9-16절). "헤아릴 수 없이 큰일"과 "기이한 일을 셀 수 없이"(9절)라는 구절은 인간의 이해나 인식을 초월한 하나님의 크심을 나타내는 표현들이다. "기이한 일"로 번역된 니플라오트(נִפְלָאוֹת)는 '까닭 없이'와 더불어 욥기 전체를 관통하는 핵심단어이자 반성적 지혜의 대표적인 표현이다. 이 말은 사실 엘리바스가 아니라 욥의 입에서 나와야 할 말이다(9:10에서 욥이 같은 표현을 사용하고 있다). 참고로, 규범적 지혜의 대표인 잠언에서는 30:18에 단 한 번만 쓰인다.

헤아리고 세는 주체는 인간으로서, 하나님은 인간이 파악할 수 없는 분이라는 뜻이다. 그러므로 하나님을 인과응보의 원리 안에 가둬 놓을 수 없고, 하나님은 그 원리에 따라서만 움직이시는 분이 아니다. 따라서 엘리바스가 말하는 것처럼, 하나님은 지혜자("교활한 자"가 아니라)의 계획을 여지없이 무너뜨리고 그들을 실패하게 만드실 수 있는 분이다(욥 5:12). 지혜로운 자와 슬기로운 자("간교한 자"가 아니라)가 하나님께서 정하신 원리(인과응보)에 따라 미래를 예측하고 준비하더라도 그 예측한 대로 하나님께서 움직이셔야 할 이유는 없다(13절).

규범적 지혜의 이분법에 따르면 낮과 밝음은 좋은 것이고, 밤과 어둠은 나쁜 것으로 그 둘은 분명하게 나눠져 있는데, 이 이분법을 초월하신 하나님은 지혜자와 의인이라도 대낮에 어둠을 만나게 하실 수 있는 분이시다(14절). 14절의 "그들"은 악인들이 아니다. 개역개정이 부정적 의미를 담아 번역한 "교활한 자"(12절)와 "간교한 자"(13절)는 아룸(עָרוּם)을 번역한 것인데, 잠언에서는 모두 "슬기로운 자"로 번역되었고 지혜와 동의어로 사용되고 있다(잠 12:16, 23, 13:16, 14:8, 15, 18, 22:3, 27:12 참조).

앞에서 살펴본 것처럼, 하나님의 절대주권과 자유는 욥의 '주시는 분도 거두시는 분도'와 '여호와께 복을 받았은즉 화도 받지 아니하겠느냐'에서 잘 표현되어 있다. 그분은 "아프게 하시다가 싸매시며 상하게 하시다가 그의 손으로 고치시"는 분이다(욥 5:18). 병도 주시고 약도 주시는 분이라는 뜻으로, 욥의 신앙 고백과 동일한 의미를 지닌 표현이다. 그런데, 인간이 온전히 파악할 수 없는 하나님의 크심을 나타내는 니플라오트라는 단어를 엘리바스는 전혀 엉뚱하게 인과응보의 원리와 연결시킨다. 이러한 하나님께 돌아가서 그분을 의지하면 의인과 지혜자에게 임하는 구원과 복이 임할 것이라는 말로 욥에게 조언한다.

17-27절 하나님께로 돌아간 자에게 임하는 복 욥의 고난이 하나님께 받는 "징계"라는 것이 엘리바스의 진단이다(17절). 다시 한번, 1-2장의 천상 회의를 알지 못하는 사람이 내릴 수 있는 진단이다. 그 뒤에 이어지는 표현들은 전형적인 규범적 지혜의 표현들이다. 하나님을 의지하는 지혜자와 의인은 "환난"과 "기근"과 "전쟁"과 "멸망"이라는 어려움 속에서도 구원받게 된다(19-22절). 집안도 평

안하고 부족함도 없게 된다(24절). 자손의 복(25절)과 장수의 복(26절) 역시 인과응보의 원리에 따라 자연스레 따라오는 보상이다.

22-23절은 주의 깊게 읽을 필요가 있다. 지혜자에게 임하는 복 중에 '야생동물과의 화목'이 있다. 이사야 11:6-8("이리가 어린양과 함께 살며 …")이 연상되는 표현이다. "들짐승"은 가축의 반대말이다. 인간의 영역 외부의 존재로서 인간의 통제나 예측을 벗어나 있기 때문에 인간에게는 위협적인 존재이다. 예측할 수 없는 위험이라는 점에서 환난과 기근, 전쟁과 멸망(죽음)과 동일하다. 그런데 하나님께 돌아간 자, 하나님을 의지하는 자는 이러한 야생동물을 두려워할 필요가 없고(욥 5:22) 그들과 "언약", 즉 평화조약을 맺게 된다(23절). 인간을 위협하는 존재가 더 이상 위협적이지 않게 된 것을 복으로 여기는 규범적 지혜는, 그러나 '인간 중심적인 지혜'에 불과하다는 점을 폭로하는 것도 욥기의 반성적 지혜의 주제 중 하나이다. 38-41장의 하나님의 언설의 대부분을 차지하는 것은 바로 이 야생동물("들짐승")이다. 야생세계에 대한 엘리바스의 이해와 하나님의 언설을 나란히 비교해서 읽으면 흥미로울 것이다.

욥기 6장

칠 일 동안 침묵하며 욥의 고통을 함께 나누던 세 친구 중 엘리바스가 입을 열어 던진 조언이 욥에게는 더욱 커다란 상처가 된다. 어쩌면 하나님께로부터 온 고난보다 친구들의 '지혜의 말'이 욥에게는 더욱 "혀의 채찍"이 되었을 것이다. 욥의 저항과 도전은 하나님께 향한 것이 아니라 바로 친구들을 향한 것이다. 엘리바스의 어떤 말이 욥을 더욱 아프게 한 것인지를 파악하는 것이 6장의 핵심이다.

A. 1-10절　하나님께서 주시는 고통에 대한 호소
B. 11-21절　주위 사람들이 주는 고통에 대한 호소
C. 22-30절　고통을 더욱 악화시키는 친구들의 조언

더바이블 욥기 6장

1 욥이 대답하여 말했다.
2 아아 나의 고통의 무게를 과연 잴 수나 있을까
내게 임한 재앙들을 모두 한데 모아 저울에 달 수나 있을까
3 그러면 바다의 모든 모래들을 모은 것보다 더 무거울 텐데
그래서 내가 이런 말들을 쏟아 내는 것이네
4 왜냐하면 전능하신 분의 번개 같은 화살이 나에게 꽂혔고
나는 그 뜨거운 열기를 삼켜 버리고 말았기 때문이네
두려우신 하나님께서 나를 공격하는 군대를 죽 늘어놓으셨다네
5 당나귀가 풀 앞에서 울 리가 있겠나
소가 사료에 대해 통곡할 리가 있겠나
6 소금도 안 친 싱거운 것이 입에 들어가겠나

개역개정과의 비교

3절 나의 말이 경솔하였구나: "경솔"하다는 번역은 의역인데, 적절한 번역으로 보이지 않는다. 욥의 말이 가볍거나 조심성 없게 나온 말이라고 보기 어렵다. 동사 라우(לָעוּ)는 기본적인 의미가 '말하다'라는 뜻이므로 이 문장은 '(너무 고통스러워서) 말들을 쏟아 내는 것이다' 정도의 의미로 해석하는 것이 더 적절하다.

4절 나의 영이 그 독을 마셨나니: 직역하면 '내 호흡이 그들(화살들/번개)의 뜨거움을 마셨다'이다. 하나님께서 주시는 고통을 속 깊숙한 곳까지 들이마셨음을 표현하는 말이다.

6절 닭의 알 흰자위: 할라무트(חַלָּמוּת)는 아욱(mallow) 같은 채소로 여겨진다. 아마 가축의 사료로 사용되었을 것이다. '달걀 흰자위'라는 전통적인 해석은 타르굼을 비롯한 유대 해석에 근거를 두고 있다.

아욱의 쓴 즙이 맛이나 있겠나

7 나는 음식을 입에도 대지 못하겠네

먹으면 더 아파질 것 같다네

8 내가 요청한다고 누가 주겠는가

내가 바라는 것을 하나님께서 주시기나 하겠나

9 하나님께서는 기꺼이 나를 박살 내시며

자신의 손을 보내셔서 나를 끊어 내신다네

10 그러나 이 끝나지 않는 고통 중에도

내게 위로가 되고 내가 기뻐할 수 있는 것은

내가 거룩하신 분의 말씀을

저버리지 않았다는 사실 때문이라네

11 내가 무슨 힘이 있어서 더 바랄 것이 있겠는가

내가 더 살아서 대체 무슨 좋은 결말을 보겠나

12 내 힘이 돌만큼 단단하겠는가

내 피부가 금속으로 되어 있는 줄 아는가

13 내게는 나를 도와줄 자가 아무도 없다네

더 이상 살아갈 힘이 내게는 없다네

14 무너져 내린 자에게 그게 친구로서 할 소린가

14절 낙심한 자가 비록 전능자를 경외하기를 저버릴지라도: 원문은 개역개정의 번역과 전혀 다른 해석이 가능하다: '친구에 대한 신의(헤쎄드)를 저버린 자는 전능자에 대한 경외심도 버린다.' 자세한 설명은 14절의 본문 이해 참조.

자네는 하나님이 두렵지도 않은가
15 내게 형 동생 하던 이들이 계곡물처럼 떠나가 버리고
강물이 흘러가듯 가 버리는구나
16 그 강물들은 얼음이 녹으면 더러워지고
눈이 내리면 흙탕물이 되는구나
17 햇볕이 쨍쨍하면 그 물은 말라 버리고
더위가 찾아오면 물은 원래 있던 자리에서 사라지고 만다
18 물결들은 마른 시내를 따라 흐르다가
다 증발하여 사라지고 만다
19 데마(테이마)의 상인들이 그 물길을 잘 따라갔고
스바의 행상들이 그 길을 따라가더니
20 그들은 자신들이 확신하던 것에 절망했고
그곳에 다다라 보니 그만 낙심하고 만다
21 너희도 꼭 그들과 마찬가지구나

18절 대상들은 그들의 길을 벗어나서: 개역개정은 이 구절의 주어를 "대상들"로 본다. 다음 절(19절)의 "데마의 떼들"과 "스바의 행인들"을 18절의 주어로 보는 해석인데, 이 분석에 동의하기 어렵다. 16-17절에서 이어져 온 '강물들'에 대한 묘사가 계속되고 있다는 해석이 더 적절하다. 즉, '물결들은 마른 시내를 따라 흘러가다가 다 증발하여 사라지고 만다'라는 뜻이다.

21절 이제 너희는 아무것도 아니로구나: 개역개정의 번역은 마소라 본문의 케티브(*ketiv*)인 부정어 로(לֹא)를 "아무것도 아니로구나"로 번역한 것인데, 마소라 본문은 로(לוֹ)로 읽기를 요청한다(께레[*qere*]). 마소라의 독법을 따르면 '너희도 그들(데마의 떼들, 스바의 행인들)과 마찬가지구나'라는 뜻이 된다. 영어 번역 중 ESV, KJV, NIV, TNK 등은 개역개정과 유사하게 번역했고, 반면에 NASB, NRSV, CEB, CJB 등은 후자를 선택했다.

무서운 걸 보고 나니 공포에 떠는구나

22 내가 언제 자네들에게 내게 좀 달라고
자네들의 힘을 내게 나누어 달라고 말한 적이 있었나
23 고통의 손아귀에서 제발 나를 좀 꺼내 달라고
폭력배들의 손에서 나를 구해 달라고 한 적이 있었나
24 제발 내게 알려 주게나
그러면 내가 조용히 입 다물고 있겠네
내가 뭘 잘못했는지 제발 내게 깨닫게 해 주게나
25 올바른 말들이 얼마나 사람 속을 후벼 파는지 아는가
자네들은 대체 뭐라고 훈계하는 건가
26 자네들은 말로 가르칠 수 있다고 생각하는 건가
가치 없는 말들은 스쳐 지나가는 바람 같은 것일 뿐이네
27 자네들은 고아들을 두고 도박을 할 자들이며
자네 친구들을 팔아먹을 자들이네
28 제발 자네들이 내 얼굴을 똑바로 쳐다보기를 바라네

26절 실망한 자의 말은 바람에 날아가느니라: 개역개정은 임레이 노아쉬(אִמְרֵי נֹאָשׁ)를 "실망한 자의 말"로 번역한다(참고: 개역한글, "소망이 끊어진 자의 말"). 이 문맥에서 "실망한 자"는 욥 자신을 가리키는 것으로 보인다. 그러나 노아쉬는 동사 아마르(אמר)와 함께 '빌어먹을, 젠장' 같은 의미의 감탄사, 혹은 욕설의 뉘앙스를 가진 채 '가치 없는 말, 무의미한 말'의 의미로 사용되는 표현이다(사 57:10; 렘 2:25, 18:12). 이 해석에 따르면 무가치한 말을 하는 주체는 (욥이 아니라) 친구들이 된다. 따라서, 이 구절은 '(친구들의) 무가치한 말은 스쳐 지나가는 바람과 같다'라는 의미이다.

나는 자네들 앞에서 결코 거짓을 말하지 않았다네
29 부디 회개해서 더 이상 잘못을 저지르지 말게나
제발 정신 차리게나 나는 아무 잘못한 것이 없네
30 내가 지금껏 한 말에는 그 어떤 잘못도 없다네
내가 정말 옳고 그름을 분별하지 못할 거라 생각하는가

욥기 6장 해설

배경 이해

세 친구 중 우선 엘리바스가 욥에게 말을 했는데, 6장에서 욥은 '너희'라는 2인칭 복수를 써서 친구들 모두에게 대답한다. 이 점을 이해하기 위해서는 개인주의 성향이 강한 문화와 집단주의 성향이 강한 문화 사이의 차이를 이해해야 한다. 개인주의가 강한 문화권에서는 나와 우리, 너와 너희, 그와 그들은 의미 차이가 분명하다. 그러나 공동체성과 집단주의가 강한 문화권에서는 단수와 복수의 구별이 선명하지 않다(우리 집, 우리 남편, 너희 나라 등).

본문 이해

3장에서 '죽을 만큼 고통스럽다'라고 호소했다면, 6장부터 욥은 인

30절 내 미각이 어찌 속임을 분간하지 못하랴: '나는 무엇이 옳고 그른지 확실히 분별할 수 있다'는 의미의 수사의문문이다.

과응보의 원리로 자신의 고통을 이해하고 해석하려는 시도에 대해 격렬히 저항한다. 6장은 욥의 전체 진술 중 중요한 주제들이 등장한다: 1) 고통은 하나님께로부터 온 것이다, 2) 나는 무죄하다, 3) 인과응보의 원리가 적용되지 않는 경우가 있다, 4) '지혜'의 말이 상황에 따라 폭력이 될 수 있다.

1-10절 하나님께서 주시는 고통에 대한 호소 욥은 3장에 이어 자신의 고통이 극심함을 토로한다. 고통의 무게를 잴 수 있다면 '바다의 모래'보다 더 무거울 것이라고 표현한다(3절). 이때 히브리어에서 '바다'는 만약 다른 수식어 없이 단수로 표현되었다면 보통은 지중해 바다를 일컫지만, 여기서는 복수형 명사 '바다들'을 사용하여 욥의 고통이 크고 무겁다는 것을 비유적으로 표현하고 있다.

그다음에 이어지는 말이 "나의 말이 경솔하였구나"라는 지난 발언에 대한 욥 스스로의 반성이라면 문맥상 어울리지 않게 된다. '고통의 무거움'과 '발언의 가벼움'을 대비시키는 반어적 평행법으로 보기 어렵기 때문이다. 새번역과 공동번역이 판단한 것처럼 욥이 3장에서의 표현이 '거칠었던' 이유에 대해 설명하는 구절로 보기도 어렵다. 왜냐하면 뒤이어 나오는 욥의 말이 그렇다면 좀 더 진중하게 말하거나 부드럽게 표현해야 하는데, 6장 이하의 욥의 언어가 그 이전과 크게 달라지지 않기 때문이다. 따라서 이 구절은 '너무 고통스러워서 그런 말이 나왔던 것이네' 정도로 이해하는 것이 좋다. 욥은 음식을 먹지 못할 정도에 이르렀다(7절). 7절의 하반절을 직역하면 '나의 음식은 마치 질병 같다'가 되는데, 개역개정의 번역처럼 별로 좋아하지 않는 "꺼리는 음식물" 정도가 아니라, 먹으면 더 아프고 고통스러워질 것 같다는 심경의 토로이다.

욥은 자신을 이렇게 고통스럽게 만드신 분이 하나님이라고 말한다(4, 9절). 하나님께서 쏜 화살을 맞았고 그분이 주신 독약을 마신 것같이 괴롭고 두렵다고 토로한다. "전능자의 화살이 내게 박히매"(4절)와 "나를 멸하시기를 기뻐하사 하나님이 그의 손을 들어 나를 끊어 버리실 것이라"(9절) 등의 표현은 하나님을 원망하는 발언으로 이해될 수 있다. 그러나 고통이 하나님으로부터 왔다는 진술이 곧 욥의 불신앙이나 하나님에 대한 도전과 공격으로 여겨져서는 안 된다. 오히려, 고난이 하나님이 아닌 다른 무엇인가로부터 왔다는 것이 불신앙의 표현이다. 모든 것을 주관하시는 하나님의 절대주권에 대한 신앙은 고통과 재앙마저도 하나님의 주관하에 있는 것으로 여긴다. 만약 4절과 9절의 욥의 발언이 하나님에 대한 도전이라면, "전능자가 나를 심히 괴롭게 하셨음이니라"(룻 1:20)와 "여호와께서 나를 징벌하셨고 전능자가 나를 괴롭게 하셨거늘"(1:21)이라는 나오미의 말도 신성에 대한 모독과 교만이 될 것이다. 욥의 세 친구의 규범적 지혜의 관점에서도 '고난이 하나님으로부터 왔다'라는 진술은 문제적 발언이 아니다. 친구들의 말 어디에서도 하나님이 아닌 사탄 등이 악의 기원이라는 주장이 나타나지 않는다. 욥기 38-41장의 하나님도 욥의 고난에 대한 책임을 다른 무엇인가에 돌리지 않는다. 욥의 진술은 "우리가 하나님께 … 화도 받지 아니하겠느냐"(욥 2:10)라는 진술과 정확히 일치한다.

앞으로 전개될 친구들과의 논쟁에서 문제가 되는 부분은, '하나님께서 고난을 주셨다'라는 하나님의 주권에 대한 고백과 '나는 죄를 짓지 않았다'라는 욥의 무죄 주장을 나란히 연결시킨다는 점이다. 욥은 엘리바스에 대한 첫 번째 논쟁에서부터 "내가 오히려 위로를 받고 그칠 줄 모르는 고통 가운데서도 기뻐하는 것은 내가 거룩하신 이의 말씀을 거역하지 아니하였음이라"(6:10)며 자신의 무죄를 주장한다. 이 무죄 주장은 욥의 마지막 발언인 27장에까지 변하지 않는다(특히 27:4-6).

11-21절 주위 사람들이 주는 고통에 대한 호소 욥은 더 이상 살아갈 힘이 없음을 고백한다(11, 13 하반절). 13절에서 "나의 능력"이라고 번역된 단어는 **투쉬야**(תֻּשִׁיָּה)인데 정확한 의미를 알기는 어렵고 아마도 존재 부사인 **예이쉬**(יֵשׁ)와 같은 어근을 지닌 것으로 여겨진다. 그것이 맞다면 '존재할 힘' 정도의 의미로 이 문맥에서 쓰였을 것이다. 이 단어를 '지혜'와 유사한 의미로 번역하는 것은 욥기 11:6에서 **호크마**(חָכְמָה '지혜')와 평행어로 사용되기 때문인데, 12:16에서는 **오즈**(עֹז '힘')와 평행어로 쓰인다. 지혜 장르에서 지혜는 생명으로 인도하는 것이며 살아갈 힘을 주는 것이기에, '지혜'와 '생명', '능력'과 '살아갈 힘' 등은 모두 동일한 범주의 단어이다.

모든 힘이 소진되어 더 이상 버틸 힘이 없어진 것은 양방향에서의 공격 때문이다. 첫째, 하나님의 "화살"과 "독"(6:4)과 "손"(9절)으로 표현되는 고난 때문이다. 하나님의 손은 재앙, 특히 질병을 나타내는 숙어적 표현이다(출 9:3; 신 2:15; 삿 2:15 등). 욥은 이러한 하나님의 공격을 받아 낼 힘이 없음을 이렇게 표현한다: '내 힘이 돌만큼 단단하겠는가, 내 피부가 금속으로 되어 있는 줄 아는가'(욥 6:12). 둘째, 주위 사람들로부터 아무런 힘을 얻지 못하기 때문이다. 욥은 자신에게 도움의 손길을 건네는 사람이 아무도 없음을 한탄한다(13절 상반절). 주위 사람들(친구와 형제들)은 그에게 "동정"을 베풀기는커녕(14절), 뜨거운 햇볕에 물이 말라 버리듯 욥의 주위에서 사라져 버렸다(16-18절). 욥에게 닥친 재앙을 보고 두려워졌기 때문이다(21절).

14절 "낙심한 자가 비록 전능자를 경외하기를 저버릴지라도 그의 친구로부터 동정을 받느니라"라는 번역은 다른 해석이 가능하다: '친구에 대한 신의(헤쎄드)를 저버린 자는 전능자에 대한 경외심도 버린다.' 14절 하반절을 직역하면 '그는 전능자(שַׁדַּי 샤다이)의 경외를 버렸다/떠났다'이다. 14절의 해석에 있어서 가장 중요한 핵심은 마쓰(מָס '무너진 자, 녹아내린 자')가 욥 자신을 가리키는 것인지, 아니면 그의 '친구'를 가리키는 것인지 판단하는 것이다. 개역개정의 "낙심한 자가 비록 전능자를 경외하기를 저버릴지라도"는 전자로 해석한 것이고, 대안적인 해석은 후자를 택했다. 그 근거는 1) 평행법적으로 헤쎄드(חֶסֶד)와 이르아트 샤다이(יִרְאַת שַׁדַּי)가 평행하고, 친구/이웃에 대해 헤쎄드를 지키는 것이 하나님을 경외하는 자의 특질이라는 점; 2) 이어지는 15절에서 헤쎄드를 지키지 않는 이웃/형제에 대한 묘사가 이어진다는 점; 3) 10절에서 욥 자신은 하나님의 말씀을 저버리지 않았다는 점을 강조한 점 때문이다. 욥 자신이 하나님에 대한 경외를 저버렸다고 고백하는 것은 욥의 무죄 주장과 어울리지 않는다. 따라서 이 구절은 친구들에 대한 질책으로 이해하는 것이 더 적절하다: '자네들은 하나님이 두렵지도 않은가?'

22-30절 고통을 더욱 악화시키는 친구들의 조언 고통 속에 있는 욥이 친구들에게 바랐던 것은 친구들의 힘을 나누어 달라는 것도 아니고(22절) 고통에서 건져 달라는 것도 아니었다(23절). 22절의 코아흐(כֹּחַ)는 힘과 능력을 나타내는 말로서, 개역개정의 "재물"은 힘/능력의 한 부분일 뿐이다. "원수의 손"과 "폭군의 손"이라는 번역(23절)은 문제가 있는데, 9절의 하나님의 손이라는 표현과 함께 읽게 되면 욥이 말하는 원수와 폭군이 하나님을 가리키게 된다. 그러나 하반절의 아리찜(עָרִיצִים)은 복수형으로 '폭력적인 사람들'을 의미하며, 일반적인 폭력을 지칭한다. 욥이 원하는 것은 14절의 헤쎄드(חֶסֶד)였다. 헤쎄드는 계약관계에서 사용되는 전문용어로서, "인자, 인애, 자비, 사랑"이라는 뜻에 "신실, 성실, 신의, 변함없음"이라는 의미가 중첩되어 있다.

헤쎄드 대신 친구들이 선택한 방식은 "옳은 말"로 "책망"하는 것이었고, 이것은 욥의 가슴을 후벼 파며 고통을 가중시키는 결과를 낳는다(25절). 인과응보의 일반론은 분명 "옳은 말"이지만, 욥과 같이 예외적인 경우에 적용하게 되면 그 옳은 말은 '가치 없는 말, 무의미한 말'이 된다(26절 "실망한 자의 말"). 욥은 친구들에게 "행악자가 되지 말라"(29절)고 간절히 부탁하는데, 욥을 바로잡아 고난에서 벗어나게 하려는 그들의 선한 의도가 욥을 죄인으로 낙인찍는 폭력이 되기 때문이다. 욥은 하나님께 대하여 헤세드를 지켰고 욥의 말은 거짓이 아니다(29-30절). 다시 한번, 욥의 무죄 주장으로 마무리 된다.

욥기 7장

6장의 욥의 말이 엘리바스를 비롯한 친구들의 규범적 지혜를 겨냥한 것이라면 7장은 다시 3장과 연결되는 탄식과 탄원이다. 인과응보의 원리에 대한 비판적 발언은 거의 등장하지 않고, 인생은 고통이라는 깨달음과 고통에서 벗어나기를 토로하는 욥의 탄식이 주를 이룬다. 욥은 크신 하나님께서 왜 이렇게 작은 인간의 삶에 일일이 관여하시느냐고 항변한다.

A. 1-10절　하루는 길고 인생은 짧다

B. 11-21절　하나님을 향한 탄식

더바이블 욥기 7장

1 사람에게는 이 땅에 사는 동안 따라오는 일이 있지 않은가
월급쟁이처럼 하루하루를 살아야 한다네
2 머슴이 저녁 되기만을 기다리는 것처럼
월급쟁이가 월급날만 손꼽아 기다리는 것처럼
3 마찬가지로 나 역시도 힘든 날들을 유산으로 받았고
고통스런 밤들이 내가 받는 월급이라네
4 내가 자리에 누울 때면 언제나 일어나려나
어느 때에야 이 긴 밤이 지나갈까 하며
동틀 때까지 잠 못 드는 날이 많다네
5 내 몸은 벌레와 흙덩이로 옷을 입었고
살가죽은 딱지가 앉았다가 다시 고름이 흐르곤 한다네
6 나의 날들은 베틀의 북보다 더 빠르게 날아가서
무엇 하나 희망할 것도 없이 생명이 끝나 간다네

개역개정과의 비교

1절 힘든 노동: 원문에 쓰인 단어는 짜바(צָבָא)이다. 군사적인 문맥에서 자주 쓰이기 때문에 개역한글은 "전쟁"으로 번역했는데, 개역개정이 "힘든 노동"으로 수정했다. 하반절의 평행어인 "품꾼"에 비할 때, "힘든 노동"으로 수정한 것은 적절한 개정이다.

5절 구더기와 흙덩이: "구더기"는 고름을, "흙덩이"는 상처를 은유적으로 표현한 말일 수 있다(클린스, 『욥기 (상)』, 433-434 참조). "내 피부는 굳어졌다가 터지는구나"라는 하반절의 평행절과 비교할 때 실제의 벌레와 진흙보다는 상처와 고름을 지칭한다는 해석은 상당히 설득력 있다.

7 인생은 숨 한번 내쉬는 것 같다는 것을 잊지 말게나
내 눈이 다시는 좋은 것을 볼 일은 없을 것이네
8 나를 보던 눈이 다시 나를 보지 못할 것이고
자네의 눈이 나를 찾으려 해도 나는 사라지고 없을 것이네
9 구름이 사라지는 것같이
한 번 죽은 자는 다시 살아나지는 못할 것이네
10 그는 다시는 자신의 집으로 돌아가지 못하며
그의 처소도 더 이상 그를 알아보지 못할 것이네

11 나 역시도 입을 다물지 못하겠어요
너무 괴로워서 말할 수밖에 없고
너무 고통스러워서 입을 열 수밖에 없네요

7절 생각하옵소서: '너는 기억하라'는 2인칭 단수 명령형 제코르(זְכֹר)가 쓰였다. 개역개정의 "생각하옵소서"는 기억하는 행위의 주체가 하나님이라고 판단한 해석이다. 12절 이하와는 달리 여기서의 2인칭 단수가 하나님을 지칭하는지는 확실하지 않다.

8절 주의 눈이 나를 향하실지라도: 개역개정의 번역은 에이네카(עֵינֶיךָ)의 2인칭 단수 어미가 하나님을 지칭한다고 보는 해석이다. 2인칭 대명사가 엘리바스나 혹은 불특정한 누군가를 가리킨다고 보는 해석도 충분히 가능하다.

11절 불평하리이다: 개역개정은 시아흐(שִׂיחַ)를 불평이나 원망 등의 부정적인 의미로 번역하는 경향이 있다. 그러나 이 단어는 단순히 '말하다'라는 의미이다. 시아흐는 찬양의 말을 할 때(삿 5:10; 대상 16:9; 시 105:2, 145:5), 슬픔을 토로할 때(시 55:17, 77:3), 가르침의 말이나(잠 6:22), 놀리는 말(시 69:12), 묵상과 감사의 말(시 77:12, 119:148)에 모두 쓰일 수 있는 중립적인 어휘이다. '나는 말하고 싶다'라는 1인칭 청유형으로 이해하는 것이 상반절의 '나는 내 입을 막지 않겠다'는 문장과 평행법적으로 더욱 잘 상응한다.

12 내가 바다인가요 내가 바다 괴물인가요
왜 나를 꼼짝 못 하게 가둬 놓으시는 건가요
13 내가 자리에 누우면 마음이 진정될까
잠자리에 들면 슬픔이 가라앉을까 했었는데
14 당신께서는 꿈에서조차 나를 공포에 떨게 하시며
환상으로도 나를 두렵게 하시는군요
15 차라리 내 목이 졸리는 게 낫겠습니다
이렇게 고통스러울 바에야 죽는 게 낫겠어요
16 이제 더 이상은 살고 싶지 않습니다
제발 저를 내버려 두세요
제게 남은 날은 이제 숨 한 번 쉴 정도밖엔 없습니다

17 당신께서는 고작 사람 하나를 왜 그리 대단하게 여기십니까
왜 한낱 사람 하나에게 그리 마음을 쓰십니까
18 왜 아침마다 그를 찾아오시고
왜 매 순간 그를 시험해 보십니까
19 대체 왜 당신은 내게서 눈을 떼지 않으시는 건가요
내가 침 한 번 삼키는 것까지 가만 놔두지 않으시는 건가요
20 사람을 감시하시는 분이시여

12절 어찌하여 나를 지키시나이까: 이 문맥에서 '지키다'라는 의미는 '보호와 돌봄'의 의미가 아니라 '감옥에 가두다'라는 의미로 해석하는 것이 문맥상 적절하다: '왜 나를 꼼짝 못하게 가둬 놓으시는 건가요?'

20절 내게 무거운 짐이 되게 하셨나이까: 마지막 문장은 의역이다. 정확한 번역이 어

설령 내가 잘못했다 해도

그게 당신께 무슨 그리 대단한 일이나 되나요

왜 당신은 나를 과녁으로 삼아서 나를 표적이 되게 하십니까

21 왜 당신은 나의 잘못을 용서하지 않으시는 건가요

왜 당신은 나의 죄를 눈감아 주지 않으시는 건가요

저는 이제 곧 흙으로 돌아갈 것입니다

당신께서 저를 찾으셔도 저는 없을 것입니다

욥기 7장 해설

배경 이해

친구들의 말이 대부분 욥을 설득하고 가르치려는 것과는 대조적으로, 욥의 말은 친구들의 '지혜'에 저항하기도 하고, 독백과 같은 형식으로 독자들을 향하기도 하며, 또 하나님을 향해 드리는 탄원의 형식을 띠기도 한다. 때로는 대상을 특정하기 어렵거나 복합적인 경우도 있다. 이런 형식으로 인해 친구들의 말보다 욥의 말이 더욱

렵다. 전치사구 알라이(עָלַי)는 티쿠네 소페림(*tiqqune sopherim*)의 하나로 간주된다. 티쿠네 소페림은 '서기관들의 수정'(correction)을 뜻하는 말로서, 신학적으로 불편한 표현을 피하기 위해 서기관들이 수정한 것으로 여겨지는 것을 가리킨다. 즉, '나에게'가 아니라 '당신(하나님)에게'가 본래의 원문이었는데, 욥의 죄가 하나님께 "무거운 짐"이 된다는 것은 하나님께 대한 모독이 될 수 있기 때문에 서기관들이 본문을 수정했다는 설명이다.

독자들의 공감을 얻을 수 있다. 욥의 말이 누구를 향해 있는가를 살피는 것은 각 본문을 이해하는 중요한 방법 중의 하나이다.

본문 이해

욥의 질병은 피부질환이다(욥 2:7-8). “발바닥에서 정수리까지” 온몸을 질그릇 조각으로 긁어야 할 정도로 심한 질병이다. 질병은 단순히 육체적인 고통에만 한정되지 않는다. 몸이 아프면 마음도 병든다. 집안 사람 누군가에게 심각한 병이 발생하면, 그 한 사람뿐 아니라 집안 사람 모두에게 직간접적으로 많은 영향을 끼친다. 가족 밖의 관계까지 깨어질 수도 있다. 이렇듯 질병은 ‘관계적’이다. 고통 중에 있는 사람은 다른 사람의 고통으로 시선을 돌리기도 한다. 자신의 질병에서 시작된 욥의 탄식은 인생의 고난으로 사유를 넓힌다.

1-10절 하루는 길고 인생은 짧다 황지우 시인의 “겨울 산”이라는 시가 연상되는 장면이다: “어차피 우리도 이 세상에 세 들어 살고 있으므로 고통은 말하자면 월세 같은 것인데.” 시인이 고통을 지불해야 할 월세로 이해했다면, 욥은 고통을 살아가는 대가로 지불받는 임금으로 표현한다. 급료를 받는 임금노동자(שָׂכִיר 사키르)에 인생을 비유하면서, 이 땅 위에 살아가는 것이 하나의 노동(צָבָא 짜바)이라면 그 노동에 합당한 급료를 받아야 하는데, “여러 달째 고통”과 “고달픈 밤(들)”(7:3)이 욥에게 주어진 임금이다.

욥의 진술의 특징이자 강점은 인생에 대한 일반적인 진술과 개인적인 경험을 연결시키는 것에 있다. 엘리바스가 "내가 보건대"(4:8)라는 표현과 "환상"과 같은 신비한 체험을 통해 개인적인 생각을 진술하는 것처럼 보이지만, 실제 엘리바스가 말하는 내용은 어떤 특정한 사람에게만 한정되는 개인적 체험이 아니다. 뿌린 대로 거둔다는 일반론이 모든 인간과 모든 현상에게 적용된다는 규범적 지혜는 개별적 예외들에 주목하지 않는다. 엘리바스의 지혜가 '개인적인' 것이 아니기 때문에 그의 지혜는 빌닷이나 소발의 지혜와 아무런 차이가 없다. 반면에 욥은 자신의 인생에서 인과응보의 원리가 무너지는 고통스런 '개인적 체험'을 겪고, 여기에서부터 타인과 다른 이들의 고통으로 나아간다. 규범에 대한 예외가 있을 수 있고, 사실 그 예외는 (거의) 모든 사람이 인생에서 겪는 현실이기에 욥기를 읽는 독자들의 공감을 자아낸다. 걱정과 근심으로 "새벽까지 이리 뒤척, 저리 뒤척"(7:4) 하는 "고달픈 밤"(3절)을 보내 본 누구나 욥의 심정을 헤아리게 된다. 낮에 일하고 밤에 잠을 자는 기본적인 삶의 패턴은 대다수의 사람의 삶의 규범이고, 보통은 대부분의 세월을 그 규범에 따라 보내겠지만, 그 패턴이 깨어진 경험, 즉 밤에 잠 못 들어 괴로운 경험 역시 한시적이나마 대부분의 사람에게 발생하는 일이기도 하다.

욥의 탄식 속에 시간에 대한 두 가지 상반된 생각이 교차한다. 고통을 견디는 시간은 매우 더디게 가는 반면(4절), 한 사람의 인생 전체는 한낱 바람이 부는 것같이 빠르게 지나간다는 것이다(6-9절).

잠자리에 누우면 "언제나 밤이 갈까"(4절)를 생각하는 불면의 밤에는 시간이 무척 느리게 간다. 그러나 동시에 삶 전체는 마치 "베틀의 북보다" 빠르고(6절) "한낱 바람"과 같이 스쳐 지나가는 것이다(7절).

'인생이 짧다'라는 주제는 전도서의 핵심 주제이기도 하다. 하나님의 시간인 '영원'(עוֹלָם올람)과 인간의 시간인 '순간'(הֶבֶל헤벨)을 대비하는 것이 전도서의 반성적 지혜의 근간을 이룬다. 하나님의 크심과 인간의 작음을 대비함으로써, 하나님의 지혜(규범/패턴)의 전모를 인간이 파악할 수 없다는 것이 전도서의 인식론이다(송민원, 『지혜란 무엇인가』, 194-202, 207-212 참조). 전도서는 여러 세대에 걸친 긴 시간과 그 시간을 거쳐 간 모든 사람을 신학적 사유의 대상으로 삼는다. 초거시적인 시각에서 바라보기 때문에 개별적인 예외에 대해 언급하지 않는다. 욥기는 전도서와 마찬가지로, 하나님의 크심과 인간의 작음을 대비하며 한 인간의 삶이 바람이 스쳐 지나가는 순간에 불과하다고 말한다. 그러나 동시에, '무죄한 자에게 임하는 고통'(Innocent Suffering)이라는 개인적이고 예외적인 경우를 통해 규범적 지혜를 비판하는 미시적인 시각을 가지고 있기 때문에, 고통의 시간을 겪는 인간에게 그 시간이 얼마나 느리게 가는지에 대해서도 함께 다루고 있다. '하루는 길고 인생은 짧다'라는 격언 아닌 격언은 상호모순적인 문장의 나열이지만, 21세기를 사는 우리도 동일하게 경험하는 삶의 실재이다.

11-21절 하나님을 향한 탄식 이 장에서 욥은 고통에서 벗어나고 싶다는 마음, 자신을 가만히 내버려 달라는 마음을 '사라짐'으로 표현한다. 욥의 고통에 두 가지 차원(하나님으로부터 오는 수직적 차원과 사람들에게서 오는 수평적 차원)이 있는 것처럼, 사라짐 역시 사람들의 시선으로부터 사라짐과 하나님으로부터 사라짐이라는 두 가지 차원으로 나타난다. 인생은 바람과 같고(7절) 입김과 같이 짧은 것이라서(16절) 빨리 지나가야 하는데, "뼈를 깎는 고통"은 그 짧은 순간의 삶마저 너무 길게 느끼게 한다. 욥은 이 고통스런 삶을 빨리 끝내고 싶다는 마음을 표출한다(15절). 이런 삶이 영원히 계속 되는 것보다 더 끔찍한 일은 없을 것이다(16절). 욥은 하나님께 자신을 놓아 달라고, 더 이상 고통스럽지 않게 그만 죽게 해 달라고 요청한다(15-16절).

영원하시고 무한하신 하나님 앞에 입김(הֶבֶל 헤벨)과 같은 인간은 아무것도 아닐 것이다. 한 인간의 행위가 그 커다란 하나님께 어떤 영향을 미칠 리는 없다(20절, 참고로 엘리후도 이와 유사한 이야기를 한다: 35:6-7). 그렇게 크신 하나님이 미천한 인간 하나의 잘잘못에 일일이 관여하셔서 작은 잘못 하나에도 벌을 내리실 필요가 있느냐고 욥은 항변한다(17-20절). 만약에 죄가 있다면 그 죄를 없애는 것이 하나님께는 전혀 어렵지 않은 일일 터인데, 왜 하나님은 욥을 표적으로 삼아 고통스럽게 하시는 것이냐고 토로한다. 누군가에게는 이러한 욥의 외침이 하나님께 대한 불경한 발언으로 여겨지겠지만, 욥과 같은 고통을 겪은 사람이라면 이렇게 소리치는 욥의 마음에 절

절히 공감할 것이다. 욥의 발언 역시 1-2장의 하늘에서 벌어진 사건을 모르는 사람이 할 수 있는 말이다. 왜 이런 고통을 당해야 하는지 그 이유를 알지 못하는 고통이 어쩌면 가장 괴로울 수 있다. 그래서 우리는 친구들처럼 고난의 원인을 분석하고 이유를 찾아 해석하려는 것일 테다.

보론: 7장의 단락 나눔에 대하여

개역개정뿐 아니라 새번역, 공동번역 등 다른 많은 번역이 7장을 크게 1-6절과 7-21절의 두 부분으로 나눈다. 7절부터 하나님을 향한 것이라는 판단하에 욥의 말을 경어체로 바꾸어 번역한다. 이런 판단의 근거는, 1) 7절이 2인칭 단수 명령형인 '기억하라'(זְכֹר 제코르)로 시작하고, 8절에 2인칭 단수 어미('너의 눈')가 나타나기 때문이다. 12절 이하에서 2인칭 단수는 문맥상 명확히 하나님을 지칭하므로 8절의 2인칭 단수 역시 하나님을 가리킨다는 해석적 판단이다. 또한 6장의 친구들은 2인칭 복수("너희")로 표현되었기 때문에, 7장의 2인칭 단수는 친구들을 가리키지 않는다는 주장이다. 충분히 근거가 있는 해석적 판단이다.

그러나 이 글에서는 1-10절을 하나의 단락으로 취급한다. 왜냐하면 첫째, '2인칭 단수 = 하나님'이라는 공식을 기계적으로 적용할 수 없기 때문이다. 욥기 12:7-8, 16:3, 26:2-4 등에서 2인칭 단수는 친구들, 혹은 일반적인 사람을 가리키며, 특히 16장에서는 2인칭 단수와 2인칭 복수('너희')를 섞어서 사용한다(2절: 복수, 3절: 단수, 4-5절:

복수). 둘째, 8절 상반절의 "나를 본 자의 눈"이라는 표현과 하반절의 '너의 눈'이 서로 평행한 구조를 이루고 있는데, 상반절은 사람의 눈을, 하반절은 하나님의 눈을 가리킨다고 보는 해석이 그다지 설득력이 없다. 셋째, 내용적으로 6절과 7-10절이 연결되어 있다. 삶이 "베틀의 북보다 빠르니"(6절)라는 표현은 7절의 "내 생명이 한낱 바람 같음"이라는 구절과 같은 의미를 다른 어휘로 표현한 평행절이다. 따라서, 1-10절은 사람에 대한 탄식, 11-21절은 하나님께 대한 탄원으로 읽는 독법도 가능하다.

욥기 8장

빌닷은 욥을 강하게 비판하면서 그의 첫말을 시작한다. 빌닷에게는 욥의 주장이 하나님이 불의하다는 신성모독적인 말이기 때문이다. 욥은 하나님이 의롭지 않다고 말한 적이 없다. 그런데 왜 빌닷에게는 그렇게 들렸을까? 이것을 이해하는 것이 핵심이다. 또한 욥기 8장은 널리 알려지고 사랑받아 온 성구 "네 시작은 미약하였으나 네 나중은 심히 창대하리라"(7절)를 포함하고 있다. 이 구절이 문맥상 어떤 의미인지를 알아내는 것도 중요한 지점이다.

A. 1-7절	인과응보와 하나님의 의
B. 8-19절	불의한 자에게 임하는 화
C. 20-22절	온전한 자에게 임하는 복

더바이블 욥기 8장

1 수아 사람 빌닷이 대답하며 말했다.

2 자네는 언제까지 이런 말들을 할 것인가

자네의 입에서 나오는 말들은 세찬 바람 같네

3 하나님께서 올바르지 않으시다니

전능하신 분께서 의롭지 않으시다니

4 자네 자식들이 그분께 죄를 지었기 때문에

그분께서 그들이 지은 죄의 손아귀에 그들을 버려두신 것이라네

5 만일 자네가 하나님만을 바라보며

전능하신 분께 자네를 불쌍히 여겨 달라고 한다면

6 자네가 아무 잘못이 없고 올바르다면

그러면 그분께서는 자네를 다시 일으키셔서

자네에게 합당한 자리를 회복시켜 주실 것이라네

7 자네의 시작은 비록 작을지라도

개역개정과의 비교

6절 네 의로운 처소를 평안하게 하실 것이라: 개역개정의 번역은 어근 샬람(שׁלם)을 '평화, 평안, 평강' 등으로 해석하는 전통을 따른 것이다. 이 어근의 본래 의미는 '온전함'(wholeness)으로서, 피엘형은 '상대를 온전한 상태로 회복시키다'라는 의미이다. 본문은 '너에게 합당한 자리를 회복시켜 주실 것이다'라는 의미이다.

7절 시작, 나중: '처음, 시작, 예전'을 나타내는 레이쉬트(רֵאשִׁית)는 과거를 가리키고, 직역하면 '너의 뒤'가 되는 아하리트카(אַחֲרִיתְךָ)는 미래를 의미한다. 과거는 앞이고 미래는 뒤에 있는 '과거지향적 세계관'이 잘 나타나 있다.

7절 창대하리라: "창대"로 번역된 이스게(יִשְׂגֶּה)는 '크게 되다, 자라다'라는 뜻으

자네의 미래는 크게 성장할 것이네
8 제발 옛날 어르신들께 물어보게나
선조들의 지혜를 배우기를 바라네
9 우리는 어제 태어난 갓난쟁이에 불과해서 아는 것이 없다네
이 땅 위의 우리의 생명은 그림자처럼 짧게 지나가는 것이지 않은가
10 선조들이 자네에게 가르쳐 주지 않았는가
그들의 지성에서 나온 말은 바로 이것이네
11 수분이 없는 곳에서 풀이 무성히 자랄 리가 있는가
물이 없는데 갈대가 커질 리가 있는가
12 아직 벨 때가 아니어서 잎이 푸르러야 하는데도
다른 풀들보다 먼저 시드는 풀이 있는 것처럼
13 하나님을 잊은 자에게 닥칠 일은 그와 똑같다네
하나님에게서 벗어난 자에게는 좋은 결말을 기대할 수 없다네

로 아람어에서 흔히 쓰이는 단어이다.

9절 그림자와 같으니라: '그림자'를 의미하는 쩨일(צֵל)도 헤벨(הֶבֶל)과 마찬가지로 인생의 짧음을 나타내는 표현이다. 햇볕이 있을 때 생겨났다가 해가 지면 사라지는 것으로, 우리말의 '하루살이'와 유사한 의미를 지닌다. 이 표현은 하나님의 크심과 인간의 작음을 대비하는 목적으로 사용되는 것으로, 반성적 지혜의 대표적인 표현이다.

10절 그 마음에서 나오는 말을 하지 아니하겠느냐: 직역하면, '그들은 자신들의 심장에서 말들을 꺼낸다'가 된다. 이 문장에는 '그들의 심장'이라는 의미의 밀립밤(מִלִּבָּם)과 '말들'을 뜻하는 밀림(מִלִּים)의 언어유희가 나타난다.

13절 저속한 자: 어근 하나프(חנף)는 '(옆으로) 벗어나다', 혹은 '절룩거리다'라는 의미로 쓰인다. 형용사 하네이프(חָנֵף)는 '(하나님께서 지정하신) 올바른 길을 벗어난 (사람)'을 뜻하는 표현이다.

14 그가 굳게 믿고 의지하는 것은
마치 거미줄처럼 끊어지고 만다네
15 그가 자신의 집에 기대어 서면 그 집은 쓰러져 버리고
집을 다시 세우려고 해도 세워지질 않는다네
16 햇볕을 받을 때는 잘 자라고
그 가지를 정원으로 뻗더라도
17 그 뿌리가 돌에 뒤엉켜서
온통 돌밭만 보이게 된다네
18 결국 그 자리에서 돌에 삼켜지면 풀은 시들고 말아서
그런 게 있었던가라는 소리를 들을 걸세
19 그것이 사라지고 나면
그 자리엔 다른 풀들이 돋아날 걸세

14절 그가 믿는 것이 끊어지고 그가 의지하는 것이 거미줄 같은즉: 평행법을 바탕으로 풀어서 해석하면 '그가 믿고 신뢰하는 것은 거미줄처럼 끊어지고 만다'가 된다.

15절 굳게 붙잡아 주어도 집이 보존되지 못하리라: 어근 하자끄(חזק)가 히필형으로 건축과 관련되어 쓰일 때는 주로 '(쓰러진 집, 황폐하게 된 건물이나 성읍을) 재건하다'라는 의미로 사용된다. 동사 야꿈(יָקוּם)도 (개역개정에서처럼) "보존"의 의미라기보다는, 무너진 집을 다시 세운다는 의미이다. 상반절의 동사 야아모드(יַעֲמֹד '서다')와 평행어이다.

19절 그 길의 기쁨은 이와 같고: 메소스(מְשׂוֹשׂ)는 성경의 다른 본문에서 '기쁨'(joy)이라는 의미로 사용된다(사 24:8, 11, 32:13, 60:15, 62:5, 65:18, 66:10; 렘 49:25; 겔 24:25; 호 2:11; 애 2:15, 5:15; 시 48:2). 그러나 HALOT은 욥 8:19에 대해 다른 어근을 제시하며 '썩는 것 > 파멸, 폐망'이라는 의미로 해석하기를 제안한다. 만약 '기쁨'이라면 반어적 어법으로 이해될 수 있다. 클린스, 『욥기 (상)』, 492 참조.

20 그러나 하나님은 온전한 자를 저버리지 않는 분이시고
악한 자들의 손을 잡아주지 않는 분이시네
21 그분께서 자네의 입가를 웃음으로 가득 채우시고
자네의 입을 기쁨의 함성으로 넘치게 하실 날이 올 것이네
22 그때에는 자네를 조롱하던 자들이 부끄러움을 당할 것이고
악인들은 더 이상 존재하지 않을 것이네

욥기 8장 해설

배경 이해

규범적 지혜는 패턴을 아는 것이다. 이 패턴은 하나님께서 천지를 만드실 때 이미 결정된 규범이다. 따라서 '과거'를 기억하고 배우는 것이 중요하다. 또한 이 패턴은 자연 현상에 대한 관찰(일반계시)을 통해 파악할 수 있다. 이 두 가지 이유 때문에 규범적 지혜의 관점에서는 나이가 많은 것이 지혜를 상징한다. 보다 '과거'에 가까이 서 있기 때문이고 패턴을 관찰한 '경험'이 많기 때문이다. 잠언의 형식이 부모와 조상들에게 배우는 형식으로 되어 있는 이유이다.

본문 이해

빌닷의 첫 번째 발언은 엘리바스의 첫 발언(4-5장)과 유사한 내용과 구조를 가지고 있다. 인과응보의 원리에 따라 악인/죄인/무지자에

게는 화가 임하고, 의인/선인/지혜자에게는 복이 임한다는 원칙을 설명한다. 다만, 엘리바스가 개인적 경험과 신비 체험을 바탕으로 주장을 전개했다면, 빌닷은 “옛 시대 사람”과 “조상들”에게서 지혜의 근거를 찾는다(8절).

1-7절 인과응보와 하나님의 의 빌닷에게 욥의 말은 “거센 바람”처럼 들린다. 7장에서 욥이 인간의 인생을 한낱 바람(רוּחַ루아흐)에 불과하다며 바람의 짧게 스쳐 지나가는 성질을 강조한 것과는 다르게, 빌닷은 바람의 세찬 힘(כַּבִּיר캅비르)을 부각시킨다. 빌닷은 욥의 말을 하나님의 정의와 공의를 부정하는 주장으로 해석한다. 욥은 앞에서 (그리고 뒤에서도) 하나님이 의롭지 않다는 말을 한 적이 없다. 그럼에도 빌닷이 욥의 말을 그렇게 ‘해석’하게 된 이유는, 무죄한 자에게 하나님이 고난을 주실 리가 없다는 신학 때문이다. 만약 하나님이 무죄한 자에게 벌을 내리신다면 그것은 하나님 스스로가 인과응보의 원리를 따르지 않는다는 것을 의미한다. 인과응보의 원리는 규범적 지혜에서 하나님의 선하심과 의로우심을 나타내는 가장 중요한 개념이다. 하나님이 창조하신 ‘뿌린 대로 거둔다’는 원칙을 만약 하나님 스스로가 거스른다면, 그것은 곧 하나님이 선한 분도 의로운 분도 아니라는 말이 된다.

빌닷은 욥의 자녀들이 당한 재난을 그들이 지은 죄에서 찾는다. 욥의 자녀들이 함께 모여 있을 때 세찬 바람이 불어 집이 무너지는 사건으로 인해 그들이 모두 죽게 되었는지에 대해서 성경은 명확하게 설명하지 않고 있다. 하지만 그 재앙의 수위가 어떻든 간에, "수아 사람" 빌닷은 욥의 자녀들이 어떻게 살았는지 그들이 어떤 죄를 지었는지 직접 옆에서 볼 수 없는 위치에 있었다. 욥의 자녀들에 대한 빌닷의 정죄는 그러므로 인과응보의 원리를 적용한 추론일 뿐이다. 욥기의 독자인 우리는 욥의 자녀들에게 임한 재난이 그들의 죄 때문이 아님을 잘 알고 있다.

빌닷은 자신의 추론을 이어 나간다. 죄인에게 멸망이 할당된 것처럼 의인에게는 온전함의 회복(שָׁלוֹם 샬롬)이 예정되어 있다. 의인과 지혜자를 빌닷은 다음과 같이 정의한다: 하나님을 바라보고 하나님께 은혜를 구하는 사람(5절), 순결하고 올바른 사람(6절). 자크(זַךְ)는 불순물이 섞이지 않은 순금(개역한글은 "정금"이라고 번역한다)을 지칭할 때 사용되는 형용사이다. 개역개정이 "정직"으로 번역하는 야샤르(יָשָׁר)는 하나님의 뜻을 따라 좌우로 치우치지 않고 그 길을 '똑바로' 가는 사람을 뜻한다. 이런 자들에게는, 비록 지금 현재의 상태가 작고 "미약"할지라도 미래에는 심히 커질 것이다.

많은 신앙인들에게 꿈과 희망과 용기를 주었던 이 유명한 구절을 빌닷은 지금 모든 소유를 다 잃고 질병으로 고통받고 있는 욥에게 하고 있다. 지독한 고통을 겪고 있는 사람의 면전에 '너의 자녀들은 그들이 지은 죄에 따른 합당한 징벌을 당한 것이다'라는 말을 대놓고 한 뒤에 이어지는 말이다. 수많은 신앙인들에게 꿈과 용기를 주어 왔던 이 구절은 원래 고통받는 무죄한 자의 영혼을 갈갈이 찢어 놓는 끔찍한 폭력의 말이었다.

8-19절 불의한 자에게 임하는 화 빌닷은 자신의 지혜의 근거를 "옛 시대 사람"과 "조상들"에게 둔다(둘은 평행어로 동일한 의미를 지닌다). 규범적 지혜가 말하는 규범(패턴)은 하나님께서 창조하시던 때부터 정해진 것이기 때문에 천지창조의 때에 더 가까이 있는 과거 시대와 조상들이 그 규범을 더 잘 알고 있다. 규범적 지혜는 따라서 '과거지향적'이다. 규범을 더 많이 경험한 사람이 지혜로운 사람이므로, 나이가 들어 가는 것은 점점 더 지혜로워지는 것이다. 규범적 지혜의 대표격인 잠언이 부모 세대가 젊은 세대에게 지혜를 가르치는 구도로 되어 있는 이유는 이 때문이다("내 아들아 네 아비의 훈계를 들으며 네 어미의 법을 떠나지 말라", 잠 1:8). '과거'를 '기억'하는 것이 중요한 이유도 동일하다: "옛날을 기억하라 역대의 연대를 생각하라 네 아버지에게 물으라 그가 네게 설명할 것이요 네 어른들에게 물으라 그들이 네게 말하리로다"(신 32:7).

참고로, 나중에 등장하는 엘리후가 나이가 어리기 때문에 참고 있었다는 것(욥 32:4, 6)은 나이와 지혜를 동일시하는 규범적 지혜의 세계관을 반영한 것이다. 동시에, "어른이라고 지혜롭거나 노인이라고 정의를 깨닫는 것이 아니니라"(32:9)는 엘리후의 말은 반성적 지혜의 표현이다.

이어서 빌닷은 '뿌린 대로 거둔다'는 규범적 지혜의 근본 원리를 설명한다. 이 지혜는 자연 세계에 대한 관찰('경험')에서 온 것이다. 좋은 것("왕골", "갈대")이 나쁜 곳("진펄 아닌 데", "물 없는 데")에서 나올 리가 없다. 물론 척박한 곳에서도 무엇인가 자라기는 한다. 그러나 그것이 오래 지속될 리는 없고, 하나님께서 본래 지정하신 충분한 수명(“뜰을 때”)을 다 살지 못하고 멸망하게 된다(8:11-12). 악인/무지자(“하나님을 잊어버리는 자”, “저속한 자”)의 운명도 이와 마찬가지이다(13절). 여기서, “저속한 자”라고 번역된 하네이프(חָנֵף)는 어원적으로 ‘(길에서) 벗어나거나 똑바로 걷지 못하는 사람’을 가리킨다. 17:8에서는 하나님의 뜻에 맞게 똑바로 사는 사람(יְשָׁרִים 예샤림)과 반의어로 사용되었고, 20:5에서는 악인들(רְשָׁעִים 레샤임)과 동의어로 사용되었다.

‘악인은 멸망한다’는 공식은 다음의 질문에 대한 설명을 필요로 한다: ‘그렇다면 왜 악인은 존재하는가?’ 악인들은 하나님의 징벌을 통해 다 없어져야 마땅한데 악인들이 존재하는 현실을 어떻게 설명할 것인가 하는 질문이다. 빌닷의 대답은 한마디로 ‘그들은 오래가지 못한다’이다. 비록 악인들이 존재하기는 한다. 그들도 “햇빛을 받고 물이 올라 그 가지가 동산에 뻗으며 그 뿌리”를 내릴 수는 있다(8:16-17). 그러나 그들이 뿌리내린 곳은 “돌무더기”이고 그 돌틈 사이로 뿌리를 겨우 내렸다 하더라도 쉽게 뽑히고 만다(17-18절). 그들이 집을 지을 수는 있어도 그 집은 마치 거미줄 같아서 쉽게 끊어지고 오래 “보존되지”는 못한다(14-15절). 그들은 곧 “다른 것”으로 대체된다(19절).

이 자연의 법칙에서 끌어낸 인과응보의 원리를 현실에 적용하면, 하나님께서 주신 수명을 충분히 다 살지 못하고 일찍 죽는 것(‘장수’의 반대)은 그들이 하나님께 뿌리를 내리지 못했기 때문이라는 결론이 도출된다. 4절에서 “네 자녀들이 주께 죄를 지었으므로 주께서 그들을 그 죄에 버려두셨나니"라는 '주장'의 근거가 바로 여기이다. 그들이 "하나님을 잊어버리는 자"이고 "저속한 자"(비뚤어진 자)이기 때문이다. 이러한 빌닷의 주장은 재난이나 천재지변이 닥쳤을 때 그것이 죄 때문이라고 정죄하는 목회자들의 경우를 연상시킨다. 어려움에 처한 사람들에 대해 하나님의 이름으로(하나님께서 정하신 원리라는 명분으로) 2차 가해를 저지른다. 욥기의 반성적 지혜는 하늘에서 벌어지는 일을 알지 못하는 인간이 하나님이 하시는 일을 '신학적 원리'에 의해 함부로 판단하는 것은 지혜가 아닌 무지이자 악이라는 것을 가르쳐 준다.

20-22절 온전한 자에게 임하는 복 하나님의 뜻을 알고 따르는 지혜자("순전한 사람")에게 주는 하나님의 상은 "웃음"과 "즐거운 소리"이다(21절). 기독교의 금욕주의 전통이 '웃음'을 사탄이 틈탈 수 있는 기회를 제공하는 것으로 부정적으로 평가한 것과는 달리(샤를 보들레르의 "웃음의 본질에 대해"와 움베르트 에코의 『장미의 이름』에 나오는 호르헤 신부를 보라), 규범적 지혜는 웃음을 의인에게 내리는 하나님의 선물로 여긴다. 시편 126:2에서는 "웃음"과 "찬양"을 평행어로 취급한다(반면에, 전도서의 반성적 지혜는 "웃음"을 "미친 짓"과 연결시키며 부정적인 평가를 내린다[전 2:2]). 하나님께서 붙드시는 자를 "미워하는 자"는 곧 "악인"이며, 그들에게 내리는 벌은 "부끄러움"과 '없어짐'이다(욥 8:22). 누군가에는 큰 용기와 위로를 줄 수 있는 말이 누군가에는 정죄와 폭력이 될 수 있다.

욥기 9장 1-16절

빌닷의 첫 번째 발언(8장)에 대한 욥의 응답의 전반부이다. 인과응보의 원리로 욥의 자녀들을 저주하며 고난을 당하는 사람들을 정죄하는 빌닷의 말에 대해 욥은 저항한다. 여기에서는 반성적 지혜의 두 가지 중요한 주제가 다루어진다. 첫째, 하나님의 창조세계는 인간의 생활 영역을 한참 벗어나는 것이며, 둘째, 그렇게 커다란 창조주를 한낱 피조물인 인간은 다 알 수 없다는 것이다.

A. 1–4절 친구들의 주장의 일부에 대한 동의

B. 5–9절 반성적 지혜: 하나님의 크심과 절대주권

C. 10–16절 반성적 지혜: 인간의 한계

더바이블 욥기 9장 1-16절

1 욥이 대답했다.

2 그렇다는 걸 나도 아주 잘 알고 있다네

하나님에 비한다면 인간이 어떻게 의로울 수 있겠는가

3 그분과 논쟁하고 싶다고 해도

그분의 천 마디 말씀에 인간은 단 한 마디도 대답하지 못할 것이네

4 제아무리 지혜롭고 힘이 세다 해도

하나님과 겨루어서 멀쩡한 사람이 어디 있겠는가

5 그분은 아무도 눈치 채지 못하는 사이에

콧바람으로 산들을 옮길 수 있는 분이시네

6 땅을 원래의 자리에서 들어 옮기시면

땅의 기둥들이 흔들린다네

7 그분이 말하시면 태양도 뜨지 않을 것이고

개역개정과의 비교

2절 진실로: 옴남(אָמְנָם)은 어근 아만/아멘(אמן)에서 파생된 부사로, '확실히, 진실로' 등의 의미를 지닌다. 빌닷이 설명한 규범적 지혜가 욥이 모르는 사실이 아니라는 것을 나타낸다.

4절 그는 마음이 지혜로우시고 힘이 강하시니: 히브리어 원문의 표현은 '심장은 지혜롭고 힘은 강하다'이다. 이 문장이 하나님을 묘사하는 것으로 해석할 수도 있고(개역개정, 새번역, 공동번역 모두 이 선택을 한다), 어느 불특정한 인간을 가정하는 것으로 이해될 수도 있다. 즉, '아무리 지혜롭고 힘이 세다 해도(하나님과 겨루어 멀쩡한 사람이 누가 있겠는가)'라는 의미로 해석이 가능하다.

7절 별들을 가두시도다: 어근 하탐(חתם)은 주로 편지/서신에 인장을 찍어 봉인하

별들도 안 보이게 될 것이네

8 그분은 홀로 하늘을 만드신 분이며

바다를 밟아 파도를 일으키시는 분이네

9 그분은 북두칠성과 오리온좌와

플레이아데스성단과 남쪽의 별들을 만드셨다네

10 그분은 끝을 가늠할 수 없는 굉장한 일들과

누구도 파악할 수 없는 놀라운 일들을 행하신다네

11 만일 그분이 내 앞을 지나가신다 해도

나는 그분을 보지 못할 것이네

그분이 움직이셔도 나는 그분을 알아볼 수 없을 것이네

12 그분이 가져가시면 누가 그것을 되찾을 수 있겠나

누가 그분께 지금 뭐 하시는 거냐고 말할 수 있겠나

는 것을 의미한다. '별들을 봉인한다'는 표현은 별들을 보이지 않게 가린다는 의미로 이해된다.

8절 바다 물결을 밟으시며: 하반절의 직역은 '그는 바다의 높은 곳들 위를 밟으신다'이다. 파도를 억제하는 능력을 말할 수도 있고, '바다를 밟아' 파도를 일으키는 것을 은유적으로 표현한 것일 수도 있다.

9절 북두성과 삼성과 묘성: 이 세 별에 대해서는 클린스, 『욥기 (상)』, 543-544 참조. 아쉬(עָשׁ)는 북두칠성의 꼬리별(대각성, Arcturis)로 알려져 있고, 케씰(כְּסִיל)은 오리온좌, 키마(כִּימָה)는 플레이아데스성단을 의미한다고 알려져 있다. 참고로, 묘성(키마)과 삼성(케씰)은 암 5:8에서도 하나님의 크신 능력과 위대하심을 표현할 때 사용된다.

9절 남방의 밀실: '남방의 방들'(חַדְרֵי תֵמָן 하드레이 테이만)은 1) 남쪽에 있는 별들 전체, 혹은 남방 황도권에 있는 별들을 가리키거나, 2) 바람, 눈, 우박 등이 저장되어 있는 천상의 창고를 뜻할 수 있다(클린스, 『욥기 (상)』, 544 참조).

13 하나님은 그분의 뜻을 바꾸지 않으실 것이네
라합의 조력자들마저도 그분 아래서 웅크리고 있지 않은가
14 그런데 어떻게 내가 그분께 말대꾸를 할 수 있겠는가
대체 그분께 무슨 말을 할 수 있겠나
15 그분께서 보시기에 올바른지 아닌지를
내가 어찌 대답할 수 있겠는가
단지 그분께서 나를 불쌍하게 보아주시기만을 바랄 뿐이네
16 내가 불러도 그분께서 응답하실지
그분께서 내 말에 귀를 기울이실지 내가 어찌 확신할 수 있겠나

욥기 9장 1-16절 해설

배경 이해

규범적 지혜에서 자연 세계를 언급하는 것은 자연 현상을 인간의

13절 하나님이 진노를 돌이키지 아니하시나니: 직역: 하나님은 자신의 코를 되돌리지 않는다. '코'는 화/분노를 의미하는 전형적인 표현이다. '코를 되돌리지 않는다'라는 표현은 진노를 되돌리지 않을 것이라는 뜻이다.

13절 라합을 돕는 자들이: '라합의 조력자들'이라는 표현은 『에누마 엘리시』를 바탕으로 하고 있다. 바다의 여신 티아마트(Tiamat)와 그의 아들 킹구(Kingu)를 도와 킹구를 신들의 왕으로 삼으려던 조력자들을 가리키는 표현으로 보인다.

15절 나를 심판하실 그에게 간구할 뿐이며: 직역: 나에 대한 (하나님의) 심판/판단/평가에서 나 자신이 불쌍히 여겨진다/여겨지기를 바란다. '불쌍히 여기다'라는 동사 하난(חנן)은 욥 1:9과 2:3의 "까닭 없이"와 동일한 어근을 가진다.

삶에 투영하려는 목적이다. 자연에 대한 경험을 바탕으로 인간 삶의 원리와 규범을 설명하려는 것이다. 8장(빌닷)이 갈대, 순, 풀, 거미줄, 가지, 뿌리 등 인간의 활동 영역 안에 자주 관찰되는 것을 소재로 삼은 것은 이 때문이다. 그러나 반성적 지혜는 하나님의 크심과 인간의 작음을 대비하는 것을 주요 주제로 삼기 때문에 하늘, 구름, 비, 바다, 별 등 인간의 생활 영역 바깥의 세계를 신학적 사유의 대상으로 삼는다.

본문 이해

욥은 친구들이 말하는 지혜(규범적 지혜)를 모르는 사람이 아니다. 그 스스로 하나님의 뜻에 따라 살고자 최선을 다하는 지혜의 화신이었다(욥 1:1-5). 그러나 욥의 신앙은 인과응보의 원리에 한정되지 않는다. 그 원리를 초월해서 주권적으로 임하시는 하나님에 대한 신앙, 즉 반성적 지혜를 가지고 있다(1:21, 2:10). 9장에서는 친구들의 말 중에서 규범적 지혜보다 반성적 지혜에 더 어울리는 구절들을 인용하여 친구들의 지혜를 역으로 비판한다. 특히 엘리바스의 말(4:17과 5:9)이 주된 논의 대상이다.

1-4절 친구들의 주장의 일부에 대한 동의 사람은 하나님에 견주어 결코 의로울 수 없다는 친구들의 주장을 욥은 잘 알고 있다(2절). 사실 이 말은 빌닷의 말이 아니라 엘리바스의 말이다: "사람이 어찌 하나님보다 의롭겠느냐 사람이 어찌 그 창조하신 이보다 깨끗

하겠느냐"(4:17). 욥이 빌닷의 말을 건너뛰고 다시 엘리바스의 말에 반응하는 것을 이상하게 생각할 필요는 없다. 욥과 세 친구 사이의 대화는 바로 앞에 있는 상대편의 말에 대한 직접적인 반응이 아니라, 규범적 지혜의 주장과 반성적 지혜의 주장을 각각 나열하는 형식으로 되어 있다. 따라서 9장의 욥의 발언을 8장의 빌닷의 말에만 한정해서 비교하는 것은 좋은 해석 방식이 아니다. 서로 상반된 지혜를 대표하는 양측이 전체적으로 어떤 주장을 하는지 종합하여 비교하는 것이 보다 적절한 방식이다.

하나님 앞에서 사람이 의로울 수 없다는 것은 하나님과 인간 사이의 차이를 강조하는 진술이다. 규범적 지혜와 반성적 지혜 양측에서 동일한 진술을 하지만, 규범적 지혜보다는 반성적 지혜가 하나님과 인간 사이의 거리를 강조한다. 하나님 앞에서 의로운 사람이 아무도 없다면, 그것은 곧 하나님 앞에서 어느 누구도 지혜자일 수 없다는 뜻이다. 하나님께서 움직이시는 방법을 예측하거나 평가할 수 있는 인간은 아무도 없다는 뜻이다. 하나님과 인간 사이의 차이를 극대화하는 이런 관점에서 본다면, 엘리바스나 빌닷 등은 하나님에 대해 어떻게 그렇게 잘 알 수 있는가를 질문하게 된다. 지혜와 힘은 하나님께 있고(4절) 인간에게 있는 것이 아니어서 하나님에 대해 어느 인간도 제대로 알 수 없다(3절)는 것이 반성적 지혜의 주장이다. 욥의 항변은 '왜 너희들의 지혜를 너희 자신에게는 적용하지 않느냐'는 물음이다.

5-9절 반성적 지혜: 하나님의 크심과 절대주권 이어서 욥은 하나님의 크심을 극대화해서 보여 주면서, 동시에 그분의 운행을 어떤 법칙으로 설명하지 않으려 한다. 지진 등의 천재지변으로 산이 무너지고 옮겨지는 현상은 인간이 조종할 수 없는 것으로 하나님의 크신 능력을 표현하는 전형적인 관용구이다(시 18:7, 29:8, 97:5; 나 1:5; 합 3:6 등). 시편의 "땅이 진동하고 산들의 터도 요동하였으니 그의 진노로 말미암음이로다"(시 18:7)라는 구절은 5절과 유사하다.

계속되는 욥의 말에 언급되는 창조세계는 "땅"과 "그 기둥들"(6절), "해"와 "별들"(7절), "하늘"과 "바다"(8절), 그리고 "북두성과 삼성과 묘성과 남방의 밀실"(9절)이다. 5장에서 엘리바스가 "비를 땅에 내리시고 물을 밭에 보내시"는(5:10) 등 농사와 관련된 현상을 설명하는 것이나, 8장에서 빌닷이 갈대나 거미줄, 가지가 돌무더기 틈에 뿌리를 내리는 현상 등에 빗대어 하나님의 운행을 설명하는 것(8:11-18)과는 스케일에서 큰 차이가 있다. 규범적 지혜는 인간의 생활반경 안에서 주로 관찰되는 것을 통해 삶의 법칙(규범)을 끌어내고 그것을 인간의 삶에 적용한다. 이런 면에서 규범적 지혜는 '인간중심적'인 지혜일 수 있다. 그런데, 반성적 지혜는 신학적 사유의 지평을 훨씬 더 크게 가져간다. 인간의 삶의 영역 바깥의 세계마저도 하나님의 주권하에 있다는 점을 강조한다. 이런 점에서 반성적 지혜는 창조주와 피조물 사이의 거리를 규범적 지혜에서보다 더욱 크게 벌리고 차이를 극대화한다.

스케일을 확장하면서 질문이 발생한다: 하나님의 "진노"가 산에 임한 것은 산이 무엇인가 잘못했기 때문인가? 하나님의 뜻을 알지 못하는 무지나 하나님의 뜻을 거스르는 악행 때문인가? 그렇지 않다. 하나님께서 땅의 기둥들을 흔드시고(9:6) 해를 뜨지 못하게 하시거나 별들을 가둬 두는 것은(7절) 땅이나 해, 별의 무지나 악 때문이 아니다. 욥의 친구들에게는 인과응보의 원리로 세상이 움직이는 것이 하나님의 주권을 입증하는 자료가 되지만, 욥은 인과응보의 원리로 설명될 수 없는 세계 또한 하나님의 주권하에 있다는 사실을 통하여 하나님을 인과응보의 원리에 가둬 놓을 수 없다고 주장한다. 뿌린 대로 거두는 원리를 창조하신 분은 물론 하나님이시지만, 하나님은 그 원리에 갇혀 계신 분이 아니다.

10-16절 반성적 지혜: 인간의 한계 10절은 5-9절과 11-16절을 연결하는 경첩(hinge)이다. 그렇게 거대한 창조주를 한낱 인간이 이해할 수 없다는 자연스런 논리적 귀결이다. 하나님의 초월성에 대한 욥의 고백은 욥기를 관통하는 주제어 중 하나인 니플라오트(נִפְלָאוֹת)로 연결된다. 크신 하나님의 움직임은 인간이 "측량할 수 없는" 것이며, 인간이 "셀 수 없는" 것이다. 욥기에서 이 단어를 처음 사용한 사람은 엘리바스이다. 욥기 5:9과 9:10의 히브리어 원문은 거의 동일하다. 엘리바스는 이 구절을 "분노"와 "미련함"에서 벗어나도록, 즉 '지혜자'가 되라고 욥을 설득하는 것에 사용하는 반면, 욥은 그 구절은 그런 의미가 아니라고 반론을 제기한다. 하나님의 행하심을 인간이 측량할 수 없다는 명제는 하나님의 절대주권과 자유로 연

결되어야 한다. 즉, 하나님이 그분의 뜻대로 주실 수도 있고 거두실 수도 있으며, 복을 주실 수도 화를 주실 수도 있다는 것이다. 산과 바다와 별의 움직임이 바뀌는 것은 그들이 죄를 지어서가 아닌 것처럼, 욥에게 임한 불행 역시 죄나 무지로 인한 것이 아니다.

지혜에 대한 인간의 인식 가능성, 즉 하나님이 하시는 일을 인간이 알 수 있는가 하는 문제에 대해 규범적 지혜는 긍정적인 답변을 내놓는다. 물론 지혜에 다다르는 길은 쉽지 않다. 젊은이들은 지혜와 무지 사이에서 어느 쪽으로든 갈 수 있는 불안한 존재이고, 그들을 유혹하는 악의 손길(잠언의 "음녀")이 곳곳에 도사리고 있다. 그렇기 때문에 젊은이들은 지혜를 추구해야 하고 부모 세대와 조상들에게서 지혜를 배울 필요가 있다. 잠언이 아버지가 아들에게, 부모가 자식 세대에게 지혜를 전수해 주는 형식을 취하는 이유가 이것이다. 그리고 잠언의 '아버지'는 자식에게 무엇이 옳고(선) 무엇이 그른지(악), 무엇이 지혜이고 무엇이 무지인지 아주 친절하게 반복적으로 알려 준다. 개미를 통해 부지런함을 배울 수 있는 것처럼(잠 6:6-7, 30:25), 피조세계의 현상들도 우리에게 어떠한 규범에 따라 살아야 하는지 알려 준다.

그러나, 창조주와 피조물 사이의 차이를 강조하는 반성적 지혜의 기본적인 입장은 인간은 하나님을 이해할 수 없다는 것이다. 하나님은 아버지와 같이 친절한 분으로 묘사되지 않고 저 천상에서 "하나님의 아들들"에 둘러싸여 있는 존재이다. 하늘에서 벌어지는 일을 이 땅의 인간은 알 수 없다. 그분이 내 옆을 지나간다 해도 내가 알 수 없으며(욥 9:11), 하나님이 가져가시면 인간은 막을 수 없다(12절). "라합을 돕는 자들"과 같은 신화적 존재들마저 굴복시키는 분이 왜 재앙을 내리시는지 그 이유를 인간 따위가 알 수 없다. 그런데 같은 인간인 엘리바스나 빌닷은 어떻게 그렇게 하나님을 잘 알 수 있는가? 너희들은 인간이 아닌가? 욥이 던지는 질문이다.

하찮은 인간은 하나님의 행위에 대해 옳고 그름의 평가를 할 수 없고, 동시에 그 뜻을 돌이켜 달라는 요청에 하나님이 응답하셔야 할 이유가 없다(14-15절). 하나님께 대하여 인간이 할 수 있는 것은 불쌍히 여겨 주시기를 바라는 것뿐이다(15절). '불쌍히 여기다'라는 동사 하난(חנן)은 욥기 1:9과 2:3의 "까닭 없이"와 동일한 어근을 가진다. 행동한 그대로 보응받는 인과응보의 원칙을 벗어나서, 하나님의 '까닭 없는' 긍휼과 은혜를 간구하는 욥의 태도가 잘 나타나 있다.

욥기 9장 17-35절

하나님이 행하시는 어떤 법칙이나 원리를 인간이 알 수 없다는 반성적 지혜의 일반론(1-16절)을 17절 이하에서는 욥 자신에게 적용한다. 왜 하나님께서 자신에게 고난을 주시는지 욥으로서는 알 수 없다. 하늘에서 벌어진 일(1-2장)을 알지 못하는 욥에게 그 고난은 '까닭 없는' 것이다. 이유를 알 수 없는 고난이 더욱 고통스럽고 두렵다. 욥은 그 두려움을 솔직하게 고백한다.

A. 17-24절 '까닭 없는' 고난에 대한 탄식

- a. 17-19절 하나님께서 주권적으로 주시는 고난
- b. 20-24절 인간의 판단과 하나님의 판단은 다르다

B. 25-35절 두려움에 대한 고백

더바이블 욥기 9장 17-35절

17 그분께서는 아무 까닭 없이 폭풍으로 나를 짓이기시며
나를 상처투성이로 만드시는 분이시네
18 그분이 쓰라린 고통을 차고 넘칠 정도로 내게 주셔서
나는 숨조차 쉬지 못할 정도가 되었네
19 어떻게 내가 그분의 강한 힘에 맞설 수 있겠는가
대체 누가 그분의 판단 기준에 부합할 수 있겠는가
20 내가 보기에 아무리 나 자신이 올바르다 해도

개역개정과의 비교

17절 폭풍으로: 마소라 본문의 비스아라(בִּשְׂעָרָה)를 직역하면 '폭풍으로'가 된다. 칠십인역(LXX)도 이 독법에 동의한다. 다른 가능성으로는, '폭풍'이라는 의미의 세아라(שְׂעָרָה)를 '털'이라는 뜻의 사아라(שַׂעֲרָה)로 읽는 것이다. 이 독법도 많은 학자들의 지지를 받는다. 평행법에 맞게 번역한다면, '그분은 털 한 올로도 내게 상처를 가하실 수 있고, 아무 이유 없이 나의 상처들을 많게 하실 수 있다'가 된다. '털 한 올로도'와 '아무 이유 없이'가 적절한 평행인지에 대해서는 좀 더 연구가 필요하다.

19절 심판으로 말하면 누가 그를 소환하겠느냐: 이 번역은 요이데이니(יוֹעִידֵנִי)의 1인칭 어미를 3인칭으로 수정한 읽기이다. 어근 야아드(יעד)의 기본적인 뜻은 '만나다, (어느 자리에) 두다'로서, 원문을 직역하면 '누가 나를 (강한 힘에, 그리고 심판에) 가져다 놓을 수 있겠는가'가 된다. '누가 (그분의) 판단기준에 맞겠는가'의 의미로 이해하는 것이 좋다. 하나님의 크신 능력과 인간의 이해를 뛰어넘는 그분의 판단기준에 욥 자신을 포함한 어느 누구도 부합할 수 없음을 나타내는 표현이다. 하나님의 절대주권을 강조하는 반성적 지혜의 전형적인 신학적 진술이라 할 수 있다. 인간의 판단과 하나님의 판단이 다르다는 20절의 진술과 연결된다.

20절 내 입이 나를 정죄하리니: 마소라 본문을 직역하면 '내 입이 나를 악하다고 할 것이다'가 된다. 피(פִּי '나의 입')를 피브(פִּיו '그의 입')으로 수정한 독법도 제

그분은 나를 악하다고 하실 수 있으며
내가 아무리 온전하다 하더라도
그분은 내가 틀렸다고 판단하실 수 있다네
21 그러니 내가 온전한지 그걸 나 자신이 어찌 알겠나
나는 단지 더 이상 살고 싶지 않을 뿐이네
22 하나님은 의인이나 악인이나 모두 죽게 하신다네
그래서 모두의 결말이 동일하다고 내가 말하는 것이라네
23 아무 죄 없는 사람에게 갑작스레 하나님의 채찍이 내려
그가 죽게 된다 하더라도 그분은 그저 웃고만 계실 것이네
24 온 세상이 악인의 손아귀에 주어졌고
올바른 재판을 해야 할 이 땅의 재판관들의 얼굴은 가려졌다네
그분이 이렇게 하신 것이 아니라면 대체 누가 한 것이겠나
25 인생은 달리기 선수보다 더 빠르다네
삶이 너무 빨리 지나가서 선한 것을 볼 수 없다네
26 그것은 갈대로 만든 배처럼 빠르게 지나가고
먹이를 향해 날아가는 독수리같이 빠르다네

기되었다. 평행법적으로 보면, 피는 하반절의 아니(אֲנִי)와 상응한다. 따라서 '만일 내가 내 입에 있어서는 의롭다 하더라도'로 구문을 분석하는 것이 더 적절해 보인다. 피(פִּי)는 21절의 나프쉬(נַפְשִׁי)와 27절의 옴리(אָמְרִי)와 유사하게, 자기 자신을 상징하는 표현으로 보이며, 인간의 말과 생각과 판단을 의미한다.

21절 내 생명을 천히 여기는구나: 직역하면, '나는 나의 생명을 거부한다'이다.

25절 복을 볼 수 없구나: 원문의 또바(טוֹבָה)는 '선한 것'을 뜻한다.

27 그래 슬픔을 잊어버리자 표정을 바꾸어 웃어보자고
저 스스로 아무리 다짐을 해 보아도
28 저는 여전히 이 끔찍한 고통으로 괴로워할 것이고
하나님 당신께서는 저를 무죄하다고
여기시지 않을 것이라는 걸 알고 있습니다
29 어차피 저는 악인으로 여겨질 텐데
그렇게 아등바등 애쓸 필요가 있을까요
30 비록 제가 눈 녹은 깨끗한 물로 제 몸을 씻는다 해도
소독제로 제 손을 깨끗이 한다 해도
31 당신은 저를 구덩이에 빠지게 하실 것이고
제 옷조차도 저를 더럽다고 경멸할 것입니다
32 당신께서는 저처럼 사람이 아니셔서
제가 당신께 대답할 수도 없고
함께 법정에 가자고 할 수도 없습니다
33 하나님과 저 사이에 옳고 그름을 판단해 줄
재판관이 세상에 어디 있겠습니까

34 부디 그분의 막대기가 내게서 떠나가기를
그분께서 부디 나를 두려움에 떨게 하지 않으시기만을

29절 내가 정죄하심을 당할진대 어찌 헛되이 수고하리이까: 다른 가능한 해석: '만일 내가 악인이라면, 숨 한번 쉬기가 왜 이렇게 힘든 것일까요?' 개역개정의 "어찌 헛되어 수고하리이까"는 헤벨(הֶבֶל)을 '헛됨'으로 이해한 전통적 해석에 기반을 두고 있다. 헤벨은 일차적으로 '입김, 숨'을 의미하는 단어이다.

바랄 뿐이네

35 그분의 심판이 두렵지 않다고 말하고 싶지만

나 자신이 그럴 수 없는 존재라는 것을 나는 잘 알고 있다네

욥기 9장 17-35절 해설

배경 이해

신약 시대에 욥은 '인내의 화신'으로 여겨졌다: "보라 인내하는 자를 우리가 복되다 하나니 너희가 욥의 인내를 들었고"(약 5:11). 괴로움과 두려움을 날것 그대로 표출하는 3장 이하의 욥을 '인내하는 욥'으로 보기 어렵다는 해석이 많다. 그러나 '인내'는 아픈데도 안 아픈 척하는 것이 아니다. 욥의 인내는 고난의 이유에 대한 손쉬운 답변을 찾지 않으려는 데 있다. 친구들의 '논리적 설명'을 받아들이지 않고 '까닭 없는 고난'을 견디는 것이 '인내'이다.

35절 내가 두려움 없이 말하리라: 직역하면, '나는 말하고 싶다. 나는 그가(그것이) 두렵지 않다. 왜냐하면 나는 나와 함께 그렇지 않다'가 된다. 해석하기 어려운 문장이다. 구문을 어디에서 끊어 읽어야 할지 명확하지 않다. 두 번째 문장을 '나는 말하고 싶다'의 목적어로 볼 수도 있다. 그러면 전체 문장은 '나는 두렵지 않다고 말하고 싶지만 나 자신에 대해 그렇게 말할 수 없다네'로 번역할 수 있다.

본문 이해

1-16절은 반성적 지혜의 두 가지 중요한 주제를 다루었다: 1) 하나님의 절대주권(하나님의 자유)과 2) 인간의 인식의 한계. 욥은 규범적 지혜의 인과응보의 틀이 아니라 반성적 지혜의 관점에서 자신의 고난을 바라본다. 그 고난은 창조주 하나님께서 주권적으로 주시는 것이며, 그 고난의 이유를 한낱 피조물인 자신은 이해할 수 없다는 것이다. 17절 이하에서 욥은 이해할 수 없는 고난을 견디는 괴로움을 토로한다.

17-24절 '까닭 없는' 고난에 대한 탄식 **1) 17-19절(하나님께서 주권적으로 주시는 고난)**: 하나님께서 산들을 "진노하심"으로 무너뜨리시는 것처럼(5절) 욥에게 임하는 고통도 "폭풍"과 같은 것이다(17절). 폭풍이 왜 부는지 그리고 언제 부는지는 인간이 알 수 없는 "측량할 수 없는 큰일"이며 "셀 수 없는 기이한 일"(10절)인 것처럼 욥이 당하는 고난 역시 '까닭 없는', 즉 이유를 알 수 없는 것이다(17절). 여기서 "폭풍"으로 번역된 세아라(שְׂעָרָה)는 폭풍우(storm)나 회오리바람(whirlwind)같이 강하고 거센 바람을 가리킨다. 일상적인 바람과는 다르고, 또 언제 어떤 방식으로 부는지 예측이 불가능하기 때문에 하나님의 현현(theophany)을 나타내는 데 주로 사용된다(왕하 2:1; 사 29:6, 40:24, 41:16; 시 107:29; 겔 1:4; 슥 9:14). 니플라오트(נִפְלָאוֹת)의 두 가지 의미(일상적이지 않고 특이한, 인간의 예측을 뛰어넘는)가 강하고 거센 바람으로 표현된 것이다. 덧붙여 설명하자면, 이러한 바람

을 잠잠케 하는 능력(시 107:29)은 인간에게는 불가능한 신적 능력을 표상한다(마 8:23-27; 막 4:35-41).

힘과 능력에 있어서 아무도 하나님과 견줄 수 없으며 그분의 판단에 이의를 제기할 수 없다(욥 9:19 = 3, 12절). 19절의 하반절은 '누가 (그분의) 판단기준에 걸맞겠는가'의 의미로 이해하는 것이 좋다(19절 도움말 참조). 하나님의 크신 능력과 인간의 이해를 뛰어넘는 그분의 판단기준에 욥 자신을 포함해 어느 누구도 부합할 수 없음을 나타내는 표현이다. 하나님의 절대주권을 강조하는 반성적 지혜의 전형적인 신학적 진술이라 할 수 있다. 인간의 판단과 하나님의 판단이 다르다는 20절의 진술과 연결된다.

2) 20-24절(인간의 판단과 하나님의 판단은 다르다): 하나님 앞에서 어느 누구도 의로울 수 없다는 것(2절 = 4:17)은 곧 인간의 입장에서 최대한 하나님의 뜻에 맞게 살려고 노력한다 해도 그것이 곧 하나님의 기준(מִשְׁפָּט미쉬파뜨 "심판")에 부합한다고 보증할 수 없다는 뜻이다. 욥이 혹시나 자녀들이 죄를 범할까 염려했던 이유이기도 하다(1:5). 잠언은 "스스로 지혜롭게 여기지 말지어다"(잠 3:7)라고 하는데, 욥은 이 말조차 철저히 지키는 사람이었다. 하늘의 하나님은 욥을 "온전하고 정직하여 하나님을 경외하며 악에서 떠난 자"(욥 1:8, 2:3)로 여기시지만, 하늘 아래 있는 욥은 하나님이 자신에 대해 어떤 판단을 하시는지 알 수 없다. 인간이 아무리 스스로를 의롭고 온전하다고 평가해도 하나님의 관점에서는 얼마든지 다르게 판단하실 수 있다(9:20). 그것이 하나님의 주권이다. 하나님이 나를 어떻

게 판단하실지 알지 못한다고 고백하는 것이 반성적 지혜가 정의하는 '하나님 앞에서의 겸손'이자 '하나님을 경외'하는 태도이다.

의인/선인/지혜자("온전한 자")도 악인과 마찬가지로 죽는다(22절)는 것은 전도서 2:14-16에서도 언급된다("지혜자의 죽음이 우매자의 죽음과 일반이로다", 전 2:16). 의인/선인/지혜자에게는 생명이, 악인에게는 멸망(죽음)이 임한다는 이분법은 '모든 사람이 죽는다'라는 객관적 사실에 무너진다. 누구나 넘어질 수 있고 누구나 추울 수 있고 누구나 끊어질 수 있고 누구나 패할 수 있다는 전도자의 말처럼(전 4:10-12), 갑작스레 닥치는 재난은 "무죄한 자"를 포함해 누구에게나 닥칠 수 있다(23절). 23절의 "무죄한 자"에게 "갑자기 재난이 닥쳐"라는 표현은 욥기 1:15-19에서 묘사된 재앙에 정확히 부합한다.

24절의 상반절("세상이 악인의 손에 넘어갔고 재판관의 얼굴도 가려졌나니")을 개역개정이 번역한 것처럼 '현실에 대한 관찰'로 해석할 수 있다. 이미 세상은 악인들의 지배를 받고 있고 공정한 재판은 어디서도 볼 수 없는 것이 욥이 경험하는 현실일 수 있다. 다르게는, 23절의 조건문을 이끄는 접속사 임(אִם)이 24절에도 계속되는 것으로 볼 수도 있다. 만약에 온 세상이 악인의 손에 넘어간다 하더라도, 올바르게 판결해야 할 재판관들이 하나같이 눈이 가리어져 있더라도 그것은 모두 하나님께 하신 일(24절)이고 하나님의 주권하에 발생하는 일이라는 뜻이다.

25-35절 두려움에 대한 고백 25-27절의 표현은 전도서를 연상케

한다. 인간의 삶이 매우 짧아서 인간의 경험의 한계 안에서는 무엇이 선하고 악한 것인지 판단할 수 없다는 진술은 전도서의 신학과 일맥상통한다. 전도서는 하나님의 판단을 인간이 알 수 없기 때문에 주어진 것에 만족하고 사랑하는 사람과 함께 삶을 누리는 것이 가장 좋은 것(선)이라고 가르친다(전 3:12, 8:15, 9:9). 전도서는 한 인간의 삶이 아니라 여러 세대에 걸친 시간과 온 세계라는 공간을 논의의 배경으로 삼는 초거시적인 시각을 가지고 있기에 이런 말을 할 수 있을 것이다. 그러나 욥기는 한 사람이 당하는 고통에 집중하는 지극히 미시적인 시각을 가지고 있기 때문에 전도서와 같은 말을 할 수 없다. 욥은 마치 전도자의 조언인 "네 의복을 항상 희게 하며 네 머리에 향 기름을 그치지 아니하도록 할지니라"(전 9:8)와 "근심이 네 마음에서 떠나게 하며 악이 네 몸에서 물러가게 하라"(전 11:10)와 같이 "불평을 잊고 얼굴빛을 고쳐 즐거운 모양을 하자"(욥 9:27)고 다짐을 하여도 그럴 수 없다. 고통과 두려움 때문이다(28절).

욥은 전도자처럼 어느 정도 초월적이고 초탈한 듯한 태도를 취할 수 없다. 전도서가 고난을 다 겪고 난 후 과거를 되돌아보며 그 고난의 경험을 이해할 수 있는 틀을 제공함으로써 위로를 준다면, 욥기는 지금 현재 깊은 고통을 겪는 사람들에게 자신의 상황을 이해할 수 있는 지혜를 제공한다. 고통이 하나님으로부터 왔다고 말하는 것은 불신앙의 표현이 아니다. 오히려 하나님의 주권을 인정하는 신앙이다. 아프고 무섭고 괴롭다고 말하는 것은 신앙심의 결여나 부족을 의미하지 않는다. 욥은 고통스럽다고 말하고(28절) 자신마저 자신의 모습이 끔찍하다고 말한다(31절). 욥은 당당히 '나는 두렵지 않다'고 말하고 싶지만 자신이 그럴 수 없는 인간임을 잘 알고 있다(35절). 고난과 고통, 두려움 앞에서 솔직한 것은 자기 자신한테 솔직한 것이며, 그것은 동시에 하나님 앞에서 솔직한 것이다. 아픈 것을 아프지 않은 척하는 것이 '인내'가 아니다. 삶이 고통스럽지 않은 척, 고난과 어려움이 마치 없는 것처럼 외면하고 모른 척하는 것이 하나님이 우리에게 요청하는 태도가 아니라는 것을 욥기는 말해 준다.

자신의 괴로움에 솔직한 사람이 하나님 앞에 엎드릴 수 있다. 두렵지 않게 해 달라고, 그분의 "막대기"와 "위엄"이 떠나게 해 달라고 간구하고(34절), 자신을 불쌍히 여겨 달라고 간청할 수 있다(15절). 27절의 옴리(אָמְרִי '나의 말') 다음에 이어지는 세 동사는 모두 1인칭 청유형(Cohortative)으로 되어 있다. 화자의 의지(will)나 소망(wish)을 나타내는 표현이다. 개역개정은 존대어로 번역하면서 27절 이하를 하나님께 드리는 탄원으로 해석한다.

욥의 간청을 하나님께서 반드시 들어 주셔야 할 의무는 없다. 하나님은 인과응보의 원리에 따라 기계적으로 움직이는 분이 아니시다. 인간의 어떤 행동이 반드시 하나님의 어떤 행동을 촉발하는 것은 아니다. 만약 그렇다면 인간이 하나님을 '조종'할 수 있다는 뜻이 된다. 하나님은 주권자이시니 욥에게 주실 수도 있고 거두실 수도 있다. 복을 주실 수도 있고 화를 주실 수도 있다. 인간의 판단에서 납득할 수 없다 하더라도 하나님과 인간 사이에 누가 옳은지를 따질 수 없다(32-33절). 규범적 지혜가 하나님은 두려운 분이시니

("경외") 그분의 뜻을 알고 따라야 한다고 가르칠 때, 반성적 지혜는 하나님이 어떠한 방식으로 움직이실지 예측할 수 없기 때문에 그분은 더욱 두려운 분이라고 가르친다.

욥기 10장

9장에서 욥은 반성적 지혜의 일반론을 진술하고 그것을 자신에게 적용하였다. 하나님께서 자신에게 고통을 주시는데 그 원인을 알 수 없고, 하나님과 잘잘못을 가릴 수조차 없는 상황에서 욥이 할 수 있는 일은 무엇일까? 그는 하나님께 기도드린다. 기도밖에 할 수 있는 것이 없었을 것이다. 하나님께서 주시는 고난이 까닭 없는 것인 것처럼, 까닭 없이 주시는 은혜를 간구한다.

A. 1-7절 하나님을 향한 탄원 (1): 제게 알게 하소서
B. 8-17절 하나님을 향한 탄원 (2): 저를 창조하신 것을 기억해 주세요
C. 18-22절 하나님을 향한 탄원 (3): 제발 저를 내버려 두세요

더바이블 욥기 10장

1 살아 있는 것이 너무 끔찍하다고 말할 수밖에 없네요
너무 고통스러워서 말하지 않을 수 없어요
2 저는 하나님께 말씀드리고 싶어요
제발 저를 나쁘게 여기시지 말아 달라고
제가 잘못한 것이 무엇인지 제발 제게 알려 주시라고
3 당신의 손으로 애써 만드신 것을 부숴 버리고 던져 버리고
악을 드러나게 하시면 좋으십니까
그것을 선한 것이라고 할 수 있겠습니까
4 당신의 눈은 살로 되어 있나요
당신께서는 사람이 보듯이 보시나요
5 당신의 하루가 사람의 하루인가요
당신의 일 년이 인간의 일 년과 같나요
6 왜 당신께서는 저의 잘못을 찾고 계시며
저의 죄를 밝히려 하십니까
7 제가 아무 잘못이 없다는 것을 당신께서 아십니다

개역개정과의 비교

1절 내 불평을 토로하고: 시아흐(שִׂיחַ)를 "불평"으로 해석하는 것보다 '말'로 해석하는 것이 좋다(7:11 도움말 참조).

3절 악인의 꾀: 아짜트 레샤임(עֲצַת רְשָׁעִים)은 전통적으로 "악인들의 꾀"로 번역되었다. 남성 복수 어미는 (주로 후대 히브리어[Late Biblical Hebrew]에서) 추상명사로도 쓰일 수 있다. 문맥상 어떤 악의 무리들을 지칭한다기보다는, 선한 자가 고통당하는 악의 현실을 가리킨다.

세상의 모든 것이 당신의 손안에 있으니까요

8 당신의 손으로 저를 빚으시고 저를 만드셨습니다

그러나 후에는 돌이키셔서 당신은 저를 삼키십니다

9 이제 저를 흙으로 돌려보내시니

부디 당신께서 저를 진흙으로 만드셨던 걸 기억해 주세요

10 우유를 붓고

치즈처럼 저어서 저를 만드시지 않으셨나요

11 가죽과 살을 저에게 입히시고

뼈와 힘줄을 엮어 저를 만드셨잖습니까

12 당신께서는 제게 생명과 은혜를 주셨습니다

당신께서는 제가 숨 쉬는 것마저 지켜 보호해 주셨습니다

13 당신께서 여전히 생명과 은혜를

8절 이제 나를 멸하시나이다: 마소라 본문(MT)의 야하드(יַחַד)는 '함께'라는 뜻이다. 그러나 칠십인역(LXX)은 '나중에, 후에'라는 뜻의 아하르(אַחַר)로 읽는다. 개역개정의 "이제"는 야하드 사비브(יחד סביב)를 번역에서 생략한 것이다.

10절 주께서 나를 젖과 같이 쏟으셨으며 엉긴 젖처럼 엉기게 아니하셨나이까: 흙으로 창조하는 것을 우유를 붓고 치즈처럼 젓는 것에 비유했다. 정자와 난자의 결합 같은 성적 뉘앙스를 포함한 표현으로 볼 필요는 없다.

12절 내 영을 지키셨나이다: 루아흐(רוּחַ)를 "영"(spirit)으로 번역하는 것보다는 일차적인 의미인 '호흡, 바람'으로 이해하는 것이 우선이다. 이렇게 번역하면 '당신은 제 숨 쉬는 것마저 지켜 보호해 주셨습니다'가 된다.

13절 주께서 이것들을 마음에 품으셨나이다 이 뜻이 주께 있는 줄을: 복수 지시대명사 에일레(אֵלֶּה)는 12절의 하임(חַיִּים)과 헤세드(חֶסֶד)를, 여성 단수 지시대명사 조트(זֹאת)는 12절의 페꿋다트카(פְּקֻדָּתְךָ)를 가리키는 것으로 보인다. 풀어서 번역하면, '당신께서 여전히 이런 것들(생명과 은혜)을 당신의 가슴속에

당신의 가슴속에 간직하고 계시다는 것을
여전히 우리를 보호하고 계시다는 것을 잘 알고 있습니다
14 당신께서는 제가 죄를 짓는지 지켜보시며
저의 잘못을 결코 못 본 체하지 않으실 것입니다
15 만일 제가 악하다면 저는 저주를 받아 마땅합니다
그러나 제가 아무리 의롭더라도 수치와 고통으로 가득 차
머리를 들 수 없을 것입니다
16 만일 제가 머리를 든다면 당신은
사자처럼 저를 사냥하실 것이며
또다시 저를 억누르실 것입니다
17 당신은 새로운 증거들로 저를 압박하실 것이며
당신의 분노를 마치 군대가 끊임없이 몰려오듯
더욱 크게 쏟아 내실 것입니다
18 도대체 왜 저를 어머니의 뱃속에서 꺼내신 것입니까
제가 그 속에서 죽었다면 아무도 저를 몰랐을 텐데요

간직하고 계시다는 것을, 그것(보호)이 당신께 있다는 것을 잘 알고 있습니다'가 된다.

16절 내게 주의 놀라움을 다시 나타내시나이다: 티트팔라(תִּתְפַּלָּא)의 어근은 니플라오트(נִפְלָאוֹת)와 동일한 팔라(פלא)이다. 인간을 압도하는 하나님의 힘을 나타낸다.

17절 주께서 자주자주 증거하는 자를 바꾸어: "증거하는 자"라는 해석보다는 '새로운 증거들로 (저를 압박하시며)'로 이해하는 것이 낫다. 에를리히(Ehrlich)는 '증거, 증인'에 해당하는 단어를 '적대, 공격'의 의미로 해석한다(클린스, 『욥기 (상)』, 529). 하반절의 할리포트 베짜바(חֲלִיפוֹת וְצָבָא '군대의 순환/교대')와 잘 어울리는 제안이다.

19 그랬다면 저는 태어났으나 마치 태어나지 않은 것처럼
자궁에서 곧바로 무덤으로 옮겨졌을 텐데요

20 제가 살날이 얼마 남지 않았으니
제발 좀 그만해 주세요
절 좀 가만 내버려둬 주세요
제가 조금이나마 웃을 수 있게요
21 제가 다시는 돌아오지 못할 어둠의 땅
죽음의 그늘이 드리워진 곳으로 가기 전까지만이라도요
22 어두컴컴한 땅 죽음의 그늘이 드리운 어둠의 땅
질서가 없고 빛이 어둠과 같은 그 땅으로
가기 전까지만이라도요

욥기 10장 해설

배경 이해

욥이 말하는 죽음의 세계에 대한 묘사를 바탕으로 성경의 내세관을 재구성하는 것은 현명하지 못하다. 첫째, 성경에서 하나님이 직

22절 광명도 흑암 같으니이다: 토파아(תֹּפַע)는 '빛나다, 해가 뜨다'라는 뜻의 동사이다. 이 문장은 '빛(아침 해)이 마치 어둠처럼 뜨는 곳'으로 해석된다. 이것을 추상명사 '빛, 빛남'으로 읽는 것도 가능하다. 그러면 '빛이 마치 어둠 같은 곳'이라는 의미가 된다.

접 말씀하시는 것과 성경의 인물이 말하는 것 사이에는 차별을 두어야 한다. 성경에 등장하는 어느 사람이 사후 세계에 대해 어떠한 생각을 가지고 있다는 것은 성경 시대 사람들의 '내세관'을 이해하는 데는 도움을 줄 수 있지만, 그것이 곧 성경이 증거하는 내세는 아니다. 둘째, 욥이 말하는 죽음의 세계의 평등성은 실제 사후 세계에 대한 묘사가 아니라 죽음이 선인과 악인 모두에게 임한다는 죽음 자체의 평등성을 비유적으로 표현한 것일 뿐이다.

본문 이해

1-7절 하나님을 향한 탄원 (1): 제게 알게 하소서 욥은 '살아 있는 것이 너무 끔찍하다'고 토로한다("내 영혼이 살기에 곤비하니" 1절). 욥에게는 문제를 해결할 수 있는 방법이 없다. 피조물로서는 창조주께서 하시는 일을 막거나 되돌릴 힘이 없고, 욥의 기도를 하나님께서 들으시거나 그의 탄원을 받아들이신다는 보장도 없다. 하나님께서는 사람의 뜻대로 움직이시는 분이 아니기 때문이다. 사방이 막혀 있는 상황에서 그래도 욥이 할 수 있는 것은 결국 기도뿐이다. 욥으로 하여금 기도할 수밖에 없게 만드는 것은 바로 고통이다. 1절을 다시 번역하고 싶다: '제 삶이 너무 끔찍해서 말이 튀어나옵니다. 너무 고통스러워서 말하지 않을 수 없네요.' 개역개정은 욥기에 쓰인 시아흐(שִׂיחַ)를 불평이나 원망 등의 부정적인 의미로 번역하는데, 이 어근은 단순히 '말하다'라는 중립적인 의미를 가지고 있다. 찬양의 말(삿 5:10; 시 105:2, 145:5; 대상 16:9), 슬픔(시 55:17, 77:3), 가르

침(잠 6:22), 놀리는 말(시 69:12), 묵상과 감사의 말(시 77:12, 119:148)에 모두 쓰일 수 있다. "불평"이라는 번역어의 선택은 '하나님을 공격하고 도전하는 욥'이라는 신학적 해석에 기반을 두고 있는 것으로 보인다. 2절 이하에 나오는 욥의 간절한 기도를 "불평"으로 보는 것은 적절하지 않다.

욥이 간구하는 내용은 다음과 같다: 1) 저를 나쁘게 여기지 말아 주세요(욥 10:2 상반절); 2) 제가 잘못한 것이 무엇인지 알려 주세요(2절 하반절). 하나님께서 악인에게 벌을 주신다는 친구들의 규범적 지혜가 맞다면, 자신이 무엇을 잘못해서 하나님께서 악인으로 판단하셨는지 그 이유를 말해 달라는 말이다. 이 간구 속에는 인간으로서는 하나님의 판단을 알 수 없으니, 그 판단의 이유를 알려 주실 수 있는 분은 (인간이 아니라) 하나님뿐이라는 신앙 고백이 들어 있다.

그다음에 이어지는 말은 하나님의 판단과 인간의 판단은 같을 수 없다는 진술이다. 사람은 (욥의 친구들처럼) 잘못 볼 수 있으나 하나님은 그러실 수 없다(4절). 한 인간의 생명은 아주 짧아서 옳고 그름을 판단하는 지혜가 부족할 수밖에 없지만(욥의 친구들처럼), 그러나 하나님은 그런 분이 아니시다(5절). 같은 인간인 친구들은 욥을 정죄할 수 없다. 그들의 지혜는 하나님처럼 완전하지 않기 때문이다. 욥을 죄 있다 하실 분은 오직 하나님뿐이시다.

욥은 자신이 아무것도 할 수 없는 사방이 막힌 상태라고 호소한다. 하나님께서는 욥이 무죄하다는 것을 잘 알고 계시는데도(7절 상반절) 욥에게 고난을 주시기 때문에 욥으로서는 더 이상 무엇을 해야 할지 알 수가 없다. 또한 주권자이신 하나님의 손아귀에서 그 어떤 것도 벗어날 수 없기 때문에 어떤 다른 것에 의지해 이 고난의 문제를 해결할 방법 역시 없다(7절 하반절).

8-17절 하나님을 향한 탄원 (2): 저를 창조하신 것을 기억해 주세요

이 절망적인 상황에서 욥이 하나님께 외치는 부르짖음은 절대주권자이신 '창조주' 하나님께서 욥 자신마저도 창조하셨다는 사실을 기억해 달라는 것이었다. 말하자면 하나님을 '설득'하려고 시도하는 것인데 탄원시에서 적지 않게 쓰이는 방식이다.

이 장면을 아브라함이나 요나와 비교해 보면 흥미롭다. 아브라함은 규범적 지혜의 원리를 가지고 하나님을 설득한다. 의인과 악인을 함께 멸망시키는 것은 "부당"한 일이며, "정의"에 어긋나는 일로서, "세상을 심판하시는 이"에게는 걸맞지 않은 것이라는 점을 설득의 논리로 삼는다(창 18:25). 하나님의 '의로우심'(선하심)이라는 속성에 호소하는 방법이다. 하나님의 '선함'(goodness)은 의인을 살리고 악인을 멸망시키는 데 있다(현대 신학이 하나님의 선함을 자비와 용서로 이해하는 것과는 달리, 규범적 지혜는 인과응보의 원리에 따르는 것을 선함으로 이해한다). 아브라함이 설득을 위해 사용하는 어휘는 전형적인 규범적 지혜의 언어이다: 의인, 악인, 심판, 정의. 반면에 요나는 하나님이 '정의'로운 심판을 하지 않으신 것에 극도로 화를 낸다(욘 4:1-4). "은혜로우시며 자비로우시며 노하기를 더디하시며 인애가 크시사 뜻을 돌이켜 재앙을 내리지 아니하시는 하나님"(4:2)이라는 표현은 요나에게 있어서는 하나님은 의인을 선대하시고 악인을 징벌하시는 의로운 분('선하신 하나님')이 아니라는 뜻이다. 요나는 '은혜의 하나님'을 아름답게 묘사하면서도 하나님이 이러한 분이시라면 차라리 죽는 게 낫다고 말한다(4:3, 8). 요나는 규범적 지혜가 정의하는 하나님의 틀에서 하나님 스스로가 벗어나 있다는 사실에 분노하는 것이다. 여기에 대한 하나님의 대답에 포함된 "네가 수고도 아니하였고 재배도 아니하였고"라는 표현은 '뿌린 대로 거둔다'라는 인과응보의 원리에서 벗어난 '값없이 주시는' 하나님의 은혜를 나타낸다. 다시 한번 강조하자면, 요나서의 "은혜"(헤인)와 욥기의 "까닭 없이"(힌남)는 동일한 어근에서 파생된 단어이다.

요나가 규범적 지혜의 선악 개념을 초월한 '은혜의 하나님'을 긍정적이고 아름다운 언어로 묘사했다면(요나의 실제 속마음이 어떻든 간에), 욥은 동일한 하나님을 '까닭 없는 고난'을 주시는 분으로 묘사한다. 까닭 없는 자비와 까닭 없는 고난은 동전의 양면이다. 욥은 이미 하나님이 이런 분이시라는 것을 잘 알고 있기에(욥 1:21, 2:10) '창조주'라는 하나님의 속성에 호소한다. 하나님께서 마치 진흙에 우유를 섞듯이 욥을 창조하셨고(10:9-10), 자신에게 생명을 주시고 지금까지 은혜로 보살피시고 지키신 것을 기억해 달라고 호소한다(12절). 이 문장 속에는 아브라함이 사용한 '의인, 악인, 심판, 정의' 같은 어휘들이 등장하지 않는다는 사실에 주목해야 한다. 피조물은 창조주의 소유이다. 창조주 마음대로 할 수 있다. 그러니 피조물을 주권적으로 만드신 분이 그 피조물을 주권적으로 죽게도 할 수 있다(8-9절).

하나님이 인과응보의 틀 안에서 움직이시는 분이라면 오히려 신앙이 쉬울 수 있다. 죄를 지으면 죄인에 합당한 징벌을 받으면 된다. 악을 행하면 화를 당하면 된다(14-15절). 그러나 하나님은 인간의 예상을 초월하시는 "놀라움"을 나타내시는 분이시다(16절). 그렇기에 인간이 아무리 의롭더라도 그분 앞에서 "머리를 들지 못하"고 그분 앞에 죄인으로서 자신을 낮출 수밖에 없다(15절). 참고로, 개역개정이 "부끄러움"으로 번역한 단어 깔론(קָלוֹן)은 '가벼움, 무가치함, 천함'을 나타내는 단어이다.

18-22절 하나님을 향한 탄원 (3): 제발 저를 내버려 두세요 욥은 다시 3장의 탄식으로 돌아간다. 18-22절은 3장을 짧게 요약하면서, 동시에 3장에서 3인칭으로 서술되던 하나님을 여기서는 2인칭으로 부르며 보다 직접적으로 하나님께 탄원한다. 태어나지 않았더라면(18절), 혹은 태어나자마자 곧 죽었더라면(19절) 이러한 고난을 당하지 않았을 것이다. 죽음과 같은 고통을 겪고 있는 욥은 자신의 삶이 얼마 남지 않았다고 생각한다(20절). 이제 자신은 "돌아오지 못할 땅 곧 어둡고 죽음의 그늘진 땅"으로 갈 날이 얼마 남지 않았다고 생각한다(21절). 그곳은 빛이 어둠처럼 뜨는 곳, 빛과 어둠 사이에 "아무 구별이 없"는 곳(22절)이다. 3장에서 죽음의 공간을 의인과 악인의 구별이 없는 곳으로 길게 묘사한 것(3:14-19)을 여기서는 간략하게 서술한다. 욥은 죽음의 세계를 인과응보의 원리에서 벗어

난 공간으로 묘사한다. 다시 한번 상기하자면, 독자는 욥이 당하고 있는 고난이 욥을 죽음에 이르게 하지는 않을 것이라는 것을 알고 있지만 욥은 그 사실을 모른다.

하나님께서 움직이시는 어떤 특정한 원리나 그분의 어떤 속성에 근거하여 하나님의 주권적 행위를 막을 수 없다는 것을 잘 알고 있는 욥이 할 수 있는 탄원은 얼마 남지 않은 삶을 잠시라도 평안하게 살 수 있게 자신을 가만히 내버려 달라는 것이다(10:20). 이것밖에는 하나님께 탄원할 수 있는 것이 없다. 개역개정이 "평안하게 하시되"로 번역한 아블리가(אַבְלִיגָה)는 '밝아지다, 빛나다, 기분이 좋아지다'라는 의미이다(암 5:9; 시 39:13; 욥 9:27). 욥기 9:27에서는 "(얼굴빛을 고쳐) 즐거운 모양을 하자"로 번역한 단어와 동일하다. 얼마 남지 않은(얼마 남지 않았다고 생각하는) 여생을 잠시나마 밝고 기분 좋게 살 수 있게 해 달라는 그야말로 소박한 소망이다.

욥기 11장

소발의 발언도 앞의 두 친구들과 그 구조와 형식, 내용에 있어서 유사하다. 특히 8장의 빌닷의 말과 상당히 닮아 있다. 세 친구는 각각 독립된 주장을 하는 것이 아니라 이 세 사람의 입을 통해 규범적 지혜의 주제들이 표현되고 있다. 소발의 말에서 주목해야 할 것은 인간을 초월하는 하나님의 크심을 인과응보의 원리와 연결시키는 점이다. 반면에 욥은 하나님의 놀라우심을 인간의 이해 불가능성과 연결시키는 점에서 대조적이다.

A. 1-4절　　욥의 무죄 주장에 대한 반박
B. 5-11절　　하나님의 절대주권과 인간의 한계(반성적 지혜)
C. 12-20절　　의인/지혜자에게 임하는 복(규범적 지혜)

더바이블 욥기 11장

1 나아마 사람 소발이 대답했다.
2 말을 많이 하면 우리가 대꾸하지 못할 거라 생각하나
사람이 입으로 의로워지겠는가
3 자네가 말을 많이 하면 사람들이 아무 말 못할 거라 생각하는가
자네가 지껄이면 자네를 부끄럽게 할 사람이 없을 거라 생각하는가
4 자네는 이렇게 말했다네
저의 지혜는 순결하고
하나님 당신께서 보시기에 저는 깨끗합니다
5 하나님께서 직접 자네에게
입을 열어 말씀하신다면 얼마나 좋겠는가
6 그분께서 자네에게 말씀하시는 지혜는

개역개정과의 비교

4절 내 도는 정결하고: "내 도"로 번역된 리끄히(לִקְחִי)는 직역하면 '내가 받은 것, 내가 가진 것'이다. 성경과 선조들의 가르침을 통해 받은 지혜와, 그 지혜에 따른 행위를 의미하는 것으로 해석된다. 칠십인역(LXX)은 이 단어를 '행위들'로 해석한다.

5절 하나님은 말씀을 내시며: 미-잇테인(מִי־יִתֵּן)은 불가능한 것을 상상하고 가정하는 의미로 사용된다. '하나님께서 직접 입을 열어 말씀하시면 얼마나 좋겠는가'라는 의미이다.

6절 지혜의 오묘함으로 네게 보이시기를 원하노니: 직역하면 '그는 너에게 지혜의 감추어진 것을 말한다'이다.

6절 그의 지식이 광대하심이라: "지식"으로 번역된 투쉬야(תּוּשִׁיָּה)의 정확한 의미를 알기 어렵다. 존재 부사인 예이쉬(יֵשׁ)와 같은 어근을 지닌 것으로 여겨진다. 욥 12:16에서는 오즈(עֹז '힘')와 평행어로 쓰이는 것에 비추어, ("지식"보

인간이 알 수 없는 감추어진 지혜라네
왜냐하면 그분의 능력은
감히 인간에 비할 수 없는 것이기 때문이네
하나님께서 자네로 하여금
자네의 죄를 잊어버리게 하셨다는 것을 알아야 하네
7 하나님의 깊이를 자네가 알 수 있겠는가
전능자의 끝이 어딘 줄 자네가 알 수 있겠는가
8 하늘만큼 높은 것을 자네가 만들 수 있겠는가
스올보다 더 깊은 것을 자네가 알 수 있겠는가
9 크기로 말하자면 그분은 이 땅보다 더 크시고
너비로는 바다보다 더 넓으시다네
10 그분이 바닷물을 순환시키고 닫으시고 모으시면
누가 그것을 원래대로 돌려놓을 수 있겠는가

다는) '능력'을 의미하는 것으로 이해된다. "광대하심이라"로 번역된 키플라임(כִּפְלַיִם)은 '두 배'를 의미한다고 알려졌다.

6절 너의 죄를 잊게 하여 주셨음을 알라: 개역한글은 "하나님의 벌하심이 네 죄보다 경하니라"로 번역했는데, 메이아보네카(מֵעֲוֹנֶךָ)의 전치사 민(מִן)의 의미를 비교급('~보다')으로 이해한 것이다. 그러나 비교급의 용례는 주로 형용사나 상태동사와 함께 나타나기 때문에 이 구절에는 해당하지 않는다. 개역개정의 번역이 더 적절하다.

9절 그의 크심은: 히브리어 원문의 여성명사 주어가 무엇인지 명확하지 않다. 가장 가까운 여성명사는 7절의 타클리트(תַּכְלִית)이다. 6절의 호크마(חָכְמָה)를 지칭할 가능성도 있다.

10절 사람을 잡아 가두시고: 개역개정은 이 문장의 목적어를 "사람"으로 판단했지만, '(하나님께서) 순환시키고 닫고 모으는 것'은 9절의 바다를 지칭하는 것으로 해석하는 것이 문맥상 적절하다.

11 당연히 그분은 사람들의 거짓말을 잘 아신다네
그분은 악한 것을 보시지만 모른 척하시는 것일 뿐이네
12 멍청한 사람이 지혜를 얻는 것은
들나귀가 사람을 낳는 것과 같다네

13 만일 자네가 마음을 바로 세운다면
그분께 자네의 손을 뻗을 수 있을 것이네
14 만일 자신의 손에 죄악이 있다면 그것을 멀리 던져 버리게나
불의가 자네의 장막에 머물지 못하게 하게나
15 그러면 자네는 잘못된 길에서 벗어나서
굳건히 서서 두렵지 않게 될 걸세
16 그렇게 되면 자네는 고난에서 벗어날 것이네
이미 지나간 물처럼 느낄 것일세
17 자네 인생은 한낮처럼 쨍쨍할 것이며
어둡던 것은 아침처럼 밝게 될 것이네
18 여전히 희망이 있다고 믿어 보게나
주위를 둘러봐도 아무런 걱정없이 안심하고 쉴 수 있게 된다네

15절 흠 없는 얼굴을 들게 되고: 직역하면 '흠/결함에서부터 얼굴을 들다'이다. "흠 없는 얼굴"이라는 개역개정의 번역은 전치사 민(מִן)의 '~로부터 벗어난/떨어진'이라는 의미를 충분히 담아내지 못한다.

17절 네 생명의 날이: 헬레드(חֶלֶד)는 '아주 긴 시간, 영원'을 의미하는 것으로 보인다. 올람(עוֹלָם)과 유사어로서 '세상/세계'를 표현하기도 한다(시 17:14, 49:1; 사 38:11). 그러나 동시에 한 인간이 사는 기간을 의미하는 말로도 쓰인다(시 39:6 참조). 여기서는 후자의 의미로 욥의 인생을 뜻하는 것으로 보인다.

19 자네가 누워도 아무도 괴롭히지 않을 것이며
많은 이들이 자네한테 잘 보이려고 할 것이네
20 그러나 악인들은 앞이 보이지 않는다네
도망칠 곳도 그들에게는 없다네
그들이 바랄 수 있는 것은 오직 숨이 끊어지는 것뿐이라네

욥기 11장 해설

배경 이해

규범적 지혜와 반성적 지혜는 그 사용하는 어휘부터 크게 차이가 난다. 규범적 지혜의 주된 단어는 선, 악, 죄, 지혜, 지식, 슬기, 무지, 아둔, 미련, 벌, 죽음, 멸망, 심판, 앎, 깨달음, 진노, 재물, 부요, 행복, 기쁨, 불행, 고통 등이다. 반면에 반성적 지혜는 놀라운 일, 기사, 이적, 알 수 없는, 이해할 수 없는, 크신, 헤아릴 수 없는, 진흙(인간의 약함), 재(인간의 낮음), 그리고 하늘, 비, 구름, 번개, 천둥, 바람, 별 등의 자연 세계를 표현하는 어휘가 주를 이룬다.

본문 이해

1-4절 욥의 무죄 주장에 대한 반박 8장의 빌닷과 11장의 소발의 말을 나란히 놓고 보면, 소발의 말은 빌닷의 말에 대한 일종의 보충 설명처럼 여겨질 정도로 서로 상응하는 부분이 많다. 소발은 앞선

빌닷과 유사하게 욥에게 비판을 가하면서 자신의 말을 시작한다. 빌닷이 욥의 폭풍같이 거센 말을 비판했다면, 소발은 욥의 '많은 말'을 문제 삼는다. 2절의 "말이 많으니 어찌 대답이 없으랴"는 '말을 많이 하면 우리가 대답하지 못할 줄 아느냐?'라는 의미이다. 하반절의 "말이 많은 사람"은 이쉬 세파타임(אִישׁ שְׂפָתַיִם)을 번역한 것인데, 직역하면 '입술의 사람'이다. 사람이 말로 의로워질 수 없다는 주장이다. 소발은 계속해서 욥의 그 많은 말이 다 반박 가능하다고 주장한다(3절). 5절부터 시작하는 소발의 본격적인 주장은 욥의 말을 반박하려는 목적이라는 것을 분명히 한다.

소발은 욥의 말을 반박하기 위해서 그의 말을 '인용'한다: "네 말에 의하면 내 도는 정결하고 나는 주께서 보시기에 깨끗하다 하는구나"(4절). 사실 이것은 직접 인용이 아니다. 욥은 그렇게 말한 적이 없다. 우선 "정결"로 번역된 자크(זַךְ)라는 단어는 빌닷이 사용한 단어이다(8:6, "청결하고"). 이후에 엘리후도 욥을 비판하면서 "나는 깨끗하여"(33:9)라고 욥이 말했다고 주장한다. 욥은 16:17에서 하나님께 드리는 자신의 기도가 정결하다고 할 때 이 단어를 한 번 사용할 뿐이다. 둘째, "깨끗하다"로 번역된 바르(בַּר)도 욥의 말에 단 한 번 사용되는데, 9:30에서 자신이 "잿물로 손을 깨끗하게 할지라도 (하나님께서 나를 개천에 빠지게 하시리니)"라는 문맥에서 쓰이기 때문에 소발의 인용은 욥의 말을 그대로 인용한 것이 아니다.

4절이 비록 '너는 말했다'(וַתֹּאמֶר 밧토메르)로 시작한다 하더라도 소발은 욥의 말을 직접 인용하지 않고 자신이 해석한 대로 기술한다.

이것은 8장에서 빌닷이 욥의 말을 '하나님이 의롭지 못하다'라는 주장으로 해석하여 비판하는 것과 그 방식에서 동일하다. 욥은 하나님이 옳지 못하고 공정하지 못하다라는 말을 하지 않았다. 그러나 인과응보에 기반한 규범적 지혜의 관점에서는 의인/지혜자에게 재앙이 임한다면 그것은 곧 하나님이 옳지 못하다는 말에 다름이 아니다. 결국 욥의 말 중에 세 친구에게 가장 걸림돌이 되는 것은 고난을 당하는 욥이 '자신은 이 고난을 당할 정도로 하나님의 뜻에 어긋나는 일을 하지 않았다'는 무죄 주장이다. 소발이 욥의 말을 "내 도는 정결하고 나는 주께서 보시기에 깨끗하다"라고 '인용'하는 것은 바로 이 부분이 규범적 지혜를 기반으로 한 신앙을 공격하고 있기 때문이다. 소발의 신앙 안에서는 '무죄한 자의 고난'(Innocent Suffering)은 있을 수 없는 일이며 있어서도 안 되는 일이다. 왜냐하면 그가 믿는 하나님을 불의한 분으로 만들기 때문이다.

5-11절 하나님의 절대주권과 인간의 한계(반성적 지혜) 5-6절 전반부를 개역개정처럼 "하나님은 … 원하노니"로 번역하는 것은 미-잇테인(מִי־יִתֵּן)이 욥기에서 어떤 의미로 사용되고 있는지를 충분히 감안한 번역이 아니다. 직역하면 '누가 주는가?'(Who gives?)라는 이 관용어구는 이 구절 외에 욥기 6:8, 13:5, 14:4, 13, 19:23, 23:3, 31:35에 쓰일 만큼 상당히 자주 사용되는 표현으로서, 실현되기 어려운 소망을 표현할 때 쓰이는 관용어구이다. 따라서 본문은 '하나님께서 자네에게 입을 여셔서 그 감추어진 지혜를 직접 알려 주신

다면 얼마나 좋겠는가' 정도의 의미로 이해하는 것이 좋다.

그러나 문제는 그 지혜가 '감추어진 것'이라는 데 있다. 개역개정이 "오묘함"(11:6)으로 번역한 단어인 타알루모트(תַּעֲלֻמוֹת)는 '감추어진 것'이라는 뜻으로, 아주 오래전의 옛날(태고)을 뜻하며 동시에 "영원"으로 흔히 번역되는 단어인 올람(עוֹלָם)과 같은 어근을 가지고 있다. 하나님께서 정하신 원리(규범)는 천지를 창조하신 그 태곳적(올람)에 결정된 것이므로 그 시기까지 접근할 수 없는 인간에게는 '감추어진 것'이다. 그분의 지혜는 너무나 크기 때문에("그의 지식이 광대하심이라", 6절) 인간이 측량할 수 없고 그 지혜의 전모를 완전히 파악하는 것은 불가능하다(7절).

여기에 이어지는 소발의 주장은 앞 문장과 논리적 정합성을 보인다: "하늘보다 높으시니 네가 무엇을 하겠으며 스올보다 깊으시니 네가 어찌 알겠느냐"(8절). 개역개정은 이 문장의 주어를 하나님으로 해석했지만(그렇게 번역해도 뜻이 크게 달라지는 것은 아니다), 원문을 다시 번역하면 '하늘만큼 높은 것을 자네가 만들 수 있겠는가? 스올보다 더 깊은 것을 자네가 알 수 있겠는가?'가 된다. 하나님은, 그리고 그분의 지혜는(9절의 주어는 여성 단수로서 문법적으로 하나님이 될 수는 없다) 이 지구의 육지보다 더 길고 바다보다 더 넓어서(9절) 한날 인간이 그 지혜를 깨닫는 것은 불가능하다. 여기서 멈추지 않고 소발은 창조주의 크심을 그분의 절대주권(자유)으로 연결시킨다: '그분이 순환시키시고 닫으시고 모으시면 누가 그것을 원래대로 돌려놓을 수 있겠는가?'(10절). 지금까지의 소발의 말은 정확히 반성적 지혜의 주장과 일치한다. 욥이 했던(그리고 앞으로도 계속 할) 얘기가 바로 이것이다: 창조주 하나님은 크신 분이라 피조물인 인간은 그분을 다 알 수 없고, 창조주 하나님은 주권자로서 자신의 뜻을 (어떤 원칙에 매임이 없이) 주권적으로 행사하실 수 있다.

하나님의 절대주권(자유)과 인간의 한계를 연결하는 것은 바로 욥의 반성적 지혜이다. 그런데 소발은 동일한 주장의 끝에 전혀 어울리지 않는 얘기를 하나씩 덧붙인다. "하나님께서 너로 하여금 너의 죄를 잊게 하여 주셨음을 알라"(6절 마지막 부분)와, "하나님은 허망한 사람을 아시나니 악한 일은 상관하지 않으시는 듯하나 다 보시느니라"(11절)가 그것이다. 이 두 문장은 하나님께서 무엇을 아시고 어떻게 움직이시는지를 욥에게 설명하는 문장이다. 대체 소발이 이것을 어떻게 알 수 있느냐가 문제이다. 왜냐하면 소발 역시 피조물인 한낱 인간으로서, 소발 자신의 말에 의하면 인간은 하나님을 온전히 알 수 없다. 그런데 소발이 하나님을 아는 지혜를 가지고 있다면 이것은 곧 그 자신은 피조물의 한계를 벗어난 존재라는 말이 된다. 하나님 앞에 겸손할 줄 알아야 한다는 소발의 훈계는 사실 소발 자신에게 돌아가야 한다. 6절의 끝 문장과 11절에서만 "죄"와 "악"이라는 단어가 등장하고 나머지는 선악 개념과 인과응보의 원리를 초월한 진술이라는 사실을 파악하는 것이 소발의 주장을 이해하는 핵심이다.

12-20절 의인/지혜자에게 임하는 복(규범적 지혜) 5-11절의 소발

의 말이 반성적 지혜의 주장 끝에 규범적 지혜의 주장을 엉성하게 덧붙이는 방식으로 되어 있다면, 12-20절은 다시 전형적인 규범적 지혜의 언어로 회귀한다. 마음을 하나님께로 바로 세운다면(13절), 즉 죄악과 불의에서 멀어지고(14절), 잘못된 길에서 벗어나면 다시 굳게 서서 두려움 없이 사는 의인/지혜자의 복을 누릴 수 있게 된다(15절). 그러면 고난은 이미 지나간 물처럼 여겨질 것이고(16절), 욥의 인생은 대낮처럼 화창할 것이며 어둡던 것은 밝게 빛나게 될 것이다(17절).

여기서 한 가지, 15절의 "흠 없는 얼굴을 들게 되고"라는 표현을 통해 소발은 욥의 현재 상태가 죄의 결과이고 흠/결함이 있는 상태라는 것을 명시하고 있다. 뭄(מוּם)은 '흠, 결함, 장애'를 나타내는 말로서, 이 단어는 '정상'의 범주에서 벗어난 것은 죄악의 결과이며 하나님의 징벌이라는 신학을 반영한다.

소발의 규범적 지혜가 계속 이어진다. 하나님을 바라보는 의인/지혜자에게 "희망"이 있고 "평안"이 있다(18절). 누워 있어도 아무도 괴롭히는 사람이 없고, 오히려 많은 사람들이 욥에게 잘 보이려고 몰려들 것이다(19절). 이와는 반대로 악인은 도망칠 곳이 없고 앞을 볼 수 없는 지경이어서 오직 바랄 것은 죽음뿐이다(20절). 욥기의 성실한 독자라면, 5-10절(6절의 마지막 문장을 제외하고)의 반성적 지혜와 12-20절의 규범적 지혜가 어떻게 연결될 수 있는지 고개를 갸우뚱할 것이다.

욥기 12장

욥의 말이 많다는 것을 비판하는 소발에 저항이라도 하듯 욥은 지금까지보다 더 길게 진술한다. 12장부터 14장까지 세 장이나 연속으로 말을 이어 간다(욥의 말은 갈수록 더 길어지는 경향이 있고, 반면에 친구들은 점점 짧게 말하는 경향을 보인다). 위의 세 장은 수신자에 따라 구분하면 12:1-13:19을 친구들을 향한 변론의 한 묶음으로, 13:20-14:22을 하나님을 향한 탄식으로 양분할 수 있다. 친구들의 규범적 지혜에 저항하면서 욥은 반성적 지혜의 주제들을 더욱 선명하게 드러낸다.

A. 1-6절 "평안한 자"의 조언은 폭력이 될 수 있다
B. 7-11절 창조세계로부터 배워라
C. 12-25절 하나님의 주권은 규범적 지혜의 선악 구분을 초월한다

더바이블 욥기 12장

1 욥이 대답했다.

2 참으로 자네들만 제대로 된 사람이구나

자네들이 죽으면 지혜도 따라 죽겠구나

3 자네들뿐 아니라 내게도 머리가 있다네

내가 자네들보다 모자라지는 않다네

자네들이 말하는 그런 걸 모르는 사람이 어디 있겠나

4 나는 단지 하나님께 대답해 달라고 외쳤을 뿐인데

친구라는 자들의 웃음거리가 되었구나

하나님 앞에 바르고 온전한 자가 웃음거리가 되다니

개역개정과의 비교

2절 너희만 참으로 백성이로구나: '확실히, 진실로'라는 의미의 옴남(אָמְנָם)이 반어적으로 혹은 빈정대는(sarcastic) 뉘앙스로 쓰이고 있다. '너희는 백성이다'라는 문장은 하반절과 한 묶음으로 해석하는 것이 좋다: '너희가 죽으면 지혜도 함께 사라지겠구나.' 자기들만 지혜를 소유하고 있듯이 말하는 태도를 비판하는 표현이다.

3절 생각이 있어: "생각"으로 번역된 단어 레이바브(לֵבָב)는 '심장'이다. 심장을 판단과 인지를 담당하는 기관으로 여기는 히브리적 사고는 성경의 여러 곳에 잘 나타나 있다(신 8:5; 왕상 2:44; 사 6:10, 32:4; 욥 9:4; 시 90:12; 슥 7:10, 8:17 등). 욥 12:24에서 '(리더들의) 심장을 빼앗다'는 표현은 판단력을 잃게 만드는 것을 의미한다. 이와 유사하게, '심장을 훔치다'라는 숙어적 표현(창 31:26[야곱]; 삼하 15:6[압살롬])도 판단력을 흐리게 하여 올바른 판단을 하지 못하게 속이는 것을 의미한다. 또한, 삼상 16:7b의 '주님은 심장으로 보신다'는 표현은 '하나님은 올바른 판단을 하신다'라는 의미로 이해되어야 한다.

5 인생의 고난을 겪지 않은 자네들의 생각은

완전히 망가진 사람에게 모욕을 더하는 것이며

더 이상 걸을 수 없는 자에게 폭력을 행사하는 것이라네

6 폭력을 행사하는 자들의 집안은 아무 문제 없고

하나님을 화나시게 하는 자들은 안전한데

그것도 하나님께서 그렇게 하신 것이라네

7 제발 동물들에게 물어보게나

그들이 자네에게 가르쳐 줄 것이네

하늘의 새들에게 물어보게나

그들이 자네에게 알려 줄 것이네

8 땅에게 말해 보게나

자네에게 가르쳐 줄 것이네

바다의 물고기들이 자네에게 말해 줄 것이네

9 이것들 중에 대체 어떤 것이

5절 평안한 자의 마음은: "마음"으로 번역된 아쉬투트(עַשְׁתּוּת)는 성경에 한 번 나오는 단어(*hapax legomenon*)로서 정확한 의미를 알기 어렵지만 어근 아샤트(עשת)가 아람어에서 '상기하다, 생각하다'라는 의미로 쓰이기 때문에 '생각' 혹은 '마음'으로 번역하는 것이 좋다. "평안한"은 샤아난(שַׁאֲנָן)의 번역인데, 긍정적으로는 평안하고 행복한 것을 가리키고, 부정적으로는 아무 생각 없이 안일한 상태를 의미한다. 성경에서는 주로 '교만'의 평행어로서 부정적인 의미로 사용된다(왕하 19:28; 시 123:4; 사 32:9, 11, 37:29; 암 6:1; 슥 1:15).

5절 재앙을 멸시하나 재앙이 실족하는 자를 기다리는구나: 이 문장은 다시 번역할 필요가 있다. 5절의 본문 이해 참조.

6절 강도의 장막은: 쇼데딤(שֹׁדְדִים)은 '파괴하는 사람들, 폭력을 행사하는 사람들'을 의미한다.

하나님께서 이 모든 것을 하셨다는 사실을 모르겠는가
10 살아 있는 모든 것들의 호흡과
육체가 있는 모든 사람의 숨 쉬는 것이
다 그분의 손에 달려 있는 것을 그 누가 모르겠는가
11 먹어 보면 무슨 맛인지 아는 것처럼
들으면 무슨 말인지 모를 리 있겠는가
12 나이 든 자들에게 지혜가 있고
오래 산 사람이 이해력이 있다고 하지만
13 아니라네 지혜와 능력은 그분께 있는 것이고
이치와 깨달음도 그분께 속한 것이라네
14 자 보게나 그분께서 무너뜨리시면 다시 세울 수 없다네
사람의 일을 그분께서 닫으시면 다시 열 수 없다네
15 잘 보게나 그분께서 물을 가둬 놓으시면 땅이 마르게 되고
그분께서 풀어놓으시면 땅에 물이 넘친다네
16 능력과 지혜가 그분께 있고
길을 잃은 자도 길을 잃게 하는 자도 다 그분의 소유라네
17 그분은 지혜를 가르치는 자들을
미치광이처럼 발가벗고 다니게 하실 수 있는 분이며
재판을 담당하는 자들조차도 바보 취급하실 수 있는 분이시네
18 그분은 왕들이 가둬 놓은 것을 푸실 수 있는 분이며
왕들의 허리띠를 바짝 조일 수도 있는 분이시네

19 그분은 제사장들조차 발가벗고 다니게 하실 수 있는 분이며
절대권력조차 뒤엎을 수 있는 분이시네
20 그분은 신앙이 좋다는 사람들의 입을 다물게 하시는 분이며
연륜깨나 있다는 자들의 지혜를 빼앗으신다네
21 대단한 사람들을 창피하게 만드시는 분이며
권력자들을 자리에서 내려오게 하시는 분이라네
22 움푹 들어간 계곡을 어둠 속에서 나오게 하시는 분이며
죽음의 그늘이 드리워진 계곡을 빛으로 나오게 하시는 분이네
23 이 세상 나라들을 크게도 하시고 없애 버리기도 하시는 분이며
민족들을 흩어지게도 하시고 모으기도 하신다네
24 각 나라 지도자들의 판단력을 흐리게 하셔서
그들로 하여금 길이 아닌 곳에서 헤매게 만드신다네
25 그들은 어둠 속에서 더듬지만 빛을 찾을 수 없다네
그분은 그들을 마치 술 취한 자들처럼 헤매게 만드신다네

19절 권력이 있는 자를: 에이타님(אֵתָנִים)은 변하지 않는 것, 영속적인 것을 나타낸다. 이 문맥에서는 왕, 제사장, 재판관 같은 권력자들을 의미하는 것으로 보인다.

20절 충성된 사람들의 말을 물리치시며: 원문을 직역하면, '그는 믿는 자들의 입술을 빼앗는다'이다.

21절 강한 자의 띠를 푸시며: '허리띠를 풀다'는 표현은 1) 권력의 자리에서 내려오게 하다는 의미와 2) '발가벗기다'라는 표현처럼 창피한 상황에 처하게 하다는 의미로 이해될 수 있다.

24절 총명을 빼앗으시고: 직역하면 '(그들의) 심장을 빼앗다'이다. 즉, 올바른 판단을 할 수 있는 지혜를 빼앗는다는 표현이다(3절 도움말 참조).

욥기 12장 해설

배경 이해

욥의 말의 특징을 이루는 대표적인 것 중의 하나는 '수신자 변경'이다. 친구들의 말에 반응하여 그들의 지혜를 반박하는 것으로 시작하는 욥의 말은 중간에 독백이나 하나님을 향한 탄원으로 바뀐다(7장 6절과 7절 사이 혹은 10절과 11절 사이, 9장 26절과 27절 사이, 13장 19절과 20절 사이). 친구들과의 답답한 대화가 하나님께로의 호소로 이어진다고 이해할 수도 있다. 16장과 17장에서는 친구들을 향한 탄식(16:1-6)이 하나님께로 향했다가(16:7-17:7) 다시 친구들을 향하기도 한다(17:8-16).

본문 이해

1-6절 "평안한 자"의 조언은 폭력이다 "위문하고 위로하려"(2:11) 찾아온 친구들이 욥을 정죄하고 가르치려는 태도를 버리지 않자 욥의 인내심이 한계에 다다른 듯하다. 욥은 세 친구가 규범적 지혜를 자신들만 소유한 것처럼 말하는 것에 분노한다. 2절의 상반절과 하반절은 하나의 묶음으로 해석하는 것이 좋다: '너희는 너희가 죽으면 지혜가 함께 죽는 그런 사람들이구나.' 그러나 욥은 자신뿐 아니라 그 어느 누구도 친구들의 규범적 지혜의 원리를 모르는 사람은 없다고 항변한다. 반성적 지혜는 규범적 지혜를 바탕으로 한다. 규칙이 있어야 예외도 있는 법이다. 욥기의 반성적 지혜는 규범적 지

혜가 틀렸다거나 없어져야 할 것이라 말하지 않는다. 단지 그 규범이 언제 어디서나 한 치의 오차도 없이 적용되는 기계적인 원리가 아니라는 것을 강조하려는 것이다.

5절은 자세히 살펴보고 다시 번역해야 할 필요가 있다. 결론부터 말하자면, '인생을 편안하게 산 (고난을 겪지 않은) 자네들의 지혜는 완전히 부서진 사람에게 모욕을 주는 것이며 더 이상 걸을 수 없는 자에게 폭력을 행사하는 것이라네' 정도의 의미로 이해하는 것이 좋다. 첫째, 개역개정의 "평안한"은 샤아난(שַׁאֲנָן)의 번역인데, 긍정적으로는 평안하고 행복한 것을 가리키고, 부정적으로는 아무 생각 없이 안일한 상태를 의미한다. 성경에서는 주로 '교만'의 평행어로서 부정적인 의미로 사용된다(왕하 19:28; 시 123:4; 사 32:9, 11, 37:29; 암 6:1; 슥 1:15). 욥은 친구들의 조언은 자신처럼 극심한 고난을 겪지 않았기 때문에 할 수 있는 소리라고 평가한다. 둘째, "재앙을 멸시하나"라고 번역된 원문을 직역하면 '폐허에 경멸을'이다. 여기서 '폐허'는 욥 자신을, '경멸'은 친구들의 말을 가리키는 것으로 읽는다면, 친구들의 말은 완전히 망가진 사람을 모욕하고 경멸하는 폭력이라는 의미가 된다. 셋째, "재앙이 실족하는 자를 기다리는구나"로 번역된 문장을 직역하면 '저는 발에 때림을'이다. 똑바로 걷지 못하는 것은 욥의 상태를 의미하고, '때림/치는 것'(נָכוֹן나콘)은 친구들의 발언을 의미한다. 친구들의 말은 이미 넘어진 자를 때려서 또 넘어뜨리는 행위라는 것이다. 6절의 "강도"로 번역된 쇼데딤(שֹׁדְדִים)은 '파괴하는 사람들, 폭력을 행사하는 사람들'을 의미한다.

5절에서 묘사된 친구들의 행위가 폭력이라는 것을 한 번 더 확인시켜 준다.

6절에서 욥은 규범적 지혜가 적용되지 않는다는 사실을 친구들의 경우를 통해 설명하려 한다. 친구들의 행위는 욥 자신에게 폭력을 행사하는 것이고 그것은 "하나님을 진노하게 하는" 행위이다. 만약에 인과응보의 원리가 이 경우에도 적용된다면 세 친구 역시 악한 행위에 대한 징벌을 받아야 마땅하다. 하지만 현실은 그렇지 않다. 폭력을 행사하는 친구들의 집안에 특별한 문제가 발생하지 않았다는 사실은 인과응보의 원칙이 발동하지 않은 것을 증명하는 것이다. 그리고 욥은 그 원리가 적용되지 않도록 하신 분도 하나님이라는 것을 다시 한번 상기시키며 하나님의 절대주권(자유)을 강조한다.

7-11절 창조세계로부터 배워라 7-8절은 땅의 짐승들과 공중의 새들과 바다의 물고기에게 물어보라는 요청이다. "공중의 새"와 "들의 백합화"에게서 배우라는 예수님의 말씀(마 6:26-34)으로 인해 우리는 이러한 표현에 익숙하지만, 이 익숙함 때문에 오히려 지혜 장르 안에서 이것이 어떤 의미를 가지는지 제대로 파악하지 못하게 되기도 한다. 욥의 친구들이 자연 세계를 인용할 때는 1) 자연 현상 속에서 인과응보의 법칙을 이끌어 내거나(욥 8:11-12), 2) 의인과 악인에게 벌어지는 일들을 비유로 표현할 때(4:10-11, 5:23, 5:26, 8:14-19)이다. 즉, 인간의 생활 영역 안에서 흔히 볼 수 있는 것들로서 인과

응보의 원리를 뒷받침해 줄 수 있는 자연 현상들이 예시로 인용된다.

그러나 욥은 6절에서 인과응보의 법칙이 적용되지 않는 현실마저 하나님의 주권하에 있다는 것을 언급하면서, 창조세계에게 물어보면 알려 줄 것이라고 말한다. 전체 창조세계가 하나님의 주권하에 있다는 사실을 강조하기 위해 인간이 다다를 수 없는 하늘과 바다를 예시로 든다. 이것은 이후에 나올 하나님의 언설이 창조세계를 설명하는 방식과 동일하다(38-41장). 덧붙이자면, 마태복음 6장의 "공중의 새를 보라"라는 예수님의 가르침 역시, '뿌린 대로 거둔다' 라는 원리를 거부하는 것이다. "수고"와 "길쌈"(마 6:28)을 통해 좋은 것을 얻는 것이 규범적 지혜이다. 잠언이 부지런함을 강조하는 이유이다. 그러나 예수님의 말씀은 "심지도 않고 거두지도 않고 창고에 모아들이지도 아니하되"(6:26) 하나님께서 먹이시고 입히시는 하나님의 주권을 강조하는 말씀으로서, 욥의 지혜와 상통하는 반성적 지혜의 가르침이다.

11절의 "입이 음식의 맛을 구별함같이 귀가 말을 분간하지 아니하느냐"는 구절은 직접 맛보면 알 수 있듯이 직접 들으면 깨달을 수 있다는 말이다. 7-10절의 창조세계로부터 배우라는 말과 더불어, 11절은 규범적 지혜라는 신학적 이론의 렌즈를 통해서만 세상을 보지 말고 현실에서 벌어지는 일들을 있는 그대로 보라는 반성적 지혜의 중요한 가르침 중 하나를 언급하고 있다. "강도의 장막은 형통하고"(욥 12:6) "의롭고 온전한 자가 조롱거리가 되"는 현실이 있음을 똑바로 직시하라는 가르침이다.

12-25절 하나님의 주권은 규범적 지혜의 선악 구분을 초월한다 12절은 '늙음은 곧 지혜'라는 규범적 지혜의 전형적인 표현이다. 욥이 당연히 알고 있는 것이지만, 동시에 13절의 하나님의 절대주권에 대한 발언과 상충되기도 한다. 따라서 11절의 의문문이 연장되는 것으로 해석하기를 제안한다: '나이가 들수록 지혜로워진다고? 아니다. 지혜와 명철은 하나님께 속한 것이다'라는 의미로 이해하는 것이 문맥상 적절하다.

욥과 세 친구는 하나님의 절대주권 개념을 공유한다. 하나님께서 세상 모든 것을 다스리신다는 점에서는 어느 누구도 반대하지 않는다. 다만 친구들은 하나님의 주권 개념을 인과응보의 원리와 연결시킨다. 하나님께서 이 세상을 다스리시는 원리가 '뿌린 대로 거둔다'는 원리이고, 이 원리가 인간 세계와 자연 세계 모두에서 발견되기 때문에 하나님의 주권이 입증되는 것이다. 동시에, 이 원리는 하나님의 선하심과 의로우심을 나타내는 표지이기도 하다. 의인에게 상을 주고 악인에게 그에 합당한 벌을 주는 것이 정의이자 공의이다. 이 원리가 지켜져야 하나님은 선하고 의로운 분이시라는 명제가 성립된다.

반면에 욥은 하나님께서 모든 것을 다스리신다는 주권 개념을 하나님의 자유와 연결시킨다: "그가 헐으신즉 다시 세울 수 없고 사람을 가두신즉 놓아주지 못하느니라"(14절). 이후에 이어지는 말들은 모두 규범적 지혜의 선악 개념을 초월하는 하나님의 주권에 대한 것이다. 모사와 재판장(17절), 왕들(18절), 제사장들과 권력이 있는 자(19절), 충성된 사람들과 늙은 자들(20절), 귀인들과 강한 자(21절)는 규범적 지혜의 틀 안에서 지극히 긍정적인 의미를 가지는 의인이자 지혜자들을 일컫는 표현들이다. 그러나 이러한 의인이자 지혜자들에게 하나님의 주권적 행위는 (악인과 미련한 자에게나 어울리는) 부정적인 것일 수 있다: 그들은 얼마든지 벌거벗겨 끌려가고 넘어뜨려지고 무장해제되며 지혜를 빼앗겨 어리석은 자가 될 수 있다.

하나님은 감춰진 것을 드러내시기도 하고 어둠을 빛으로 바꾸기도 하시며(22절), 어떤 나라와 민족을 크고 널리 퍼지게 하실 수도 있으며 반대로 멸망시키거나 포로로 잡혀가게 하실 수도 있다(23절). 규범적 지혜에 따르면 아무나 우두머리가 될 수 있는 것이 아니다. 의와 지혜와 선함으로 하나님의 사랑을 받은 자만이 "만민의 우두머리"가 될 수 있다. 그러나 하나님의 주권은 그들에게서 총명을 빼앗아 어두운 밤길을 술 취한 사람처럼 비틀거리며 걷게 하실 수도 있다(24-25절). 욥의 이러한 하나님 이해는 "주신 이도 여호와시요 거두신 이도 여호와시오니"라는 말과 정확히 일치한다. 1-2장의 욥과 3장 이하의 욥의 하나님 이해는 전혀 달라진 것이 없다.

욥기 13장 1-19절

12장이 규범적 지혜의 한계를 논리적으로 지적하며 친구들의 말에 대한 비판을 전개하는 이성에 호소하는 것이라면, 13장의 욥은 친구들의 말에 대한 평가를 하나씩 나열하면서 감정에 호소한다. 특별히, 고통을 당하는 사람의 입장에서 친구들의 말이 어떻게 받아들여지는가, 어떤 것이 진정한 위로인가에 대해 깊은 울림이 있는 말을 한다. 이어서 욥은 친구들에게 가르치려고 하지 말고 자신의 말을 똑바로 들어 달라고 부탁한다.

A. 1–12절 친구들의 말에 대한 욥의 평가

B. 13–19절 친구들에게 하는 부탁: 입 다물고 내 말을 들어라

더바이블 욥기 13장 1-19절

1 이보게나 나는 눈으로 그 모든 것을 다 보았고
귀로 다 들어서 충분히 이해하고 있다네
2 자네들이 아는 것을 나 역시도 다 알고 있다네
나는 자네들보다 결코 못하지 않다네
3 그러나 나는 전능자께 말씀드리고 싶네
나는 하나님께 따지고 싶다네
4 자네들은 거짓말을 퍼뜨리는 자들일 뿐이며
자네 모두는 돌팔이 의사일 뿐이네
5 제발 누가 자네들 입을 닥치게 할 수만 있다면
자네들에게는 침묵하는 것이 진정한 지혜라네
6 부디 내가 하는 말을 잘 들어 주길 바라네
내 입술이 하는 말들에 제발 주의를 집중해 주게
7 하나님을 위한다는 명목으로 거짓을 말할 수 있겠는가
그분을 위하여 자네들은 사기를 치려는가
8 자네들이 하나님 편을 들어서

개역개정과의 비교

7절 너희가 하나님을 위하여: 전치사 라메드(ל)는 '~에게'로도 '~를 위하여'로도 해석될 수 있다. 따라서 '너희는 하나님에게 거짓을 말하는가?'로 직역할 수 있다.

8절 하나님의 낯을 따르려느냐: 나사 파님(נָשָׂא פָּנִים)은 직역하면 '얼굴을 들다'가 되는데, 이는 숙어적 표현으로서 '~의 편을 들다, 편애하다'라는 의미로 사용된다. 본문은 '너희가 하나님의 편을 들어서 그분을 위해 변론하겠다는 것이

그분을 위해 변론하겠다는 것인가
9 그분께서 자네들을 조사하시면 어찌하려고 이러는가
자네들이 사람을 속일 수는 있지만 하나님을 속일 수는 없다네
10 자네들은 속으로는 결국
자네들 서로의 편을 들어 주고 있지 않은가
그분께서는 반드시 자네들을 혼내실 것이네
11 자네들은 높으신 그분이 두렵지도 않은가
부디 자네들이 그분의 무서움을 알기 원한다네
12 자네들이 배운 것들은 지극히 인간적인 속담들에 불과하며
자네들의 대답들도 사람들이 흔히 하는 말들일 뿐이네
13 제발 자네들은 내 앞에서 조용히 있어 주게

냐?'로 이해된다.

10절 너희가 몰래 낯을 따를진대: 니팔형 팃사운(תִּשָּׂאוּן)은 재귀적(reflexive) 혹은 상호적(reciprocal) 의미로 사용된 것으로 보인다: '자신 스스로의 얼굴을 들다(스스로를 편애하다)', 혹은 '서로의 얼굴을 들어 주다(서로의 편을 들어 주다).' 상호적인 의미가 문맥에 더 어울린다: '속으로는 결국 자네들 서로의 편을 들어 주고 있지 않은가!'

12절 너희의 격언은: "격언"으로 번역된 직카론(זִכָּרוֹן)은 '기억하다'라는 의미의 어근 자카르(זכר)에서 파생된 추상명사이다. 경험과 조상으로부터 배우고 간직한 지혜를 의미한다.

12절 방어하는 것은 토성이니라: 명사 가브(גַּב)에 대해 BDB는 어근 가바브(גבב)에서 온 것으로 분석한다. 그 의미는 '뒤가 둥글게 구부러진 것'이다. 여기에서 개역개정의 "방어하는 것"이라는 의미가 도출된다. HALOT은 이와 다르게, '대답하다'라는 의미의 어근 구브(גוב)에서 파생된 명사로 이해한다. 평행법상 '방어'보다는 '대답'이 좀 더 적절해 보인다.

13절 무슨 일이 닥치든지 내가 당하리라: 베야아보르 알라이 마(וְיַעֲבֹר עָלַי מָה)를 독립된 문장으로 해석할 수도 있다. 참고로, 새번역은 "결과가 어찌 되든지, 그

대체 내게 무슨 일이 일어났는지 내가 말할 수 있도록 말이네
14 어떻게 내가 내 이빨로 내 살을 뜯어 먹을 수 있겠나
어떻게 내가 내 손으로 내 목을 칠 수 있겠나
15 나는 단지 그분께서 나를 죽이실 것을 기다리고 있을 뿐이네
그러면 그분께 내가 지나온 삶을 평가받을 수 있을 것이네
16 바로 그분이 나의 구원이시라네
하나님 안 믿는 자가 그분 앞에 갈 리가 없으니 말일세
17 자네들은 제발 내가 하는 말을 잘 듣게나
내 말을 자네들 귀에 잘 담아 두게나
18 자 보게나 나는 소송을 위한 변론을 다 준비해 두었네
내가 하나님의 뜻에 따라 바르게 살아온 것을
나는 잘 알고 있다네
19 누가 나에게 반대의견을 제시할 수 있겠나
그러면 나는 입 다물고 그만 죽어 버릴 것이네

것은 내가 책임지겠다"로 번역하고, 공동번역은 "어떤 일이든 오려거든 오너라"로 해석한다. 다른 제안으로는, 아닷베라(אֲדַבְּרָה)의 목적절로 해석할 가능성도 있다: '나는 내게 무엇이 지나가는지(일어났는지) 말하고 싶다.'

14절 내 살을 내 이로 물고: 직역: '어떻게 내가 나의 살을 내 이빨로 들어 올릴 수 있나'—정확한 의미를 알기 어렵다. 14절의 본문 이해 참조.

18절 내 사정을 진술하였거니와: 숙어적 표현 아라크 미쉬파뜨(עָרַךְ מִשְׁפָּט)는 변론을 위한 준비를 뜻하는 법률적 용어로 이해된다.

욥기 13장 1-19절 해설

배경 이해

하나님의 다스리심과 의로우심, 그리고 악의 현존 사이의 딜레마를 다루는 신정론(theodicy)의 문제 해결 방식에 있어서 현대 신학은 하나님의 선하심(goodness)을 강조하는 경향을 보인다. 반면에 욥기의 (그리고 전도서의) 반성적 지혜는 하나님의 절대주권(Godness)에 더욱 무게를 싣는다. 욥의 친구들이 규범적 지혜의 원리를 고수하는 것은 하나님의 선하심(의로우심)을 변호하기 위함이다. 그러나 욥기의 반성적 지혜는 하나님을 변호하려는 것은 인간의 교만일 뿐이라고 비판한다. 38-41장의 하나님의 언설도 모든 것을 다스리는 주권자로서의 하나님을 설명하는 것이지 하나님의 의로움(선함)을 변호하는 것이 아니다.

본문 이해

13장은 독립된 발언이 아니라 12장에서 연결된 것이다. 규범적 지혜의 선악 이분법을 초월하실 수 있는 하나님에 대한 설명, 그리고 인과응보의 원리만으로는 설명할 수 없는 현실 세계를 직시하라는 말 다음에 13장이 뒤따라온다. 이 장에서는 고난당하는 사람에게 규범적 지혜를 적용하려는 시도가 무엇이 잘못된 것인지 설명한다.

1-12절 친구들의 말에 대한 욥의 평가 12장에서 욥은 친구들이

현실을 직시하지 못하고 인과응보라는 렌즈를 통해 각색된 채로 세상을 이해하고 있음을 비판했다. 반면에 욥은 맛을 보면 그것이 무슨 맛인지 아는 것처럼 현실을 똑바로 보라고 요청한다(12:11). 13장을 시작하며 욥은 자신의 지혜는 이론적이거나 피상적인 지혜가 아니라 직접 자신의 눈으로 본 것이며 직접 자신의 귀로 듣고 깨달은 것이라는 점을 강조한다(13:1).

1) 첫 번째 비판: 너희의 지혜는 나도 알고 남들도 다 아는 것이다 (2절, 12절). 친구들이 욥에게 가르치려는 규범적 지혜는 어떤 특별한 비밀이 아니다. "환상" 같은 신비한 체험을 통해서만 깨달을 수 있는 것(엘리바스)이 아니며, 선조들의 지혜를 각고의 노력을 통해 배우고 익혀야 알게 되는 것(빌닷)도 아니다. 좋은 것을 뿌리면 좋은 열매를 맺고 나쁜 씨앗을 뿌리면 나쁜 열매를 맺는다는 기본적인 원리는 욥 자신도 너무나 잘 알고 있는 것이고(2절), 너무나 뻔하고 누구나 다 아는 것이다(12절).

12절 상반절의 "너희의 격언은 재 같은 속담이요"라는 표현을 풀이하면, 우선 "격언"은 직카론(זִכְּרוֹן)을 번역한 것으로서 직역하면 '너희의 기억'이다. 과거로부터 내려온 지혜를 기억하는 것은 규범적 지혜에서 가장 중요한 학습법이다. 그다음 "재"로 번역되는 에이페르(אֵפֶר)는 하반절의 "토성"의 호메르(חֹמֶר)와 더불어 크신 하나님에 대비하여 작고 천한 인간을 상징하는 단어로 쓰인다. 정리하면, 12절은 '너희가 지키려는 그 조상으로부터 배운 지식은 지극히 인간적인 속담들에 불과하다'라는 뜻이 된다.

2) 두 번째 비판: 너희의 말은 사실이 아니다(4절, 7절). 욥은 친구들이 '거짓말을 퍼뜨리는 자들'이고 '돌팔이 의사'일 뿐이라고 원색적으로 비난한다(4절). 그들의 말이 거짓말인 것은 직접적인 경험에 입각한 사실이 아니기 때문이다. 친구들은 욥이 사는 지역에 함께 살지 않아서 욥이나 욥의 자녀들이 어떤 죄를 지었는지 직접 보지 못했다. 그러나 그들은 자신의 신학적 신념에 따라 그들이 죄를 지었음이 분명하다고 단정 짓는다. 욥과 자녀들이 죄를 짓지 않았다는 사실을 알고 있는 욥기의 독자들은 친구들의 말이 거짓말에 불과하다는 욥의 평가에 동의할 수밖에 없다.

친구들을 '헛된 치유자'(רֹפְאֵי אֱלִל로프에이 엘릴)로 규정한 욥의 말에서 그들이 하려는 것이 욥을 '치유'하려는 것임을 알 수 있다. 위문하고 위로하려는 방문 목적은 욥을 고치려는 시도로 변질된다. 그들의 시도는 실패(אֱלִל엘릴)했다.

3) 세 번째 비판: 너희의 말은 하나님을 변호하려는 것이다(7-8절, 11절). 친구들이 이렇듯 거짓말을 하고 가짜 치유자 행세를 하려는 의도는 고난당하는 욥을 살리기 위함이 아니라 하나님을 변호하려는 행위일 뿐이다. 욥과 그의 자녀들을 죄인으로 몰아가면서까지 그들이 '살리고' 싶었던 것은 하나님이다. 친구들은 하나님의 선하심과 의로우심을 지켜 내고 싶었다. "(하나님을) 위하여"라고 번역된 전치사 라메드(לְ)는 '~에게'로도 '~를 위하여'로도 해석될 수 있다. 따라서 '너희는 하나님에게 거짓을 말하는가?'로 해석할 수 있다. 그러나 '하나님을 위하여'라는 해석이 다음절인 8절의 의미와 더

잘 연결된다. 친구들은 하나님의 편을 들면서 하나님을 위해 욥과 싸우는 것이다. 그러나 하나님을 보호하고 변호하려는 시도를 욥기의 하나님은 거부한다. 하나님 스스로 자신의 선함과 의로움을 변호하려고 시도하지 않는다(38-41장을 보라). 욥기의 반성적 지혜는 권선징악/인과응보의 시각으로 현실을 왜곡하는 것을 '거짓'이고 '헛된' 것이라고 비판하며, 동시에 하나님을 변호하거나 하나님을 위해 변명하는 것이 신앙인의 역할이 아니라는 점을 강조한다. 반성적 지혜가 드러내는 절대주권자로서의 하나님은 인간의 변호가 필요할 정도로 약하신 분이 아니다. 11절의 "그의 두려움이 너희 위에 임하지 않겠느냐"는 일종의 저주문으로 이해할 수 있다('이 천벌 받을 놈들!'). 하나님을 위한다는 목적으로 거짓을 말하는 것은 곧 하나님을 두려워(경외)하지 않는 행위라는 점을 지적하고 있다.

4) 네 번째 비판: 고난당하는 자들 앞에서 침묵한 채 그들의 말을 들어 주는 것이 가장 큰 위로이다(5-6절). 친구들의 본래 목적인 위문과 위로를 위해서라면 첫 칠 일 동안처럼 욥과 함께 바닥에 주저앉아 "소리 질러 울며"(2:12) 친구의 극심한 고통 앞에 아무 말하지 않는 것이 최선이었다(2:13). 욥은 친구들의 '진정한 지혜'는 '침묵'이었다고 말한다(13:5). 친구의 고통 앞에 침묵하며 고통당하는 자의 말에 진심으로 귀를 기울여 주는 것이 진정한 위로라고 말하는 욥의 말(6절)은 아마도 욥과 유사한 고난을 겪고 있는 많은 사람들의 마음을 대변하는 것일 것이다.

13-19절 친구들에게 하는 부탁: 입 다물고 내 말을 들어라 욥은 이제 5-6절에서 언급한 올바른 위로자의 태도를 친구들에게 요청한다. 제발 좀 입 다물고 내 얘기에 귀를 기울여 달라고. 13절을 다시 번역하자면 '대체 내게 무슨 일이 일어났는지 내가 말할 수 있도록'이 된다. 개역개정의 번역처럼 미래에 벌어질 일에 대한 말일 수도 있지만, 친구들이 잘못 알고 있는 것을 바로잡고 싶은 마음을 표현한 것일 수 있다. 친구들의 논리에 의하면 욥의 재앙은 욥 자신이 불러온 것이 된다. 14절은 이러한 주장에 대한 반박으로 보인다: '어떻게 나 자신이 내 살을 뜯어 먹고 내 손으로 내 목을 칠 수 있겠는가!'

부연하자면, "내 살을 내 이로 물고"라는 표현은 '어떻게 내가 나의 살을 내 이빨로 들어 올릴 수 있나'로 직역된다. 성경에 단 한 번 나오는 표현이기 때문에 정확한 의미를 알기 어렵다. 이 표현은 대표적인 우리말 성경 번역들도 의미를 다양하게 이해하고 있다(새번역: "나라고 해서 어찌 이를 악물고서라도", 공동번역: "나 이를 악물고"). 친구들의 인과응보의 법칙을 비판하는 문맥에서 파악한다면, 자신의 죄로 인해 스스로의 목숨을 위태롭게 한다는 생각에 반대하는 표현으로 이해될 수 있다. '자신의 이빨로 자신의 몸을 드는 것'은 한편으론 어리석고(지혜가 아니고), 또 한편으론 불가능한 행위이다.

욥은 죽어서라도 하나님 앞에 자신의 삶을 평가받기를 원한다. 친구들에게 말하는 것이 소용없는 짓이어서 하나님께 말씀드리겠다는 욥의 소망과 마찬가지로(3절), 자신의 지나온 삶에 대해 올바른 평가를 내릴 수 있는 것은 친구들이 아니라 하나님이시다(15절). "희망"으로 번역한 어근 야헬(יחל)은 무엇인가 소망하고 희망하는 것이기보다는 '기다리다'라는 의미이다. 욥은 자신의 극심한 고통으로 삶이 얼마 남지 않았다고 생각하고 있고, 그 죽음이 자신으로 인해 촉발된 것이 아니라(14절) 하나님께서 하신 것이라는 점을 분명히 하고 있다. 그리고 죽음 이후에 하나님을 대면하여 자신이 무엇을 잘못한 것인지 하나님께 직접 묻고자 한다. 그분만은 욥이 하나님의 뜻에 따라 바르게 살아온 것을 알고 계시기 때문이다(18절).

욥기 13장 20절-14장 22절

세 친구와 욥 사이의 첫 번째 논쟁(3-14장)의 마무리에 욥의 깊은 탄식이자 간절한 기도문이 위치해 있다. 친구들의 말이 어떤 점에서 잘못된 것인지 지적한 후 욥은 다시 하나님께로 향한다. 이 기도문의 흥미로운 점은 시편의 탄원시 등에서 환난과 어려움에서 구원해 달라고 하나님께 요청할 때 사용하는 어휘들, 즉 '살려 달라'는 뜻으로 쓰이는 표현들이 전혀 반대의 속뜻('차라리 죽여 달라')으로 사용된다는 점이다.

A. 13:20-28 하나님을 향한 탄식: 왜 저를 적으로 생각하시나요

B. 14:1-22 하나님을 향한 탄원: 고통에서 벗어나게 해 주세요

더바이블 욥기 13장 20절-14장 22절

20 오직 두 가지만 제게 하지 말아 주세요
그러면 당신 앞에서 제가 숨지 않겠습니다
21 부디 당신의 손으로 치신 것이 제게서 물러가게 해 주세요
제발 제가 두려움으로 떨지 않게 해 주세요
22 제게 말씀해 주세요 그러면 제가 대답하겠습니다
아니면 제가 말씀드릴 테니 제게 대답해 주세요
23 대체 제가 저지른 잘못과 죄가 무엇인가요
제발 제게 저의 허물과 죄를 알려 주세요
24 어째서 당신의 얼굴을 가리시나요
왜 저를 당신의 적으로 여기시나요
25 떨어지는 낙엽 하나를 겁주실 필요가 있나요
이미 바짝 마른 지푸라기를 괴롭히실 필요가 있나요
26 당신은 제게 쓰라린 고통을 처방하셨습니다

개역개정과의 비교

21절 주의 손을 내게 대지 마시오며: '(하나님의) 손/손바닥으로 치다'라는 표현은 재앙과 고통을 의미하고, '손을 멀리하다'라는 것은 재앙과 고통이 물러가는 것을 뜻한다. 욥은 자신의 고통이 멈추어지기를 하나님께 간구하고 있다.

26절 기록하시며: '(글을) 쓰다'라는 의미의 동사 카타브(כתב)는 '글 혹은 서신으로 명령하다'라는 의미를 가진다. 여기서는 '제게 쓰라린 고통(이라는 벌)을 처방하셨습니다'라는 의미로 이해된다.

26절 젊었을 때: 규범적 지혜에서 '어린 시절, 젊은 시절'은 지혜가 없거나 충분하지 못한 때를 가리킨다.

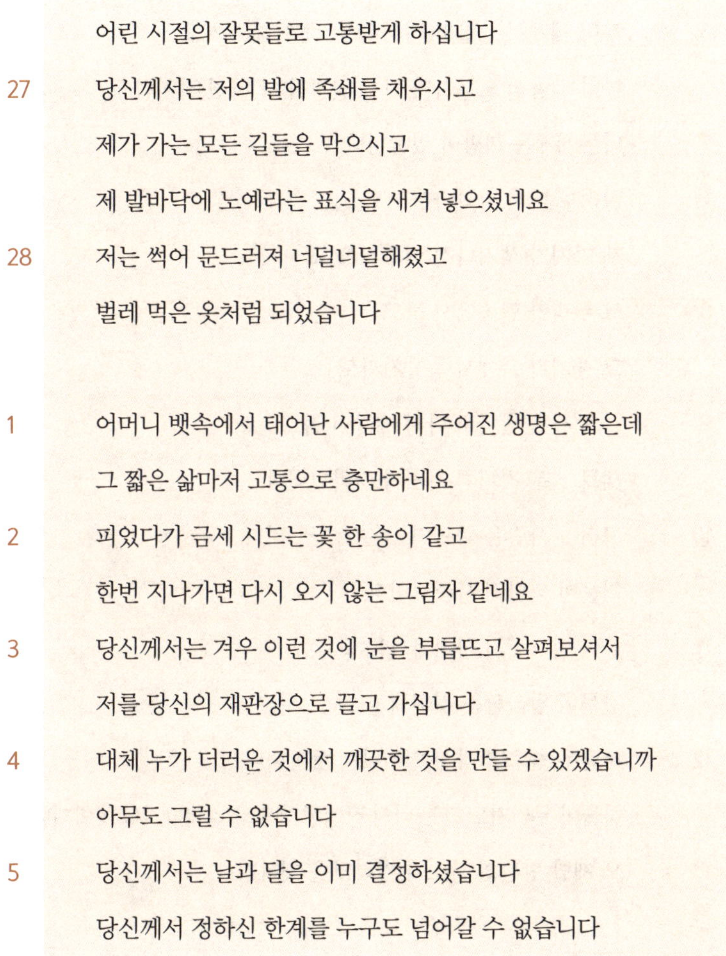

어린 시절의 잘못들로 고통받게 하십니다
27 당신께서는 저의 발에 족쇄를 채우시고
제가 가는 모든 길들을 막으시고
제 발바닥에 노예라는 표식을 새겨 넣으셨네요
28 저는 썩어 문드러져 너덜너덜해졌고
벌레 먹은 옷처럼 되었습니다

1 어머니 뱃속에서 태어난 사람에게 주어진 생명은 짧은데
그 짧은 삶마저 고통으로 충만하네요
2 피었다가 금세 시드는 꽃 한 송이 같고
한번 지나가면 다시 오지 않는 그림자 같네요
3 당신께서는 겨우 이런 것에 눈을 부릅뜨고 살펴보셔서
저를 당신의 재판장으로 끌고 가십니다
4 대체 누가 더러운 것에서 깨끗한 것을 만들 수 있겠습니까
아무도 그럴 수 없습니다
5 당신께서는 날과 달을 이미 결정하셨습니다
당신께서 정하신 한계를 누구도 넘어갈 수 없습니다

27절 나의 모든 길을 살피사: 동사 샤마르(שׁמר)는 이 문맥에서 '지키다, 보호하다, 살펴보다'라는 의미라기보다는 '(가지 못하게) 막다', 혹은 '(감옥에) 가두다'의 뜻으로 보는 것이 적절하다. 참고: 창 3:24; 삼하 11:16.

27절 내 발자취를 점검하시나이다: 어근 하까(חקק)는 '새기다'라는 의미이다. 노예의 표지로서 발바닥에 이름을 새겨 넣는 것을 지칭하는 것으로 보인다.

6 부디 제게서 눈을 떼셔서 그만 죽게 해 주세요

마치 일용직 노동자가 하루 일과를 다 마친 것처럼요

7 나무에게는 희망이 있습니다

잘려도 다시 자라나서

새 가지가 생겨나길 멈추지 않죠

8 그 뿌리가 땅속에서 늙고

그 줄기가 흙에서 죽을지라도

9 물 냄새만 맡아도 다시 새싹이 돋고

새로 심은 것처럼 가지가 자라납니다

10 그러나 사람은 죽으면 그걸로 끝입니다

기운이 다하면 사라집니다

11 물이 바다에서 빠져나가는 것처럼

강물이 말라붙는 것처럼

12 사람은 죽으면 다시 일어나지 못합니다

하늘이 무너져도 그는 다시 잠에서 깨지도 일어나지도 못합니다

13 오 제발 당신의 분노가 가라앉을 때까지

6절 그에게서: 문맥상 욥이 너무 고통스러워서 하나님께 죽여 달라고 요청하는 장면이다. 3인칭 '그'는 1절의 아담(אָדָם)을 가리키며, 3절의 경우에서와 마찬가지로 3인칭 단수와 1인칭 단수가 모두 욥 자신을 지칭한다.

6절 그를 홀로 있게 하옵소서: 어근 하달(חדל)은 두 가지 서로 다른 의미를 가진다: 1) 그치다, 끝내다; 2) 둥글게 되다, (긍정적인 의미로) 살찌다. 이 문맥에서는 첫 번째 의미로 사용된 것으로 보인다. '홀로 있게' 해 달라는 의미보다는 죽게 해 달라는 뜻으로 이해하는 것이 좋다. 7절에서도 동일한 의미로 사용되고 있다.

부디 저를 스올에 감춰 주시고 숨겨 주세요
기한을 정하셔서 부디 제게 알려 주세요
14 사람은 죽으면 다시 살 수 없습니다
전쟁 같은 하루하루를 살아 내면서
저는 사태가 바뀌기만을 기다려 왔습니다
15 당신께서 부르시면 저는 응답할 것입니다
당신께서는 당신 손으로 만드신 작품을 기다리고 계실 것입니다
16 저의 발걸음마저 세시는 분이
왜 제가 죄를 짓지 않도록 지켜 주지는 못하시나요
17 저의 죄를 주머니에 담아 놓고
제 잘못을 감싸 주실 수 있지 않습니까
18 그러나 산이 무너져 가루가 되듯이
바위가 원래 자리에서 옮겨지듯이
19 돌이 물에 닳아 없어지듯이
흙이 파도에 쓸려 가듯이
당신께서는 사람의 희망을 끝장내십니다
20 당신께서는 계속해서 사람을 찍어 눌러서 그가 떠나게 하시며

14절 풀려나기를 기다리겠나이다: 14절 할리파(חֲלִיפָה)는 '변화'를 나타낸다. 이 변화는 이 문맥에서는 고통이 없어지는 상태를 가리킨다.

16절 감찰하지 아니하시나이까: "감찰"(개역개정)한다는 의미보다는 전치사 알(עַל־)과 함께 '~을 하지 않도록 막다'는 의미이다: '제가 죄를 짓지 않도록 막아 주시지는 않으시나요?'

20절 그의 얼굴빛을 변하게 하시고: '얼굴을 (다르게) 바꾸다'라는 숙어가 정확히 무엇을 의미하는지 분명하지 않다. 전후 문맥상 '죽음'을 의미하는 듯하다.

그의 얼굴을 들어 그를 쫓아 버리십니다

21 자기 자식들이 대단하게 될지 비천하게 될지

그는 알 수 없게 됩니다

22 단지 그의 육신이 고통스럽고

그의 마음이 애통할 뿐입니다

욥기 13장 20절-14장 22절 해설

배경 이해

욥(אִיּוֹב)이라는 이름을 '원수'를 뜻하는 히브리어인 오예이브(אוֹיֵב)와 연결해서 '(하나님을) 대적하는 자'로 이해하기도 한다. '(회개가 필요한) 교만한 욥'이라는 고전적인 욥기 해석뿐 아니라 '도전하고 질문하는 욥'이라는 현대적 해석 또한 이러한 욥의 이름 이해와 관련되어 있다. 그러나 이러한 연결은 문제가 있다. 우선 오예이브(אוֹיֵב)의 *qōtēl*(역사적으로는 **qātil*) 패턴은 능동분사형으로 '대적하는 자'라는 의미이지만, 욥(אִיּוֹב)이라는 이름의 *qittōl*(역사적으로는 **qittul/qattul*) 패턴은 반대로 수동의 의미를 지닌다. 욥기에서 이 '원수/대적자'라는 뜻의 오예이브(אוֹיֵב)가 쓰인 세 번의 경우(욥 13:24, 27:7, 33:10) 모두 욥이 (수동적으로) 공격을 당하는 상황이다.

본문 이해

욥의 친구들은 욥의 고난의 원인을 하나님을 바라보지 않아서라고 진단했다. 문제의 원인이 그러하니 문제의 해결책 역시 마찬가지다: "나라면 하나님을 찾겠고"(5:8, 엘리바스); "네가 만일 하나님을 찾으며 전능하신 이에게 간구하고"(8:5, 빌닷); "만일 네가 마음을 바로 정하고 주를 향하여 손을 들 때에"(11:13, 소발). 친구들의 진단과 처방이 무색하게 욥은 계속해서 하나님을 찾고 그분을 향해 탄식하고 탄원한다. 세 친구와의 첫 번째 논쟁을 마치면서도 욥은 하나님을 찾으며 전능하신 이에게 간구한다.

13장 20-28절 하나님을 향한 탄식: 왜 저를 적으로 생각하시나요

욥의 눈은 이제 친구들에게서 하나님에게로 향한다. 욥은 하나님께 두 가지를 부탁한다: 1) 저에게 손을 대지 말아 주시고 저를 무섭게 하지 말아 주세요(13:21); 2) 대체 제가 무엇을 잘못했는지 제게 말해 주세요(23절). 21절 상반절을 직역하면 '당신의 손이 나로부터 멀어지게 해 달라'가 되는데, 이것은 하나님으로부터 멀어지고 싶다는 말이 아니다. '(하나님의) 손으로 치다'가 역병 등의 재앙을 나타내는 숙어적 표현이므로 '하나님의 손이 멀어지다'라는 표현은 욥이 지금 겪고 있는 고난을 멈춰 달라는 부탁이다. 이러한 부탁을 하는 이유는 (하나님으로부터 멀어지기 위해서가 아니라) 오히려 두려워 숨지 않고 하나님께 더 가까이 나아가(20절 하반절) 하나님과 직접 대화하기 위함이다(22절).

하나님과의 대화를 통해 욥은 왜 하나님께서 이러한 고통을 주시는지 그 이유를 알고 싶어 한다. 만약 자신이 잘못을 했다면 대체 무슨 잘못을 했는지(23절), 왜 하나님은 자신을 "원수"로 여기시는지(24절) 알기를 원한다. 여기서 "원수"는 히브리어로 오예이브(אוֹיֵב)인데 의미는 '대적하는 자'이다. 이 단어는 어원적으로 '욥'이라는 이름과 연결되었을 가능성이 충분하다. '도전하고 반항하고 교만한 욥'이라는 해석은 이 이름에 대한 이해에 바탕을 두고 있다. 그러나 이러한 이해는 문법적으로도 문맥적으로도 적절한 해석이 아니다. 우선 오예이브(אוֹיֵב)의 o-e(역사적으로는 ā-i) 패턴은 능동분사형으로 '대적하는 자'라는 의미이지만, 욥(אִיּוֹב)이라는 이름의 i-o(역사적으로는 i-u, 혹은 a-u) 패턴은 반대로 수동의 의미를 지닌다. 즉, '대적받는 자, 공격당하는 자'라는 의미이다. 능동분사형 오예이브는 욥기에서 총 세 번 나오는데, 이 구절(13:24)과 이 구절을 인용한 엘리후의 말(33:10), 그리고 자신을 공격하는 자들이 곧 악인이고 불의한 자라는 욥의 말(27:7)에서 쓰인다. 이 세 번의 용례 모두 욥이 누군가를 (능동적으로) 대적하는 것이 아니라 욥 자신이 친구들에게서 그리고 하나님에게서 (수동적으로) 공격을 당하고 있는 경우를 지칭한다.

욥이 하나님을 대적하는 것이 아니다: "주께서 나를 대적하사"(13:26). 욥의 반성적 지혜는 그 크신 하나님에 비해 보잘것없이 작고 하찮은 인간을 대비시킨다. 이러한 대비가 동일하게 나타나는 친구들의 진술은 이 대비를 욥에게만 적용하고 정작 친구들 자신은 하나님의 운행 원리를 다 알고 있는 존재인 것처럼 여기지만, 욥은 자기 자신에게도 똑같이 적용한다. 욥 자신은 '떨어지는 낙엽 하나' 혹은 '바짝 마른 지푸라기'(25절) 같은 존재에 불과하다고 고백한다. 욥은 왜 하나님은 이런 하찮은 존재의 발목에 족쇄를 채우고 발바닥에 '노예'라는 표식을 새겨 넣어 아무 데도 가지 못하게 막으시는지를 묻는다(27절). '벌레 먹은 옷'처럼 썩어 문드러져 너덜너덜해지게 만드실 필요까지 있었는지 욥은 간절히 알고 싶어 한다(28절).

14장 1-22절 하나님을 향한 탄원: 고통에서 벗어나게 해 주세요 14장은 전체가 극심한 고통에서 벗어나게 해 달라는 간절한 기도 혹은 탄원이므로 14장을 두 단락이나 혹은 세 단락으로 나누는 것은 큰 의미가 없다. 13장에서 욥은 하나님과 법적 분쟁을 하고 싶고("변론하려 하노라", 13:3), 자신이 그분의 뜻에 맞게 올바르게 살아온 것을 입증하는 변론을 다 준비했다고 말하지만(18절), 그러나 13:20부터 14장까지 이어지는 욥의 말에는 자신의 무죄를 입증하려는 법정적 증언이 전혀 등장하지 않는다. 오히려 다시 3장의 '너무 고통스러워 차라리 죽는 게 낫겠다'라는 주제로 회귀한다. 욥의 탄식은 창조주와 피조물 사이의 관계에 대한 (반성적 지혜의) 이해를 밑바탕으로 하고 있다.

욥의 탄식은 하나님의 절대주권(자유)을 배경으로 한다: 1) 하나님의 크심과 인간의 작음을 극명하게 대비; 2) 모든 것을 하나님께서 정하시고 행하시는 것처럼, (까닭 없는) 고통을 주시는 분 역시 하나님이시다. 13장에서 욥이 자신을 낙엽과 지푸라기, 벌레 먹은 옷에 비유한 것처럼, 14장의 탄식 역시 자신을 포함한 인간 전체의 보잘것없음으로부터 시작한다. 인간은 한번 피었다가 금세 시드는 꽃 한 송이 같은 존재이고, 한번 지나가면 다시 오지 않는 그림자 같은(14:2) 짧은 인생을 사는 존재일 뿐이다(1절).

여기서 다시 한번 강조되어야 할 것은 꽃이 피고 지는 것이나 그림자가 생겼다가 사라지는 것에 어떤 선악 개념을 기반으로 한 인과응보의 원리를 적용하지 않는다(혹은 적용할 수 없다)는 점이다. 꽃이 선한 일을 해서 피고 악한 일을 해서 지는 것이 아니다. 그림자가 생겼다가 없어지는 것 역시 선악의 결과물이 아니다. 모두 하나님의 주권적인 행위의 결과일 뿐이다. 꽃과 그림자와 마찬가지로 인간이 태어나는 날과 죽는 날을 정하시는 분도 하나님이시다(5절). "그의 규례를 정하여 넘어가지 못하게 하셨사온즉"(5절 하반절)이라는 표현에서 "규례"는 호끄(חֹק)를 번역한 것인데, 어원적으로 '한계'(limit)를 뜻한다. 넘지 말아야 할, 넘어서는 안 되는 선이다. 문맥상 하나님께서 정하신 각 인간의 수명을 의미한다. 13절에서도 동일한 단어가 등장한다: "나를 위하여 규례를 정하시고 나를 기억하옵소서"(13절). 아래에서 이 표현의 의미에 대해서 논하겠다.

7-12절에서 욥이 사람과 자연을 대비하는 방식이 흥미롭다. 나무는 비록 찍혀서 죽더라도 "물 기운(원문은 '물 냄새')에" 다시 싹이 트고 가지가 자라 새 생명을 얻는다(7-9절). 규범적 지혜라면 이 현

상을 의인/지혜자에 비유할 터이지만("그는 시냇가에 심은 나무가 …", 시 1:3), 욥의 반성적 지혜는 사람에게는 이러한 '소생'이나 '재생'이 발생하지 않는다는 것, 즉 사람은 한 번 죽으면 그것으로 끝이라는 것과 비교하는 데 자연 현상을 이용한다. 아무리 힘이 센 사람("장정")도 죽으면 없어지는 것이며(욥 14:10) 사람이 죽어 누우면 다시 일어날 수 없다(12절).

13절 이하에서 욥은 이렇게 고통스러울 바에는 차라리 죽여 달라고 간청한다. 6절에서 "그를 홀로 있게 하옵소서"라는 문장이 '그를(= 나를) 죽게 해 주세요'라는 의미이듯이(6절 도움말 참조), 욥이 사용하는 언어들은 문맥을 제하고 보면 시편의 탄원시에서 흔히 사용하는 어휘들이다: "감추시며", "나를 숨기시고" "나를 위하여 규례를 정하시고 나를 기억하옵소서"(13절), "참으면서 풀려나기를 기다리겠나이다"(14절), "주께서는 나를 부르시겠고"(15절). 이런 표현들은 일반적인 경우라면 죄를 용서해 달라거나 자신을 선대해 주시기를 바라는 마음, 혹은 무엇이 바른길인지 알려 달라는 의미로 쓰일 것이다. 그러나 욥은 이 표현들을 모두 이제 그만 죽여 달라는 의미로 사용한다. '스올에 감춘다'(13절)라는 것은 죽음을 뜻한다. 고난을 피해서 잠시 죽었다가 다시 살아나게 해 달라는 요청이 결코 아니다. 사람은 한 번 죽으면 다시 살아날 수 없다는 것이 욥의 이해이다(10, 12절). 너무 고통스러워서 이 고통을 끝내는 길은 죽음뿐이라는 절망감을 표출하고 있다. 따라서 "주께서는 나를 부르시겠고 나는 대답하겠나이다"(15절)라는 표현도 표면적으로는 하나님과의 직접 대면을 요청하는 말이지만, 그 속뜻은 죽어서 하나님께로 가고 싶다는 마음의 표현이다.

욥기 15장 1-16절

세 친구와의 두 번째 라운드가 시작된다. 첫 번째 논쟁과 두 번째 논쟁의 차이점에 주목하고 어떤 변화 혹은 발전을 찾으려는 독법은 그리 바람직하지 않다. 첫 번째 논쟁에서 언급되지 않은 새로운 주제가 등장하지는 않는다. 다만 굳이 차이점을 짚어 내자면, 회차를 거듭할수록 친구들의 말은 짧아지면서 고난과 아픔의 문제에 점점 더 둔감해지며 규범적 지혜의 신학을 더욱 원론적으로 나열하는 모습을 보인다. 사람은 사라지고 교리만 남는다.

A. 1-6절 욥에 대한 반박 (1): 네가 네 스스로를 정죄하고 있다

B. 7-16절 욥에 대한 반박 (2): 너만 홀로 지혜를 가졌느냐

더바이블 욥기 15장 1-16절

1 데만 사람 엘리바스가 대답했다.

2 지혜로운 자가 그렇게 뜨거운 분노를 속에 채우고서

거친 말로 지혜를 말하는 법이 있는가

3 그런 말로 항변하는 것은 아무 쓸모없다네

그런 표현들에는 아무런 유익이 없다네

4 참으로 자네는 하나님을 경외하지 않는군 그래

자네는 그분을 제대로 알고 있지 못하고 있다네

5 자네가 아무리 지혜로운 자들의 말을 구사한다 하더라도

개역개정과의 비교

2절 헛된 지식으로: 다아트 루아흐(דַּעַת־רוּחַ)를 직역하면 '바람의 지식'이다('영적인 지식'이 아니라). 루아흐는 평행구에 나오는 까딤(קָדִים)과 함께 '동쪽에서 부는 바람'으로 이해해야 한다. '바람의 지식'이라는 표현은 3절의 '쓸모없음'과 평행하여 헛되고 무의미한 지혜를 나타낼 수 있다. 혹은, 동풍, 즉 '뜨거운 바람'이라는 표현을 통해 격정적인 감정을 담은 말을 가리킬 수도 있다.

2절 동풍: 동쪽에서 불어오는 바람(רוּחַ קָדִים[루아흐 까딤])은 '건조하고 거센 뜨거운 바람'을 의미한다. 이 표현은 빌닷이 욥의 말을 평가한 '광풍, 세찬 바람'(רוּחַ כַּבִּיר[루아흐 캅비르])과 유사한 의미이다(욥 8:2). 엘리바스가 말하는 지혜는 통제할 수 없는 감정과 욕망에서 벗어나 평온하고 이성적인 지혜를 추구한 에픽테토스와 스토아철학이 연상된다.

4절 묵도하기를: 시하(שִׂיחָה)는 개역개정이 대부분 "불평"으로 번역한 시아흐(שִׂיחַ)의 여성형 파생명사이다. 이 문맥에서 "불평"이라는 번역이 맞지 않기 때문에 "묵도"로 번역한 듯하다. 그러나 이 단어는 단순히 '말'이라는 의미이다.

5절 네가 간사한 자의 혀를 좋아하는구나: 아루밈(עֲרוּמִים)은 지혜 장르에서 긍정적인 의미("슬기로운 자")를 지닌다(잠 12:16, 23, 13:16, 14:8, 15, 18, 22:3,

자네의 죄가 그런 말을 하도록 시키는 것이라네
6 자네가 악하다는 걸 증명하는 것은
내가 아니라 바로 자네 입일세
자네의 입술이 자네에 대해 그렇게 말하고 있다네
7 자네가 최초의 인간인가
세상에 산들이 존재하기 전에 자네가 태어났는가
8 자네가 천상 회의를 엿들었는가
지혜가 자네 것인가
9 자네만 알고 우리가 모르는 것이 대체 무엇인가
자네가 이해하는 것 중 우리가 모르는 게 있기나 한가
10 우리 중에는 연로하여 머리가 하얗고
나이로는 자네 아버지보다 더 많은 사람도 있다네
11 하나님의 위로와 그분의 부드러운 말씀이
자네에게 별거 아니란 말인가
12 자네는 대체 무엇에 사로잡혀 있는 건가
자네의 눈은 대체 어디로 향해 있는 건가

27:12 참조). 본문은 '자네가 아무리 지혜자의 언어를 구사한다 하더라도'의 의미로 이해하는 것이 좋다.

10절 우리 중에는 머리가 흰 사람도 있고 …: 늙음과 지혜를 동일시하는 규범적 지혜의 전형적인 표현이다. 반면에 반성적 지혜는 나이와 지혜의 연결고리를 끊거나 약화시킨다(욥 32:9; 전 4:13 참조). 엘리바스가 말하는 '우리'는 세 친구에 한정된 표현이기보다는 지혜자 집단, 혹은 규범적 지혜의 전달자와 수호자들을 가리키는 표현으로 보인다.

13 하나님께 대항하는 그런 말을
자네 입에서 쏟아 내다니
14 사람이 깨끗할 수가 있겠는가
여자에게서 난 자가 의로울 수 있겠는가
15 그분은 그분 자신이 특별히 선택하신 자들조차도
신뢰하지 않으신다네
그분이 보시기에는 하늘조차도 깨끗하지 않다네
16 하물며 죄악을 물처럼 마시는 인간은
그분이 보시기에 대체 얼마나 끔찍하고 역겹겠는가

욥기 15장 1-16절 해설

배경 이해

욥기는 한 편의 연극 혹은 드라마 같다. 여러 등장인물이 있고 내러티브와 대화가 있으며, 공간의 변화도 있다. 그래서 현대인들은 마치 영화나 드라마를 보는 것과 같은 기대를 가지고 욥기를 읽는다.

13절 네 영이 하나님께 분노를 터뜨리며: 직역하면, '너는 너의 바람(רוּחַ루아흐)을 하나님께 되돌려준다'이다. 개역개정의 번역은 루아흐를 '영'으로 번역하는 '습관'을 반영한다. '바람을 되돌려주다'라는 표현은 하반절의 '입에서 말을 내다'라는 구절과 평행하며, 하나님께 고통의 감정을 토로하는 욥의 말을 의미한다.

14절 어찌 깨끗하겠느냐, 어찌 의롭겠느냐: 11:4의 "정결"(소발의 말)과 마찬가지로, '깨끗함/순결함'이 '의로움'과 유사한 의미를 가진 평행어로 사용되고 있다.

인물들의 성격(character) 변화, 일련의 사건들을 통한 성장과 깨달음, 특별히 마지막에 극적 반전이 있을 것이라 기대한다. 그러나 이런 대부분의 현대 드라마의 구성 방식은 근대의 '성장소설'(Bildungsroman)에 기원을 두고 있다. 이러한 기대를 가지고 근대 이전에 쓰인 성경을 보려는 시도는 욥기를 오독하게 만드는 대표적인 방식이다. 잠언이나 전도서의 이야기 전개 과정 중에 어떤 성장이나 새로운 깨달음, 혹은 막판 반전의 구도가 나타날 것을 기대하면서 읽지는 않을 것이다. 욥기도 크게 다르지 않다.

본문 이해

엘리바스의 두 번째 발언인 15장의 전반부를 구성하는 1-16절은 욥의 발언을 평가하고 반박하는 것에 주된 목적을 둔다. 후반부(17-35절)에서 엘리바스 자신의 규범적 지혜를 본격적으로 논하기 이전에 상대방의 주장을 약하게 만드는 전술이라고 할 수 있다. 엘리바스가 이 장에서 반박 논지를 전개하는 특징은 욥이 한 말들 중 정확히 어떤 말이나 표현을 반박하는지가 명확하지 않다는 점이다.

1-6절 욥에 대한 반박 (1): 네가 네 스스로를 정죄하고 있다 엘리바스가 지적하는 욥의 문제점은 다음과 같다.

1) 지혜자는 욥처럼 감정적이지 않다(2-3절): 욥을 반박하는 엘리바스의 첫 번째 문장은 수사의문문(rhetorical question)으로 시작한다: 지혜자라면 '바람의 지식'(דַּעַת־רוּחַ 다아트 루아흐)으로 대답할 리 없

고 자신의 뱃속을 '동쪽'(קָדִים 까딤)으로 채울 리가 있겠는가? '바람의 지식'이라는 표현은 그 자체로는 무슨 의미인지 명확하지 않지만, 평행어인 하반절의 '동쪽'과 연결하여 '동쪽에서 부는 바람'으로 이해하는 것이 적절하다. 동풍은 뜨겁고 건조한 바람으로서 성경에서는 곡식을 말라죽게 하거나(창 41:6, 23), 이집트에 재앙을 불러오고(출 10:13), 홍해의 바닷물을 물러가게 하는 장면(출 14:21)에서 나타난다. 욥의 말을 매우 뜨겁고 강력한 바람으로 평가하는 것은 빌닷의 "거센 바람"(욥 8:2)이라는 평가와 일치하며, 그 의미는 "분노가 미련한 자를 죽이고 시기가 어리석은 자를 멸하느니라"(5:2)라는 엘리바스의 이전 말과 연결된다. 분노와 시기처럼 극한 감정을 표출하는 것은 지혜자의 특질이 아니다: "평온한 마음은 육신의 생명이나 시기는 뼈를 썩게 하느니라"(잠 14:30), "분은 잔인하고 노는 창수 같거니와 투기 앞에야 누가 서리요"(27:4). 욥처럼 분노와 화를 표출하는 것은 아무 도움이 되지 않는 무익한 것으로(욥 15:3) 지혜자라면 그렇게 말할 리가 없다는 뜻이다. 엘리바스의 '지혜'는 극심한 고통을 겪고 있는 욥의 사정을 전혀 고려하지 않는다.

2) 욥은 하나님을 경외하지 않는다(4절): 엘리바스는 욥이 하나님에 대한 경외를 버렸다고 비난한다. 하나님에 대한 경외(יִרְאָה 이르아)는 잠언이 말하듯 모든 지혜와 지식의 출발점이다(잠 1:7, 9:10). 하나님을 두려워하고 그분을 경외하는 것이 지혜자의 첫 번째 특질이다. 그러나 엘리바스가 무엇을 근거로 욥이 하나님에 대한 경외를 버렸다고 주장하는지 언급되어 있지 않다. 욥기의 저자와 하나

님은 하나님을 경외함에 있어서 욥이 당대의 누구보다 가장 뛰어났다고 평가한다(욥 1:1, 1:8, 2:3). 이 평가를 엘리바스는 모르고 있다. 욥은 오히려 하나님께 자신을 두렵게 하지 말아 달라고 요청할 정도로 하나님에 대한 두려움을 가지고 있다(9:34-35).

3) 무지한 말을 하는 걸 보니 악인이 분명하다(5-6절): 5절과 6절은 동일한 의미를 다른 표현을 써서 나타내는 평행절이다. '너의 죄가 너의 입을 가르친다'라는 표현 자체로는 여러 가지 의미로 해석 가능하지만 6절의 '너의 입이 너를 악하게 한다'라는 구절과 연결하여 이해한다면 엘리바스의 말은 다음과 같이 정리될 수 있다: 욥이 죄인이기 때문에 지혜가 아닌 말을 하는 것이며, 또한 순환적으로, 무지의 말을 내뱉는 것을 보니 무지자/악인임이 분명하다. 혹은 더 나아가 하나님을 두려워하지 않는 악한 말을 함으로써 욥은 스스로를 더욱 죄인으로 만든다. 그러나 엘리바스의 이러한 비판은 욥의 정확히 어떤 말이 문제가 되는지 구체적으로 명시하지 않고 있다. 정당한 비판이라기보다 공허한 비난으로 보인다.

7-16절 욥에 대한 반박 (2): 너만 홀로 지혜를 가졌느냐 앞선 1-6절을 종합하면, 욥이 하는 말이 결코 지혜자의 말일 수 없다는 것이다. 엘리바스는 계속해서 욥이 지혜자일 수 없음을 다양한 방식으로 논증하려고 시도한다.

1) 욥이 가장 나이 많은 사람이 아니다(7, 9-10절): "네가 제일 먼저 난 사람이냐"라는 질문은 수사의문문이다. 그렇지 않다는 뜻이

다. 이 질문에서 중요한 것은 규범적 지혜의 과거지향적 세계관이다. 지혜는 과거에 있다는 개념이 밑바탕에 깔려 있다. 그래서 규범적 지혜에서 늙음과 나이 듦은 지혜와 동의가 된다. 가장 먼저 태어난 사람이 가장 많은 지혜를 가지고 있다. 가장 먼저 태어난 사람, 즉 가장 나이 많은 사람이 아니라는 사실은 욥의 지혜를 약하게 만든다. 7절은 10절과 연결된다. "우리 중에는" 욥의 아버지보다 더 나이가 많은 사람이 있다는 적잖이 과장된 표현은 욥의 지혜보다 엘리바스의 지혜가 더 우위에 있음을 나타낸다. 이때 "우리"는 세 친구만을 지칭하는 표현은 아닌 듯하다. 엘리바스가 소속된 규범적 지혜의 수호자들 전체를 가리키는 말로 여겨진다. 욥보다 더 나이 많은 사람도 포함된 지혜자 집단이기에 욥의 나이의 한계 안에서 깨달은 지혜를 "우리"가 모를 리가 없다는 주장이다. 여기서도 양측의 상반되는 지혜의 '내용'이 무엇인지에 대한 언급은 나타나지 않는다.

2) 욥은 신적 존재가 아니다(8절): 욥이 천지가 창조되던 때("산들이 있기 전에") 존재하지 않았던 것은 자명한 사실이고, 천상 회의를 엿들었을 리도 없다. 개역개정이 "(하나님의) 오묘하심"으로 번역한 쏘드(סוֹד)는 '모임' 혹은 '회의/회합'으로 번역하는 것이 보다 적절하다. 이 단어는 예레미야 23:18의 "누가 여호와의 회의(쏘드)에 참여하여 그 말을 알아들었으며"에서 동일한 의미로 사용된다. 욥기 안에서는 1-2장의 하나님과 사탄, 하나님의 아들들의 모임을 지칭한다. 이 자리에 욥이 참석했을 리가 없고 하나님이 천지를 만드시

던 때에 그 자리에 함께 있지 않았다는 사실은 욥의 지혜를 약화시킨다. 그러나 욥의 지혜를 약화시키는 주장은 엘리바스 자신의 지혜 역시 동일하게 약화시킨다. 욥의 아버지뻘이나 할아버지뻘 되는 사람이라도 천상 회의에 참석한 사람은 없고 천지창조 때에 함께 있던 사람도 물론 없다. 이 질문은 "내가 땅의 기초를 놓을 때에 네가 어디 있었느냐"(욥 38:4)로 시작하는 하나님의 질문들을 연상시킨다. 하나님의 질문 역시 욥에게만 해당되는 질문이 아니다. 친구들 역시 마찬가지다.

3) 욥은 한낱 인간일 뿐이다(11-16절): 욥의 진술을 가치하락시키려는 엘리바스의 세 번째 전술은 하나님의 크심과 인간의 작음을 대비하는 것이다. 인간("여인에게서 난 자")은 하나님 앞에서 의로울 수 없다(15:14). "거룩한 자들"은 평행어인 "하늘"에 비추어 해, 달, 별들과 같은 천체를 뜻하는 것으로 여겨지는데, 하나님은 천상적 존재들조차 신뢰하거나 의지하지 않으시는 분이고, 그분의 기준에서는 그 맑고 투명한 하늘조차 순결하지 않다(15절). '의'와 '순결' 그 자체이신 하나님에 비하면 제아무리 의롭고 순결한 인간도 더럽고 흠이 많을 수밖에 없다. "하물며 악을 저지르기를 물 마심 같이 하는 가증하고 부패한 사람"은 더 말할 것도 없다(16절). 하나님 앞에 하찮은 존재가 감히 하나님께 불만을 품고 눈을 희번덕거리며 분노를 터뜨리며 입을 함부로 놀릴 수는 없다(12-13절).

16절이 묘사하는 사람은 욥을 가리키는 말로 보인다. 다시 한 번, 이 평가는 욥에 대한 하나님의 평가(욥 1:8, 2:3)와 정확히 상반된다. 엘리바스가 욥에 대한 하나님의 평가를 모르는 이유는 그 자신도 천상 회의에 참석한 적이 없기 때문이고, 엘리바스 또한 자신의 입으로 말한 그대로 하나님 앞에서 의로울 수 없고 순결할 수 없는 인간이기 때문이다. 욥의 가치를 깎아내리려는 엘리바스의 말은 그 자신도 동일하게 깎아내린다. 하나님의 크심과 인간의 작음을 극명하게 대비시키는 관점에서는 모든 인간은 의인이 될 수 없으며 지혜자가 될 수 없다. 만약 모든 인간이 하나님 앞에 악하고 부정한 존재라면, 인과응보의 원리에 따라 인간 모두가 욥과 동일한 징벌을 받아야 마땅하지 않은가? 엘리바스의 논리는 왜 엘리바스를 포함한 다른 사람들은 욥과 같은 고난 혹은 '징벌'을 받지 않는가를 설명하지 못한다. 엘리바스는 '인간에 대한 일반론' 속에 엘리바스 자신은 포함되지 않는 것처럼 말하고 있다.

욥기 15장 17-35절

엘리바스는 고난당하는 자와의 대화를 '누가 더 지혜로운가'의 대결로 이해하고 있다. 1-16절에서 욥의 지혜를 깎아내린 후 이제 엘리바스는 본격적으로 자신의 지혜를 뽐낸다. 그 지혜는 엘리바스가 가담한 지혜의 서클에서 배타적으로 전수된 특별하고 신비로운 지혜이다. 지혜자들 안에서는 온전히 전수되어 왔지만 외부인들에게는 누설된 적이 없는 지혜이다. 그런데 그 지혜의 내용도 그만큼이나 특별하고 신비로울까?

A. 17-19절	엘리바스가 조상들에게 물려받은 특별한 지혜
B. 20-27절	두려움으로 인해 하나님을 공격하려는 악인
C. 28-35절	악인의 결말

더바이블 욥기 15장 17-35절

17 내가 자네에게 하는 말을 부디 잘 들어 주게나
나는 내가 직접 본 것을 말하려고 한다네
18 이것은 지혜자들이 그들의 조상들로부터 받은 것을
숨기지 않고 전해 준 것이라네
19 그 지혜의 세계는 오직 그들에게만 주어진 것으로서
어느 외부인도 그 가운데로 지나갈 수 없는 것이라네

20 악한 자의 일생은 고통스러울 수밖에 없으며
폭력을 행사하는 자의 수명은 오래가지 못한다
21 그의 귀에는 공포의 소리가 들리고
그가 평안할 때면 그 평안을 파괴하는 자가 온다
22 그는 어둠에서 돌아올 수 있다고 믿지 않는다
그를 기다리는 건 오직 죽음의 칼뿐이다
23 먹을 건 대체 어디 있는거야라고 말하며 그는 돌아다닌다

개역개정과의 비교

20절 포악자의 햇수는 정해졌으므로: 미쓰파르 샤님(מִסְפַּר שָׁנִים)은 직역하면 '연수'(年數)이다. 숫자를 셀 수 있다는 것은 수가 적다는 의미이다. "포악자"로 번역된 아리쯔(עָרִיץ)는 '폭력을 행사하는 자, 폭력적인 인간'을 뜻한다(욥 27:13; 시 54:3; 사 29:5, 49:25; 겔 28:7, 30:11, 32:12; 렘 15:21). 참고로, 개역개정은 잠 11:16의 아리찜(עָרִיצִים)을 "근면한 남자"로, 새번역은 "부지런한 남자"로 번역했으나 이 번역은 재고할 필요가 있다(송민원, 『지혜란 무엇인가』, 57-62 참조)

그는 어둠의 날만이 자신에게 할당되었다는 것을 잘 알고 있다
24 공포와 걱정이 그를 두려움에 떨게 하면
그는 무서움에 사로잡혀 전쟁을 준비하는 왕처럼 된다
25 그는 하나님께 손을 쳐들고
전능자를 이기려고 한다
26 그는 하나님의 목을 치러 달려간다
그는 하나님의 두꺼운 방패 같은 등을 치러 달려간다
27 그러나 그분의 얼굴은 온통 지방으로 뒤덮여 있고

24절 싸움을 준비한 왕처럼 그를 쳐서 이기리라: 본문은 공포와 걱정이 우매자/악인을 압도한다는 의미로 해석될 수 있다. 그러나 25-26절과의 연관성으로 볼 때 우매자/악인이 공포에 사로잡혀 전쟁을 일으키는 왕처럼 하나님을 공격하려는 것으로도 이해될 수 있다. 이러한 이해를 반영하여 새로 번역하면 다음과 같다: '공포와 걱정이 그를 두려움에 떨게 하면 그는 두려움에 사로잡혀 전쟁을 준비하는 왕처럼 된다.'

26절 그는 목을 세우고 방패를 들고 하나님께 달려드니: 원문은 '그는 그에게, 목으로 달려간다'이다. 이 문장은 두 가지로 이해 가능하다: 1) '우매자/악인은 교만을 상징하는 '곧은 목'을 가지고 두꺼운 방패로써 하나님을 공격한다'; 2) '우매자/악인은 하나님의 목과 그의 두꺼운 방패 같은 등을 공격한다.' 문법적으로나 문맥적으로 후자의 가능성이 높다.

26절 방패를 들고 하나님께 달려드니: 원문은 '방패의 두꺼운 등으로 하나님을 공격한다'는 의미로 해석할 수도 있고, 또한 '하나님의 두꺼운 방패 같은 등을 공격하다'로도 해석 가능하다. 만약 상반절의 평행구인 베짭바르(בְּצַוָּאר)가 하나님의 목을 가리킨다고 가정하면, '방패의 두꺼운 등'도 하나님의 등을 묘사하는 표현으로 볼 수 있다.

27절 그의 얼굴에는 살이 찌고 허리에는 기름이 엉기었고: 뚱뚱한 것이 악인의 표상으로 언급되는 것은 렘 5:28에 (단 한 번) 나타난다. 그러나 '지방이 많음'과 '살찜'은 구약에서 대부분 긍정적인 의미로 사용되기 때문에, 이 표현이 하나님을 묘사한다고 해석하는 것도 가능하다. '살찐 하나님'이라는 표현이 현대

그분의 허벅지도 엄청 튼실하다
28 그 사람은 결국 폐허가 된 성읍에
곧 돌무더기가 될 아무도 살지 않는 집에 거하게 될 것이다
29 그는 부자가 되지 못하고 자신의 재산을 일구지 못하며
그의 재산은 땅에 퍼지지 못한다
30 그는 어둠에서 벗어나지 못하며
가지를 뻗어도 불꽃이 말려 죽일 것이며
그는 숨을 제대로 쉴 수조차 없을 것이다
31 그가 부디 헛된 것을 의지하지 않아야 할 텐데
그러나 결국 그가 받게 될 것은 헛된 것일 뿐이다
32 그는 자신의 수명을 다 채우지 못할 것이며
가지에 잎사귀가 충분히 나기도 전에 죽을 것이다
33 그는 마치 덜 익은 포도가 떨어지듯 죽을 것이며
올리브 나무의 꽃이 떨어지듯 바람에 날려 갈 것이다
34 하나님을 떠난 자들은 아무 열매도 맺지 못하며
그가 뇌물로 받은 장막들은 불에 삼켜질 것이다

인의 시각에서는 불경한 표현으로 여겨질 수 있으나, 고대 이스라엘을 포함한 고대근동 사회에서 건장하고 튼실한 체격으로 신의 모습을 상정하는 것은 충분히 가능한 일이다. 본문은 하나님을 공격하려는 시도는 하나님의 두꺼운 보호막(26-27절)으로 인해 실패할 것이라는 뜻으로 해석 가능하다.

30절 하나님의 입김으로 그가 불려 가리라: 30절 피브(פִּיו)는 '그의 입'이라는 뜻이다. 여기서 3인칭 단수 '그'가 하나님을 지칭하는지, 악인 자신을 가리키는지 분명하지 않다. 만약 후자라면, '그(악인)는 자신의 입으로 숨도 쉬지 못할 것이다', 혹은 '그의 숨이 입에서 사라질 것이다'(죽는다)로 이해 가능하다.

35 그는 고통을 잉태할 뿐이며 죄악을 낳을 뿐이다
그들의 뱃속에는 사기꾼이 들어서 있다

욥기 15장 17-35절 해설

배경 이해

잠언의 규범적 지혜와 욥의 친구들의 규범적 지혜는 공통점과 차이점이 있다. 1) 인과응보 사상을 그 기반으로, 2) 선과 악의 기준과 경계선이 명확하고, 3) 하나님께서 정하신 패턴을 인간이 (쉽지는 않지만) 알 수 있다고 말한다는 점이 공통점이다. 세밀한 부분에서 차이점이 있는데 가장 큰 차이는 재물(부요, 부자)을 바라보는 관점이다. 잠언은 재물과 부요를 의인/지혜자에게 주어지는 하나님의 선물이자 당연한 결과로 이해하면서도 동시에, 재물의 위험성에 대해 마찬가지로 경고하고 있다(잠 11:28, 13:8, 14:24, 22:1, 23:4, 28:20, 30:8). 그러나 욥의 친구들의 경우 재물과 부자에 대한 비판이 전혀 없는 것으로 보아, 세속화된 형태의 기복신앙 혹은 번영신학에 가깝다. 즉, 지혜가 제시하는 규범을 잘 따르면 부자가 되고 재물과 자녀의 복을 누리게 된다는 신앙이다.

본문 이해

17-19절 엘리바스가 조상들에게 물려받은 특별한 지혜 이제는 엘

리바스의 지혜를 풀어낼 시간이다. 그는 자신이 직접 본 것을 말하겠다고 한다(욥 15:17). 이것은 4장에서 "내가 보건대"(4:8)로 표현된 엘리바스의 직접 경험된 지혜라는 사실을 강조하는 주장과 맥이 닿아 있다. 그러나 "환상"을 통한 신비 체험이나 직접적인 체험을 통하여 얻은 엘리바스의 지혜는 "악을 밭 갈고 독을 뿌리는 자는 그대로 거두나니"(4:8)라는 보편적인 진리였다. '뿌린 대로 거둔다'라는 누구나 다 아는 이야기였다. 여기서도 사정은 전혀 다르지 않다. 17절의 직접 경험을 강조한 뒤 엘리바스는 그 경험을 조상들의 지혜와 연결시킨다: "이는 곧 지혜로운 자들이 전하여 준 것이니 그들의 조상에게서 숨기지 아니하였느니라"(15:18). 엘리바스의 '개인적 경험'은 결국(빌닷이 강조한) 조상들로부터 내려온 지혜에 다름 아니다. 즉, 엘리바스의 '개인적 경험'은 직접 체험한 특수한 개별적인 경험이 아니라 지혜자 집단의 공통적인 규범적 지혜이다. 사실 인과응보라는 렌즈로 세상의 모든 것을 보려 하지 말고 창조세계의 현실을 있는 그대로 보고 받아들이라는 것은 반성적 지혜의 요청이다. 개인적인 체험과 직접적인 경험을 강조하는 사람은 바로 욥이다.

엘리바스는 자신이 배운 지혜의 '배타성'을 강조한다. 이 지혜는 "지혜로운 자들" 내부에서는 아무런 숨김없이 그대로 전수되어 온 것이지만(18절), 그 지혜의 세계("이 땅")는 오직 이 '내부자들'에게만 허락된 것이다. 외지인은 들어올 수 없는 '관계자 외 출입 금지 구역'이다(19절). "외인"으로 번역된 자르(זָר)는 '낯선, 다른, 외부의'라는 기본적인 의미를 가지고 '비합법적인, 자격 없는, 금지된,

이상한' 등의 부정적인 의미로 확장되는 단어이다. 출애굽기 29:33에서는 제사장('거룩한[특별한] 사람')이 아닌 '평신도'를 가리키는 표현으로도 쓰이고, 이스라엘 사람이 아닌 이방인들이나 이방신을 가리키는 표현으로도 많이 쓰인다(사 1:7; 렘 5:19, 30:8, 51:51; 겔 11:9, 28:7). 특히 규범적 지혜인 잠언에서는 "너희"(내부자들)와 "타인"(외부자들)을 나누는 표현으로 사용된다(잠 5:10, 5:17, 6:1, 11:15, 14:10, 20:16, 27:2, 27:13). 이러한 이분법에 대해 질문을 던질 수 있다: 나와 너, 우리와 그들을 나누는 기준은 대체 무엇일까? 엘리바스가 말하는 "지혜로운 자들"은 누구이며 "외인"은 누구일까? 엘리바스는 지금 욥을 외부인이자 이방인으로 취급하고 있다.

20-27절 두려움으로 인해 하나님을 공격하려는 악인 이렇게 남들에게는 비밀로 감추어진 지혜의 내용은 그렇게 특별하지도 신비롭지도 않다. 악한 사람은 평생 고통 속에서 살아가고 또한 그 삶도 그리 오래가지 못한다는 것이다(욥 15:20). "포악자의 햇수"가 정해졌다는 표현은 사는 날을 '셀 수 있다'는 것으로 수명이 짧다는 의미이다. 반대로 '셀 수 없는' 것은 "측량할 수 없는" 하나님의 크심과 놀라우심을 가리킨다(5:9, 9:10). 악인에게는 공포가 임한다. 악인이 의인/지혜자에게 합당한 평안(שָׁלוֹם 샬롬)을 잠시나마 누릴 때에도 곧 그 평안을 파괴하는 자가 나타난다(15:21). 어둠과 죽음("칼날")이 그의 몫이다(22절).

두려움과 어둠, 혹은 죽음의 공포가 악인을 휩싸면 그의 다음

행보는 하나님을 공격하는 것이다(24-25절). "싸움을 준비한 왕"(24절 하반절)이라는 표현은 중의적으로 사용된 듯하다. 1) 24절 상반절의 주어인 "환난과 역경"이 마치 아주 강한 왕처럼 악인을 사로잡는다는 의미로 해석될 수 있다(개역개정의 번역이 이 해석을 따랐다). 그리고 동시에, 2) 25절과의 연관성으로 보아 "싸움을 준비한 왕"은 악인을 가리키는 말이 될 수도 있다. 즉, 악인이 자기가 받는 공격이나 앞으로 받게 될 공격에 대한 두려움 때문에 오히려 전쟁을 준비하는 왕처럼 하나님을 공격한다는 의미로 이해할 수도 있다. 두려움에 사로잡힌 악인은 손을 들어 하나님을 공격한다. 한 가지, 개역개정의 "대적하며"와 "교만하여"(25절)는 원문에는 없는 번역자의 첨가이다. 원문은 '그는 하나님께 손을 뻗고 전능자를 (힘으로) 이기려 한다'이다. "그는 목을 세우고"(26절)라는 개역개정의 해석은 '목'이 악인의 목을 가리킨다고 해석하지만 여기서도 다른 판단이 가능하다: '그(악인)는 그(하나님)의 목을 향해 달려간다.' 이어지는 '두꺼운 등을 가진 방패'도 악인의 무기로 번역했지만, 칼이나 창 같은 흔한 공격형 무기가 아닌 수비형 무기를 들고 하나님께 달려간다는 표현은 어색하다. 대안적으로, '그(악인)는 그(하나님)의 두꺼운 방패 같은 등을 (공격하러) 달려든다'라는 해석을 제안할 수 있다.

27절의 뚱뚱함을 나타내는 표현들(살찐 얼굴, 지방이 많은 허리 혹은 넓적다리)도 마찬가지다. 악인을 묘사하는 구절로 이해할 수 있지만, 또한 하나님을 묘사하는 것으로 해석할 수도 있다. 우선, 예레미야 5:28에서도 살찜과 지방(기름)이 악인을 묘사하는 데 사용된다("살지고 윤택하여 또 행위가 심히 악하여 자기 이익을 얻으려고"). 그러나 이런 예는 극히 드물다. 가뭄이 쉽게 드는 가나안 구릉 지역에 위치한 고대 이스라엘에서 지방(기름)과 살찜은 오히려 하나님께서 주시는 복이다. 지방 혹은 유지방을 뜻하는 헤일레브(חֵלֶב)는 가장 좋고 아름다운 것을 가리킨다(창 45:18; 민 18:12, 29, 30, 32). 사람 몸에 지방이 많아 살찌는 것도 아주 긍정적인 가치를 지닌다(창 27:39, 49:20; 삿 3:29; 느 9:25. 참고로, 삿 3:29에서 개역개정의 "장사"로 번역한 단어는 '살찐 사람'을 뜻한다). 따라서 욥기 15:27을 하나님을 묘사하는 것으로 해석하는 것은 전혀 이상하지 않다. 즉, 두려움에 사로잡힌 악인이 하나님을 공격하려고 해도, 하나님의 두꺼운 목과 등, 살집이 많은 얼굴과 허벅지를 공격하는 것은 불가능하다는 의미로 이 구절을 이해하는 것이다. 더불어, 악인이 살이 쪘다는 해석은 15장의 문맥으로 보아서도 적합하지 않다. 악인은 먹을 것이 없어 헤매는 자로 묘사되며(23절) 사람이 살 수 없는 폐허에서 살아간다(28절). 그는 재산도 없고 앞으로도 재산이 증식될 리가 없다(29절). 이런 상황에 놓인 사람이 얼굴에 살이 찌고 허리(혹은 허벅지)에 지방이 많다는 것은 상상하기 어렵다. '뚱뚱한 하나님'이라는 개념은 현대의 미적 기준으로는 받아들이기 어렵겠지만 고대 이스라엘에서는 오히려 하나님을 왜소하고 비쩍 마른 모습으로 상상하는 것이 더욱 어려운 일이었을 것이다(고대근동 지역에서 발견된 신상들을 생각해 보라).

20-27절을 이해할 때 가장 중요한 것은 엘리바스의 악인에 대한 묘사가 욥에 대한 평가라는 사실이다. 악인은 고난과 죽음에 대

한 두려움에 사로잡혀 마치 최후의 발악을 하듯 하나님을 공격한다. 욥이 하고 있는 것이 바로 이것이라는 것이다. 배타적인 지혜자 그룹에서 물려받은 엘리바스의 신비한 지혜가 가르쳐 주는 것은 다음과 같다: 1) 욥은 악인이다; 2) 그래서 욥은 고통을 당하는 것이다; 3) 고통이 욥을 두려움에 사로잡히게 만들었다; 4) 그 공포가 욥으로 하여금 하나님을 공격하게 만드는 것이다.

28-35절 악인의 결말 28-35절은 모두 규범적 지혜가 정의하는 악인의 결말이다: 1) 악인은 아무도 살 수 없는 곳에 살거나 혹은 그가 사는 곳은 곧 무너져 사람이 살 수 없는 곳이 된다(28절); 2) 그는 부자가 되지 못하고 그의 재산은 증식되지 못한다(29절); 3) 그는 어둠 속에서 머물며 하나님의 뜨거운 입김으로 말라비틀어진다(30절); 4) 그는 헛된 것('가짜/거짓')을 믿고 헛된 것을 돌려받는다(31절); 5) 하나님께서 주신 자신의 수명을 다 채우지 못하고 죽는다(32-33절); 6) 악인은 후손이 없고 그의 집은 불탄다(34절); 7) (후손을 낳는 대신) 그가 낳는 것은 고통과 죄악과 속임이다(35절).

악인의 결말을 설명하는 이 구절의 특징적인 것은 누가 악인인가 하는 것을 구체적으로 묘사하지 않는다는 것이다. "뇌물을 받는 자"(34절)가 악인이라는 것만 유일하게 알 수 있을 뿐이다(욥이 뇌물을 받은 적이 있던가?). 반면에, 이 구절을 통해 엘리바스의 지혜가 의인/지혜자를 어떻게 규정하는지를 역으로 추정할 수 있다. 그는 부자이고 장수하며 많은 후손이 있고 고통 없이 편안한 인생을 산다. 엘리바스가 보기에 욥은 이 정의에 해당되지 않으므로 악인임에 분명하다.

욥기 16장 1-17절

두 번째 라운드의 엘리바스는 더욱 원색적인 표현으로 욥의 무지와 죄를 비난하며, 욥의 아픔과 고난에서 더욱 멀어진 원론적인 인과응보론을 설파한다. 이 논리는 결과적으로 고난을 당하는 사람이 그 고난에 책임이 있다는 주장이다. 욥은 친구들의 지혜가 깊은 고난을 겪어 보지 않은 자들이나 할 수 있는 소리라고 비판하며 자신의 고통에 집중하고 공감해 달라는 요청을 한다. 16장에서는 완전히 무너지고 부서지고 깨진 욥의 아픔이 절절하게 묘사되고 있다.

A. 1–6절 친구들을 향한 탄식: 입장을 바꿔 보자
B. 7–17절 하나님께서 주시는 고통에 대한 탄식

더바이블 욥기 16장 1-17절

1 욥이 대답했다.

2 그런 말들은 내가 너무 많이 들어 봤네
자네들 모두는 고통받는 자를 변화시키려고 하고 있다네
3 그러나 나의 이 고통스런 말들에 과연 끝이 있겠는가
자네가 이렇게 대답할 정도로
대체 내 말들 중에 무엇이 자네를 그렇게 자극했는가
4 만약 나 대신 자네들이 이 자리에 있었다면
나도 자네들처럼 말할 수 있다네
나도 자네들에게 멋진 말들을 해 줄 수도 있고
자네들을 향해 머리를 까닥이며 꾸짖을 수도 있다네
5 입으로 자네들에게 힘을 북돋아 줄 수도 있고
입술 몇 번 움직여서 자네들의 기분을 풀어 줄 수도 있다네
6 그런데 아무리 말로 표현해도 고통은 없어지지 않는다네
그렇다고 입 다물고 가만히 있으면

개역개정과의 비교

2절 너희는 다 재난을 주는 위로자들이로구나: "위로자들"로 번역된 단어의 어근은 나함(נחם)으로, 기본적인 의미는 '(마음이나 생각 등이) 바뀌다, 바꾸다'이다. 본문은 1) 친구들의 위로는 결국 고통을 가져올 뿐이라는 뜻으로 해석될 수도 있고, 2) 고통받는 자의 생각이나 마음을 바꾸려고 하고 있다는 뜻으로 해석할 수 있다.

3절 헛된 말이: 직역하면 '바람의 말'이다. 욥 8:2, 15:2과의 연결성 속에서, '헛된 말'보다는 '감정이 분출되는 거친 언어적 표현'을 나타내는 말로 이해된다.

괴로움이 내게서 사라질 리 있겠나

7 아 그분께서 나를 너덜너덜하게 만드셨고
그분께서 내 모든 가족들을 끝장내셨다네
8 그분이 나를 꽁꽁 붙들어 매셨다는 것이
이렇게 확실하지 않은가
그분이 나를 대적하고 있다는 것을 내 몰골이 증언하고 있다네
9 그분의 분노가 나를 찢고
그분은 내게 이빨을 갈면서 으르렁거리신다네
그분은 내 원수가 되어 내게 눈을 흘기고 계신다네
10 사람들은 내게로 입을 크게 벌리고서

7-8절 주께서: 7절과 8절은 2인칭과 3인칭 주어가 번갈아 가며 하나님을 지칭한다(7a: 3인칭, 7b: 2인칭, 8a: 2인칭, 8b: 3인칭). 히브리어에서 인칭의 변화와 혼용은 자주 나타나는 현상이므로, 여기에 큰 의미를 부여할 필요는 없다(시 23편 참조: 하나님은 2-3절에서 3인칭으로, 4-5절에서는 2인칭으로 표현된다).

8절 나를 시들게 하셨으니: 어근 까마뜨(קמט)는 '붙잡다'는 뜻이다. 개역개정의 '시들다'라는 번역은 하반절의 카하쉬(כַּחַשׁ)와 평행한 의미를 적용한 의역이다.

8절 나의 파리한 모습이 일어나서: 카하쉬(כַּחַשׁ)는 비쩍 마르고 파리함을 의미하는 것으로 이해되어 왔다. 그러나 이런 의미로 사용되는 구절은 욥 16:8이 유일하다. 이 외에는 '거짓'의 뜻으로 사용된다(호 7:3, 10:13, 11:12; 나 3:1; 시 59:12 참조).

9절 원수가 되어: 사땀(שׂטם)은 원한을 품고 대적하는 것을 의미한다(창 27:41, 49:23, 50:15; 시 55:3 참조). '사탄'의 어원인 사딴(שׂטן)과 한 뿌리에서 나온 단어로 여겨진다.

9절 원수가 되어 날카로운 눈초리로 나를 보시고: 직역하면 '나를 고통스럽게 하는 이가 나를 향해 자신의 눈을 뾰족하게 한다'이다.

10절 무리들은: 주어가 3인칭 복수로 바뀌는데, 그 대상이 누구인지 특정되지 않고

날카로운 것으로 내 뺨을 후려친다네
그들은 모두 하나로 뭉쳐 내게 그렇게 하고 있다네
11 하나님께서 나를 애송이들에게 가둬 두셨고
나를 악인들의 손에 던지셨다네
12 나는 잘 지내고 있었는데
그분이 나를 엉망진창이 되게 흔들어 버리시고
내 목덜미를 잡고서 나를 산산조각 내 버리셨다네
그분은 나를 과녁으로 삼으셨다네
13 그분의 궁수들이 나를 둘러싸고
그분은 일절 망설임 없이 내 심장을 쪼개셨다네
그분은 내 내장을 땅에 쏟게 하셨다네
14 그분은 나를 꺾고 또 꺾으셨으며
전쟁용사처럼 내게로 달려드셨다네
15 그래서 나는 슬픔의 베옷을 내 피부에 꿰매 놓았고
나는 내 머리를 땅바닥에 처박아 버렸다네
16 너무 울어서 내 얼굴은 붉어졌고

있다.

11절 악인에게: 아빌(עֲוִיל)은 나이 어린 소년, 청년으로서 지혜가 없는 이들을 지칭하는 말이다. 본문에서는 "행악자"와 평행어로 쓰이고 있다.

12절 내가 평안하더니: 샬레이브(שָׁלֵו)는 '조용히, 아무 일 없이, 편안히' 등의 의미를 지닌 단어이다: 렘 49:31; 슥 7:7; 대상 4:40 참조.

13절 그는 내 콩팥들을 꿰뚫고: 히브리어에서 콩팥은 '가장 끝에 있는 것'으로 여겨진다. 내장기관의 가장 깊은 곳에 있는 것으로서, 육체적으로나 정신적, 내면적으로 가장 깊은 곳을 의미한다.

내 눈꺼풀 위에는 죽음의 그림자가 드리워져 있다네
17 그러나 나는 그 어떤 폭력도 저지르지 않았고
내가 드린 기도는 순결할 뿐이라네

욥기 16장 1-17절 해설

배경 이해

'하나님이 나를 괴롭힌다' 혹은 '이 고통은 하나님께서 주신 것이다'라는 표현이 하나님을 '원망'하고 '불평'하는 표현일 수는 있다. 하나님께 책임을 돌리는 표현이 분명하다. 그러나 하나님께 '반항'하고 '도전'하는 표현, 즉 '교만'의 표현인 것은 결코 아니며 또한 '무지'의 표현도 절대 아니다. 하늘에서 벌어지는 일을 모르는 인간들은 욥의 외침을 교만과 무지로 이해할 수 있지만, 욥기는 천상 회의 장면을 서두에 삽입함으로써 욥의 고난이 하늘 위에서의 결정에 의한 것임을 분명히 한다. 오히려 욥에게 책임을 전가하는 친구들의 말이 '무지'이다. 지혜 장르에서 무지는 곧 악이다.

본문 이해

1-6절 친구들을 향한 탄식: 입장을 바꿔 보자 엘리바스가 마치 엄청난 비밀인 것처럼 늘어놓은 지혜는 전혀 새롭지 않은 것이며 욥기의 독자들이라면 누구나 다 아는 지극히 평범한 규범적 지혜였

다. 물론 욥도 너무나 잘 아는 얘기들이다. 엘리바스의 발언에 대한 욥의 첫 반응은 그래서 '그와 같은 것들은 나도 아주 많이 들어 봤다'이다(2절). 욥은 엘리바스뿐 아니라 세 친구 모두를 '고통의 위로자들'이라고 평가한다. 이 표현은 일종의 형용모순으로서 그들의 위로가 고통을 덜어 주는 것이 아니라 더 가중시키고 있다는 역설이다. 동시에, 엘리바스의 이전 발언에서 고통은 악인이 (뇌물을 받는 등) 악을 스스로 선택한 결과로 주어지는 것이라는 엘리바스의 주장(15:34)을 되받아치는 말이기도 하다. 욥이 도전하고 반항하는 것은 하나님이 아니라 친구들의 말이고 그들의 신학이다. 욥의 말을 '거센 바람' 혹은 '뜨거운 동풍'과 같다고 비난한 친구들의 평가에 대해(8:2, 15:2) 욥은 그들의 말이야말로 '바람의 말'이라며 동일한 평가를 되돌려준다(16:3).

대체 욥이 그들에게 잘못한 것이 있는가? 욥은 그들에게 해를 가한 적이 없다. 욥의 고통이 그들에게 직접적인 손해를 입힌 것도 아니다. 그래서 욥은 친구들에게 되묻는다: 너희가 이렇게 공격적으로 대답할 정도로 내가 한 말 중에 무엇이 너희들을 그렇게 자극했는가?(3절). 욥의 말은 단순히 1) 나는 너무 고통스럽다, 2) 이 고통은 하나님이 주신 것이다, 3) 그러나 나는 이런 '징벌'을 받을 만한 잘못을 하지 않았다라는 것이다. 어느 말도 친구들을 겨냥한 말이 아니다. 그러나 죄 없는 자에게 고난이 임할 수도 있다는 주장은 친구들의 신앙(규범적 지혜)의 근본을 공격하는 것이다.

욥은 자신도 친구들의 위치에 있었다면 그들이 한 것과 같은 "그럴 듯한 말"로 조롱하며 고통받는 자에게 2차 가해를 할 수 있다고 말한다(4절). 4절 하반절의 '머리를 흔들다'라는 숙어는 조롱과 경멸과 꾸짖음의 의미를 갖는 숙어적 표현이다(왕하 19:21; 시 22:7, 109:25 참조). 이 말을 뒤집으면, 친구들이 지금 하고 있는 말과 행위는 만약 욥의 처지에 있었더라면 절대 할 수 없는 것들이라는 뜻이다. 친구들은 고통받는 자와 공감하지 못하고 자신들의 위치에 그대로 서서 욥을 바라보고 있다. '무죄한 자의 고난'을 겪고 있는 욥이라면 두려워하는 자를 굳건히 잡아 주고 고통받는 자의 마음을 위로해 줄 말을 했었을 것이다(욥 16:5).

욥은 이러지도 저러지도 못하는 자신의 심정을 이렇게 토로한다: '아무리 말로 표현해도 고통은 없어지지 않는다. 그러면 입 다물고 가만히 있으면 그 고통이 저절로 사라질까?'(6절). 말을 해도 말을 하지 않아도 고통은 여전하다.

7-17절 하나님께서 주시는 고통에 대한 탄식 7-16절은 '하나님을 향한 탄식'이라기보다는 '하나님에 대한' 탄식이다. 욥은 7절의 하반절과 8절의 상반절에서만 하나님을 2인칭으로 호칭할 뿐, 그 외에는 모두 하나님을 3인칭으로 부른다. 이 호칭 변화에 큰 의미를 부여할 필요까지는 없다. 욥기뿐 아니라 다른 구약성경의 히브리어에서도 호칭의 변화는 상당히 자주 일어나는 현상이다(개역개정 등의 번역 성경은 일관성 있게 인칭을 수정하여 번역하기 때문에 번역 성경만으로는 이러한 히브리어의 특징을 파악할 수 없다). 욥의 항변은 친구들을 향

한 것이면서 동시에 하나님을 향한 것이고, 또한 욥기를 읽는 독자를 향한 것이기도 하다.

욥은 친구들 혹은 독자들에게 자신에게 고통이 임하는 것은 하나님께서 주권적으로 하신 일이라는 점을 반복해서 말한다. 친구들이 주장하듯 욥의 악한 행동 때문이 아니라는 사실을 강조하는 것이다. 욥은 자신이 현재 처하고 있는 고통이 얼마나 심한지를 알리고자 한다. 욥을 가르치려고 하고 바꾸려고 하는 친구들의 논의에서 빠진 것이 바로 이 부분이다. 친구들은 욥이 얼마만큼 심한 고통을 당하고 있는지에 대해서는 관심이 사라진 지 오래다.

욥은 하나님이 자신에게 어떻게 하셨는지를 설명한다. 하나님은 그를 '너덜너덜하게'("피로하게") 만드셨고 욥의 모든 집안을 끝장내셨다(7절). 그분께서 욥을 꼼짝 못하게 붙들어 놓으셨다는 것은("시들게"가 아니라) 분명한 사실이다(8절). 개역개정의 "나를 향하여 증거를 삼으심이라"(8절)의 "증거"는 두 가지 서로 다른 의미로 해석할 수 있다: 1) 욥을 보고 하나님의 징벌이 인과응보의 원리에 따라 내렸음을 사람들로 하여금 알게 하는 증거(하경택, 『욥기』, 207), 혹은 단순히, 2) 하나님께서 욥에게 고통을 주고 있다는 것을 확인시키는 증거. 욥은 인과응보의 개념으로 자신의 고난을 이해하지 않기 때문에 후자의 가능성이 높다. 8절의 하반절에서도 욥은 '그분이 나를 대적하고 있다는 것을 내 몰골이 증언하고 있다'고 말하는데, 이것은 후자의 의미와 평행하다.

하나님의 분노(직역: 그의 코)가 욥을 찢어발기고 욥을 향해 이빨을 갈면서 으르렁거린다(9절 상반절). 욥을 바라보는 하나님의 눈은 날카롭게 뾰족하다(9절 하반절). 욥의 고통은 하나님께로부터 오는 수직적인 것만이 아니다. 친구들을 비롯한 사람들에게서 받은 상처도 결코 그에 못지않다. 사람들은 욥을 향해 입을 크게 벌리고 욥을 모욕하고 뺨을 후려갈긴다. 한 사람만 그렇게 하는 게 아니라 모두 다 같이 욥을 공격한다(10절). 욥은 이 사람들을 '애송이들'(개역개정 "악인")이라고 지칭한다. 아빌(עֲוִיל)은 나이 어린 소년이나 청년을 지칭하는 규범적 지혜의 단어로서, 지혜가 없는 사람들을 지칭하는 표현이다. 참고로 욥기 19:18에서는 "어린아이들"로 번역되었다. 이 '어린 것들'이 곧 "행악자"(나쁜 사람들)이다. 지혜가 없는 악인은 욥이 아니라 욥을 공격하는 이들이라는 말이다. 만약 우매한 자와 나쁜 사람들에게 하나님의 벌이 내리는 규범적 지혜의 원리가 작동한다면 천벌을 받아야 할 사람은 바로 이들이다.

욥은 자신은 아무 문제없이 살아왔으나(12절 도움말 참조) 하나님은 마치 자신을 향해 전쟁을 벌이는 용사처럼 행하셨다: "꺾으시며", "부서뜨리시며", "과녁을 삼으시고"(12절), "치고 다시 치며 용사같이 내게 달려드시니"(14절). 그분께서 쏘신 화살들이 사방에서 몰려와 욥의 심장(히브리어로는 "콩팥")을 쪼개고 온 내장을 땅에 쏟게 하셨다(13절). 베옷은 주로 상을 당했을 때 입는 옷으로 깊은 슬픔을 표현한다(창 37:34; 삼하 3:31; 사 3:24, 15:3, 22:12; 렘 4:8, 6:26; 겔 7:18, 27:31; 욜 1:8; 암 8:10; 시 30:11, 35:13, 69:11; 애 2:10; 느 9:1). 욥은 슬픔의 상복을 너무 입어서 아예 그 옷이 자신의 피부가 되어 버렸다

고 고통을 호소한다: '나는 베옷을 내 피부에 꿰매 놓았다'(욥 16:15). "내 뿔을 티끌에 더럽혔구나"라는 표현은(15절) 가시적으로는 머리를 땅에 처박은 상태를 가리키며, 심리적으로는 패배와 슬픔을 나타낸다. 반면에 "뿔"을 높이 드는 것은 힘과 승리를 상징한다(삼상 2:1, 10; 시 75:4-5, 75:10, 89:24, 92:10, 112:9, 148:14). "더럽혔구나"로 번역된 올랄티(עֹלַלְתִּי)는 '집어넣다'라는 의미로서, 수동형인 폴랄형('나는 집어넣어졌다')을 사용함으로써 욥의 고통이 자신에게서 비롯된 것이 아님을 강조한다.

슬픔이 너무 깊은 바람에 욥은 하도 울어서 얼굴이 붉어졌고 눈꺼풀 위에는 죽음의 그림자가 드리워질 정도이다(욥 16:16). 그러나 욥이 이렇게까지 된 것은 결코 자신의 죄와 악행 때문이 아니라고 항변한다. 욥은 하나님께 이런 '폭력'을 당해도 마땅할 정도로 누군가에게 폭력을 행사한 적이 없다. 자신은 결코 무엇인가 악하고 잘못된 것을 바란 적이 없다("나의 기도는 정결하니라"). 무죄와 정결을 주장하며 하나님의 구원을 바라는 시편의 탄원시들(시 7:3-5, 17:1-5, 26:1)과 궤를 같이한다.

욥기 16장 18절-17장 16절

욥의 말이 계속 이어져 절규가 된다. 욥에게 고통을 주시는 분도 하나님이시고 친구들과 주변 사람들로부터 모욕과 조롱을 당하게 허락하신 분도 하나님이시다. 동시에 욥의 항변을 들어 주실 분도 하나님 한 분뿐이고 욥이 옳다고, 욥은 무죄하다고 판정하실 수 있는 분도 하나님 한 분이시다. 욥은 고난 이전과 마찬가지로 '까닭 없는' 극심한 고통 중에도 여전히 하나님을 향해 있다.

A. 16:18–22	욥의 절규 (1): 나의 부르짖음이 하늘에 닿기를
B. 17:1–5	욥의 절규 (2): 하나님 외에 누가 내 손을 잡아 주겠습니까
C. 17:6–10	욥의 절규 (3): 너희의 지혜는 지혜가 아니다
D. 17:11–16	욥의 절규 (4): 희망은 어디에 있는가

더바이블 욥기 16장 18절-17장 16절

18 땅이여 부디 내가 흘리는 피를 덮지 말아다오
부디 내 울부짖음이 이 땅 어딘가에 머물지 않기를
19 하늘에도 나를 증언해 줄 분이 계시다네
나를 변호해 줄 분이 저 높은 곳에 계신다네
20 내 옆에 있는 이들은 나를 조롱하고 있으나
나의 눈은 하나님께로 향하고 있다네
21 사람이 자신의 친구와 변론하듯이
인간도 하나님과 변론할 수 있다면 얼마나 좋겠는가
22 그러나 앞으로 시간이 얼마 더 지나면
나는 돌아올 수 없는 길을 가고 말 것이네

개역개정과의 비교

18절 나의 부르짖음이 쉴 자리를 잡지 못하게 하라: 직역하면 '나의 부르짖음을 위한 장소가 없기를'이 된다. 개역개정이 "쉴 자리"라고 번역하는 단어 마꼼(מָקוֹם)은 단순히 '장소'라는 의미이다. 전체 문장은 아벨의 죽음을 연상시킨다(창 4:1-11).

19절 증인, 중보자: 원문은 동일한 의미를 상반절에서는 히브리어 에이드(עֵד)로, 하반절에서는 아람어 사헤이드(שָׂהֵד)로 표현한다. 이 히브리어와 아람어 단어는 창 31:47에서 나란히 나온다: 갈르엣(갈-에이드)과 여갈사하두다.

21절 사람과 하나님 사이에와 인자와 그 이웃 사이에 중재하시기를 원하노니: 개역개정은 벤-아담(בֶּן־אָדָם)을 기독론적 의미를 지니고 있는 '인자'로 번역한다. '중재자로서의 예수 그리스도'라는 신약 시대의 신학적 개념을 욥기에 적용하는 것은 부적절하다. 본문은 '사람이 자신의 친구와 변론하듯이 하나님과도 변론할 수 있다면 (얼마나 좋겠는가!)' 정도의 의미로 이해하는 것이 바람직하다.

1 제 영혼은 망가졌고 제 삶은 끝났습니다
이제 무덤만을 기다리고 있습니다
2 단지 제 곁에는 조롱하는 자들만 있고
제 눈은 그들의 괴롭힘에서 벗어날 수 없습니다
3 오 제발 당신께서 저의 보증이 되어 주세요
저의 손을 잡아 줄 이가 하나님이 아니시면
대체 누가 있겠습니까
4 당신께서는 저들의 마음이 깨닫지 못하도록 하셨습니다
이렇게 당신은 저들을 높이지 않으십니다
5 자식에게 물려줄 재산이 있다고 이웃에게 자랑해 봤자
자식이 죽어 버리면 무슨 소용인가요
6 저는 사람들의 놀림거리가 되었습니다
제 얼굴에 침을 뱉네요
7 너무 고통스러워 눈앞이 안 보일 지경이고
제 속이 다 타들어 갑니다

1절 나의 기운이 쇠하였으며 나의 날이 다하였고: 칠십인역(LXX)은 이 문장을 한 문장으로 해석하고 있다: '나는 바람에 쓸려 내려가 죽게 되었다.'

1절 무덤이 나를 위하여 준비되었구나: 칠십인역(LXX)은 이 문장을 둘로 나누어 '나는 무덤을 찾지만 그것을 얻지 못한다'로 번역한다. 2절과의 연관성을 본다면 칠십인역의 해석이 더 매끄러운 문맥을 가진다: '나는 무덤을 찾지만(죽기를 원하지만) 찾지 못하고, 다만 나에 대한 조롱만이 있을 뿐이다.'

3절 나의 손을 잡아 줄 자가: 손을 잡는 행위는 보증을 서고 계약을 맺는 의미를 지닌다.

5절 보상을 얻으려고 친구를 비난하는 자는: 5절 전체는 일종의 속담으로 보이는데, 그 의미와 해석에 대해서는 5절의 본문 이해를 참조하라.

8 올바른 자라면 이런 일에 어쩔 줄 몰라 하고
의로운 사람이라면 이 말도 안 되는 현실에 대해
분개해야 마땅하다네
9 그래도 의인이라면 자신의 길을 충실히 가야 하고
손을 더럽히지 않음으로써 힘을 얻게 되는 법일세
10 그런데 자네들 모두 이리 와 보게
나는 자네들에게서 아무런 지혜를 찾을 수 없다네
11 이제 내 목숨이 다 끝나 가고
내가 알던 것 내가 배웠던 것들은 모두 부서져 버렸다네
12 사람들은 밤을 낮이라 하고
아직 캄캄한데 빛이 가까이 있다고 한다네
13 하지만 나는 스올을 집으로 삼을 날을 기다리고
어둠에 내 잠자리를 깔고 있다네
14 나는 구덩이를 보고 내 아버지라 부르고
구더기를 보고 나의 어머니요 나의 자매라고 부른다네
15 아 내가 바랄 것이 대체 어디에 있단 말인가

11절 내 계획: 짐마(זִמָּה)는 주로 '계획'(plan)으로 해석되는 단어로서, 규범적 지혜의 패턴을 잘 이해하고 그 패턴에 따라 미래를 예측하고 계획하는 것을 의미한다.

11절 내 마음의 소원: 모라쉐이 레바비(מוֹרָשֵׁי לְבָבִי)는 직역하면 '내 심장으로 상속받은 것들'이다. 경험과 조상들에게서 전수받은 (규범적) 지혜를 나타내는 말로 여겨진다. 즉, '내가 지금까지 배웠던 것들'로 번역하는 것이 좋다.

대체 누가 나에게 희망을 줄 수 있겠는가

16 희망이 있어 봤자 그것은 나와 함께 스올로 내려가고

흙구덩이 속으로 내려갈 것이네

욥기 16장 18절-17장 16절 해설

배경 이해

반성적 지혜는 규범적 지혜가 틀렸고 없어져야 한다는 주장을 하는 것이 아니다. 규범이 있기 때문에 예외가 있다. 규칙이 없다면 예외는 존재하지 않는다. 규범적 지혜가 견고하게 중심을 잡아 주고 있기 때문에 그 중심에서 벗어난 경우들에 대해 말할 수 있게 된다. 규범적 지혜가 없다면 반성적 지혜 역시 존재할 수 없다. 사랑과 용서가 좋고 선한 것이라는 규범이 있지만, 언제나 사랑으로 품어 주는 것만이 능사가 아니다. 확실하게 끊고 단절해야 하는 경우도 있다. 그렇더라도 사랑과 용서가 좋고 선한 것이라는 규범이 없어지거나 바뀌는 것은 아니다.

본문 이해

16장 18-22절 욥의 절규 (1): 나의 부르짖음이 하늘에 닿기를 18절의 "땅"과 "피", 그리고 "부르짖음"은 17절과 함께 창세기 4장의 아벨의 죽음을 연상시킨다. 개역개정이 "포학"이라고 번역하는 하마

쓰(סמח)는 폭력을 의미하고 폭력을 행사한 자는 가인이다. 아벨의 제사(제사도 일종의 "기도"라고 한다면)는 아무런 문제가 없는 "정결"한 것이었다. 최초의 수난과 최초의 죽음은 무죄한 자에게 일어난 것이다. 인과응보의 원리를 도저히 적용할 수 없다. 땅으로 하여금 자신의 피를 덮지("가리지") 말기를, 자신의 부르짖음이 땅에 그대로 머무르지 않기를 바라는 것은, 아벨의 피가 땅에서부터 하나님께 호소했듯이 자신의 울부짖음 또한 하나님께 닿기를 소원하는 것이다. 자신이 아벨처럼 무죄하게 고통을 당하는 것을 아시는 분은 하나님뿐이다. 욥에게 고통을 주시는 분도 하나님이시고 욥의 무죄를 아시는 분도 하나님이시며 욥에게서 이 고난을 제거해 주실 분도 하나님이시다. 욥의 최초의 고백 '주시는 분도 거두시는 분도'에서 나타난 욥의 신앙이다.

사람과 사람 사이에 갈등이 발생하면 중간에서 문제를 중재하는 사람이 있는 것처럼, 하나님과 사람 사이에도 중재자가 있기를 바란다(21절 도움말 참조). 하나님과 욥 사이의 '수직적인 갈등'을 중간에서 중재해 줄 존재는 없다(중보자로서의 그리스도 혹은 성령 같은 개념은 이 시대에 없었다). 하나님과 직접 대면하여 둘이서 문제를 해결할 수밖에 없다. 곧 그렇게 될 거라고 욥은 생각한다. 왜냐하면 앞으로 얼마 지나지 않아 죽게 될 것이라고 생각했기 때문이다.

참고로, 20절의 "나의 친구는 나를 조롱하고"에서 "조롱(하는 자)"로 번역된 단어는 메일리쯔(מְלִיץ)이다. 이 단어는 잠언에서 '조롱하다, 비웃다, 업신여기다'라는 뜻으로 사용되지만(잠 3:34, 9:12,

14:9, 19:28), 그 밖에서는 '중재자, 통역자, 해석자, 가르치는 자'라는 의미로 사용되었다(창 42:23; 대하 32:31; 욥 33:23; 사 43:27). 따라서 본문을 '내 친구들은 나를 가르치려고 하지만 (혹은 내 문제를 해결하기 위해 중재자 노릇을 하지만) 나의 눈은 하나님을 향해 눈물을 흘리고 있다'로 이해하는 것도 가능하다.

17장 1-5절 욥의 절규 (2): 하나님 외에 누가 내 손을 잡아 주겠습니까

1절 하반절을 개역개정에서처럼 "무덤이 나를 위하여 준비되었구나"로 번역하면 바로 앞 절인 16:22과 잘 연결된다. 욥은 이제 죽음이 얼마 남지 않았다고 생각한다. 그러나 칠십인역(LXX)은 이와는 다르게 '나는 무덤을 찾아다니지만 얻지 못했다'로 읽고 있다. 이 독법은 그다음에 이어지는 2절과 잘 연결된다: '나는 죽고 싶지만 죽지도 못하고 사람들의 조롱을 받고 있구나.' 이런 해석의 차이가 생기는 이유는 동사 니즈아쿠(נִזְעָכוּ)의 뜻이 불명확하기 때문이다. 이 단어는 구약 전체에서 이 구절에서만 단 한 번 쓰인 단어(*hapax*)이다. 이 단어의 어근 자아크(זעך)은 아람어에서 '잘리다, (불이) 꺼지다, 끝나다'라는 의미로 사용된다. 이 의미를 적용하여 본문을 번역하면 '나에게는 무덤들이 잘려 나갔다(없어졌다)'가 된다. 칠십인역의 해석에 보다 가까운 결과물을 얻는다.

욥은 자신을 조롱하는 이들의 괴롭힘에서 벗어날 수 없음을 탄식한다(17:2). 그러면서 동시에 그들로 하여금 그렇게 하도록 허락하신 이도 하나님이심을 고백한다(4절). 이 고통을 주신 이가 하나님이시니 거둬 가실 분도 하나님 한 분 외에는 없다. 욥은 하나님께 자신의 손을 잡아 달라고, 욥의 무죄를 믿어 주고 지지해 줄 이가 하나님 외에 대체 누가 있겠냐고 외친다(3절).

5절은 일종의 속담이나 격언으로 여겨지는데, 문장이 워낙 함축적이어서 정확한 의미를 알기 어렵다. 직역하면 '몫에 대해 그는 친구들에게 말한다. 그러나 그의 자식들의 눈은 끝난다/멈춘다/죽는다'이다. 우리말 번역 성경들도 모두 다르게 해석한다: "옛 격언에도 이르기를 '돈에 눈이 멀어 친구를 버리면, 자식이 눈이 먼다' 하였다"(새번역); "제 자식은 못 먹어 눈이 멀어 가는데 분깃을 받아 가라고 친구들을 청한다더라고"(공동번역). 하경택은 "어떤 사람이 친구들에게 물려줄 유산에 대해서 말하지만, 그의 말은 지켜지지 않는다. 그의 자손들의 눈이 쇠하여질 정도로 아무것도 남겨 주지 못하고 실망만 안겨 주게 될 것이다"(하경택, 『욥기』, 210)로 풀이한다.

새로운 해석을 제안하고 싶다: '자식들에게 나눠 줄 유산이 있다고 이웃들에게 자랑해 봤자 자식이 죽어 버리면 무슨 소용인가.' 5절이 4절에서 이어지는 '악인들의 결과'가 아니라, 6절과의 문맥 속에서 욥 자신에게 들리는 조롱의 말("속담거리")이라는 해석이다. 헤일레끄(חֵלֶק)가 '상속할 유산'을 의미한다고 가정하면, 이 속담은 누군가 자녀들에게 상속할 유산에 대해서 주위 사람들에게 떠벌리고 다니는 상황을 언급하고 있는 듯하다. 유산에 대한 언급은 규범적 지혜의 가장 큰 복인 '부귀'와 '자녀'(1:2-3 참조)를 전제하고 있다. (규범적) 지혜자/의인의 자녀가 '눈이 멀게 되는' 질병 혹은 죽음을 겪는 상황은 규범적 패턴이 깨진 상태이다. 전도서가 지적하는 것처럼, 수고의 대가를 수고하지 않은 후손이 물려받게 되는 상황(전 2:21)이나, 유산을 물려줄 후손이 없음에도 부귀를 추구하는 것(4:8)은 규범적 패턴에서 벗어나는 것이다.

17장 6-10절 욥의 절규 (3): 너희의 지혜는 지혜가 아니다 6-10절은 무죄한 자가 당하는 고난에 대한 사람들의 잘못된 반응을 비판한다. 히브리어 원문은 번역의 스펙트럼을 넓게 주지 않아서 이해하기 쉽다. 규범적 지혜의 익숙한 어휘가 주를 이루기 때문이다(특히, 욥 17:8-9): "정직한 자", "죄 없는 자", "경건하지 못한 자", "의인", "손이 깨끗한 자." 욥은 규범적 지혜를 가진 사람들이 인과응보의 원리가 무너진 현실을 어떻게 받아들여야 하는지 가르쳐 준다. 첫째, 아무 죄가 없이 고통받는 자에게 침을 뱉으며 조롱해서는 안 된다(6절). 둘째, 인과응보의 원리가 무너진 현실 앞에 놀라고 분노해야 한다(8절). 셋째, 그럼에도 하나님의 뜻을 따르고자 하는 사람("의인")은 규범적 지혜의 원리에 충실하게 살아야 한다(9절).

규범적 지혜는 욥의 삶을 지탱해 준 근간이었다. 그는 하나님 앞에 "온전하고 정직하여 하나님을 경외하며 악에서 떠난 자"로 살아왔다. 지금 비록 그가 처한 고난은 인과응보의 원리로는 설명할 수 없는 '까닭 없는' 고난이지만, 예외가 있다고 해서 규칙이 사라지는 것은 아니다. 지혜자는 예외에도 불구하고 규범에 따라 살아야 한다.

17장 11-16절 욥의 절규 (4): 희망은 어디에 있는가 17장을 마무리하는 욥의 절규는 지금까지의 그의 다른 발언들과 마찬가지로 죽음에 대한 언급으로 끝을 맺는다(7:21, 10:20-22, 14:18-22). 11절의 "내 계획"과 "내 마음의 소원"이라는 번역은 현대인들에게는 '미래에 대한 계획'을 떠올리게 만든다. 그러나 과거지향적 세계관을 가지고 있는 고대인들에게는 다른 의미를 지닌다. 짐마(זִמָּה)는 규범적 지혜의 어휘로서, 패턴을 잘 알고 그 패턴에 따라 계획을 세우는 것을 의미한다. 즉, 과거를 잘 아는 것이 핵심이다. "내 마음의 소원"이라고 번역된 모라쉐이 레바비(מוֹרָשֵׁי לְבָבִי)는 직역하면 '내 심장이 상속받은 것들'이다. 즉, 조상들로부터 배운 규범적 지혜를 뜻한다. 욥은 그동안 자신의 삶을 지탱해 오던 것들이 다 무너졌음을 고통스럽게 토로한다. 욥을 둘러싼 사람들 모두 밤을 낮이라 하고, 어둠을 빛이라고 말한다. 낮과 밤, 빛과 어둠을 선명하게 나누던 이분법이 무너진 것이다. 욥은 더 이상 삶을 지속할 힘이 없다. 그저 바라는 것은 무덤("스올의 문")으로 내려가는 것뿐이다.

보론: 16-17장에 대한 하경택의 이해에 대한 반론

하경택은 16-17장에 대해 다음과 같이 기술한다: "16-17장에 나타난 욥의 발언은 따라잡기가 매우 어려운데 특히 17장의 내용을 파악하기가 쉽지 않다. 논리적으로 이어지는 사고나 일관성 있는 주제가 나타나지 않는다. 속담이나 인용문이 갑자기 나타나고 이런 저런 말이 뒤섞여 있다. 발언의 대상자도 불분명하다. (중략) 극심한 고통 가운데서 제대로 갈피를 잡을 수 없는 욥의 심리상태를 반영한다고 보는 것이 적절할 것이다"(하경택, 『욥기』, 203).

극심한 고통을 호소하는 욥의 상태를 반영한다는 견해에는 동의하나, "논리적으로 이어지는 사고나 일관성 있는 주제가 나타나지 않는다"라는 평가에는 동의할 수 없다. 1) '(까닭 없는) 고난은 하나님께서 주신 것이다'라는 하나님의 절대주권에 대한 주제, 2) 극심한 고통을 토로(죽음을 주제로 한 구절들), 3) 욥의 무죄 주장, 4) 이 호소를 하나님께서 들어 주시기를 바라는 마음, 5) 규범적 지혜의 패턴대로 되지 않는 현실 등, 지금까지 계속되어 온 (그리고 앞으로도 계속될) 주제들이 반복되고 있다. 이 주제들은 반성적 지혜의 전형적인 주제들이다.

욥기 18장

빌닷은 엘리바스만큼이나 혹은 그보다 더 원색적으로 욥을 공격한다. 두 번째 빌닷의 말의 특징 중 하나는 앞선 발언의 "네 나중은 심히 창대하리라"(8:7)와 같은 미래의 소망에 대한 언급이 없다는 것이다. 빌닷의 두 번째 발언의 핵심은 고통을 겪는 것이 곧 죄가 있음을 증명한다는 것으로서, 악인이 맞이하게 될 운명 혹은 귀결에만 집중한다. 규범적 지혜의 일반론을 통해서 욥이 죄인이라는 사실을 입증하는 것에만 관심을 두고 있다.

A. 1-4절　　욥에 대한 공격: 욥은 스스로를 망치는 자이다
B. 5-21절　　인과응보의 원리에 따른 악인의 운명

더바이블 욥기 18장

1 수아 사람 빌닷이 대답했다.

2 대체 어느 때에야 자네 같은 자들이 하는 말이 끝이 날까

자네들이 먼저 제대로 이해해야 우리가 말할 수 있다네

3 대체 왜 우리를 마치 짐승처럼 취급하는가

자네들 눈에는 우리가 부정하고 어리석어 보이는가

4 자네 같은 자는 스스로의 분에 못 이겨

자신을 갈기갈기 찢는 사람이네

자네로 인해 세상이 뒤집어지고 산이 요동치겠는가

개역개정과의 비교

2절 너희가 어느 때에 가서: 빌닷은 2인칭 복수로 상대방을 표현하고 있다. 즉, 욥만이 아니라 '반성적 지혜' 전체를 대상으로 반론을 제기하고 있다.

2절 깨달으라 그 후에야 우리가 말하리라: 직역하면, '너희(2인칭 복수)가 깨달으면 그 후에 우리(1인칭 복수)가 말할 것이다'이다.

3절 우리를 짐승으로 여기며 부정하게 보느냐: 인간과 짐승을 양분하고 정결과 부정의 이분법으로 보는 것은 규범적 지혜의 전형적인 가치관이다. "부정하게"로 번역한 것은 어근 따마(טמה)를 따메(טמא)의 이형(by-form)으로 이해한 번역이다. 대안적인 제안으로는 따맘(טמם)이 있는데 니팔형으로 '아둔하다, 멍청하다'라는 의미로 사용된다. 공동번역은 개역개정과 똑같이 "부정한"으로 판단했고, 새번역은 후자의 해석을 지지한다: "어찌하여 우리를 어리석게 보느냐?"

4절 땅이 버림을 받겠느냐 바위가 그 자리에서 옮겨지겠느냐: 당연한 원리가 작동하지 않음을 나타낸다. 즉, 빌닷의 말은 욥과 같은 사람들 때문에 정해진 규범이 바뀌지는 않는다는 것을 의미한다. 빌닷의 규범적 지혜가 무엇인지에 대한 설명이 그 이후(5-21절)에 이어진다.

5 악인들의 빛은 꺼지고
그 불꽃은 더는 빛을 발하지 않는다
6 그가 머무는 곳에서 빛은 어두워지고
그를 비추는 등불은 꺼진다
7 그가 힘차게 내딛는 걸음은 꼬여 버리고
자신이 파 놓은 함정에 스스로 빠지고 만다
8 그는 자신의 발로 걸어서 그물 속으로 들어가며
올가미 안으로 스스로 걸어 들어간다
9 함정이 그의 발꿈치를 붙잡으며
올무들이 그를 단단히 얽맬 것이다
10 그를 묶을 밧줄은 땅속에 매복되어 있고
그가 빠질 함정은 길 위에 널려 있다
11 무서운 것들이 사방에서 그를 놀라게 하고
그의 발길이 닿는 곳마다 좇아다닌다
12 그의 힘은 쇠하게 될 것이고
재앙은 언제나 그의 옆자리를 차지하고 있다
13 죽음의 사자가 그의 살가죽을 먹어 치우고
그의 온몸을 먹어 치운다
14 그는 자신의 안전한 장막에서 뽑혀서

13절 사망의 장자: 이 문맥에서 "장자"라는 표현은 최상급의 의미로 사용된 것으로 보인다. '가장 끔찍한 죽음'을 의미한다. 최상급의 의미로 베코르(בְּכוֹר)가 사용된 경우는 창 49:3과 사 14:30이 있다.

무서운 왕에게 끌려가게 된다

15 그의 거처에는 전혀 관계없는 자가 머물게 되며

그가 머물던 곳에는 유황이 뿌려진다

16 그의 아래쪽 뿌리는 메마르고

위쪽 가지는 시들거나 잘린다

17 그에 대한 기억은 세상에서 사라지고

길거리 어디에도 그의 이름은 없을 것이다

18 그는 빛에서 어둠으로 던져지며

세상에서 사라질 것이다

19 그에게는 자식이 없으며

그의 가족 중 어느 누구도 후손이 없을 것이며

그가 머물던 곳에는 어느 누구도 살아남지 못할 것이다

20 그의 운명에 대해 후손들은 놀래 자빠지고

15절 유황이 그의 처소에 뿌려질 것이며: 유황(brimstone)은 사해 부근에 많이 매장되어 있는 것으로, '불'과 더불어 하나님의 심판을 상징한다(창 19:24; 시 11:6; 사 30:33, 34:9).

16절 그의 가지가 시들 것이며: "시들 것이며"로 번역된 어근 말랄(מלל)은 이 문맥에서 두 가지 다른 어원으로 분석할 수 있다: 1) 할례를 뜻할 때와 같은 의미로 '자르다', 2) 어근 아말(אמל)의 이형(by-form)으로 '마르다, 시들다'. "위에서는 그의 가지가 잘릴 것이다"라는 새번역의 번역은 첫 번째 경우로 해석한 것이다. 그러나 개역개정의 선택처럼 두 번째 의미가 평행법적으로 더 적절하다('마르다'는 의미의 야바쉬[יבש]와 평행). 이 의미로 말랄(מלל)이 사용된 경우는 시 37:2; 욥 14:2 등이 있다.

20절 서쪽에서 오는 자와 동쪽에서 오는 자: 앞과 뒤를 공간적으로는 동쪽과 서쪽으로, 시간적으로는 과거와 미래로 이해할 수 있다. 즉, 서쪽에서 오는 자는 후손을, 동쪽에서 오는 자는 선조를 의미한다고 해석할 수 있다(배경 이해 참조).

선조들은 공포에 사로잡힐 것이다
21 불의한 자가 처하게 될 일이 바로 이런 것들이며
하나님을 모르는 자가 당할 일이 바로 이것이다

욥기 18장 해설

배경 이해

고대 이스라엘인의 방향 감각에서는 동쪽이 앞쪽이다. 사람들은 해가 뜨는 곳을 향해 서 있다. 그래서 오른쪽과 남쪽은 같은 단어이며 왼쪽과 북쪽도 같은 단어를 사용한다. 사람들이 동쪽을 향해 서 있으니 뒤쪽은 서쪽이다. '바다 쪽'이라고도 하는데 지중해 바다가 서쪽에 있기 때문이다. 시간 개념으로는 앞쪽이 과거이다. 그래서 동쪽을 나타내는 께뎀(קֶדֶם)은 앞쪽이면서 동시에 과거를 가리킨다. 반면에 뒤쪽은 시간적으로 나중(미래)을 의미한다. 고대 이스라엘인의 시선은 동쪽을 향해 있고 동시에 과거를 향해 있다. 후손은 등 뒤에서 따라온다. '후손'은 히브리어로 '뒤에 있는(뒤따라오는) 씨앗'이라고 표현된다. 고대 이스라엘의 과거지향적 세계관이 그들의 언어 표현에 녹아 있다.

본문 이해

1-4절 욥에 대한 공격: 욥은 스스로를 망치는 자이다 빌닷은 2-3

절에서 2인칭 복수로 상대방을 표현하고 있다. 빌닷을 제외한 나머지 등장인물을 지칭한다고 보는 해석도 있으나, 그렇다면 빌닷이 말하는 "우리"가 누구인지 설명할 수 없게 된다. 욥이 친구들과 논쟁할 때 2인칭 복수('너희')를 사용하는 것이 대화 상대자 한 명 혹은 세 명의 친구에 한정한 것이 아니라 규범적 지혜를 고수하는 사람들 전체를 대상으로 말하는 것과 마찬가지로, 빌닷 역시 욥을 비롯한 반성적 지혜 세력을 향해서 논지를 전개하고 있다. 참고로 칠십인역(LXX)은 2인칭 단수로 표현되어 있다.

빌닷이 욥과 욥을 비롯한 반성적 지혜에 대해 문제 삼는 것은 다음과 같다.

1) **"깨달으라"(2절)**: 반성적 지혜 세력의 '이해력'이 문제이다. 먼저 지혜를 갖춰야 규범적 지혜를 이해할 수 있게 된다는 의미이다. 먼저 지혜자가 되어야 지혜를 깨달을 수 있다는 표현은 동어반복에 불과하다. 깨닫게 하려는 자신의 설득이 실패했다는 것을 빌닷이 자인하는 셈이다.

2) **"우리를 짐승으로 여기며"(3절)**: '너희는 왜 우리를 동물로 취급하느냐'라는 다소 엉뚱하게 들리는 빌닷의 항변은 규범적 지혜의 틀 속에서 이해해야 한다. 규범적 지혜는 인간에게만 하나님의 지혜가 허락되었다고 여긴다. 동물은 지혜를 소유하지 못한다. 짐승 취급한다는 말은 지혜가 없는 아둔한 자로 여긴다는 의미이다. 그러나 반성적 지혜는 규범적 지혜의 인간과 동물의 차이점을 강조하는 이분법에 반론을 제기한다(전 3:18-21).

3) **"부정하게 보느냐"(3절)**: 정결과 부정의 이분법(정결한 것은 선한 것이고 부정한 것은 나쁜 것이다)도 규범적 지혜에 속한다. 부정하게 여긴다는 것은 짐승으로 취급한다는 말과 마찬가지로 무지하고 악한 자로 여긴다는 의미이다. 빌닷의 이러한 관점은 하나님의 언설(욥 38-41장)과 좋은 대비를 이룬다. 하나님이 언급하시는 수많은 동물(사자, 까마귀, 들나귀, 타조, 말, 매, 독수리, 그리고 베헤못과 리워야단)은 '부정한 짐승'에 속한다. 그러나 하나님의 반성적 지혜는 이러한 짐승들을 정결과 부정의 이분법으로 바라보지 않는다. 참고로, 이 구절을 "부정하게"가 아니라 "어리석게"(새번역)로 이해해야 한다는 견해에 대해서는 3절의 도움말을 참조하라.

4) **"울분을 터뜨리며 자기 자신을 찢는 사람아"(4절)**: 빌닷은 욥을 스스로의 분노(화)로 인해 자기 자신을 찢는 사람으로 표현한다. 규범적 지혜는 화내는 사람을 지혜자로 여기지 않는다("노를 품는 자와 사귀지 말며 울분한 자와 동행하지 말지니", 잠 22:24). 빌닷의 말은 중의적인 의미를 지닌다: 1) 욥은 지혜자가 아니다; 2) 욥의 고난은 욥 스스로가 초래한 것이다.

5) **"땅이 버림을 받겠느냐 바위가 그 자리에서 옮겨지겠느냐"(4절)**: 땅이 저절로 없어지거나 바위가 스스로 움직이지는 않는다. 지극히 당연하고 자연스런 현상에 변화가 생기지 않을 것이라는 의미로 이해된다. 정해진 규범이 바뀌지는 않는다는 주장이다.

5-21절 인과응보의 원리에 따른 악인의 운명 욥의 무지를 비난한

빌닷이 이제 자신의 지혜를 밝힌다. 그 지혜는 욥기 15:17-35의 엘리바스의 지혜와 다르지 않다. 빌닷의 말을 통해 규범적 지혜를 분석해 보자. 잠언 등의 규범적 지혜에 익숙한 독자들에게는 하나도 새롭지 않은 이야기들이다.

1) **빛과 어둠의 이분법(5-6절)**: "빛"과 "불꽃", "등불"은 선한 것이고 어둠은 나쁜 것이다. 밝은 것은 의인과 지혜자에 속해 있고 어둠은 악인과 무지자의 영역이다. 설사 악인에게 빛이 있고 그가 사는 곳이 잠시나마 밝을지라도 그 빛은 어두워지고 등불은 꺼지고 만다. 의인에게는 빛이, 악인에게는 어둠이 찾아온다는 주제는 잠언에 흔하게 나타난다(잠 4:18-19, 13:9, 20:20, 24:20 등).

2) **재앙은 '덫'과 같은 것이다(7-10절)**: 7절의 "활기"와 "피곤"의 이분법도 익숙한 비유이다(사 40:30-31). 악인이 스스로의 꾀에 빠진다는 표현도 잘 알려진 표현이다(시 5:10, 10:2, 64:8; 잠 1:31, 14:17, 26:27, 28:10). "그물"과 "올가미", "덫"과 "함정"은 평행어로서 야생동물을 잡기 위해 사용되는 것이다. 위험을 깨닫는 지혜가 없어서 동물들은 스스로 미끼를 문다. 자신의 무지로 인해 '스스로 재앙을 선택한다'라는 주제는 규범적 지혜에서 흔히 사용된다(욥 5:5, 22:10; 시 9:16, 10:9, 11:6, 69:22; 잠 1:17, 7:23, 22:5, 29:5). 7절의 "꾀"로 번역된 에이짜(עֵצָה)는 선(의인, 지혜자)의 영역에도 속하고 악(악인, 무지자)의 영역에도 속하는 어휘이다. 의인과 지혜자에게는 "교훈"(잠 1:25, 30)이나 "권고"(잠 12:15, 19:20, 27:9)가 되지만, 악인의 '지혜'는 곧 자기가 빠질 함정이 된다.

3) 공포와 재앙과 질병은 악인/무지자의 운명이다(11-13절): 무서움과 놀람(욥 18:11)은 악인/무지자의 특질이다(삼상 16:14-15; 욥 18:14; 시 73:19). "기근"과 "재앙"(욥 18:12), "질병"과 "사망"(13절)도 그의 몫이다. 공포가 악인을 둘러싸고 어디를 가나 따라다니며, 그의 주위에는 재앙이 도사리고 있다(11-12절). 아픈 것은, 특별히 죽을 정도로 아픈 것("사망의 장자")은 질병을 앓고 있는 사람이 악인이기 때문이다(13절). 질병을 죄 때문이라는 여기는 생각은 "날 때부터 맹인 된 사람"의 에피소드에 잘 나타나 있다(요 9:1-12). "누구의 죄로 인함이니이까"라는 제자들의 질문은 여기에 바탕을 두고 있다. 그에 대한 예수님의 대답("이 사람이나 그 부모의 죄로 인한 것이 아니라 그에게서 하나님이 하시는 일을 나타내고자 하심이라")은 이 인과응보의 원리에서 벗어나 있다.

4) 악인이 거하는 곳은 없어지거나 타인에게 빼앗긴다(14-15절): "장막"과 "처소"는 생존의 필수요소이다. 규범적 지혜의 이분법은 잠언에 잘 표현되어 있다: "악한 자의 집은 망하겠고 정직한 자의 장막은 흥하리라"(잠 14:11), "악한 자여 의인의 집을 엿보지 말며 그가 쉬는 처소를 헐지 말지니라"(24:15). 악인은 기본적인 생존권을 위협받는다. "유황"(욥 18:14의 "공포의 왕")이 그가 거하는 집에 뿌려진다(시 11:6 참조). 이 구절은 큰 바람으로 인해 욥의 장자의 집이 무너진 것을 연상시킨다(욥 1:19). 빌닷이 "네 자녀들이 주께 죄를 지었으므로"(8:4)라고 판단한 근거이다.

5) 악인은 기억되지 않고 잊힌다(16-20절): 악인이 죽으면(메마르

고 시들면 혹은 잘리면, 18:16 도움말 참조) 그에 대한 기억은 사라질 것이다. 과거와 조상을 기억하는 것은 지혜를 배우는 가장 중요한 학습법이다. 반면에 잊음과 잊힘은 악인의 운명이다: '의인을 기억하는 것은 복이고 악인의 이름은 썩는다'(잠 10:7). 흥미로운 점은 "이름"과 "기억"이 평행어로 쓰이는 점인데, 히브리어에서 "이름"은 자손 번식과 관련되어 있다: "내가 너로 큰 민족을 이루고 … 네 이름을 창대하게 하리니"(창 12:2), "그(압살롬)가 자기 이름을 전할 아들이 내게 없다고 말하였음이더라"(삼하 18:18), "네 자손이 모래 같았겠고 … 그의 이름이 내 앞에서 끊어지지 아니하였겠고"(사 48:19). 그래서 빌닷의 말은 "그의 백성 가운데 후손도 없고 후예도 없을 것이며"로 이어진다(욥 18:19). 악인의 패망은 "서쪽에서 오는 자와 동쪽에서는 오는 자"를 놀라게 하는데, 이 표현은 천지사방에 있는 많은 사람을 가리킬 수도 있고, 후손과 선조를 지칭하는 말일 수도 있다(20절 도움말 참조).

이렇게 악인의 운명을 정리한 빌닷은 자신의 말이 확실하다는 점을 강조하며("참으로") 말을 마친다(21절).

욥기 19장

욥기 19장, 특히 25절은 헨델의 오라토리오 「메시아」 제3부 "내 주는 살아 계시니"(I Know That My Redeemer Liveth)라는 아리아의 가사로 쓰일 정도로 유명하면서, 동시에 욥기의 구절을 '그리스도의 부활'이라는 주제와 연결하는 탈문맥적 해석의 대표적인 예 중 하나이다(빌닷의 "네 시작은 미약하였으나"와 마찬가지로). 19장이 중요한 것은 메시아와의 연관성 때문이 아니라, 욥의 마지막 발언인 42:2-6과 긴밀히 연결되어 있기 때문이다.

A. 1-12절	욥의 한탄 (1): 고난을 주신 이가 하나님이라는 것을 알아 달라
B. 13-20절	욥의 한탄 (2): 내게는 아무도 없다
C. 21-22절	친구들을 향한 탄원: 나를 불쌍히 여겨 달라
D. 23-29절	하나님을 향한 탄원: 내 눈으로 하나님을 뵐 것이다

더바이블 욥기 19장

1 욥이 대답했다.

2 대체 언제까지 자네들은 그런 말들로
내 영혼을 고통스럽게 하고 나를 짓밟을 건가

3 자네들이 나를 모욕한 것이 이번이 열 번째이네만
내게 깊은 상처를 준 것이 자네들은 부끄럽지도 않은가

4 그래 정말 내가 잘못했다고
잘못이 내게 있다고 치세

5 정말 자네들이 나보다 더 대단해서
내가 뭘 잘못했는지 지적해 주려면

6 부디 나를 고통스럽게 한 분이 하나님이시라는 것
그분께서 그물로 나를 에워싸고 계시다는 것을 알아주게나

7 비록 내가 이건 폭력이라고 소리쳐도 누구도 내게 반응하지 않으며
내가 도움을 간청해도 아무도 옳은 일을 하려고 하지 않는구나

8 내가 지나갈 수 없도록 그분께서 앞길을 막으시고

개역개정과의 비교

3절 열 번이나: 숫자 십은 어떤 행위가 자주 반복됨을 나타낸다. 문자적으로 이해할 필요는 없다. 창 31:7; 민 14:22 참조.

4절 그 허물이 내게만 있느냐: 히브리어 원문은 평서문으로 되어 있다. 문맥적으로 볼 때 비꼬는 투의 반어법이나 상대의 말을 가정하는 것으로 여겨진다('그래, 정말 내가 잘못했다고, 내게 잘못이 있다고 치자'). 개역개정은 수사의문문으로 번역함으로써 반어적 의미를 살렸다.

내가 가는 길목에 어둠을 두셨다네
9 그분은 내게서 명예를 빼앗으시며
내 머리에서 관을 벗기셨다네
10 그분께서 나를 산산조각 내 버리셨고
나의 희망을 나무 뽑듯이 뽑아 버리셨다네
11 그분께서는 내게 화를 내시고
나를 그분의 적으로 여기신다네
12 그분의 군대가 한꺼번에 몰려와서 나를 향해 길을 내고
내가 사는 곳 주위를 둘러쌌다네

13 그분께서 내 형제들을 내게서 멀게 하시니
내가 알던 사람들은 이제 나를 이방인으로 여긴다네
14 내 가까이에는 아무도 없고
알고 지내던 사람들은 나를 잊었다네
15 내 집에 얹혀살던 이들과 나의 여종들마저
나를 낯선 사람으로 여기니
나는 그들이 보기에 이방인이 되어 버렸다네
16 하인을 불러도 대답하지 않으니
내가 하인에게 은총을 구해야 할 판이네
17 내가 내뱉는 숨을 아내마저 싫어하고
내게서 나온 자식들마저 나를 끔찍하게 여기는구나

18 어린아이들조차도 나를 무시하고
내가 일어날 때면 애들이 와서 내게 말을 건다네
19 내 동료였던 사람들 모두가 나를 싫어하고
내가 사랑하는 이들이 내게서 등을 돌린다네
20 내 피부와 살가죽은 뼈에 달라붙었고
잇몸의 살마저도 앙상하게 되었다네

21 자네들 제발 나를 불쌍히 여겨 주게나
제발 나를 불쌍히 여겨 주게나 자네들은 내 친구들 아닌가
하나님의 손이 나를 친 것이라네
22 대체 왜 자네들마저 하나님처럼 나를 핍박하는가
자네들은 왜 내 살을 뜯어 먹고도 만족할 줄을 모르는가

18절 어린아이들까지도 나를 업신여기고: 아빌(עֲוִיל)은 나이 어린 소년, 청년으로서 지혜가 없는 이들을 지칭하는 말로 사용된다. 욥 16:11에서는 "행악자"와 평행어로 쓰이고 있다.

19절 나의 가까운 친구들이: 원문 콜-므테-쏘디(כָּל־מְתֵי סוֹדִי)를 직역하면 '나의 모임에 속한 모든 이들'이 된다. 쏘드(סוֹד)는 욥 15:8에서와 마찬가지로 '모임, 회합'을 뜻한다. 욥 15:8의 개역개정 "하나님의 오묘하심을 네가 들었느냐"는 '하나님의 (천상)회의를 네가 엿들었느냐(혹은 참석했느냐)' 정도로 수정될 필요가 있다.

20절 남은 것은 겨우 잇몸뿐이로구나: 어근 말라뜨(מלט)는 '긁어내다, 벗겨지다'는 의미이다. 너무 앙상하게 말라 이빨에 붙어 있는 살(가죽)마저도 없어질 정도라는 뜻으로 사용되었다.

23 오 내가 한 말들이 기록될 수 있을까
오 내 말이 과연 책에 쓰이기나 할까
24 철과 납으로 된 펜으로
바위에 새겨질 수 있을까

25 나는 알고 있다네
나를 구원하실 이가 살아 계시다는 것을
이 흙더미 위에서 언젠가 내가 일어서리라는 것을
26 지금 내 살가죽이 다 벗겨진다고 해도
나는 맨살로라도 하나님을 뵐 것이네
27 그분을 나는 다른 것 아닌 바로 내 눈으로 뵐 것이네

23절 나의 말이 곧 기록되었으면: 미-잇테인(מִי־יִתֵּן)은 직역하면 '누가 주겠는가?'이다. 이 표현은 불가능한 상황을 가정할 때 쓰이는 표현이다(민 11:29; 신 28:67; 삿 9:29 참조). 욥기 안에서의 사용에 대해서는 욥 11:5 본문 이해 참조.

27절 내 눈으로 그를 보기를 낯선 사람처럼 하지 않을 것이라: 이 구절을 직역하면 '나의 눈들이 본다. 다른 것이 아니다'이다. 로-자르(לֹא־זָר)가 눈으로 본 대상을 지칭한다고 해석하면 '나의 눈이 보게 될 하나님은 낯설지 않으신 분이다'라는 의미가 된다. 개역개정의 번역은 이 해석을 택했다. 다른 가능한 해석으로는 로-자르를 '나의 눈'을 수식하는 구절로 이해하는 것이다. 즉, '다른 것이 아닌 바로 나의 눈으로 하나님을 볼 것이다'는 뜻이 된다. 이 해석이 욥 42:5과 잘 어울린다. 그리고 욥 42:5이 마지막 반전이나 급작스러운 변화(회개 혹은 깨달음)가 아니라는 것을 입증하는 구절이 된다.

27절 내 마음이 초조하구나: 직역하면, '내 가슴 속의 신장(콩팥)들이 멈추었다'이다. 히브리어에서 콩팥은 내장기관의 가장 깊은 곳에 위치한 것으로서, 육체적으로나 정신적, 내면적으로 가장 깊은 속을 의미한다.

비록 내 속이 다 타들어 간다 할지라도

28 자네들이 우리가 그를 어떻게 공략할까 궁리한다면
이 사건의 원인이 내게 있다 주장한다면
29 자네들이 부디 칼을 두려워하기 바라네
하나님의 형벌은 칼로 내려질 것이네
심판이 기다리고 있다는 것을 자네들은 알게 될 것이네

욥기 19장 해설

배경 이해

19장의 욥의 한탄은 42:2-6의 욥의 최후발언과 상당히 많은 연결점이 있다. 자신의 눈으로 하나님을 직접 뵙기를 갈망하는 것(26-27절)은 42:5과 연결되고, 욥에게 벌어진 모든 것을 하나님께서 하셨다는 진술(6-12절)은 42:2과 연결된다. 42:6에서 개역개정이 "스스로 거두어들이고"라고 번역하면서 욥이 자신의 주장을 철회한 것으로 해석한 단어인 마아쓰(מאס)는 이곳 19:18에서 "업신여기고"라고 번역되었다. "무지한 말로 이치를 가리는 자가 누구니이까"(42:3)라는 질문에 대한 답도 찾을 수 있다.

본문 이해

1-5절 친구들에 대한 비판: 너희의 지혜는 폭력이다 욥의 대답은 빌닷이 즐겨 사용하는 어투를 흉내 내며 시작한다. "어느 때까지"라는 표현은 8:2과 18:2에서 빌닷이 입을 떼는 상용어구였다. 상대의 말을 빌리는 논쟁 기법은 첫째, 상대가 해 준 말을 상대에게 되돌려주는 효과가 있다: 만약 악인의 운명이 빌닷이 묘사한 그대로라면, 그 운명을 맞이할 사람은 바로 빌닷이다. 둘째, 상대방이 한 말의 기표(시니피앙)를 사용하면서도 그 의미(시니피에)를 전혀 다르게 함으로써 상대의 말을 약하게 하고 독자들로 하여금 익숙한 전통적인 이해의 틀에서 벗어나게 하는 효과가 있다. 하경택이 잘 설명하듯, "예컨대 9:2에서 엘리바스(4:17)와 빌닷(8:3)의 발언으로부터 차덱(צֶדֶק)에서 파생된 동일한 어근의 낱말을 수용하면서 전혀 다른 차원의 문제로 연결 짓고 있는 것이나, 9:10에서 엘리바스의 말(5:9)을 거의 문자 그대로 반복하지만 정반대의 결론을 도출하는 모습을 통해 확인할 수 있다"(하경택, 『욥기』, 228).

욥은 빌닷의 표현을 빌려 시작하지만 이번에도 욥의 대답은 앞선 빌닷의 말에 한정되지 않는다. 2-3절은 2인칭 복수 동사를 사용함으로써 욥의 영혼을 말살하는 폭력적인 말을 한 것이 비단 빌닷만은 아니라는 점을 강조한다. 욥은 친구들의 '지혜'가 고통받는 자의 영혼을 괴롭히고 짓부수는 짓이라고 고발한다(19:2). 바른길을 가르치려는 친구들의 '위로'는 욥에게 있어서는 모욕과 학대에 다름 아니다(3절).

4절은 개역개정이 의문문으로 번역했지만 원문은 평서문이다. 옴남(אָמְנָם)은 '확실히, 진실로'라는 의미의 부사인데, 욥은 이 부사를 비꼬는 투나 반어적인 의미로 사용한다. 12:2의 "너희만 참으로 백성이로구나 너희가 죽으면 지혜도 죽겠구나"라는 문장도 문자적인 의미 그대로 받아들일 수는 없다. 4절을 뉘앙스를 살려 다시 번역하면, '그래, 정말 내가 잘못했다고, 잘못이 내게 있다고 치자' 정도가 된다. 마찬가지로 옴남(אָמְנָם)으로 시작하는 5절에도 반어법이 사용된 것이 분명하다. 5절을 직역하면 '너희는 나보다 더 커서 나의 잘못을 가르쳐 준다'이다. '진실로, 참으로'라는 단어가 무색하게 욥은 자신의 마음속에 있는 진실을 그대로 표현하지 않는다. 오히려 거꾸로 말하는 수사법을 사용한다.

6-12절 욥의 한탄 (1): 고난을 주신 이가 하나님이라는 것을 알아 달라 욥의 진심은 6절부터 표현된다. 여기서도 욥은 빌닷의 논거를 반박한다. 빌닷이 재앙이란 악인이 스스로 쳐 놓은 그물과 올가미 속으로 스스로 걸어 들어가는 것이라 할 때(18:8-10), 욥은 아니라고, 그 그물은 하나님께서 내게 둘러치신 것이라고 항변한다(19:6). 자신이 누군가를 해치려는 악한 마음으로 함정을 파 놓은 것이 아니라는 무죄 주장이면서, 동시에 자신이 당하는 고난은 하나님의 주권하에 발생하는 것이라는 뜻이다. 욥이 지금껏 줄곧 해 오던 진술의 연장이다. 욥의 앞길이 막힌 것도(8절), 그의 명예가 바닥으로 떨어진 것도(9절) 그의 희망이 뿌리까지 뽑혀버려 이제 죽을 지경에

이르게 된 것도(10절) 모두 하나님께서 하신 일이다. 하나님께서 진노하셔서 자신을 공격하시며(11절), 한 번의 재앙도 아니고 연속적으로 한꺼번에 재앙들이 몰려오게 하신 것도 하나님이시다(12절). 자신의 행악이 불러온 재앙이 아니라는 증언이다. 욥의 진술은 1장의 연속된 재앙의 진술(1:13-19)과 일치한다.

하늘에서 벌어진 일을 모르는 인간에게 이렇게 "까닭 없이" 주어지는 고난은 '폭력'(חָמָס하마쓰)으로 느껴질 수밖에 없다(19:7). "까닭"을 알면 고통을 견딜 힘이 더 생길 수 있다. 원인을 제공한 이를 원망하거나 아니면 잘못된 일을 바꾸거나 고치거나, 혹은 후회를 통해서도 고통의 시간을 견뎌 낼 힘이 조금은 더 생긴다. 그러나 욥은 그 "까닭"을 모르고 어떠한 논리(인과응보 같은)로 자신의 고난을 '이해'하려고 하지 않는다. 이것이 '욥의 인내'이다. 그는 단지 고통을 호소한다. 아무리 도와 달라고 간청해도 아무도 도와주지 않고 아무도 사태를 바로잡으려 하지 않음을 아파한다(7절).

13-20절 욥의 한탄 (2): 내게는 아무도 없다 욥에게 임한 고난은 첫째로 자신의 소유를 잃는 것이었고, 둘째로 극심한 육체적 고통이었다. 이 고난은 또 다른 고통을 초래한다. 욥에게 가까이 있는 사람들(세 친구)은 욥을 정죄하기에 급급하고, 그 외의 친척과 지인들은 욥에게서 멀어졌다(13절). "형제들"과 "나를 아는 모든 사람"의 반의어가 바로 "낯선 사람"(이방인)이다. 욥을 둘러싼 모든 세계가 반대로 뒤집어졌다는 것이 반의어들의 짝으로 표현된다: '가까운

것'이 '멀어졌고'(14절 상반절), '알던 것'이 '잊혔다'(14절 하반절). 욥의 집에 얹혀살던 '난민'과 '여종'이 욥을 '낯선 사람'이자 '외국인'으로 취급한다(15절). 종이 주인에게 은혜를 구하는 것이 뒤집혀서 오히려 주인이 종에게 은혜를 입어야 하는 지경에 이르렀다(16절).

가장 가까이 있는 사람인 아내와 자식들마저 욥을 싫어하게 되었다(17절). 욥의 아내에 대한 진술은 여기 외에 2:9-10과 31:10에 나온다. 17절 하반절의 '내 배의 자식들'(בְּנֵי בִטְנִי 브네이 비뜨니)은 그 자체로는 욥의 후손(자녀와 손주들)을 표현하는 말이다. 욥의 자녀들이 모두 사망했다고 전제하면 이 구절을 이해하기 쉽지 않다. 이 구절은 욥의 자녀들이 죽지 않았다는 증거가 될 수 있는 구절이다. 여기서 언급되는 '배'(בֶּטֶן 베뗀)를 욥의 배가 아닌 욥의 어머니의 자궁(모태)으로 해석함으로써 모순을 제거할 수는 있다. '나의 어머니의 뱃속에서 나온 자식들'은 곧 욥의 자녀들이 아니라 욥의 형제자매를 지칭한다는 해석이다. 이 해석은 13절의 "나의 형제들이 나를 멀리 떠나게 하시니"와 연결되는 장점이 있으나, '나의 배'를 '나의 어머니의 배'로 풀어 해석하는 것은 무리가 있다.

욥의 아내가 여전히 현재 욥과 함께 있는가 아닌가, "내 허리의 자식들"이 욥의 자녀를 지칭하는가 아니면 욥의 형제들을 지칭하는가 하는 문제는 욥의 말을 이해하는 데 있어, 그리고 욥기 전체를 이해하는 데 있어 그리 중요한 문제는 아니다. 욥이 말하고 싶은 것은, 가장 가까이 있었고 가까이 있어야 할 사람들이 멀어졌고(19절 상반절), 욥의 사랑과 보호를 받아 온 사람들이 욥에게 그 사랑과 보호를 되돌려주지 않는다는 것을 표현하고자 함이다(19절 하반절). 뿌린 대로 거둔다는 원리가 한 치의 오차도 없이 적용되는 원리라면 이렇게 되어서는 안 된다. 그러나 인과응보의 원리가 현실에서 항상 적용되는 것은 아니다.

21-22절 친구들을 향한 탄원: 나를 불쌍히 여겨 달라 욥은 친구들에게 통사정을 한다: 호눈니 호눈니 앗템 레이아이(חָנֻּנִי חָנֻּנִי אַתֶּם רֵעָי). '나의 친구들아, 너희들은 제발 좀 나를 불쌍히 여겨 달라, 나를 불쌍히 여겨 달라'라는 눈물겨운 호소이다. 불쌍히 여겨 달라는 말을 두 번 반복하는 방식으로 욥은 자신의 간절함을 표현한다. 다시 한 번, '불쌍히 여겨 달라'라는 동사 하난(חנן)은 "까닭 없이"의 힌남(חִנָּם)과 같은 어근을 가진 단어이다. 제발 욥 자신에게서 고난의 까닭을 찾으려 하지 말아 달라는 의미이기도 하다. 욥의 고난은 욥에게서 촉발된 것이 아니라 하늘에서 시작된 것이기 때문이다(21절 하반절). 욥은 하나님께서 주시는 고난만으로도 충분히 괴롭다. 친구들의 '위로의 말'과 '지혜의 말'은 하나님께로부터 온 고난만큼이나 고통스럽다.

23-29절 하나님을 향한 탄원: 내 눈으로 하나님을 뵐 것이다 23절은 미-잇테인(מִי־יִתֵּן)으로 시작하며 '불가능한 가정이나 소망'을 의미하는데, 자신의 말이 책에 기록되기를 바라는 욥의 소원은 결과적으로 이루어져 우리가 그의 외침을 들을 수 있게 되었다. 우리는

욥기의 결말을 알고 있다. 그러나 극심한 고난에 처한 이가 회복의 희망을 계속 품고 있기란 너무 힘들다. 그 어려운 것을 욥이 하고 있는 중이다. 이 모든 문제를 해결하실 분(גֹּאֲלִי 고알리)이 살아 계심을 확고히 믿고 있다('나는 안다'). 그리고 자신의 온 살가죽이 다 벗겨지더라도 맨살로라도 그분을 뵐 것이라고 확신한다. 27절의 "내 눈으로 그를 보기를 낯선 사람처럼 하지 않을 것이라"는 '다른 것 아닌 바로 내 눈으로 (그분을) 볼 것이다'로 해석하는 것이 낫다(27절 도움말 참조). 그리고 우리는 이후에 욥의 이 간절한 소원이 실현되는 장엄한 장면을 함께 목도하게 된다.

욥기 20장

소발의 두 번째 발언이자 마지막 발언이다. 4절부터 길게 이어지는 소발의 규범적 지혜는 '악인의 행복은 오래가지 않는다'로 요약될 수 있다. 소발의 지혜는 욥이 처한 상황과는 무관하고, 자신을 불쌍히 여겨 달라고 외치는 욥의 탄식에 전혀 무감각한 반응이다. 극심한 고통을 당하고 있는 사람에게 "자랑도 잠시요", "즐거움도 잠깐이니라"라는 '지혜'의 말을 하는 것이 과연 지혜로운 일일까?

A. 1-4절　창조 때부터 이어 온 오래된 지혜
B. 5-11절　소발의 지혜 (1): 악인의 승리는 잠깐이다
C. 12-22절　소발의 지혜 (2): 악인은 독을 스스로 삼킨다
D. 23-29절　소발의 지혜 (3): 악인에게 임하는 하나님의 심판

더바이블 욥기 20장

1 나아마 사람 소발이 대답했다.

2 내가 듣기 너무 괴로워서

도무지 참을 수 없네

3 내게는 자네 말이 나를 책망하는 말로 들리니

이제 내가 깨달은 지혜의 말을 해 주겠네

4 정말 자네는 이 오래된 지혜를 모른단 말인가

이것은 인간이 이 세상에 처음 지음을 받았을 때부터

내려온 것이라네

5 악한 자들이 기뻐 소리쳐도 그 소리가 멀리 가지 못하며

하나님을 모르는 자의 행복도 그때뿐이다

개역개정과의 비교

2절 내 초조한 마음: 세입핌(שְׂעִפִּים)은 '불편한 생각, 염려되는 마음'을 뜻하는 말로 엘리바스의 말에서도 등장한다(욥 4:13). 시 94:19, 139:23에서는 사르압핌(שַׂרְעַפִּים)의 형태로 나타난다. 개역개정은 "근심"(시 94:19)과 "내 뜻"(139:23)으로 번역하고 있다.

2절 내 중심이 조급함이니라: 어근 후쉬(חוּשׁ)는 전통적으로 '서두름'으로 이해되어 왔으나, 그보다는 '고통을 느끼다, 걱정하다'는 의미로 이해하는 것이 좋다(HALOT 참조). 2절은 '듣기 너무 괴로워서 도무지 참을 수 없다'는 의미이다.

4절 네가 알지 못하느냐: 원문은 '네가 이것을 아느냐?'이다. 수사의문문으로서, 개역개정이 번역하듯 '이 당연한 것을 너도 알고 있잖아'의 의미로 보기 어렵다. 오히려 반대로, 욥이 (규범적) 지혜를 모르고 있다는 의미로 해석해야 한다.

6 악인들의 키가 제아무리 하늘에 닿고
그 머리가 구름을 만질 수 있다 하더라도
7 그는 결국 똥 덩어리처럼 사라질 것이며
그를 알던 이들은 대체 그가 어디 있냐고 물을 것이다
8 그는 하룻밤의 꿈처럼 날아가 버려서
누구도 그를 찾을 수 없게 되고
밤에 보이던 헛것처럼 사라질 것이다
9 그를 쳐다보던 눈은 더 이상 그를 볼 수 없게 되고
그가 원래 있던 곳에서 더 이상 그를 발견하지 못하게 된다
10 그의 자녀들은 가난한 자들에게까지 구걸을 해야 하며
그는 자신의 손으로 자기가 쌓은 재물을 토해 내야 한다
11 아무리 그의 뼈대가 젊음의 생기로 가득하다 해도
그 뼈들도 땅속에 묻히고 말 것이다
12 그의 입은 악을 달콤하게 느껴서
자신의 혀 속에 그 악을 감추어 두고
13 그 달콤한 악을 귀하게 여겨서 절대 버리지 않고
자신의 입안에 머금고 있다

6절 그 존귀함이: 시(שִׂיא)는 한 번 사용된 단어이다(*hapax*). 시 89:9의 소(שׂוֹא)와 같은 단어라고 가정한다면, '높음', '높이' 혹은 '키'를 의미하는 것으로 보인다. 어원적으로 '들어 올리다'라는 나사(נשׂא)와 연결되었을 것으로 추정된다.

10절 가난한 자에게 은혜를 구하겠고: 동사 라짜(רצה)는 '(상대방을) 기쁘게 하다, (상대의) 비위를 맞추다'라는 의미이다. 이 문맥에서는 악인의 자녀들이 가난한 자들에게까지 비위를 맞춰야 할 정도로 비참한 상태에 놓이게 됨을 의미한다.

14 그래서 그가 먹은 음식은 그의 뱃속에서
뱀의 독이 된다
15 굉장한 재물을 삼켜도 그는 그것을 다시 토해 내게 되며
하나님께서 그 재물을 다른 이에게 넘겨주신다
16 그는 뱀의 머리를 빨다가
뱀의 혀의 독으로 인해 죽게 된다
17 꿀과 젖이 흐르는 그 강을
그는 보지 못할 것이다
18 그는 자신이 얻은 것을 토해 내고 다시 삼키지 못하며
자신이 애써 모은 재산을 누리지 못한다
19 왜냐하면 그는 가난한 자들을 짓밟아 놓고
그대로 내버려두었기 때문이고
자신이 세우지 않은 집을 빼앗았기 때문이다
20 그의 뱃속은 항상 더부룩하고
자신이 원하는 것을 얻지 못한다

15절 그가 재물을 삼켰을지라도: 15절 동사 야라쉬(יָרַשׁ)는 '상속받다'는 뜻으로, 히필형(사역형)은 '다른 이에게 넘겨주다, 다른 이에게 주기 위해 빼앗다'는 의미로 쓰이기도 한다(삿 1:19, 11:24 참조).

20절 그는 마음에 평안을 알지 못하니: "마음"이라는 추상적 단어가 아니라 배(뱃속)를 뜻하는 베텐(בֶּטֶן)이 사용되었다. 뱃속이 더부룩하고 불편하다는 의미로 이해하는 것이 좋다. 12절부터 이어지는 음식(독)의 비유가 여기까지 이어진다.

20절 그가 기뻐하는 것을 하나도 보존하지 못하겠고: 직역하면, '그는 자신이 좋아하는 것으로 도망치지/탈출하지 못한다'이다. 문맥상 속이 편안한 상태가 되지 못한다는 의미로 여겨진다.

21 먹을 것이 아무것도 남아 있지 않고
그에게 선한 것이란 오래가지 못한다
22 비록 그가 넘치도록 풍족하더라도 그에게는 고통이 따르며
온갖 종류의 어려운 일들이 그에게 닥칠 것이다
23 그가 자신의 배를 불리고 싶어 해도
하나님께서는 진노를 그에게 내리실 것이며
그의 밥그릇에 비를 쏟아부으실 것이다
24 그가 철제 무기로부터 도망친다 해도
구리 화살이 그를 꿰뚫을 것이며
25 그 화살을 등에서 빼낸다 하더라도
그 독으로 인해 끔찍한 고통이 그에게 임할 것이다
26 그가 숨겨 둔 것에 온통 어둠이 임할 것이며
피우지도 않은 불이 그것을 삼킬 것이고
그의 거처에 있던 남은 것들은 모두 타 버릴 것이다
27 하늘이 그의 죄악을 폭로할 것이며
땅이 그에게 대적할 것이다
28 그분께서 진노하시는 날에
그의 가산은 모두 휩쓸려 떠내려갈 것이다
29 이것이 바로 악한 인간이 하나님께 받을 벌이며

22절 모든 재난을 주는 자의 손이 그에게 임하리라: 콜-야드 아메일(כָּל־יַד עָמֵל)은 '모든 고통의 손'이다. 이 표현만으로는, '고통(재난)을 주는 손'인지, '고통을 당하는 자의 손'인지 명확하지 않다.

하나님이 그에게 지정하신 것이다

욥기 20장 해설

배경 이해

우리말 번역에서 주로 "유업" 혹은 "기업"으로 번역되는 히브리어 단어는 나할라(נַחֲלָה)인데, 그 어원적 의미는 '상속받은 것'이다. 개인 소유권을 중시하는 서구 문화의 영향으로 이 단어는 영어로 "possession"으로 많이 번역된다. 그러나 집단 소유 개념이 강한 고대 이스라엘 문화에서 조상들에게 물려받은 것은 개인이 함부로 처분해서는 안 되며 후손에게 물려주어야 할 의무가 있다. 악인의 죄가 후손에게 '상속'된다는 개념도 가문 중심의 집단 소유 개념을 기반으로 하고 있다.

본문 이해

1-4절 창조 때부터 이어 온 오래된 지혜 소발의 마지막 발언은 세 친구의 전형적인 도입부의 형식을 따른다. 욥의 말을 가만히 듣고 있을 수가 없어서 발언을 해야만 하는 자신의 입장을 설명하는 방식이다(욥 4:2, 8:2, 11:3, 15:2-6, 18:2-4). 왜냐하면 그들이 보기에 욥의 말은 지혜의 말이 아니기 때문이다. 또한 욥이 세 친구의 말은 지혜가 아니라고 반박하기 때문이다. 15장의 엘리바스처럼 소발 역

시도 욥과의 대화를 '지혜의 대결'로 인식하고 있다. 빌닷이 욥의 말을 자신들을 "짐승으로 여기며 부정하게 보느냐"(18:3)라고 이해한 것처럼, 소발 역시도 욥의 말을 자신을 "부끄럽게 하는 책망"으로 이해한다. 욥은 단지 자신의 무죄를 주장했을 뿐이고 자신을 죄인으로 몰아가지 말고 불쌍히 여겨 달라고 부탁했을 뿐이다.

소발은 자신의 지혜가 오래된 지혜라는 사실을 강조한다(20:4). 전통적인 규범적 지혜가 천지창조 때부터 정해진 규범을 아는 것이기 때문에 "사람이 이 세상에 생긴 때로부터"를 강조하는 것이다. 이것은 엘리바스와 빌닷이 조상들로부터 지혜를 물려받았음을 강조하며(8:8, 15:18-19), 욥에게 "네가 제일 먼저 난 사람이냐"고 질책하는 것(15:7)과 일맥상통한다. 욥은 자신의 지혜가 오래된 지혜라고 주장한 적이 없다. 그러므로 "땅의 기초를 놓을 때에 네가 어디 있었느냐"(38:4)라는 하나님의 질문 혹은 질책은 욥에게는 해당 사항이 없다. 오히려 "사람이 이 세상에 생긴 때로부터" 인과응보의 원리가 불변의 진리라고 주장하는 친구들이 하나님의 질문에 답해야 한다.

5-11절 소발의 지혜 (1): 악인의 승리는 잠깐이다 소발이 말하는 지혜의 첫 번째 핵심은 '악인의 승리는 잠깐이다'라는 것이다. 규범적 지혜에서 흔히 나타나는 주제이다. 시편의 탄원시에 자주 등장하고(시 37, 73편), 엘리바스와 빌닷도 동일한 주제를 말했다(욥 8:11-13, 15:29-33). 악인, 즉 하나님을 모르는 자("경건하지 못한 자")의 승리

와 기쁨의 함성은 그 소리가 공간적으로 멀리 가지 못하며(מִקָּרוֹב믹까로브), 그의 행복은 시간적으로도 잠깐일 뿐이다(20:5). 잠시나마 그의 '키'(개역개정의 "존귀함")가 하늘에 닿아서 구름을 만질 수 있다 해도 그는 "똥"이나 "꿈", "환상"처럼 사라지고 말 것이다(7-8절).

기세등등하던 악인들이 사라져 사람들의 눈에 보이지 않게 된다는 소발의 말(7, 9절)은 주위에 아무도 없음을 한탄하는 욥의 말(19:7, 13-15)과 좋은 대비를 이룬다. 악인은 사람들의 눈에서 사라지기 때문에 욥의 주위에 사람이 없는 이유는 그가 악인이기 때문이다. 사람들이 욥을 떠나거나 멀리한 것이 아니라 하나님께서 사람들의 눈에서 욥이 안 보이도록 하신 것이다. 그것이 악인의 결말이기 때문이다.

덧붙여, 개역개정의 "그의 처소도 다시 그를 보지 못할 것이며"(9절)는 **메꼬모**(מְקוֹמוֹ)를 주어로 해석한 것이다. 그러나 **마꼼**(מָקוֹם)은 남성명사로서 이 문장의 여성 단수 동사 **테슈렌누**(תְּשׁוּרֶנּוּ)와 성이 일치하지 않는다. 따라서 주어는 여성명사인 상반절의 아인(עַיִן)으로 보는 것이 적절하다. **메꼬모**는 부사적으로 덧붙여진 말로 보인다. 이렇게 9절 하반절을 다시 해석하면, '(그를 쳐다보던 눈은) 그가 원래 있던 곳에서 더 이상 그를 발견하지 못하게 될 것이다'가 된다.

악인이 당하는 재앙은 악인 한 사람에게만 한정되지 않고 그 자녀들에게까지 영향을 미친다. 악인의 자녀들은 가난한 자의 비위를 맞춰 가며 그들에게 구걸을 해야만 하는 지경에 이르게 된다. 여기서 “가난한 자”로 번역된 달림(דַ?לים)은 구체적으로 ‘얇고 가느다란’ 비쩍 마른 사람을 가리키는 단어이고, 여기서 확장되어 ‘낮은, 가난한, 힘없는, 하찮은’ 등의 의미로 사용된다. 먹을 것이 없어 비쩍 마른 사람에게까지 음식을 구걸해야 하는 처참한 상황을 묘사하고 있다.

11절의 “기골이 청년같이 강장하나”는 악인이 한때 잘 나가던 시절을 나타내는 표현으로 5절의 승리의 함성과 6절의 키(머리)가 하늘에 닿을 정도라는 구절, 그리고 10절의 “얻은 재물”과 동일한 의미의 연장선에 있다. 개역개정 11절의 “기세”는 번역자의 첨가다. 주어는 상반절의 ‘그의 뼈들’로 보는 것이 타당하다. 젊음이 가득했던 악인의 뼈들도 머지않아 무덤에 묻히게 된다.

12-22절 소발의 지혜 (2): 악인은 독을 스스로 삼킨다 18장에서 빌닷은 악인이 자신의 꾀에 스스로 넘어가는 것을 “그물”과 “올가미”(18:8), “덫”과 “올무”(9절), “덫”과 “함정”(10절)의 비유로 표현했다. 동일한 내용을 소발은 음식에 비유한다. 악인은 악을 달게 여긴다. 악을 달게 여긴다는 표현은 잠언 9:17(“도둑질한 물이 달고 몰래 먹는 떡이 맛이 있다 하는도다”)에도 나온다. 그 악이 너무 달콤해서 악인은 입속에 넣고 천천히 아껴 먹는다(욥 20:13). 그러나 식도를 타고 넘어간 악은 뱃속에서 뱀의 독이 된다(14절). 악을 입속에 넣고 천천히 먹는 것은 악인이 부유해서 재물을 가진 것을 비유하는 표현으로 보인다. 그러나 하나님은 그 뱃속에서 그가 삼킨 재물을 토해 내

게 만드신다(15절). 15절 마지막의 요리쉔누(יוֹרִשֶׁנּוּ)는 개역개정처럼 "도로 나오게 하심"으로 해석할 수 있다. 그렇다면 상반절의 '토하다'라는 말과 동의적 평행어가 된다. 그러나 동사 야라쉬(ירשׁ)는 '상속받다'는 뜻으로, 히필형(사역형)은 '(다른 이에게) 넘겨주다, (다른 이에게 주기 위해) 빼앗다'는 의미로 쓰이기도 한다(삿 1:19, 11:24 참조). 만약 이 경우라면, 악인이 입에 넣었던 재물을 토해 내면 하나님께서 그 재물을 다른 이에게 주신다는 의미가 된다. 5:5의 엘리바스의 말("그가 추수한 것은 주린 자가 먹되")과 유사한 진술이다.

18-19절의 소발이 악을 설명하는 방식이 흥미롭다. "수고하여 얻은 것을 삼키지 못하고"는 일견 인과응보의 원리에 맞지 않는 것으로 보인다. 수고한 열매를 자신이 누려야 뿌린 대로 거두는 것이 완성되기 때문이다. 그러나 악인이 "수고하여 얻은 것"을 빼앗기는 것은 악인 스스로 남의 것을 빼앗은 죄의 결과이다(20:19). 가난한 자를 착취하고 자신의 것이 아닌 집을 빼앗은 사람의 재물을 악인이 누리지 못하는 것은 인과응보의 원리가 작동하는 것이다. 20-22절은 악인이 잠시 풍족할 수 있고 잠시 재물을 소유할 수는 있지만 그 행복이 오래가지 못하고 곧 재앙이 임할 것이라는 주제를 반복한다.

23-29절 소발의 지혜 (3): 악인에게 임하는 하나님의 심판 소발의 음식 비유의 결말은 이렇다: 악인이 자신의 음식을 먹으려 해도 하나님의 재앙이 그에게 임한다. 그 재앙은 마치 그의 밥그릇에 비가

쏟아지는 것과 같다(23절). 그가 혹시나 하나님의 재앙을 한 번 피할 수 있을지라도 또 다른 재앙이 그를 덮칠 것이다(24절). 철제 무기와 구리 화살 중 어느 것이 더 치명적인지 우열을 가릴 수 없다. 레위기 26:19과 신명기 28:23에 따르면, 하나님의 말씀에 순종하지 않는 악인들에게 철과 놋의 재앙이 임한다. 악인이 혹시 자신의 몸을 꿰뚫은 놋화살을 빼내는 데 성공한다 해도 그 독으로 인한 끔찍한 고통이 그에게 임하게 될 것이다(욥 20:25). 하나님의 화살을 맞아 고통스럽다고 탄식한 욥의 외침(6:4, 16:13)에 대한 '친구' 소발의 대답이 이것이다.

악인에게 지정되고 악인이 받아야 할 몫과 유산(20:29)은 다음과 같다: 그가 꽁꽁 숨겨 둔 것(צְפוּנָיו 쩹푸나브)에까지 온통 어둠이 임할 것이며, 아무도 피우지 않은 불, 즉 하나님의 불이 그가 감추어 둔 것과 그의 거처를 모두 불태워(26절), 그가 가진 것은 모두 휩쓸려 떠내려갈 것이다(28절). 누군가 굳이 나서지 않아도 하늘과 땅이 그의 악을 세상에 폭로할 것이다(27절). 악인은 결국 자신이 뿌린 악을 스스로 삼키게 될 것이다.

욥기 21장 1-16절

소발의 마지막 발언이 끝나고 욥이 대답한다. 그의 대답은 이번에도 소발 한 사람이 아니라 세 친구 모두를 겨냥하지만, 발언의 요지는 앞선 소발의 '악인의 행복은 오래가지 않는다'라는 주제를 반박하는 것이다. 소발은 자신의 주장을 인류가 생긴 이래 변함없는 진리라고 말했지만, 욥은 악인이 잠깐이 아니라 아주 오랫동안 대대로 잘 먹고 잘사는 현실이 엄연히 존재한다고 반박한다. 신앙의 렌즈로 현실을 왜곡하지 말라는 반성적 지혜의 가르침이 이 장의 핵심이다.

A. 1–6절　친구들을 향한 요청: 내 말을 자세히 들으라

B. 7–16절　반성적 지혜의 근거로서의 현실

더바이블 욥기 21장 1-16절

1 욥이 대답했다.

2 제발 자네들은 내 말을 똑바로 들어 주게나
부디 이 말이 자네들의 생각을 바꿀 수 있기를 바라네

3 이번에는 내가 얘기하게 해 주게
내가 말한 뒤에 조롱해도 상관없네

4 지금 내가 사람들을 향해 말을 하고 있다고 생각하는가
만약 그랬다면 내 마음이 이렇게까지 괴롭지는 않았을 것이네

5 제발 나를 보아 주게나
그리고 부디 손으로 자네들 입을 막아 주게나

개역개정과의 비교

2절 이것이 너희의 위로가 될 것이니라: 탄훔(תַּנְחוּם)의 어근 나함(נחם)의 기본적인 의미는 '생각/마음을 바꾸다'이다. 참고로, 칠십인역(LXX)은 2절 하반절을 '너희에게서 위로받고 싶지 않다(직역: 이것이 내가 너희로부터 받은 위로가 되지 않게 하라)'라는 부정문으로 번역한다.

3절 나를 용납하여 말하게 하라: 사우니(שָׂאוּנִי)는 직역하면 '(너희는) 나를 들어라(lift up)!'이다. '나를 참아 달라/견뎌 달라'는 의미로 이해할 수도 있고(욥 7:21 참조), '이번에는 내 차례다'라는 의미로 해석할 수도 있다. 대부분의 번역 성경들이 첫 번째 의미를 선택하지만, NJB는 두 번째 의미를 채택하고 있다: "Permit me to speak in my turn."

4절 나의 원망이: 여기서도 시아흐(שִׂיחַ)는 "원망"보다는 단순히 '말'이라는 뜻으로 이해하는 것이 좋다.

4절 내 마음이 어찌 조급하지 아니하겠느냐: '호흡이 짧다'라는 숙어적 표현은 민 21:4("백성의 마음이 상하니라")과 삿 16:16("삼손의 마음이 번뇌하여")에도 나온다.

6 생각만 해도 너무 괴롭고
공포가 내 온몸을 사로잡는다네

7 그렇다면 대체 왜 악인들이 살아 있는 것이며
그들의 힘은 날이 갈수록 점점 더 강성해지는 것인가
8 악인들은 그들 옆에 후손들이 든든히 버티고 있고
그들의 배에서 나온 자식들이 그들 앞에 서 있다
9 그들의 집은 두려움 없이 평안하며
하나님의 징벌이 그들에게 임하지 않는다
10 그들의 수소들은 씨를 퍼뜨리는 데 실패가 없고
암소들은 새끼를 낳는 데 실패가 없다
11 그들의 자식들을 양 떼처럼 풀어놓으면
껑충껑충 뛰며 논다

7절 장수하며: 아테꾸(עָתְקוּ)는 아람어로서 '나이 들어 가다/늙다'의 의미이다. 이 문맥에서는 두 가지 의미가 가능하다: 1) 어원적 의미 그대로 악인들이 나이 들어 가는 것을 뜻할 수 있고, 2) 어떤 일이 계속 되는 것('나아가다'라는 의미에서)을 뜻할 수 있다. 첫 번째의 경우, 친구들의 주장에 따르면 악인들의 형통은 오래가지 않아야 하는데, 나이가 들어서도 여전히 인과응보의 원리에 입각한 징벌이 내려지지 않는 현실을 비판하는 것으로 볼 수 있다. 두 번째의 경우라면, 아테꾸와 가베루(גָּבְרוּ)는 두 단어가 하나의 의미를 지칭하는 말(verbal hendiadys)로서 '점점 더 강성해져 감'을 의미한다.

10절 그들의 수소는 새끼를 배고: 개역개정의 번역은 수컷마저 새끼를 밴다는 뜻으로 오해할 여지가 많은 면에서 좋은 번역으로 보기 어렵다. 아바르(עבר)의 피엘형은 '건너가게 하다'라는 뜻으로, 이 문맥에서는 수컷의 정자가 암컷에게로 실패 없이 이동하는 것을 가리킨다.

12 탬버린과 하프를 들고서

피리 소리에 맞춰 행복해한다

13 그들의 일생은 끝까지 좋게 마치며

고통 없이 죽음을 맞이한다

14 그러면서 그들은 하나님께 이렇게 말한다

어이 저리 가시오

당신의 법도를 아는 것에 우리는 관심이 없소

15 우리가 섬겨야 할 전능한 자가 있기나 한가

그분을 만난다고 무슨 유익이 있나

16 이렇듯 그들이 잘되는 것은 그들 자신의 손으로 된 것이 아닐세

악한 자들에게도 벌어지는 이러한 일이 내게는 일어나지 않는다네

13절 잠깐 사이에 스올에 내려가느니라: 오랜 질병이나 부상의 고통 혹은 재앙 없이 편안하게 죽음을 맞이한다는 의미이다.

16절 그들의 행복이 그들의 손안에 있지 아니하니: 악인들이 잘되는 것은 그들 자신의 손으로 이룩한 것이 아니라는 의미이다. 인과응보의 원리가 적용되지 않는다는 점을 강조하고 있다.

16절 악인의 계획은 나에게서 멀구나: 아짜트 레샤임(עֲצַת רְשָׁעִים)은 "악인의 계획"보다는 '악인의 무리'로 이해하는 것이 적절하다.

욥기 21장 1-16절 해설

배경 이해

'인과응보 원리의 지연 문제'는 시편의 탄원시와 선지서들에서 주로 "어느 때까지니이까"로 표현된다(시 6:3, 13:1, 2, 35:17, 79:5, 80:4; 사 6:11; 합 1:2). 규범적 원리가 어긋난 현실을 탄식하며 하나님께 그 원리대로 되게 해 달라는 탄원이다. 그리고 '갈등의 화해' 혹은 '문제의 해결'은 '악인의 번성은 오래가지 않는다'는 표현으로 나타난다. 지금 당장은 그 원리가 작동하지 않는 것처럼 보이지만 시간을 좀 더 길게 잡으면 결국 그 원리대로 된다는 것이다. 21장의 욥의 주장은 시간을 길게 늘려도 그 원리가 작동하지 않는 현실을 고발하는 것이다.

참고로, 전도서 2장은 유사한 주제를 좀 다르게 설명한다: '한 개인의 삶에 한정해서는 인과응보의 원리가 적용되는 것처럼 보이지만, 여러 세대로 확장해 보면 인과응보의 원리를 적용할 수 없다.' 누군가 열심히 수고하여 큰 재산을 이뤄 내면 그것은 인과응보의 원리가 잘 작동한 것이다. 그러나 그가 죽고 나면 그 재물을 후손에게 넘겨주게 되는데, 그 후손은 아무것도 하지 않았는데 큰 재물을 얻게 된다. 이것은 인과응보의 법칙에 어긋난다.

본문 이해

1-6절 친구들을 향한 요청: 내 말을 자세히 들으라 욥과 친구들은

서로 자신의 말을 들어 달라고 요청하며 평행선을 달린다. 이번에 욥은 특별히 더 힘을 주어 자기 말을 들어 달라고 한다. 쉼우 샤모아(שִׁמְעוּ שָׁמוֹעַ)는 '부정사 절대형의 강조 용법'이라는 문법이 적용되는 형태로, 개역개정은 "자세히"라는 부사를 첨가함으로써 강조의 의미를 표현했다.

"이것이 너희의 위로가 될 것이니라"(21:2)는 여러 해석이 가능한 문장이다. 첫째, "이것"이라는 여성 단수 지시대명사가 "내 말"(מִלָּתִי 밀라티)을 지칭하는지, 아니면 "내 말을 자세히 들으라"라는 명령문 전체를 가리키는지에 따라 해석이 달라진다. 둘째, 하반절의 명사 탄훔(תַּנְחוּם)은 "위로"라고 해석할 수도 있고 '(마음이나 생각이) 바뀜'으로 해석할 수도 있다. 셋째, "위로"라고 해석할 때에도 그것이 '너희가 받는 위로'인지 '너희가 주는 위로'인지에 따라 전체 문장의 이해가 달라진다. 문맥적으로 가장 가능성 있는 해석을 두 개만 선정하자면, 1) '(너희의 어설픈 조언이 아니라) 내 말을 자세히 들어 주는 것이야말로 너희들이 줄 수 있는 진정한 위로이다'라는 해석과, 2) '나의 말이 너희의 생각을 바꿀 수 있기를 바란다'라는 해석이 그것이다. 1)의 의미로 이해되는 경우가 많지만, 2)도 충분히 가능한 해석이다. 욥은 이어지는 7-13절에서 인과응보의 원리가 적용되지 않는 현실을 근거로 규범적 지혜에 고착된 친구들의 생각을 변화시키려고 애쓰고 있다.

욥은 자신의 말이 사람에 대한 것이 아니라고 한다(4절). 여기서도 시아흐(שִׂיחַ)는 "원망"보다는 중립적인 의미의 '말'로 이해하는 것이 적절하다. 욥 자신의 고난은, 악인이 자기가 놓은 덫에 스스로 걸리듯 인간의 행위로 인해 발생한 것이 아니라, 하나님께서 주권적으로 행하시는 일이다. 4절의 "조급"이라는 개역개정의 번역은 어원적으로도 문맥적으로도 그리 적절한 번역으로 보기 어렵다. 호흡이 가빠지고 숨을 못 쉴 정도가 된 것을 뜻하는데, 깊은 괴로움과 마음의 번민을 나타낸다(유사한 표현이 등장하는 민 21:4과 삿 16:16 참조). 욥이 당하는 고난은 하나님께서 주신 '까닭 없는', 즉 이유를 알 수 없는 고난이기 때문에 괴로움이 가중된다. 고통이 발생하는 원인이나 이유를 알면 그에 대한 해결책도 생기는데, 하나님의 절대적인 주권하에 벌어지는 일이기 때문에 욥으로서는 할 수 있는 것이 아무것도 없다.

욥은 다시 한번 자신을 보아 달라고 부탁한다(욥 21:5). 자신의 말을 진심으로 귀 기울여 들어 달라는 부탁이다. "너희가 나를 보면"으로 번역된 구절을 직역하면 '너희는 나에게 몸을 돌려라/향해라'가 된다. 욥이 처한 상황과는 관계없는 규범적 지혜의 일반론만 얘기하지 말고, 친구인 욥이 어떠한 상태인지 어떠한 말을 하는지 제대로 이해할 수 있도록 친구들의 몸을 자신을 향해 돌려 똑바로 봐 달라고 부탁한다. 그리고 입을 다물고 자신의 말에 진정으로 귀를 기울여 달라고 요청한다. 이것은 이후에 나오는 '현실을 직시하라'라는 요청과 맥이 닿아 있다.

5절과 6절에는 놀람과 두려움이 언급되는데, 좁게는 욥 자신이 처한 고통이 얼마나 끔찍한가를 토로하는 것이면서, 보다 넓게는 규범적 지혜의 인과응보 원리가 무너진 현실(7-13절)에 대한 놀람과 공포를 지칭하는 것일 수도 있다. 인과응보의 원리가 무너진 현실은 결코 '당연한 것'이 아니다. '그러면 안 되는 것'이다.

7-16절 반성적 지혜의 근거로서의 현실 친구들이 말하는 규범적 지혜의 작동 원리에 대한 욥의 반문은 이것이다(7절의 의문문은 다음의 세 질문으로 나누어진다): 1) 다 죽고 없어져 눈앞에서 사라져야 할 악인들이 지금도 저렇게 많이 살아 있는 이유는 무엇인가?; 2) 악인들이 잠시 강성할 수는 있지만 그들은 제 수명을 다 살지 못하고 죽는다고 했는데, 그렇다면 왜 그들은 가까스로 생존하는 정도가 아니라 천수를 누리며 살고 있는가?; 3) 그냥 오래 사는 것 정도가 아니라 왜 악인들은 힘이 세고 또 날이 갈수록 점점 더 힘이 세지는가?

친구들의 규범적 지혜대로라면 악인들은 후손이 없거나(18:19) 있어도 가난한 자에게까지 구걸하며 빌어먹는 비참한 신세로 살아감이 마땅한데(20:10), 현실은 그렇지 않다. 악인들 옆에는 후손들이 튼튼히 버티고 서 있고, 그들은 장수해서 자손들을 직접 눈으로 본다(21:8). 하나님의 '진노의 막대기'가 악인들에게 임하는 것이 당연한 '원리'인데, 그들의 처소는 아무 걱정 없이 평안하다. 그들의 집은 "사람이 피우지 않은 불이 그를 멸하며 그 장막에 남은 것을 해치리라"(20:26)라는 소발의 말대로 되어야 하는데, 왜 그런 일이 벌어지지 않는가? 욥 자신에게 임한 '하나님의 매'(9:34)가 오히려 저들에게는 임하지 않는다.

욥에게 끔찍한 재앙이 임한 것과는 정반대로, 악인들은 그들의 소유물과 자손들까지 복을 누리고 있다. 그들의 수소는 씨를 퍼뜨리는 데 실패가 없고 암소들은 새끼를 낳는 데 실패가 없다(21:10). 악인의 후손들은 춤추며 뛰놀고 악기를 연주하고 노래를 부르며 행복해한다(11-13절). 그들은 자신에게 주어진 삶을 끝까지 다 살고 나서 아무런 고통 없이 죽음을 맞이한다(13절).

악인들은 곧 지혜가 없는 무지자이다. 그들은 하나님의 뜻을 알지 못하고 알려고도 하지 않는다. 그들은 감히 하나님께 '당신의 법도를 아는 것에 우리는 관심이 없소'라는 소리를 할 정도로 교만한 무지자이다(14절). 전능한 신이 과연 있기나 하냐고 묻고, 그분을 만나는(개역개정: "기도한들") 일이 대체 자신들에게 무슨 유익이 있냐고 묻는다(15절).

여기서 '유익'이라는 단어에 주목할 필요가 있다. 신앙의 효용성을 묻는 질문이다. 하나님을 섬기는 것이 어떠한 이익을 가져다줄 수 있느냐 하는 문제는 바로 '까닭 없는 신앙이 가능한가'라는 사탄의 질문과 연결된다. 욥이 하나님을 신뢰하고 하나님 앞에 의인이자 지혜자로 살아가는 이유는 그만한 대가를 하나님께로부터 지불받기 때문이라는 것이 사탄의 주장이었다. 하나님을 믿는 신앙은 좋은 것을 얻기 위한 투자이다. '유익'이 있기 때문에 신앙이 유지된다. 그렇기에 마땅히 누려야 할 보상이 없으면, 즉 투자의 효용가치가 사라지면 욥은 하나님에 대한 신앙을 버릴 것이라는 주장이다. 21장의 욥은 지금 '투자로서의 신앙'을 반박하고 있다. 그런 생각은 악인들이나 하는 생각이다.

15절은 동시에, 욥의 반성적 지혜가 '무익한 말', 즉 아무 효용 가치가 없는 것(לֹא־יוֹעִיל로-요일)이라는 엘리바스의 말을 겨냥하기도 한다(15:3). 선과 악의 구분이 분명하고, 의인과 지혜자에게는 복이, 악인과 무지자에게는 벌이 임하는 선명한 이분법이 소위 '종교 장사'에는 훨씬 유리하다. '유익'이 있기 때문이다. 하나님을 믿으면 무화과나무와 포도나무에 풍성한 열매가 맺히고 외양간이 소 떼와 양 떼로 넘쳐 난다고 가르쳐야 장사가 된다. 하박국과 욥의 신앙은 '무익'하다.

이렇듯 욥이 서술하는 악인들의 '현실'은 친구들의 '이론'과 전혀 다르다. 현실은 인과응보의 원리에 따라서만 움직이지 않는다. 자자손손 이어지는 악인들의 행복과 번영은 그들의 손으로 직접 일군 것이 아니다("그들의 손안에 있지 아니하니"). 뿌린 대로 거둔 것이 아니라는 말이다. 욥 자신은 이러한 악인들의 패거리에 속해 있지 않다. 아짜트 레샤임(עֲצַת רְשָׁעִים)은 "악인의 계획"보다는 '악인의 무리'로 이해하는 것이 적절하다. 욥이 악인의 무리에 속해 있지 않다는 의미는 중의적인 의미를 가진다. 첫째, 악한 자들에게 벌어지는 일이 욥 자신에게는 일어나지 않는다는 의미일 수 있다. 악인에게조차 행복과 번영이 주어지는데 하나님의 뜻에 따라 살아온 자신에게는 그것이 허락되지 않았다는 탄식일 수 있다. 둘째, 신앙을 효용 가치로 평가하는 무리 속에 가담하는 것을 거부하는 표현으로 이해할 수 있다. 1-2장에서 고백한 욥의 신앙은 이미 대가를 초월한 신앙이었다.

욥기 21장 17-34절

반성적 지혜는 '과연 그런가'라는 질문을 던지는 지혜이다. 뿌린 대로 거두는 원리 자체를 부정하는 것이 아니다. 그 원리를 다른 관점에서 바라보거나 그 원리가 적용되지 않는 예외도 존재한다는 것을 지적한다. 그럼으로써 하나의 고정된 원리의 틀 안에서만 창조세계를 바라보려 하지 말고 우선 현실에 벌어지는 일들을 직시하라고 가르친다. 이것은 동시에 하나님을 어느 특정한 원리 안에 가둬 둘 수 없다는 신앙 고백이기도 하다.

A. 17–22절	욥의 반론 (1): 악인이 고통받는 것은 언제인가
B. 23–26절	욥의 반론 (2): 불평등하고 불공정한 현실
C. 27–34절	반성적 지혜: 현실을 신앙의 눈으로 왜곡하지 말라

더바이블 욥기 21장 17-34절

17 악인들의 등불이 꺼지고

재앙이 그들에게 닥치고

그분의 노하심으로 멸망을 당하는가

18 그들이 바람 앞의 갈대 같고

폭풍에 휩쓸려 가는 겨처럼 되는가

19 하나님께서 자녀에게 물려줄 악인의 재산을 감추시는가

그에게 악을 되갚아 주어 그로 하여금 깨닫게 하시는가

20 자신의 눈으로 스스로의 멸망을 보게 되고

전능자의 진노를 마시게 되는가

21 그런데 그의 사후에도 그의 집에 기쁨이 가득하다면

개역개정과의 비교

17절 그들을 곤고하게 하심이: 동사의 어근 할라끄(חלק)는 '부여하다, 할당하다'라는 의미이다. "곤고"로 번역된 하발림(חֲבָלִים)은 줄이나 끈이라는 뜻으로 많이 쓰이는데 이 문맥에는 적합하지 않고, 아마도 '이빨, 어금니'에서 파생된 '파괴, 파멸'이라는 의미로 여겨진다. 이 뜻으로 사용된 경우는 이 구절을 제외하고 미 2:10("멸망")이 있다.

20절 자기의 멸망을: 명사 키드(כִּיד)는 성경에서 이 구절에 단 한 번 나온다(*hapax*). 아람어에서는 사기나 속임, 혹은 전쟁을 의미하는 단어이다. 이 문맥에서는 "진노"와 평행어이므로 '전쟁'과 연결된 "멸망"이라는 의미가 적절해 보인다.

21절 그의 달 수가 다하면 자기 집에 대하여 무슨 관계가 있겠느냐: 어근 하짜쯔(חצץ)는 '나누다, 끝나다'라는 의미이다. 하반절은 '그의 달들의 수가 끝난다'라고 직역할 수 있는데, 단순히 죽음을 의미하는 것인지, 충분한 수명을 다 살지 못하고 죽는 것을 의미하는지 명확하지 않다.

그의 수명이 좀 줄어든다고 해서 무슨 상관이겠나

22 그분은 높은 자들을 심판하시는 분인데
대체 누가 하나님께 지식을 가르친단 말인가

23 죽을 때도 기운이 넘치고
모든 것이 아주 평안하고 편안하고
24 그의 옆구리엔 살이 넉넉히 쪄 있고
뼈 안의 골수까지 풍족한 사람이 있는 반면에
25 태어나서 한 번도 좋은 것을 맛보지 못하고
고통스럽게 죽는 사람도 있다네
26 그 둘이 함께 흙 위에 눕고
구더기가 그들 위에 덮힌다네

27 자 나에게 폭력을 가하는 자네들의 생각과

23절 죽도록 기운이 충실하여: 직역하면 '그의 온전한 뼈로'이다. 개역개정의 번역처럼 '뼈'라는 단어를 "기운"으로 해석해서, 충만한 기운을 죽을 때까지 유지한다는 의미로 해석할 수 있다. 다른 해석으로는, 에쩸(עֶצֶם)이 '바로 그'라는 강조의 의미로 사용되는 경우가 많기 때문에, 하나님께서 주신 생명을 하나도 남김없이 다 살고 죽는 것을 뜻할 수도 있다.

24절 그의 그릇에는 젖이 가득하며: "그릇"이라는 번역은 번역자의 임의적 의역이다. 아띤(עֲטִין)은 중세 히브리어에서는 올리브기름을 짠 것을 뜻하고, 아람어(시리아어)에서는 '옆구리'나 '허벅지'를 뜻한다. 후자의 의미가 문맥적 적합성이 높기 때문에 이 구절은 '옆구리(혹은 허벅지)에 지방질이 많다', 즉 살이 쪘다는 뜻으로 이해하는 것이 평행구인 하반절과 잘 어울린다.

자네들의 논리를 내가 잘 알고 있다네
28 그 거만한 사람의 집이 어디 있으며
악인들이 머무는 처소가 어디 있느냐고 자네들은 말했지
29 길 가는 사람을 붙잡고 물어보면
누구나 자네들에게 알려 줄 걸세
30 악한 자에게 어둠이 드리우는 재앙의 날에
그들이 저세상으로 건너가는 날에
31 대체 누가 그에게 그가 살아온 삶에 대해 말해 줄 것이며
대체 누가 그가 한 짓들을 되갚아 주겠는가
32 그는 단지 무덤으로 옮겨질 뿐이며
그 무덤 속에 머물러 있을 뿐이라네
33 그에게는 진흙 덩어리마저 달게 느껴질 것이네
그 앞에 수많은 사람들이 있었던 것처럼
수많은 사람들이 그의 뒤를 따르고 있다네
34 그런데 자네들은 대체 어떻게 그 말도 안 되는 것으로
내 생각을 바꾸려고 하는가
자네들의 답변은 결국 가짜일 뿐이라네

32절 무덤을 지키리라: 하반절의 "무덤"은 '묘비'를 뜻하는 단어가 사용되었다. 죽은 자의 영혼이 무덤 혹은 묘비 안에 머물러 있다는 내세관에 대해서는 배경 이해 참조.

33절 그보다 앞서 갔으며: 과거와 선조는 앞에 있고 미래와 후손은 뒤에 있다는 시간관이 잘 나타나 있는 표현이다.

34절 나를 헛되이 위로하려느냐: '헛된 말로 내 생각을 바꾸려고 하는가'로 해석할 수 있다.

욥기 21장 17-34절 해설

배경 이해

죽은 자의 영혼(נֶפֶשׁ네페쉬)이 무덤 혹은 묘비에 머물러 있다는 개념은 주전 8세기 아람어(정확히는, 아람어의 방언 중 하나인 삼알어)로 쓰인 카투무와 비문(Katumuwa Inscription)에 잘 나타나 있다. 죽은 자를 위한 제사 의식을 지시하는 비문에는 '이 묘비 안에 있는 내 영혼'을 위해서 매년 양 한 마리를 바치라고 기록되어 있다. 참고로, 이 비문은 고대 도시국가 삼알(Sam'al)에 해당하는 튀르키예 남부의 진절리(Zincirli)에서 2008년 시카고대학교 고고학 팀에 의해 발굴되었다.

본문 이해

17-22절 욥의 반론 (1): 악인이 고통받는 것이 언제인가 욥의 반론이 계속된다. "악인의 빛은 꺼지고 그의 불꽃은 빛나지 않을 것이요"(18:5)라는 빌닷의 진술에 의문을 제기한다. 과연 그런가? 전치사와 의문사로 이루어진 캄마(כַּמָּה)는 '얼마나 그런가?', '어느 정도 그런가?'라는 뜻이다. 악인의 삶을 밝게 비추는 등불은 머지않아 꺼진다는데, 얼마나 오래 기다려야 그 불이 꺼지는가? 혹은, 그런 경우가 얼마나 되는가? 그에게 하나님의 진노가 내린다는데, 대체 언제까지 기다려야 하는가?

이어지는 18절도 의문사 캄마에 종속된다. 악인의 운명은 마치 바람에 날리는 겨와 같다는 얘기는 성경에 흔하게 등장하는데(시 1:4, 35:5, 83:13, 15; 잠 1:27, 10:25; 사 17:13, 29:5; 렘 13:24; 호 13:3 등) 왜 그러한 일이 현실에서는 경험하기 어려운가? 18절을 평서문으로 번역한 개역개정의 번역은 문맥에 맞지 않다. 17절의 캄마에 종속되는 의문문으로 번역하는 것이 적절하다.

19-20절도 17절부터 이어지는 의문문의 연속으로 볼 수 있다: 하나님께서 악인의 재산("죄악"이 아니라)을 그의 자녀들에게 주지 않으시려고 숨겨 두신다고? 하나님께서는 악인이 뿌린 대로 그에게 악으로 갚아 주신다고(19절)? 악인은 자신의 멸망을 자신의 눈으로 직접 보게 된다고? 그가 전능하신 분의 진노를 삼키게 된다고(20절)?

혹은 본문을 평서문으로 본다면, 인과응보의 법칙이 후손에게 이어지는 것이 아니라 악을 행한 개인이 자신의 행동의 결과에 책임을 져야 한다는 의미로 이해될 수 있다. 즉, 하나님은 악인들의 죄악을 쌓아 두셨다가 자녀들에게 갚으신다고 하지만 그것은 정당한 인과응보의 법칙이 아니다. 악을 저지른 그 사람이 자신의 행위의 결과로서 재앙을 당해서 자신의 잘못을 깨닫도록 해야 한다(19절). 그래서 그가 자신의 눈으로 멸망을 목도하고 하나님의 재앙을 직접 경험하게 해야 한다(20절).

21절의 하반절은 직역하면 '그의 달들의 수가 끝난다, 혹은 쪼개진다'인데, 동사를 '끝나다'로 해석하면 수명을 다 살고 죽는 것을 의미하고, '쪼개지다, 나누다'로 이해하면 수명이 줄어드는 것을 뜻하게 된다. 21절은 그의 사후에도 그의 집에 기쁨이 가득하다면 그가 죽은들, 혹은 그의 수명이 좀 줄어든다고 해서 그것이 무슨 대수냐는 의미이다.

규범적 지혜에 따르면 이런 일이 일어나서는 안 된다. 만약 현실이 이렇다면 그것은 하나님이 잘못하시는 것이다. 욥은 절대주권자이신 하나님을 상자 안에 가둘 수 없다고 말한다. 누가 하나님께 옳고 그름을 가르칠 수 있겠는가(22절)? 하나님의 판단에 반론을 제기할 수 없다는 얘기는 친구들의 주장이기도 하다(11:10). 그러나 그보다는 욥의 말에서 보다 선명하게 이 주제가 제기된다(9:19, 32). 욥의 친구들은 욥에게 내린 재앙이 곧 욥이 악인이고 죄인이라는 하나님의 심판이므로 악인이라는 사실을 스스로 인정하라는 의미로 이 말을 한다. 하지만 욥에게 이 주장은, 악인에게 그에 합당한 벌이 임하지 않는 것 역시도 하나님의 판단이고, 마찬가지로, 악인에게나 걸맞는 재앙이 무죄한 자에게 임하더라도 그것 역시 하나님의 판단이므로 인간은 하나님께 반론을 제기할 수 없다는 의미를 지닌다.

23-26절 욥의 반론 (2): 불평등하고 불공정한 현실 욥은 의인과 악인의 이분법만으로는 현실을 충분히 담아낼 수 없다고 말한다. 이런 사람도 있고 저런 사람도 있다. 누군가의 삶은 모든 것이 아주 평안하고 편안해서 옆구리나 허벅지에 살이 찌고("그의 그릇에는 젖이 가득하며"의 대안적 해석) 뼈 안의 골수까지 풍족한 사람이 있는 반

면에(21:24), 또 누군가는 평생토록 한 번도 좋은 것을 맛보지 못하고 고통스럽게 살다가 죽음을 맞이하는 사람도 있다(25절). 중요한 것은 이 두 경우를 묘사하면서 욥이 선악 개념, 의인과 악인의 이분법을 적용하지 않는다는 점이다. 잘 먹고 잘사는 사람에게 의인이라는 단서를 달지 않는다. 삶에서 고통만 겪은 사람에게 악인이라는 딱지를 붙이지 않는다. 인과응보의 보상 원리와 무관한 현실을 묘사하고 있다.

여기서 한 걸음 더 나아가, 평생 행복하게 살았든 고통 속에 살았든 간에 그 둘 모두에게 죽음이 찾아온다(26절). 죽음 앞에서는 모두 동일하다는 주제는 반성적 지혜가 다루는 중요한 주제 중 하나이다. 욥기 3장에서도 욥은 죽음의 세계를 선악 이분법과 인과응보의 원리가 무너진 세계로 묘사한다. 전도서도 죽음이 지혜자와 우매자 모두에게 찾아오며, 심지어 사람이나 짐승이나 죽음 앞에서는 모두 동일한 존재라는 것을 강조한다(전 2:14-16, 3:17-21). 반성적 지혜에서 '모두가 죽는다'라는 당연한 사실을 중요하게 다루는 이유는 규범적 지혜가 이 사실에 침묵하고 있기 때문이다. '의인에게는 생명이, 악인에게는 멸망이'라는 이분법과 '인간은 모두 죽는다'라는 사실은 서로 충돌한다.

27-34절 반성적 지혜: 현실을 신앙의 눈으로 왜곡하지 말라 욥은 친구들의 인과응보 논리가 자신에게는 '폭력'이 된다는 것을 분명히 밝힌다. 27절에서 "해하려는"으로 번역된 단어 하마쓰(חמס)는

상호 관계에 있어서 구체적이고 실질적인 폭력을 의미하는 단어이다(창 6:11, 13, 16:5, 49:5; 출 23:1; 신 19:16; 삿 9:24; 삼하 22:3, 22:49; 대상 12:18 등). 인과응보의 원리 안에 욥을 가두는 것은 폭력이다. 마찬가지로 하나님을 이 원리 안에 가두는 것도 하나님에 대한 폭력이다.

하나님의 징벌을 피한 악인은 존재할 수 없다는 친구들의 말에(욥 21:28) 욥은 길 가는 사람 아무나 붙잡고 물어보면 다들 알려 줄 거라 말한다(29절). 규범의 예외는 실제로 그렇게 드문 일이 아니다. 28절의 '너희는 말했다'로 시작하는 인용문은 사실 정확한 인용문은 아니다. 그러나 악인들의 집(장막)은 멸망을 피하지 못한다는 식의 주장은 친구들에게서 반복되는 발언이다(8:15, 15:34, 18:15, 21, 20:28).

30절과 31절은 조건절과 주절의 관계로 해석하는 것이 적절해 보인다: '악한 자에게 어둠이 드리우는 재앙의 날에, 그들이 저세상으로 건너가는 날에(21:30), 대체 누가 그에게 그가 살아온 삶에 대해 말해 줄 것이며 대체 누가 그가 한 짓들을 되갚아 주겠는가(31절)?' 악인이 죽고 난 후라면 그가 저지른 악에 대한 보응을 그 악인에게 되갚아 줄 수 없다는 것도 인과응보의 보상 논리에 위배되는 것이다. 악인의 결말은 의인과 매한가지로 죽음이다. 그는 단지 무덤으로 옮겨져서 그 묘비 속에 머물러 있다(32절). 32절 하반절을 "사람이 그 무덤을 지키리라"로 해석한 것은 동사 이쉬꼬드(יִשְׁקוֹד)의 3인칭 단수 주어를 불특정한 누군가로 판단한 것이다. 동사 샤까드(שׁקד)는 타동사로 '지키다'라는 의미가 있지만 이 문장에서는 목적어 없는 자동사로 쓰였다. 자동사로서 이 단어는 '깨어 있다'라는 의미로 쓰인다(시 127:1). 죽은 자의 영혼이 묘비 안에 머물러 있다는 생각에 대해서는 배경 이해를 참조하라.

"골짜기의 흙덩이를 달게 여기리니"(욥 21:33)는 26절의 "흙 속에 눕고 그들 위에 구더기가 덮이는구나"와 마찬가지로 죽어서 무덤에 매장된 상태를 가리킨다. 이 운명은 이전의 수많은 사람들뿐 아니라 앞으로 올 수많은 사람들에게도 동일하게 적용된다(33절).

욥은 마지막으로 친구들의 진술은 헛된 말이며, 그들이 욥을 위로하려는 것 혹은 생각을 바꾸려는 시도는 실패한 시도라고 평가한다. 왜냐하면 그들의 말은 사실에 기반하고 있지 않은 "거짓"이기 때문이다(34절). 있는 그대로의 현실에 기반하지 않은 이론은 헛된 것이고 거짓이다.

욥기 22장

욥과 친구들 사이의 세 번째 논쟁이 시작되었고, 이번에도 엘리바스가 포문을 연다. 이것이 엘리바스의 마지막 발언이다. 이번 발언의 특징은 규범적 지혜의 일반적인 진술에 그치지 않고 욥의 죄를 구체적으로 열거한다. 물론 엘리바스가 언급하는 욥의 죄는 직접 목격한 사실에 근거한 것이 아니라 인과응보의 원리에서 추론해 낸 것이다.

A. 1–5절	징벌은 죄의 증거이다
B. 6–11절	욥이 지은 죄와 그로 인한 결과
C. 12–20절	하나님에 대한 욥의 잘못된 생각
D. 21–30절	의인에게 임하는 복

더바이블 욥기 22장

1 데만 사람 엘리바스가 대답했다.

2 지혜가 사람에게 유익하다 해도
사람이 하나님께 무슨 쓸모가 있을 거라 생각하는가

3 자네의 의로움 따위가 하나님께 무슨 기쁨이 되겠는가
자네의 행실이 아무리 올바르다 해도
그것이 그분께 무슨 유익이 되겠는가

4 겨우 자네 하나 하나님을 경외하게 만드시려고
그분께서 자네를 꾸짖고 자네를 심판하신다고 생각하는가

5 그건 단지 자네의 죄가 크기 때문이고
자네의 잘못이 끝없기 때문 아닌가

6 그건 자네가 아무 이유 없이 자네 형제를 갈취하고
입을 것이 아무것도 없는 자의 의복마저도 빼앗았기 때문이네

개역개정과의 비교

6절 형제를 볼모로 잡으며: 하발(חבל)은 좁게는 담보를 잡고 돈을 빌려주는 것을 의미하는데, 넓은 의미로는 갈취하고 억압하는 것을 의미하기도 한다(겔 18:16; 느 1:7 참조). '아무 이유 없이'(חִנָּם 힌남)는 돈을 빌려주지 않았음에도 담보물을 잡는 것을 가리키는 것으로, 부당하게 남의 것을 빼앗는 것을 뜻한다.

6절 헐벗은 자의 의복을 벗기며: 직역하면 '나체인 사람들의 의복을 너는 벗긴다'가 된다. 이미 아무것도 입지 않은 사람의 옷을 빼앗을 수는 없다. 이 문장은 욥의 죄를 극단적으로 과장하는 수사법을 사용한다.

7 자네가 목마른 자에게 물을 주지 않았으며
쫄쫄 굶은 자에게 음식을 주지 않았기 때문이네

8 땅은 힘이 있는 자의 것이며
높은 자가 거기 거하는 법이네
9 반면에 자네는 과부들을 빈손으로 돌려보냈고
고아들의 팔을 부서뜨려 버렸다네
10 그래서 자네 주위에는 온통 함정들뿐이며
갑작스런 공포가 자네를 사로잡은 것이네
11 어둠이 자네 눈을 가리고
홍수가 자네를 덮은 것이라네
12 하나님께서는 저 하늘 높이 계시지 않은가
저 꼭대기에 있는 별들이 얼마나 높은지 보게나
13 그런데 자네는 하나님이 대체 뭘 아시겠는가
저 먹구름 속에서 뭘 심판하시겠냐 하며
14 구름이 가려서 그분은 보지 못하시고
단지 하늘의 궁도를 걸어 다니실 뿐이라고 말하고 있네
15 자네는 정말 악인들이 옛적부터 걸어온

8절 존귀한 자: 직역하면 '얼굴이 들린 자'이다. 두 가지 의미로 이해된다: 1) 지위나 신분이 높은 자, 2) 하나님의 선택을 받은 자 = 하나님이 편애하는 자.

14절 둥근 하늘: 후그 샤마임(חוּג שָׁמַיִם)은 직역하면 '하늘의 둥근 것'이다. 해와 달, 별이 움직이는 하늘의 궁도를 의미하는 것으로 보인다.

15절 옛적 길: "옛적"이라고 번역된 단어는 올람(עוֹלָם)이다. 주로 '영원'(eternity)

그 전형적인 길을 그대로 따르고 있다네

16 그들은 수명을 다 살지 못하고 휩쓸려 가고

그들의 터전은 물에 잠겨 버린다네

17 그들은 하나님께 이렇게 말한다네

우리에게서 떠나세요

대체 전능자가 할 수 있는 일이 있기나 한가요

18 그분께서 그들의 집에 온갖 좋은 것으로 가득 채우셔도

그들은 이렇게 말한다네

이런 악인들이 하는 짓거리들은 나와는 거리가 멀다네

19 의로운 사람들은 이들을 보고는 기뻐한다네

죄 없는 자들은 이들을 이렇게 조롱한다네

20 우리를 공격하던 자들이 끊어졌구나

불이 그 놈들을 하나도 남김없이 살라 버렸구나

21 제발 자네는 부디 그분의 뜻에 따르고

그분 안에서 온전해지게

그러면 온갖 좋은 것이 자네에게 올 것일세

22 제발 그분의 입에서 나오는 가르침을 받아들이게

부디 그분의 말씀을 자네 가슴속에 담아 두게나

으로 번역되는 이 단어의 어원은 '감추어진 것'으로서, 아주 오래된 옛날을 의미한다.

18절 악인의 계획은 나에게서 머니라: 앞 장의 욥의 말(21:16)과 완전히 동일한 표현이다. 논쟁에 있어서 상대방과 같은 말을 다른 의미로 사용하는 수사법이 사용되었다.

23 만약 자네가 그분께로 돌아간다면 자네는 다시 서게 될 것이네
자네가 자네의 처소에서 악을 멀리 치워 버리면 말일세
24 금을 땅에 버려두고
귀한 금을 계곡의 돌 위에 두어 보게
25 그러면 전능자께서 자네의 금이 될 것이며
자네에게 귀한 은이 될 것이네
26 그때 비로소 자네는 전능자로 인해 기뻐할 것이며
자네의 얼굴을 하나님께로 들 것이네
27 자네가 그분께 기도하면 그분께서 들으실 것이며
자네가 기도한 대로 될 것이네
28 자네가 말한 대로 자네에게 이루어질 것이며
자네가 가는 길에 빛이 비추일 것이네
29 그러면 자네는 이렇게 고백할 것이라네

24절 오빌의 금: 오피르(אוֹפִיר)는 이국적인 지명으로서 금이 많은 땅을 지칭한다. 그 위치에 대해서는 학자들의 견해가 다양하다: 아라비아, 인도, 동아프리카 혹은 남아프리카 등.

28절 네가 무엇을 결정하면: 원문을 직역하면 '말을 자르다'이다. '결정하다'라는 뜻을 가진 숙어이다.

29절 사람들이 너를 낮추거든 너는 교만했노라고 말하라: 이 문장은 해석하기 어렵다. 문장의 순서대로 번역하면 '그들이 낮출 때 너는 높음(교만)이라고 말한다'가 된다. 여기서 낮추는 행위를 하는 복수의 주체가 누구인지, 교만 혹은 높음이 누구를 지칭하는 표현인지 명확하지 않다. 평행법의 관점에서 밧토메르(וַתֹּאמֶר)가 중간에 삽입된 도치구문으로 보는 것이 가능하고 적절한 문장 이해로 여겨진다. 여기서, 낮추는 행위를 하는 복수 주어와 구원하는 단수 주어 모두 하나님을 가리킨다고 보는 것도 충분히 가능하다(욥 22:21 참조).

그분은 교만한 자를 낮추시고
겸손한 자를 구원하신다고
30 그분께서는 죄 없는 자를 건지실 것이라네
자네가 손을 깨끗이 하면 구원받을 것이란 말일세

욥기 22장 해설

배경 이해

규범적 지혜보다 반성적 지혜에서 하나님과 인간 사이의 차이를 더욱 확실하게 강조한다. 그것은 하나님이 인간사를 알지 못하거나 아무런 개입을 하지 않으신다고 주장하려는 것이 결코 아니다. 오히려 인간의 편에서, 하찮은 인간이 저 높은 하늘의 판단(심판)을 알 수 없다는 인간의 한계를 지적하는 것에 목적을 둔다. 천상에서 벌어진 일을 모르고 욥에게 지혜를 설파하는 엘리바스의 경우처럼 말이다.

본문 이해

1-5절 징벌은 죄의 증거이다 세 번째이자 마지막 엘리바스의 발언의 시작은 신앙의 '유익'에 대한 것이다. 15:3에서 욥의 반성적 지

30절 죄 없는 자가 아니라도 건지시리니: '죄 없는 자를 건지시리니'로 해석하는 것이 적절하다. 설명은 본문 이해 참조.

혜가 아무런 '유익'이 되지 않는다는 점을 지적했던 엘리바스의 생각은 바뀌지 않는다. '유익'을 의미하는 단어 싸칸(סכן)은 엘리바스와 그리고 후에 엘리후의 발언에서만 등장한다(15:3, 22:2, 21, 34:9, 35:3). 욥은, 그리고 욥기의 반성적 지혜는 신앙을 '유익'과 '이익'의 관점으로 바라보아서는 안 된다는 점을 강조한다. 그것은 악인들의 생각이고(21:15) 또한 사탄의 생각이다(1:9-11, 2:4-5). 후에 나올 엘리후는 하나님의 뜻에 맞게 올바르게 살아가는 의(= 지혜)가 인간에게 유익을 준다고 믿는다. 그리고 그것은 규범적 지혜의 관점에서는 사실이다. 패턴을 아는 것을 통해 재앙(넘어짐과 끊어짐, 패함)을 피할 수 있기 때문이다.

엘리바스의 신학은 여기에서 한 발 더 나아가, 의와 지혜가 인간에게는 유익이 되지만 그것이 곧 높으신 하나님께 유익이 되는 것은 아니라고 주장한다. 즉, 하나님은 자신의 유익을 위해 인간에게 지혜를 알려 주시는 것이 아니다. 오직 인간에게 도움이 되기 위해 알려 주시는 것이다. 엘리바스는 이 진술을 욥의 무죄 주장을 타파하기 위해 사용한다. 욥이 아무리 의로움과 온전함을 주장한다 해도 하나님이 보시기에는 충분하지 않다(22:3). 저 높은 곳에 계신 하나님은 겨우 욥 하나를 바로 잡기 위해 욥을 꾸짖고 심판하실 필요가 없다(4절). 욥으로 하여금 하나님을 경외하도록 만드는 것, 욥을 가르쳐서 하나님을 두려워하도록 만드는 것은 하나님께 아무런 "이익"이 되지 않는다(3절). 하나님마저도 '이익'의 원리에 따라 움직이시므로, 욥에게 재앙이 임한 것은 욥을 교육하고 지혜롭게 만드시기 위함이 아니라, 단순히 욥 자신의 죄 때문이다(5절). 기계적인 법칙인 인과응보의 규범이 작동한 것뿐이다.

6-11절 욥이 지은 죄와 그로 인한 결과 엘리바스는 욥이 지은, 정확히는 욥이 지었음이 분명한 죄악을 나열한다. 첫째, 그는 "까닭 없이 형제를 볼모로" 잡았다(6절 상반절). "볼모로 잡으며"로 번역된 동사는 하발(חבל)인데, 이것은 담보를 잡고 돈을 빌려주는 것을 의미한다. 여기에 욥기의 핵심단어 중 하나인 "까닭 없이"(חִנָּם 힌남)가 사용되는데, 이 문맥에서는 '(정당한) 대가를 지불하지 않고'의 의미로 이해하는 것이 적절하다. 즉, 욥은 사람들을 부당하게 갈취한 것이다. 상반절만으로는 어떤 것을 갈취했는지 목적어가 나와 있지 않지만, 하반절의 평행구가 그 빈 자리를 채워 준다. 소위 '계단식 평행법'(staircase parallelism)으로 불리는 것인데, 평행하는 구와 절이 의미를 보충해 주거나 선명하게 의미를 좁혀 주는 역할을 한다. 상반절의 "형제"는 "헐벗은 자"와 평행어로서, 둘을 합해 '헐벗은 형제'라는 표현이 완성되고, "볼모로 잡으며"와 "의복을 벗기며"가 합해져 '의복을 담보로 잡다'라는 상황이 선명해진다. 가난한 자의 옷을 담보로 잡는 것은 율법 규정에 어긋난다(신 24:17). 또한 담보를 잡는 일에 속임이나 착취가 있어서는 안 된다(레 6:2). 욥은 이러한 규범을 어겼기 때문에 하나님의 징벌을 받는 것이라는 주장이다.

둘째, 욥은 부유하면서도 가난한 자를 돕지 않았다(욥 22:7-9). 목마른 자와 주린 자에게 물과 음식을 주지 않았다(7절). 출애굽기부터 신명기까지의 율법에 이와 완전히 동일한 표현이 나와 있지는 않지만 약자를 보호하는 규정은 많이 있다(출 22:25, 23:11; 레 19:10, 23:22; 신 15:4-5, 7, 11 등). 잠언은 더 나아가, 원수에게까지 물과 음식을 제공하라고 가르친다(잠 25:21). 욥은 '얼굴이 들린 자'로서 땅을 소유하고 있는 힘 있는 자였다. '얼굴을 들다'라는 숙어는 '편애'(favoritism)를 의미한다(창 19:21, 32:21; 민 6:26; 신 28:50; 삼상 25:35 등). '얼굴이 들린 자'는 하나님의 특별한 사랑을 받은 사람으로서 사회적으로 높은 지위에 있는 사람이나 많은 존경을 받는 자를 뜻한다(왕하 5:1; 사 3:3, 9:15). 이런 위치에 있는 사람으로서 당연히 해야 할 규범을 지키지 못하고 "과부를 빈손으로 돌려보내며 고아의 팔을 꺾는" 것은 악이며 죄이다. 고아와 과부는 성경에서 사회적 약자(통칭 "가난한 자")를 대표하는 상징어이다. 이들을 보호하라는 명령과 이들을 도와주지 않거나 억압하는 것을 악으로 규정하는 성경구절은 매우 많다(출 22:22; 신 10:18, 14:29, 24:17, 19-21, 26:12-13, 27:19; 사 1:17, 23, 10:2; 렘 7:6, 22:3; 겔 22:7, 25; 슥 7:10; 말 3:5 등).

엘리바스에 의하면 욥이 당하는 현재의 고난은 위에서 열거한 욥의 죄악 때문이다. 자신이 지은 죄가 악을 저지른 자에게 "올무"와 "두려움"이 되는 것이다(욥 22:10). 악인은 자신이 파 놓은 함정으로 스스로 걸어 들어간다는 주제가 여기서도 반복된다. 고난은 "어둠"과 "홍수"라는 단어로 비유된다(11절). 하나님이 주신 재앙을 어둠으로 표현하는 것은 엘리바스의 말에서 자주 등장한다(5:14, 15:22, 23, 30). 욥이 처한 고통스런 현실에 대한 엘리바스의 진단은 한마디로, '까닭 없는 고난은 없다'이다. 사탄의 '까닭 없는 신앙은 없다'라는 주장과 일맥상통한다.

12-20절 하나님에 대한 욥의 잘못된 생각 악인이자 죄인인 욥은 하나님에 대한 생각도 잘못되었다. 옛적부터 악인들이 걸어온 전형적인 길을 욥 또한 그대로 걷고 있다(15절). 저 높은 하늘에 계신 하나님을 보고(12절) 악인은 하나님께서 만물을 주관하신다는 사실조차 깨닫지 못한다. 오히려 하나님은 구름 뒤에 계셔서 보이지 않으며 단지 하늘의 궁도를 걸어 다니실 뿐이라고 생각한다(14절). 그런 하나님이 구름 건너 이 땅에서 일어나는 세세한 일들을 아실 리가 없고 따라서 하찮은 일들을 일일이 심판하실 리가 없다는 것이 악인의 생각이다(13절). 악인들은 하나님으로부터 멀리 있기를 바라고(17절 상반절), 하나님이 인간 삶에 개입할 능력이 없다고 주장한다(17절 하반절). 그리고 엘리바스는 이 말을 욥이 했다고 말한다(13절). 물론 욥은 이런 얘기를 한 적이 없다. 욥은 오히려 그와 반대의 이야기를 했다(7:19-20, 10:4-6, 13:27, 14:3, 6, 16:9).

욥을 비롯한 악인들은 이러한 잘못과 하나님에 대한 그릇된 생각 때문에 자신의 수명을 다 살지 못하고 죽고("때가 이르기 전에 끊겨 버렸고") 그들의 집은 없어져 버리는 운명을 맞이한다(22:16). 엘리바스 자신은 이러한 악인들의 무리에 속하지 않았다고 말한다(18절 하반절). 이 표현은 욥의 표현을 그대로 모방한 것이다(21:16). 욥은 이 표현을 재앙이 임하지 않는 악인들의 경우를 묘사하며 사용했는데,

엘리바스는 전혀 다른 문맥에서 같은 표현을 사용한다. 죄로 인해 징벌을 받는 악인들과 자신은 다르다고. 누가복음 18:11의 바리새인의 기도("하나님이여 나는 다른 사람들 곧 토색, 불의, 간음을 하는 자들과 같지 아니하고 이 세리와도 같지 아니함을 감사하나이다")가 연상되는 대목이다.

21-30절 회개로의 요청과 의인에게 임하는 복 엘리바스의 마지막 조언은 하나님과의 관계를 온전히 하라는 것이다(욥 22:21). 흥미로운 것은 개역개정이 "화목하고"로 번역한 단어는 '유익이 되다'라는 뜻의 싸칸(סכן)이다. 히필형으로는 '익숙해지다'(민 22:30)나 '친해지다'(시 139:3)라는 의미로도 쓰인다. 하나님과 유익한 사귐의 관계로 들어가라는 조언이다. 하나님과의 관계가 회복되면 '유익'이 있고 유익한 결과가 주어진다. 그 결과는 하나님이 직접 귀한 "보화"와 "고귀한 은"이 되시며(욥 22:25), 기도하고 말하는 그대로 이루어지게 된다(27-28절). 여기에는 조건(까닭/이유)이 있다. 하나님의 말씀을 가슴속에 새기고(22절), 악을 멀리하고(23절), 자신의 소중한 것을 버리고(24절), 하나님을 바라봐야 하고(26절), 겸손해야 하며(29절), 손을 깨끗이 하고 죄 없는 상태가 되는 것이 그것이다(30절). 하나님은 이러한 '죄 없는 자'를 구원하신다. 이것이 엘리바스가, 그리고 규범적 지혜가 설명하는 하나님의 선하심이자 의로우심이다. 이로써 엘리바스는 모든 말을 마친다. 엘리바스의 정죄는 곧 욥에게 반박을 당하게 되고(23:10-12, 29:12-17, 31:7-40), 그리고 결국 하나

님에 의해서도 '우매'라는 판정을 받게 된다(42:7-8).

욥기 23장

악은 하나님을 멀리하는 것이며 악인은 하나님을 바라보지 않는 자라는 엘리바스의 말을 반박한다. 욥 자신은 간절히 하나님을 대면하여 자신이 틀리지 않았음을 입증받고 싶어 한다. 그러나 하나님께로부터 아무런 대답이 들리지 않는다. 욥은 정당한 판정이 내려지지 않는 현실에 고통스러워한다. 또한 욥의 죄를 열거한 엘리바스의 말을 반박하면서 자신은 하나님의 뜻에서 벗어난 적이 없음을 강조한다.

A. 1-9절	욥의 탄원: 그분께로 나아갈 수 있다면
B. 10-12절	욥의 무죄 주장
C. 13-17절	하나님의 절대주권

더바이블 욥기 23장

1 욥이 대답했다.

2 나는 너무 힘들어서 손을 들 힘조차 없지만

여전히 나는 거기에 반대할 수밖에 없네

3 아 내가 그분을 만날 수 있는 법을 알고 있다면

그분께서 계시는 곳에 갈 수만 있다면

4 그분 앞에 내 문제를 펼쳐 놓을 수만 있다면

그렇다면 내 입에는 할 말들이 가득할 텐데

5 그분께서 내게 하시는 말씀을 내가 알아들을 수만 있다면

개역개정과의 비교

2절 반항하는 마음: 메리(מְרִי)는 '반항, 저항, 반대'의 뜻을 지녔다.

2절 내가 받는 재앙이 탄식보다 무거움이라: 원문을 직역하면 '나의 손은 나의 탄식으로 인해 무겁다'이다. 개역개정의 "내가 받는 재앙이"라는 번역은 '손이 무겁다' 혹은 '무거운 손'이라는 표현이 압제자/억압자가 주는 재앙(삿 1:35; 삼상 5:6, 7, 11) 혹은 하나님의 징벌(시 32:4)을 나타내는 표현으로 사용되는 구절이 있기 때문이다. 그러나 이 번역은 본문을 야디(יָדִי '나의 손')가 아니라 야도(יָדוֹ '그의 손')로 수정한 해석이다. 칠십인역(LXX)과 페쉬타 등은 이 독법을 따르고 있다. 그러나 마소라 본문에 충실해서 해석하자면, '무거워서 움직이기 어려운 손'이라는 표현은 욥의 고통스런 현실을 나타내는 말로 이해할 수 있다. 또한 "(재앙이) 탄식보다 무거움이라"(개역개정)는 번역은 전치사 알(עַל)을 비교급으로 이해했는데, 비교급을 위해서는 전치사 민(מִן)의 사용이 일반적이다. 따라서, '나의 탄식보다'라는 해석보다 '나의 탄식으로 인해'라는 해석이 더 문법적이다.

3절 내가 어찌하면: 미-잇테인(מִי־יִתֵּן)은 불가능한 것을 가정하거나 소원할 때 사용되는 숙어적 표현이다. '~할 수 있다면 얼마나 좋겠는가'의 의미로 이해하면 좋다.

그분께서 내게 말씀하시는 것을 내가 이해할 수 있다면
6 과연 그분께서는 엄청난 힘으로 내게 반론을 늘어놓으실까
아니라네 오히려 그분은 나를 지지해 줄 것이라네
7 그곳에서는 올바른 판정이 내려져서
부디 내가 이 재판에서 영원히 풀려날 수 있기를

8 그러나 지금은 내가 앞으로 가도 그분이 안 계시며
뒤에서도 그분을 발견할 수 없다네
9 그분께서 왼쪽에서 행하셔도 내가 붙잡을 수 없고
그분이 오른쪽으로 향해 계셔도 나는 그분을 볼 수 없다네
10 내가 가는 길을 그분께서 아시니
그분께서 나를 꼼꼼히 조사해 보신다면
나는 아무 흠 없는 금으로 판정받을 것이라네
11 그분이 계시는 곳으로 내 발길이 따랐고
나는 치우치지 않고 항상 그분의 길에 머물러 있었다네
12 나는 절대 그분의 입술에서 나오는 명령에서 벗어나지 않았으며

6절 내 말을 들으시리라: 야심 비(יָשִׂם בִּי)는 직역하면 '그는 나에게 둔다'가 되는데, 정확한 의미를 알기 어렵다. 주로 레이브(לֵב) 등을 목적어로 취해서 '누구에게 마음을 주다, 주의를 기울이다' 등의 의미로 사용되는데(출 9:21; 신 32:46; 삼하 19:20; 사 41:22; 학 1:5, 7, 2:15, 18; 욥 1:8, 2:3; 단 1:8; 겔 44:5 등), 이 본문에는 목적어가 생략되어 있어서 의미를 파악하기 어렵다.

10절 그가 나를 단련하신 후에는 내가 순금같이 되어 나오리라: 이 구절은 다시 번역될 필요가 있다. 자세한 설명은 10절의 본문 이해를 보라.

12절 정한 음식보다 그의 입의 말씀을 귀히 여겼도다: 개역개정의 번역은 훅끼(חֻקִּי)

그분의 입에서 나오는 말씀을 내 가슴속에 잘 간직해 왔다네
13 그분이 한번 정하시면 누가 그 뜻을 돌이킬 수 있겠는가
그분은 자신이 마음먹은 것을 반드시 행하신다네
14 그래서 그분은 내게 지정하신 것을 반드시 이루실 것이네
이런 일들이 그분께는 많이 있다네
15 그렇기 때문에 나는 그분을 대하기가 무서운 것이라네
그분을 알게 되는 만큼 나는 그분을 두려워할 수밖에 없네
16 하나님께서는 나의 마음을 연약하게 하시며
전능자께서는 나를 두렵게 하신다네
17 어둠으로 인해서 흑암이 내 얼굴을 덮어서
내가 두려운 것이 아니라네

를 '정한 음식'('나에게 할당된 음식'이라는 의미)으로, 짜판티(צָפַנְתִּי)를 '나는 귀히 여겼다'로 해석한 것이다. 어근 짜판(צפן)은 '감추다 > 보관하다'의 의미로, 본문은 '나는 그의 입의 말씀을 잘 간직하고 있다'로 이해된다. 훅끼(חֻקִּי)에 대한 다른 제안으로는 '가슴'이라는 뜻의 헤이끄(חֵק)로 수정해서 읽는 독법이 있다. 칠십인역(LXX)이 이 독법을 따른다. 그렇다면 이 문장의 의미는 '나는 그분의 입에서 나온 말을 내 가슴에 잘 간직하고 있다'라는 뜻으로 이해된다. 이 독법이 상반절의 '나는 그의 입술에서 나온 명령을 어기지 않았다'라는 문장과 잘 어울린다.

15절 지각을 얻어: 히트파엘 패턴은 재귀적, 상호적, 반복적인 의미가 있다. 재귀적인 의미라면 '스스로 지각/지혜를 갖추다'라는 의미가 되고, 반복적인 의미라면 '내가 그분을 알게 되는 만큼 (나는 그분을 두려워하게 된다)'의 의미로 해석될 수 있다.

욥기 23장 해설

배경 이해

엘리바스의 세 번째이자 마지막 말도 그의 앞선 두 번의 말에서 새롭게 바뀐 것은 없다. 욥의 대답이 친구들의 생각에 변화를 주지는 못했다. 그것은 욥도 마찬가지이다. 친구들의 지혜로 인해 몰랐던 것을 깨닫거나 새로운 인식에 눈을 뜨지 않는다. 규범적 지혜와 반성적 지혜는 계속 평행선을 그으며 각자의 주장을 열거하고 있고, 그것은 세 번째 라운드에 오면 더 심해지는 양상을 보인다. 각자가 자신의 말만 하고 있다.

본문 이해

1-9절 욥의 탄원: 그분께로 나아갈 수 있다면 23장은 이전에 나온 주제(욥의 무죄 주장과 하나님의 절대주권)를 반복하면서 엘리바스의 주장을 반박한다. 이번 욥의 말은 "반항하는 마음"으로 시작한다. 히브리어 메리(מְרִי)는 '저항, 반항, 반역'의 의미로 사용된다(민 17:10; 신 31:27; 삼상 15:23; 사 30:9; 겔 2:5 등). 흔히 '고집스러움과 완고함'이라는 단어와 함께 하나님의 뜻에 굴복하지 않는 무지함을 지칭할 때 사용된다. 이 단어가 주로 하나님을 향한 반항을 의미할 때 쓰인다는 사실로 인해 곧 욥의 말에서도 동일한 의미를 가진다고 볼 수는 없다. 이 "반항"은 엘리바스의 말에 대한 저항으로 읽힐 수 있다. 하반절의 원문을 직역하면 '나의 손은 나의 탄식으로 인해 무

겁다'이다. 개역개정의 "내가 받는 재앙이"라는 해석은 '나의 손'을 하나님의 손으로 이해한 칠십인역(LXX)이나 페쉬타의 독법을 따라 절충한 해석이다. 마소라 본문에 충실하여 해석하자면, 고통으로 인해 아무것도 할 수 없을 정도의 상태를 나타내는 표현으로 이해할 수 있다. 이러한 관점에서 2절을 다시 번역하자면, '나는 너무 힘들어서 손을 들 힘조차 없지만 여전히("오늘도") 나는 (자네의 말에) 반대하는 말을 할 수밖에 없다'가 된다.

이어지는 욥의 말은 하나님에 대한 반항이나 저항이 아니다. 오히려 간절히 하나님께 나아가고 싶은 마음을 표현한다. 이것은, 악과 무지를 하나님으로부터 멀어지려는 것과 하나님을 향하지 않으려는 태도로 보는 엘리바스의 주장을 정면으로 반박하는 것이다. 욥은 엘리바스에게 "반항"하는 것이지 하나님께 반항하는 것이 아니다. 욥은 자신의 간절한 소망을 미-잇테인(מִי־יִתֵּן) 구문으로 표현한다. 불가능하거나 일어나기 어려운 것을 소원할 때 쓰이는 전형적인 표현이다(욥 11:5, 13:5, 14:4, 13, 19:23, 31:31, 35). 욥은 하나님을 직접 대면하기를 소망한다: '하나님을 만날 수 있고 그분 계시는 곳으로 갈 수만 있다면 얼마나 좋겠는가.' 4절과 5절도 1인칭 청유형(Cohortative)을 사용해서 욥의 간절한 소망을 표현한다: '제발 그분 앞에 내 문제를 펼쳐 놓을 수만 있다면! 그렇다면 내 입에는 할 말들이 가득할 텐데(23:4)! 그분께서 내게 하시는 말씀을 내가 알아들을 수만 있다면! 그분께서 내게 말씀하시는 것을 내가 이해할 수 있다면(5절)!'

욥은 하나님을 대면하는 장면을 상상하며 스스로 묻고 스스로 답한다: '과연 그분께서는 엄청난 힘으로 내게 반론을 늘어놓으실까? 아니다! 오히려 그분은 나를 지지해 주실 것이다(6절)!' 6절 하반절은 정확한 의미를 알기 어렵다. 야심 비(יָשִׂם בִּי)는 주로 레이브(לֵב) 등을 목적어로 취해서 '누구에게 마음을 주다, 주의를 기울이다' 등의 의미로 사용되는데(출 9:21; 신 32:46; 삼하 19:20; 사 41:22; 욥 1:8, 2:3; 단 1:8; 겔 44:5; 학 1:5, 7, 2:15, 18 등), 이 본문에서는 목적어가 없다. 7절과의 연관성 속에 이해하자면, 하나님께서 욥의 경우를 '주목'해 주셔서 올바른 판결이 내려져 이 재판("심판자"가 아니라)에서 영원히 풀려나기를 소망하는 것으로 이해할 수 있다.

그러나 현재의 욥으로서는 이런 일이 실제 벌어지리라고는 상상할 수 없었을 것이다. 그는 죽어서나 하나님을 뵙게 되리라 생각한다. 지금 욥에게는 아무리 하나님과의 대면을 원해도 그분이 보이지 않는다(욥 23:9). 절대주권자가 어디로 행하실지 미천한 인간은 알 수가 없다(9절). 깊은 고통 중에 있는 사람이라면 아무리 불러도 대답하지 않으시는 하나님의 침묵이 어떤 것인지 공감할 수 있을 것이다. 욥이 하는 어떤 발언도 하나님을 향한 "반항하는 마음"을 반영하지 않는다.

10-12절　욥의 무죄 주장　10절은 욥기에서 가장 많이 인용되고 사랑받는 구절 중의 하나이다. 전통적으로는 회개를 통한 정결로, 그리고 현대 기독교의 익숙한 해석 틀로는 고난이라는 훈련(연단)

을 통한 성장과 깨달음, 혹은 하나님의 뜻에 맞는 인간으로 '만들어지는 과정'과 같은 의미로 이해되어 왔다. 개역개정의 "그가 나를 단련하신 후에는"과 "순금같이 되어"라는 번역은, 순금이 아니었다가 시험의 연단을 통해 순금으로 제련된다는 해석으로 독자들을 유도한다.

그러나 이러한 해석은 탈문맥적 해석이다. '시험하다(test), 조사하다(examine)'라는 의미의 바한(בחן)을 "단련"으로 번역하는 것은 무리가 있다. 게다가, 히브리어 원문에는 "(순금같이) 되어"에 해당하는 단어가 없다. 이 구절은 욥이 자신의 무죄를 주장하는 구절이다. 욥 자신은 하나님이 어디 계신지 모르지만 절대주권자이신 하나님은 욥이 살아온 모든 과정을 다 아시는 분이다(욥에 대한 하나님의 평가는 1:8과 2:3에 분명히 언급되어 있다). 하나님께서 욥을 시험해 보시면(마치 아브라함의 믿음을 시험하신 것처럼) 자신이 하나님의 뜻에 합당한 정결한 사람이라는 사실이 입증될 것이라는 것이 10절의 의미이다. 어렵게 얻은 아들 이삭을 바치라는 하나님의 시험을 통해 아브라함이 정결하게 변했거나, 어떤 성장과 깨달음을 얻은 것이 아닌 것처럼, 욥도 마찬가지이다. 아브라함이 하나님을 신뢰하는 믿음의 사람이라는 것이 그 시험을 통해 입증된 것처럼, 욥도 의로운 사람임이 입증될 것이다. 이어지는 11-12절이 이 해석을 뒷받침한다. 욥은 하나님이 원하시는 길에서 벗어난 적이 없으며 그분의 명령을 거역한 적이 없다. 이런 사람에게 제거해야 할 불순물 따위는 없다. 이 사실을 친구들은 몰라도 하나님만큼은 아실 것이라는 믿음이다.

덧붙이자면, 12절 하반절의 "정한 음식보다 그의 입의 말씀을 귀히 여겼도다"라는 구절은 칠십인역의 독법을 따라 '나는 그분의 입에서 나온 말씀을 내 가슴에 잘 간직하고 있다'라는 의미로 이해하는 것도 가능하다. 개역개정의 번역과 칠십인역을 따른 해석 모두 하나님의 말씀 위에 온전히 서 있는 자라는 욥의 무죄 주장을 잘 반영하고 있다.

13-17절 하나님의 절대주권 욥은 또 한 번 엘리바스의 발언(22:6-11)에 "반항"한다. 부자면서 힘이 있을 때 가난한 형제를 갈취하고 과부와 고아들을 억압했기 때문에 자신이 이러한 고난을 당하는 것이 결코 아니라고, 죄 때문에 어둠 속에 있는 것이 절대 아니라고 반박한다. 자신을 두렵게 하고 마음을 약하게 하시는 분은 바로 하나님이다(23:16). 결코 어둠이 내 얼굴을 가렸기 때문이 아니다(17절). 욥은 22:10-11의 엘리바스의 표현("두려움이 갑자기 너를 엄습하며", "어둠이 너로 하여금 보지 못하게 하고")을 차용하여 엘리바스를 반박하고 있다.

하나님이 두려운 이유는 그분이 절대주권자이시기 때문이고, 그것은 곧 그분이 어떻게 행하실지 '패턴'(규범)을 알 수 없기 때문이다. 그 어떤 것이든 그분은 하실 수 있고 하려고 마음먹으시면 반드시 하신다. 어느 누구도 그분을 막을 수 없다(23:13). 그분의 계획에는 지금 욥 자신에게 주시는 고난 외에도 아주 많은 것들이 있을 것이다(14절). 문제는 우리는 그 계획이 무엇인지 알 수 없다는 것이다. 알 수 없기 때문에 더욱 두렵다(15절).

여기서, "지각을 얻어 그를 두려워하리라"(15절 하반절)라는 표현은 주목할 가치가 있다. 규범적 지혜가 '두려움'과 '지혜'를 반대말로 여기는 것과는 다르게, 반성적 지혜는 '두려움'이 곧 '지혜'이다. 두려움과 경외(敬畏)는 같은 말이다. 엘리바스의 규범적 지혜는 하나님의 패턴을 잘 알고 그에 따르는 것이 하나님을 경외하는 것이라 말한다. 그리고 규범(패턴)을 잘 아는 사람은 다가올 일을 예측할 수 있기에 두려움과 공포로부터 해방된다. 그러나 욥의 반성적 지혜는 그와 반대로, 하나님은 무엇이든 하실 수 있는 분이기에 우리가 그 패턴을 알 수 없고, 알 수 없기에 하나님을 경외하는 것이라 가르친다. 규범적 지혜의 겸손은 아는 것 혹은 알려고 하는 것이고, 반성적 지혜의 겸손은 모르는 것을 모른다고 인정하는 것이다. 이렇게 반성적 지혜는 겸손과 경외의 의미를 새롭게 정의한다.

욥기 24장

24장은 엘리바스의 규범적 지혜를 반박하는 점에서는 23장과 연속성을 갖는다. 그러나 동시에, 반성적 지혜의 독특한 대안적인 선악 개념이 표현되는 점에서 아주 흥미롭고 중요한 장이다. 규범적 지혜의 어휘와 개념들(부자와 가난한 자, 빛과 어둠 등)을 욥이 어떤 방식으로 뒤틀어서 반성적 지혜를 설명하는가를 파악하는 것이 24장을 이해하는 핵심이다.

A. 1절　　규범적 지혜자들에 대한 반론
B. 2-17절　　악하고 불의한 현실
C. 18-24절　　악인의 결말
D. 25절　　패턴의 불확실성

더바이블 욥기 24장

1 무슨 일이 언제 벌어질지 왜 오직 하나님만 아시는가
왜 하나님을 안다고 하는 자들은
자신이 언제 죽을지조차 알지 못하는가

2 사람들은 땅의 경계선을 자기 마음대로 바꿔서
남의 양 떼를 빼앗아 자기가 기르기도 한다
3 고아들의 나귀를 훔쳐 몰고 가는 이들도 있고
과부의 소를 빼앗아 가기도 한다
4 가난한 자들을 거리에서 쫓아내서
고통받는 자들을 이 땅에서 안 보이게 만들기도 한다
5 이제 가난한 사람들은 마치 들나귀처럼
광야로 나가서 먹이를 구하고
오직 황량한 들판에서 자식들에게 줄 먹이를 찾아다니며
6 땅바닥에서 먹을 것을 얻으려 하고

개역개정과의 비교

1절 때를 정해 놓지 아니하셨는고: 동사 짜판(צָפַן)의 기본적인 뜻은 '숨기다'이다. 니팔형으로 렘 16:17에 사용되었다: "그들이 내 얼굴 앞에서 숨기지 못하며."

5절 그에게 음식을 내는구나: 원문에는 "내는구나"에 해당하는 동사가 없다. 상반절의 "부지런히 구하니"라는 동사가 하반절에도 같이 쓰이는 것으로 보는 것이 적절하다: '그들(가난한 자)은 빈 들에서 자식을 위한 음식을 찾아 다닌다.'

6절 밭에서 남의 꼴을 베며: 개역개정의 번역은 원문에 대한 두 가지 다른 독법을

질 나쁜 포도밭에 떨어져 있는 것을 줍는다

7 그들은 입을 옷도 없이 벗은 채로 밤을 지내며

추위에 몸을 덮을 것도 없다

8 산에 내리는 비에 몸이 젖고

피할 곳이 없어 바위를 붙잡고 있다

9 이제 그들은 어머니에게서 아이들을 빼앗아 고아로 만들고

고통받는 자에게서 물건을 빼앗게 된다

10 그들은 입을 것이 없어 벗은 채로 나다니며

너무 배고파서 곡식단을 훔쳐 간다

11 포도원 담 가운데서 기름을 짜내지만

포도주 틀을 아무리 밟아도 그들은 여전히 목마르다

12 사람들로 가득한 도시에서 그들이 신음하며

혼합한 것이다. 벨릴로(בְּלִילוֹ)는 동물 사료("꼴")를 의미한다(욥 6:5; 사 30:24). 그런데 이 벨릴로를 벨리 + 로(בְּלִי לוֹ)로 읽으면 '그의 것이 아닌'("남의")이라는 뜻이 된다.

6절 악인이 남겨 둔 포도를 따며: 케렘 라샤아(כֶּרֶם רָשָׁע)를 '악인의 포도밭'으로 해석할 수도 있지만 '나쁜 포도밭'으로 해석할 수도 있다: '땅에 떨어져 상태가 좋지 않은 포도를 주워 먹는다.'

9절 고아를 어머니의 품에서 빼앗으며: 고아를 어머니에게서 빼앗는다는 표현이 이상하다. 쇼드(שֹׁד)는 1) 어머니의 젖가슴을 의미할 수 있고(사 66:11); 2) 폭력과 파괴를 뜻하기도 한다(암 5:9; 잠 24:2; 욥 5:22; 시 12:5). 1)의 의미로 해석한다면 '자식을 어머니의 품에서 빼앗아 고아로 만드는 것'을 뜻하고, 2)의 의미라면 '고아마저도 폭력적으로 약탈하는 것'을 뜻한다. 쇼드는 후자의 의미로 훨씬 많이 쓰인다는 점, 그리고 엘리바스가 이 단어를 '폭력'의 의미로 사용한다는 점(5:22)에서 후자로 해석하는 것이 더 좋아 보인다.

12절 하나님이 그들의 참상을 보지 아니하시느니라: 원문의 티플라(תִּפְלָה)는 욥

괴로움에 허덕이는 자들이 도와 달라 외쳐도
하나님께서는 누구에게도 책임을 묻지 않으신다

13 또한 빛을 거부하는 사람들도 있는데
그들은 그분의 길을 모르며
그 길에 머무르지 않는다
14 낮에는 고통받는 자와 가난한 자를 죽이는 살인자가 되고
밤에는 남의 것을 훔치는 도둑놈이 된다
15 불륜을 저지르는 자의 눈은 언제 해가 질까 지켜보며
변장을 했으니 아무도 알아보지 못할 거라고 생각한다
16 어두울 때 남의 집을 돌아다니는 자는
낮에는 집 안에 틀어박혀 있어 빛을 알지 못한다
17 아침이나 칠흑 같은 어둠이나 그들에게는 모두 매한가지인데
그들은 어둠의 공포를 잘 알고 있기 때문이다
18 그런 사람은 물 표면 위를 빠르게 지나가고

1:22에서도 나오는 단어로 '무지, 잘못된 것 = 지혜가 아닌 것'을 가리킨다. 본문을 직역하면 '하나님은 무지를 두지 않는다'인데, 정확한 의미를 파악하기는 어렵다. 한 가지 가능성은 '기도'라는 의미의 테필라(תְּפִלָּה)로 읽는 독법인데, 소수의 사본과 페쉬타가 이 독법을 지지한다. 동사 심(שִׂים)과 함께 '기도에 주의를 기울이다' 정도의 의미를 유추할 수 있다.

14절 밝을 때에: 원문은 '빛에'로 되어 있다. 13절과 16절의 "광명"과 동일한 단어 오르(אוֹר)가 쓰였다.

18절 빨리 흘러가고, 저주를 받나니: '가볍다, 빠르다'라는 의미의 어근 깔랄(קלל)이 피엘/푸알형으로 쓰이면 '저주하다/저주받다'의 의미가 된다. 물 위를 빠르게 지나가는 것과 저주받는 것이 서로 연결되어 있다.

그들이 가진 것들도 이 땅에서 저주를 받아서
포도원으로 가는 길로 향하지 못한다
19 가뭄과 더위가 눈 녹은 물을 가져가 버리듯이
스올이 범죄한 자들을 데려간다
20 그를 낳은 어머니의 자궁마저 그를 잊을 것이고
구더기의 맛난 밥이 되어 누구도 그를 기억하지 못할 것이다
악행은 나무처럼 꺾어져 버린다
21 그는 아이를 낳지 못하는 여자들과만 어울리며
반면에 과부들에게는 못되게 군다
22 그런데 하나님은 이런 못된 자들에게 힘을 주시고
생명을 신뢰하지 않는 이런 자들을 일으키신다
23 하나님께서 그들에게 의지가 되시니 그들이 힘을 얻고
그분의 시선은 그들의 길에 놓여 있다
24 그들은 잠시 높이 있지만 언젠가는 이 땅에서 없어질 것이다
그들은 낮아져 다른 모든 이들처럼 사라져 버릴 수도 있다

18절 다시는 포도원 길로 다니지 못할 것이라: 원문을 직역하면 '포도원으로 가는 길로 향하지 못한다'인데, 정확히 무슨 의미인지 알기 어렵다.

21절 박대하며: 로에(רֹעֶה)의 어근 라아(רעה)의 의미는 두 가지 중 하나로 볼 수 있다: 1) '곁에 두다, 관련을 맺다, 친구를 맺다'; 2) '(가축이 풀을) 먹다, 목축하다.' HALOT은 이 구절을 1)의 의미를 가진 '어울리다, 섞이다'로 해석한다. 개역개정의 "박대하며"라는 해석은 어근을 라아(רעה)가 아닌 라아아(רעע)로 분석한 것인데, 이 어근으로는 로에(רֹעֶה)라는 형태가 나올 수 없다.

24절 잘려 모아진 곡식 이삭처럼: 어근 까파쯔(קפץ)는 '모아서 거두어 가다'라는 의미인데, '추수하다'라는 뜻의 까바쯔(קבץ)와 어원적으로 연결되어 있는 듯하다.

마치 곡식 이삭처럼 잘릴 수도 있다
25 그런데 만약 일이 이렇게 되지 않는다고 해서
누가 나를 거짓말쟁이라고 비난할 수 있는가
누가 내 말이 틀렸다고 할 수 있겠는가

욥기 24장 해설

배경 이해

규범(패턴)이 존재한다는 것(하나님의 절대주권의 문제)과 그 규범을 인간이 인식할 수 있다는 것(인간 인식의 한계 문제)은 전혀 다른 차원의 문제이다. 패턴(규범)은 존재하나 인간이 그 패턴을 인식할 수 없다면 그것은 한 인간에게는 패턴이 존재하지 않는 것과 마찬가지이다. 전도서에 따르면, 모든 일은 하나님께서 정하신 때가 있고 그 때에 따라 모든 일이 발생한다(전 3:1-8). 그러나 유한한 인간은 그 일이 언제 일어나고 언제 끝나는지 알 수 없다(3:11). 전도서의 반성적 지혜는 '언제 어떤 일이 벌어지는지 알 수 없을 때 무엇이 지혜인가'라는 문제를 다룬다.

본문 이해

1절 규범적 지혜자들에 대한 반론 1절 상반절의 히브리어 원문은 이해하기 까다롭다. 동사 니쯔페누(נִצְפְּנוּ)는 '감추어지다'라는 뜻으로, 문장을 직역하면 '왜 시간들이 전능자로부터/에게서 감추어지지 않는가?'가 된다. 동사의 가장 기본적인 의미를 대입했을 때 의미가 명확해지지 않아서, 많은 번역이 다양한 의미로 이 동사를 이해한다: 정해지다, 알려지다 등. 의문사와 부정어가 혼합된 문장이라 수사의문문으로서 본래의 전체 의미가 긍정문(시기가 감추어졌다)인지 부정문(시기가 감추어지지 않았다)인지도 혼동된다. 참고로 칠십인역(LXX)은 마소라 본문(MT)와 비교할 때, 부정어를 생략한 채 번역한다: '왜 시기들이 주님으로부터 감추어졌는가?'

따라서 상반절의 의미는 하반절을 통해 유추할 수밖에 없다. 하반절은 '왜 그분을 아는 자들이 그의 날들을 보지 못하는가?'이다. '그분을 아는 자들'이란 엘리바스와 같이 하나님의 뜻을 아는(안다고 믿는) 규범적 지혜자들을 일컫는다. 하나님께서 정하신 패턴을 안다고 주장하는 이들이 왜 언제 무슨 일이 일어나는지, 예를 들어 자신이 언제 죽을지 왜 그들은 알지 못하는지를 반문하는 표현이다. 만약 상반절이 '시기들이 감추어졌다'라는 의미라면, 1절은 '하나님께서 그 자신이 정하신 시기를 사람들에게 알려 주지 않으셨기 때문에, 하나님의 규범을 안다고 하는 자들마저 그 시기를 알지 못한다'라는 뜻으로 이해될 수 있다. 반면, '시기들이 감추어지지 않았다'라는 의미라면, '하나님을 아는 자들(규범적 지혜자들)의 주장에 따르면 하나님께서는 자신이 정하신 시기(규범/패턴)를 알려 주신다는데, 그렇다면 왜 사람들은 자신이 죽을 날도 미리 예측하지 못하는가' 정도의 뜻으로 이해될 수 있다.

상반절의 의미가 정확히 무엇이든 간에, 욥이 말하고자 하는 핵심은 패턴을 안다고 말하고 하나님께서 패턴을 알려 주신다고 믿는 규범적 지혜자들조차 언제 무슨 일이 벌어지는지 항상 예측할 수 있는 것은 아니라는 점을 지적하는 것이다. 이 주장은 전도서의 반성적 지혜와 맥이 닿아 있다(배경 이해 참조).

2-17절 악하고 불의한 현실 2절부터 24절까지 욥은 악인들과 그들의 결말, 그리고 하나님의 개입에 대해 언급한다. 이것은 친구들의 말의 대부분을 차지하는 주제들이었다. 욥이 이 주제를 다루는 데 있어 가장 두드러지는 점은, 악인들과 그들의 부당한 행위들을 고발하면서도 욥은 단순히 '이런 사람들이 있다'는 서술 방식을 채택한다는 것이다. 악한 행위를 하는 사람들이 정확히 누구인지, 어떤 사람들인지, 무엇이 그들로 하여금 그런 악한 행위들을 하게 만들었는지, 그리고 그런 악인들의 결말은 어떠한지를 설명하는 데에는 욥의 친구들만큼의 큰 관심을 보이지 않는다.

욥이 목도한 불의한 현실은 이렇다. 사람들은 땅의 경계선을 자기 마음대로 바꿔서 남의 땅을 빼앗기도 하고, 경계를 변경함으로써 그 땅 안에 있던 양 떼를 자기 소유로 착복하기도 한다(24:2). "고아"와 "과부"로 상징되는 가장 가난한 사람들의 소유조차 빼앗는 사람들이 있다(3절). 가난한 자들은 학대를 당해서 길거리에서 쫓겨난다(4절). "학대받는 자가 다 스스로 숨는구나"라는 개역개정의 번역은 수정될 필요가 있다. 동사 훕베우(חֻבְּאוּ)는 푸알형으로 수동의 의미를 강하게 지닌다. 스스로 숨는 것이 아니라 빼앗고 학대하는 자들에 의해서 '거리에서 사라짐을 당하는 것'이다. 거리에서 쫓겨난 이들은 "거친 광야"와 "빈 들", 즉 먹을 것을 구하기 어려워 사람이 살 수 없는 땅에서 먹거리를 구해야만 하는 처지에 이른다(5절). 이 가난한 자들은 '남의 것' 혹은 동물이나 먹는 사료(6절 도움말 참조)를 훔쳐 먹거나, 땅에 떨어져 상태가 나쁜 포도(6절 도움말 참조)를 주워 먹을 수밖에 없다(6절). 이들은 추운 밤에도 입을 옷 하나 없이 벌거벗은 채로 잠을 자야 한다(7절). 비가 오면 겨우 바위틈에서나 비를 피하려 하지만 그들의 몸은 흠뻑 젖고 만다(8절).

사람들은 아이를 어머니 품에서 빼앗아 고아로 만들거나 혹은 가난한 자의 것마저 폭력으로 착취한다(9절, 도움말 참조). 이렇게 하나 남은 것마저 빼앗긴 사람들은 옷이 없어 벌거벗고 다닌다(10절 상반절). 그들은 밭과 포도원을 소유한 사람들을 위해 일하는 노동자가 된다. 그들이 운반할 곡식은 풍성하나 그들이 그것을 먹을 수 있는 것은 아니다(10절 하반절). 그들은 기름과 포도주를 짜내는 노동을 하지만, 그 기름과 포도주는 그들이 먹고 마실 수 있는 것이 아니다(11절). 먹거리가 없어서 먹지 못하는 것이 아니라, 그들의 소유가 아니기 때문에 배고프고 목마르다. 사람들로 가득한 도시에서 고통에 허덕이는 자들이 아무리 도와 달라 외쳐도 아무도 그들을 도와주지 않는다. 심지어 하나님마저 그들에게 관심을 보이시지 않는다. 혹은 그들의 '기도'를 들으시지 않는다(12절, 도움말 참조).

이 구절을 통해 욥이 '가난'이 왜 발생하는가에 대한 사회구조적인 문제를 지적한다고 보는 해석도 가능하긴 하다. 하지만 그보다는, 누군가 고아가 되고 가난한 자가 되고 노예가 되는 것이 그 자신이 저지른 잘못이나 죄 때문으로 볼 수 없는 현실이 존재한다는 것을 폭로하려는 것으로 보인다. 폭력적인 인간들이 사람들을 착취하는 것은 '악인에 의한 악한 행동'이지만, 그들에 의해 사지로 내몰린 사람들의 경우는 그러면 어떻게 설명할 것이냐는 물음이다.

빛을 싫어하고 밝은 것을 좋아하지 않는 사람들도 있다(13절). 욥은 이 말을 할 때 '빛'은 좋은 것이고 '어둠'은 나쁜 것이라는 가치판단을 개입시키지 않는다. 사람들은 빛이 있는 낮에도 악을 저지르고, 빛이 없는 밤에도 악을 저지른다. 살인자들은 "밝을 때에" 사람을 죽인다. 그것도 가난하고 학대받는 불쌍한 사람들에게 폭력을 행사한다(14절 상반절). 어두워지면 도둑질을 하거나(14절 하반절) 간음을 저지른다(15절). 도둑질을 하느라 밤에 활동하는 자들은 낮에는 집에 틀어박혀 잠을 잔다. 그들에게는 '낮'이 곧 '밤'이고, 빛이 곧 어둠이다(16-17절). 규범적 지혜의 '빛과 어둠', '낮과 밤'의 이분법이 해체된다.

18-24절 악인의 결말 18절부터 24절은 악인들이 처하게 될 운명에 대해 말한다. 악인의 결말을 설명하는 욥의 언어는 친구들의 것과 상당히 유사하다. 그들의 삶은 "빨리 흘러가고" 그들의 소유도 "저주를" 받는다(18절). '죽음'이 그들을 기다리고 있으며(19절) '잊힘'이 그들의 운명이다(20절). 저주와 죽음과 잊힘은 친구들의 규범

적 지혜가 규정하는 악인의 결말과 동일하다. 또한, 그들이 높아져 잠시 잘나가는 때가 있으나 곧 낮아지고 추수 때의 이삭처럼 잘려 나갈 것이라는 말(24절)은 앞선 소발의 주장과 유사하다("악인이 이긴다는 자랑도 잠시요 경건하지 못한 자의 즐거움도 잠깐이니라, 20:5).

그런데 차이점은 이것이다. 이런 "강포한 자들"을 인도하시는 분도(22절), 그들에게 평안을 주시며 그들에게 의지가 되시는 분도(23절) 바로 하나님이시라는 것이다. 23절의 개역개정은 상반절과 하반절을 반의적으로 해석한다: "하나님은 그에게 평안을 주시며 지탱해 주시나 그들의 길을 살피시도다." 이 번역은 "그들의 길을 살피시도다"를 '악에 대한 심판'이라고 보는 번역자의 해석이 바탕에 깔려 있다. 규범적 지혜의 시각으로 이 구절을 해석하는 것인데, 18-24절의 전반적인 표현이 규범적 지혜의 언어를 구사하기 때문에 이런 해석도 가능하다. 하지만 이것이 유일한 해석은 아니다. '하나님은 (악인에게) 평안을 주시고 그들의 삶을 지탱하시며 그들을 보호하신다'라는 의미로도 해석 가능하다. 둘 중 어떤 해석이든, 이 구절이 모든 것을 관할하시고 모든 일이 그분의 뜻 안에서 이루어진다는 하나님의 절대주권을 의미하는 것이라는 데에는 이견이 있을 수 없다.

25절 패턴의 불확실성 악인의 결말을 규범적 지혜와 거의 유사하게 표현하고 있는 욥의 주장의 결론은 친구들의 것과는 다르다. 규범적 지혜는 반드시 그 규범대로 되어야 한다. 그러나 욥은 악인의 운명이 반드시 그렇게 되지 않을 수도 있다는 점에 주목한다. "가령 그렇지 않을지라도"가 욥의 주장의 핵심이다. 악인들의 결말이 이럴 수 있지만, 혹은 이렇게 되기를 바라고 꼭 그렇게 되면 좋겠지만, 그렇게 안 될 수도 있다. 규범은 한 치의 오차도 없이 작동하는 기계적인 법칙이 아니다. 패턴에 따라 현실이 흘러가지 않아도 그 현실이 잘못되었다거나("거짓") 현실이 허상이라고("헛되게") 말할 수 없다(25절 하반절). 현실은 현실이다. 자연 세계와 인간의 삶에 규범이나 패턴이 없다는 것이 아니다. 그러나 동시에 그 규범과 패턴에는 예외가 있을 수 있다. 바로 이 지점에서 규범적 지혜와 반성적 지혜는 갈라진다.

욥기 25-26장

25장과 26장을 비교해서 보는 것은 매우 흥미롭다. 얼핏 보기에 하나의 이야기(26:1-5을 제외하고)로 묶는 것도 가능할 만큼 같은 주제를 다루고 있기 때문이다. 그러나 우리가 가지고 있는 성경은 25장을 빌닷의 말로, 26장을 욥의 말로 구분한다. 물론 편집의 역사를 상상하며 현재의 모습과는 다르게 '논리적인' 짜맞추기와 재구성을 시도할 수는 있다. 그러나 지금의 최종 형태가 주는 의미는 무엇인가를 살피는 것이 우선이다.

A. 25:1-6 빌닷의 지혜: 하나님의 크심과 인간의 작음
B. 26:1-4 빌닷의 지혜에 대한 반박
C. 26:5-14 하나님의 절대주권과 인간의 한계

더바이블 욥기 25-26장

1 수아 사람 빌닷이 대답했다.
2 그분은 아주 높은 곳에서 모든 것을 다스리시는 분이시기에
우리에게 공포를 주시기도 하고 평안을 주시기도 한다네
3 그분이 거느리시는 군대를 감히 누가 셀 수 있겠는가
그분의 빛이 다다르지 않는 이가 과연 누구겠는가
4 하나님의 기준에 합당한 인간이 대체 어디 있겠는가
여자에게서 난 자가 어찌 깨끗할 수 있겠는가
5 그분이 보시기에는 저 달도 밝지 않고
저 별들도 깨끗하지 않다네
6 하물며 구더기 같은 사람
벌레 같은 인간이야 말할 것도 없지 않은가

1 욥이 대답했다.
2 대체 자네가 힘없는 자를 도와준 적이 있는가
자네는 힘이 다 빠진 팔을 붙잡아 준 적이 있는가

개역개정과의 비교

3절 그의 군대를: 게두드(גְּדוּד)는 '무리, 떼, 군대/부대' 등을 의미한다. 이 문맥에서는 하반절의 '빛'(אוֹר오르)과 평행어로 쓰인다는 점에서 하늘의 별들을 비유하고 있는 듯이 보인다.

6절 벌레 같은 인생이랴: "인생"으로 번역된 것은 직역하면 '사람의 아들'("인자")이 되는 벤-아담(בֶּן־אָדָם)이다. 일반적인 사람을 의미하는 표현이다.

3 자네는 지혜 없는 자에게 조언을 해 준 적이 있는가
많은 이들에게 깨달음을 준 적이 있는가
4 자네는 대체 누구에게 말을 하고 있는 건가
자네는 지금 누구에게 주워들은 말을 지껄이는 것인가
5 죽은 자들은 지금 저 물 밑에서 두려워 떨고 있을 뿐이고
그들은 저 아래에 머물고 있을 뿐이라네
6 그분 앞에서는 스올조차도 선명히 드러난다네
아바돈조차 자신을 가릴 것이 없다네
7 그분은 저 허공에 북쪽 하늘을 지으셨으며
저 아무것도 없는 곳에 땅을 걸어 놓으신 분이라네
8 하늘의 물을 구름으로 잘 싸매셔서
구름이 찢어져 물이 밑으로 쏟아지지 않게 하신다네
9 그분은 구름을 골고루 펴시고
자신이 거하시는 곳을 잘 붙잡고 계신다네

5절 물 밑에서 떨며: '물 밑'은 욥 26:6의 "스올", 즉 죽은 자들이 머무는 곳을 가리킨다. "떨며"로 번역된 예홀랄루(יְחוֹלָלוּ)의 어근 힐(חיל)은 '두려워하다, 떨다'라는 뜻이다. 해산하는 고통을 묘사할 때 흔히 사용된다(사 13:8, 26:17, 45:10, 54:1, 66:7; 합 3:10 등). 규범적 지혜는 조상 대대로 경험적으로 축적된 것이다. 욥 26:4-5은 이러한 규범적 지혜를 '죽은 자들의 지혜'로 비판하고 있다. 26:6 이하에서는 하나님의 지혜는 스올(죽은 자들이 머무는 세계)의 영역을 훨씬 초월하는 것임을 강조한다.

6절 스올, 멸망: 스올과 아바돈은 죽은 자들이 머무는 공간으로서, 살아 있는 인간은 다다를 수 없는, 즉 실체를 알 수 없는 곳이다. 이 구절은 (살아 있는) 인간이 실체를 다 파악할 수 없는 죽음의 공간마저도 하나님의 지배하에 있다는 점을 강조한다(하나님의 절대주권).

10 그분은 물이 넘어갈 수 없도록 경계선을 확실히 그으셨고
빛과 어둠 사이의 경계를 분명히 그으셨다네
11 그분이 꾸짖으시면
하늘을 떠받치는 기둥들마저 떨며 놀란다네
12 그분의 힘으로 바다가 잠잠해지며
그분은 지혜로 라합을 무찌르신다네
13 그분이 숨을 내쉬어 하늘이 깨끗해지며
그분의 손으로 도망가는 뱀을 꿰뚫으신다네
14 그러나 이런 것들은 그분께서 하시는 일의 단편에 불과하다네
우리가 그분에 대해 알고 있는 것이 얼마나 작은가
그분의 힘이 어디까지 미치는지 그 누가 알겠는가

12절 바다를 잔잔하게 하시며: 어근 라가아(רגע)는 비교셈어학적으로 두 가지 서로 상반된 의미를 가진다: 1) 왔다 갔다 하다; 2) 잠잠하다. 번역본들은 이 두 가지 중 하나를 선택하고 있다('흔들리다'—NIV, JPS, CJB; '잠잠하다'—개역개정, 공동번역, NASB, ESV, NRSV, CEB, TNK 등). 칠십인역도 후자의 해석을 지지한다. 평행본문인 하반절은 '그는 지혜로 라합을 무찌른다'이다. 라합이 인간의 통제와 예측을 벗어나는('격동하는') 존재를 의미한다면, 라합을 무찌르는 행위는 곧 바다를 잠잠하게 하는 것이다. 인간이 통제할 수 없는 것을 하나님은 통제하신다는 뜻이다.

14절 우리가 그에게서 들은 것도 속삭이는 소리일 뿐이니: 원문은 수사의문문으로 되어 있다: 우리가 그분에 대해 들은 것이 얼마나 (작은) 속삭임인가?

14절 누가 능히 헤아리랴: 인간이 파악할 수 있는 하나님의 운행 패턴이 지극히 한정적이라는 것을 강조하는 반성적 지혜의 전형적인 표현이다.

욥기 25-26장 해설

배경 이해

빌닷의 세 번째 말이자 마지막 발언은 겨우 여섯 절에 그친다. 일부 학자들은 26:5-14도 빌닷의 세 번째 발언에 속하는 것으로 보기도 한다. 소발의 세 번째 발언은 없고 대신 욥의 말이 길게 이어진다(26-31장). 28장을 소발의 말로 보아 세 명의 친구가 모두 세 번씩 발언하는 것으로 보는 학자들도 있다. 그러나 칠십인역(LXX)이나 사해문서(11QtgJob) 모두 마소라 본문과 동일하게 25장은 빌닷, 26-31장은 욥에게 할당하고 있으며 소발의 세 번째 발언은 없다.

본문 이해

25장 1-6절 빌닷의 지혜: 하나님의 크심과 인간의 작음 빌닷의 마지막 발언은 짧고 주제도 단순하다. 모든 것을 다스리시는 하나님의 절대주권 개념과 하나님과 인간 사이의 차이를 강조하는 내용으로서, 이 주제는 친구들의 규범적 지혜와 욥의 반성적 지혜에서 모두 등장한다. 하나님은 "높은 곳"에 계시며 모든 것을 다스리시는 주권자(הַמְשֵׁל[함쉐일])이시다. 그분께는 '공포'와 '평화'가 공존한다(25:2). "위엄"으로 번역된 파하드(פַּחַד)는 주로 두려움과 무서움, 놀람이나 공포를 뜻한다(3:25, 4:14, 13:11, 15:21, 21:9, 22:10, 23:15, 31:23, 39:16, 22). 개역개정이 (긍정적 의미의) "위엄"으로 번역한 경우는 이 구절뿐이다. 하나님은 주권자로서 공포로 다스리시기도 하고 평화로 다스리시기도 한다. 그의 다스림("광명")을 받지 않는 존재는 없다(25:3 하반절).

위대한 창조주 앞에서 모든 피조물은 보잘것없는 존재일 뿐이다. "어찌 계수할 수 있으랴"(3절 상반절)라는 표현은 '수를 셀 수 없다'는 말인데, 하나님의 위대하심을 나타내면서 동시에 피조물로서의 인간의 한계를 나타내는 전형적인 표현이다. 욥의 "누가 능히 헤아리랴"(26:14)라는 표현과 같은 의미를 지닌다. "달"과 "별"은 일종의 천상적 존재로 여겨지는데 피조물 중 최고의 것들조차 하나님 앞에서는 감히 자신의 빛을 뽐내지 못한다(25:5). 하물며 하찮은 벌레 같은 인간은 말할 것도 없다(4, 6절). 참고로, 인간 전체를 표현하는 말로서 빌닷은 "여자에게서 난 자"(4절)와 '사람의 아들'(6절, 개역개정은 "인생"으로 번역)을 사용한다. 문맥을 벗어나서는 기독론적 표현으로 쓰이기도 하지만 여기서는 피조물로서의 인간 전체를 가리킨다. 인간은 제아무리 의롭고 깨끗하다 해도 하나님의 기준에 미치지 못한다(4절). 하나님의 절대주권에 대한 진술과 인간의 보잘것없음을 표현하는 진술들은 익숙한 표현들이라 빌닷의 말 자체가 독자들에게 어떤 위화감을 조성하지는 않는다. 동일한 주제가 유사한 표현들로 욥과 친구들의 입을 통해 반복되었다(4:17, 9:2, 15, 20, 10:15, 15:14, 22:3).

그러나 문제는 이것이다: 어느 누구도 하나님 앞에 의롭고 깨끗할 수 없는데 빌닷은 왜 욥에게 의롭고 깨끗하기를 요구하는가(8:6)? 만약 욥의 고난이 의롭지 못하고 깨끗하지 못한 것에 대한 대가로 지불하는 '까닭 있는' 고난이라면, 세 친구를 비롯한 모든 인류도 욥과 동일한 정도의 '징벌'을 받아야 마땅한 것 아닌가? 왜 인과응보의 원리가 선별적으로 적용되는가?

26장 1-4절 빌닷의 지혜에 대한 반박 빌닷의 '모두가 죄인'이라는 일반론은 사실 모든 인류에게 적용되는 신학적 개념을 말하고자 함이 아니다. 욥 한 사람을 정죄하기 위한 논리이다. 그 일반론 안에 빌닷 자신은 비껴 서 있다는 사실을 26장의 욥의 반론은 정확히 지적한다. 빌닷의 짧은 발언에 대한 욥의 반박은 '의로움'에 대한 것이다. '의로운 사람은 아무도 없다'는 빌닷의 일반론에 맞서 욥은 '그러면 너는 의로운가'라고 반문한다. 욥의 반론은 빌닷의 주장대로 모두가 죄인이라면 빌닷 역시도 마찬가지이고, 욥을 향한 손가락질은 마찬가지로 빌닷 자신도 겨냥하고 있다는 사실을 드러낸다.

여기서 흥미로운 지점은 의로움에 대한 욥의 정의이다. 힘없는 자를 도와주는 것(26:2)과 지혜 없는 자에게 조언을 해 주고 깨달음을 주는 것(3절)은 엘리바스가 욥을 칭찬하며 사용하던 표현이었다("보라 전에 네가 여러 사람을 훈계하였고 손이 늘어진 자를 강하게 하였고, 넘어지는 자를 말로 붙들어 주었고", 4:3-4). 규범적 지혜의 '의' 개념이다. 빌닷은 욥이 이런 의를 행하지 않아서 죄인이라고 주장했는데, 그 동일한 논리를 욥은 빌닷에게 되돌려준다: "네가 누구를 향하여 말하느냐"(4절 상반절). 그 말이 돌아가야 할 곳은 빌닷 자신이다.

또한 욥은 빌닷의 지혜의 출처를 묻는다. 4절 하반절을 직역하면, '누구의 호흡("정신")이 네게서 나왔느냐'이다. 이해하기 쉽게 말을 바꾸자면, '자네는 지금 누구에게 주워들은 말을 지껄이는 것인가'라는 의미로 해석될 수 있다. 빌닷은 자신의 지혜가 조상들의 축적된 지혜임을 강조했다: "청하건대 너는 옛 시대 사람에게 물으며 조상들이 터득한 일을 배울지어다"(8:8). 욥은 이 지혜가 '죽은 지혜'라는 점을 지적한다. "옛 시대 사람"과 "조상들"은 "죽은 자의 영들"(26:5)이며 그들은 물 밑 저 아래에서 두려워 떨며 머물고 있다고 말한다(5절). 죽은 자의 눈으로 현실을 보지 말고 직접 자신의 눈으로 이 창조세계의 현실을 바라보라는 의미이다.

26장 5-14절 하나님의 절대주권과 인간의 한계 5절은 일종의 회전축(pivot)이다. 4절 하반절과 연결하여 빌닷의 지혜가 죽은 자들의 지혜임을 나타내면서, 동시에 논의의 시야를 하나님의 주권이 다스리는 공간으로 옮겨 간다. 그 첫째가 죽음의 공간(스올과 아바돈)이다. 죽음의 공간은 살아 있는 사람들이 접근할 수 없는 공간으로서, 그곳조차 하나님께는 감출 것이 없이 모두 선명히 드러난다. 둘째는 하늘이라는 공간이다. 욥은 구름이 물을 머금고 있으면서도 왜 항상 비가 내리지 않는지를 설명한다. 하나님께서 보자기처럼 구름으로 물을 잘 싸매서 구름 안의 물이 지상으로 떨어지지 않는 것이다. 이것은 궁창을 중간에 두어 하늘 위의 물과 하늘 아래의 물로 나누고(창 1:6-7), 그 사이에 창문들이 있어서 때때로 비가 내린다

(7:11, 8:2)는 창세기의 세계관과 연결되어 있다. 물과 땅 사이에 경계를 만드신 분도 빛과 어둠의 경계를 만드신 분도 하나님이시다(욥 26:10). 하나님께서 천둥과 번개로 소리치시면 온 땅과 하늘이 두려워 떤다(11절). 하나님께서 숨을 내쉬면(즉, 바람이 불면) 구름이 사라져서 하늘이 맑아지고, 그분의 손(= 번개?)으로 도망가는 뱀을 꿰뚫으실 수도 있다(13절). 하나님이 다스리시는 세 번째 공간은 바다다. 바다가 흉흉할 때(라합이 격동할 때) 그 바다를 잠잠케 하실 수 있는 분은 하나님이시다(12절).

하나님의 절대주권을 설명하면서 욥은 죽음의 세계와 하늘과 바다를 그 예로 든다. 이 공간들을 언급하는 이유는 인간이 갈 수 없고 닿을 수 없는 공간이기 때문이다. 인간의 생활 공간과 활동 영역을 벗어나는 곳마저 하나님께서 다스리신다는 것은 실제로 그 공간이 어떤 방식으로 움직이는가를 설명하고자 함이 아니다. 오히려 인간이 모르는 영역이 있다는 것, 그리고 하나님에 대한 인간의 인식은 한계를 지닐 수밖에 없다는 것을 강조하고자 함이다. 욥은 14절에서 이런 예를 든 이유를 설명한다. 우리가 아는 하나님에 대한 지식은 극히 작은 부분("그의 행사의 단편")일 뿐이라는 것을 아는 것이 핵심이다. 그분께서 우리에게 음성으로 알려 주시는 것이 분명히 존재하나, 그 음성이 그분의 모든 말씀은 아니다. 하나님의 힘이 어디까지 미치는지, 그분께서 어떤 일을 어떤 의도를 가지고 행하시는지 우리 인간은 알 수 없다("그의 큰 능력의 우렛소리를 누가 능히 깨달으랴").

25장과 26장의 비교

25장과 26장(5-14절)이 모두 하나님의 절대주권이라는 주제를 다루고 있기에 많은 학자들은 둘 모두 빌닷의 말로 이해하려고 시도한다. 그러나 하나님의 절대주권이라는 주제는 규범적 지혜와 반성적 지혜 양측 모두에서 주장한다. 어느 지혜도 이 점을 부인하지 않는다. 다만, 규범적 지혜는 인간의 활동 영역 안에서 나타나는 하나님의 주권에 집중하기 때문에, 각 인간이 그분의 뜻에 맞게 사느냐 그렇지 않느냐라는 '의'와 규범의 문제를 중요시한다. 하지만 반성적 지혜는 인간이 이해할 수 없는 영역조차 하나님의 주권하에 있다는 사실을 강조함으로써 인간이 경험하는 하나님의 세계는 극히 제한적이라는 점을 강조한다. 이 주제가 바로 하나님의 언설(38-41장)의 핵심 내용이다. 하나님이 말씀하시고 나서야 욥이 비로소 깨달은 것이 아니다. 욥은 이미 알고 있었다.

욥기 27장

욥의 발언이 계속된다. 27장의 대부분을 소발에게 할당하는 학자들도 많다. 소발의 말이 7절부터 시작한다고 보는 학자도 있고, 8절이나 혹은 13절부터 시작한다고 보는 견해들도 있다. 이런 재구성들은 27장의 내용에 대한 학자들 각자의 개인적 해석에 따라 모두 다르다. 최종 형태를 고수한다면, 27장이 친구들의 규범적 지혜와 어떤 면에서 차이가 있는지 살펴보는 것이 관건이다.

A. 1–10절	욥의 무죄 주장
B. 11–23절	악인의 결말

더바이블 욥기 27장

1 욥이 또다시 비유로 말을 이어갔다.

2 나를 정당하게 판결하지 않으시는 하나님께
내 삶을 고통스럽게 하시는 전능자께 나는 맹세할 수 있다네
3 내가 숨을 쉬는 한
하나님의 숨결이 내 코에 머물러 있는 한
4 지금껏 내 입술은 결코 거짓을 말하지 않았으며
앞으로도 내 혀는 사실이 아닌 것을 발설하지 않을 것이라네
5 자네들의 말이 옳다고 인정하는 일 따위는
내게 결코 없을 것이네
내 삶이 끝나는 날까지
나는 하나님 앞에서의 온전함을 버리지 않을 것이네
6 나는 그분의 올바른 뜻을 놓지 않고 꼭 붙들어 왔다네
그래서 지금껏 살아오는 동안 양심에 거리낄 것이 없었네

개역개정과의 비교

2절 전능자의 사심을 두고 맹세하노니: 하이-에일(חַי־אֵל)은 전형적인 맹세/서약의 공식이다. 다음에 이어지는 말의 확실성을 강조하는 표현으로서, 그 의미는 '하나님께서 살아 계신 것이 확실한 만큼 이 말이 확실하다'라는 것이다.

4절 말하지 아니하리라: 이 문장의 미완료동사들은 '앞으로 그렇게 하겠다'는 미래적 약속만을 의미하지 않는다. 과거부터 지금까지 그래 왔고, 그리고 앞으로도 계속 그럴 것이라는 뜻으로 이해해야 한다.

5절 결코 … 하지 아니하겠고: 할릴라(חָלִלָה)는 금지되고 부정한 것을 가리키는 어원적 의미를 지니는 단어로서, '강한 부정'을 나타낼 때 주로 쓰인다.

7 나를 공격하는 자는 악한 사람같이 되고
내가 틀렸다고 말하는 자는 불의한 자같이 되기를 바라네
8 하나님의 뜻을 따르지 않는 자가 목숨이 끊어질 때
하나님께서 그의 생명을 되찾아 가실 때
대체 무슨 소망이 있겠는가
9 그런 자에게 고통이 찾아와
그가 부르짖는다 해도 하나님께서 들으시겠는가
10 그런 자가 전능하신 분에게 전적으로 자신을 맡기겠으며
항상 하나님을 찾겠는가

11 하나님께서 어떻게 운행하시는지 내가 자네들에게 알려 주겠네
전능하신 분께서 하시는 일을 나는 숨길 수가 없다네
12 자네들 모두 경험했으면서도

8절 무슨 희망이 있으랴: 바짜아(בצע)는 '잘리다, 끊어지다'라는 뜻이다. 하반절의 평행구('하나님께서 그의 목숨을 가져가다')에 견주어 볼 때 이 단어는 죽음을 의미한다.

10절 그가 어찌 전능자를 기뻐하겠느냐: G. R. Driver는 아나그(ענג)의 히트파엘 패턴에 대해 '(누구에게) 자신을 맡기다, 의지하다'라는 뜻으로 이해하는 것이 더 적절하다고 주장한다(VTSup 3, 1955, 84). 하반절의 '항상 하나님을 부르다'라는 평행구에 비추어, '기뻐하다'라는 의미보다 '(전적으로) 의지하다'라는 의미가 더 적절해 보인다. 참고로, 욥 22:26도 '하나님께 얼굴을 들다'라는 구절과 평행을 이루고 있다는 점에서 Driver의 제안이 타당해 보인다.

12절 그토록 무익한 사람이 되었는고: 어근 하발(הבל)의 동사형과 동족목적어가 함께 사용되었다. 하발은 안개나 입김, 수증기처럼 잠깐 사라지는 것을 의미한다.

왜 자네들은 이것을 제대로 파악하지 못하는가

13 악한 자가 하나님께 받을 것
폭력을 행사하는 자들이 전능하신 분께 받게 될 것은 이러하다네
14 악인의 자손들이 비록 많다 하더라도
그들 모두 칼 맞아 죽을 운명이고
그의 후손들은 음식을 먹어도 만족하지 못할 것이네
15 칼에서 살아남았다 해도 결국 죽어 무덤에 묻힐 것이며
과부가 된 그들의 아내들은 결코 슬피 울지 않을 것이네
16 악인이 비록 돈을 산더미처럼 쌓아 놓고
입을 옷들을 겹겹이 늘어놓아도
17 그가 쌓아 놓은 것을 의로운 자가 입게 되고
그의 돈을 죄 없는 자가 나눠 가질 것이라네
18 그가 지은 집은 새집이나 거미줄에 불과하며
파수꾼이 임시로 지은 움막에 불과하다네
19 부자로 잠자리에 들지만 자고 나면 더 이상 부자가 아니고
잠자리에서 일어나면 재물은 사라지고 만다네
20 공포가 홍수처럼 그를 덮치며

15절 죽음의 병이 돌 때에: 마베트(מָוֶת)는 '죽음'을 의미한다. 이 단어는 죽음을 촉발하는 전염병을 뜻하는 의미로 사용되기도 한다(렘 15:2).

18절 좀의 집 같고: 아쉬(עָשׁ)는 보통 나방을 의미한다. 그러나 아랍어에서 '새집'을 가리키는 단어로 쓰이기도 한다. 참고로, 칠십인역(LXX)은 마소라 본문에는 없는 '거미줄같이'(ὥσπερ ἀράχνη 호스테르 아락켄)라는 단어를 첨가한다.

밤에는 폭풍에 휩쓸려 갈 것이라네

21 동쪽에서 부는 바람이 그를 날려 버릴 것이며

그를 살던 곳에서 쓸어 갈 것이라네

22 그분께서 그를 향해 아낌없이 화살을 날리시면

그는 그 재앙에서 온 힘을 다해 도망치려 할 것이네

23 그분께서 그를 향해 박수를 칠 것이며

그가 있던 곳에서 그를 향해 휘파람을 부실 것이라네

욥기 27장 해설

배경 이해

"풍자"로 번역된 **마샬**(מָשָׁל)은 "잠언"의 히브리어 원어이기도 하다. 번역의 스펙트럼이 매우 넓은 단어로서, 개역개정은 **마샬**을 노래, 예언, 속담, 풍자(개역한글 "비사"), 이야깃거리, 비유 등으로 번역한다. 어근 **마샬**(משל)은 '비교하다'라는 기본적인 의미를 지닌다. 동사로는 '~과 같다'(시 28:1, 49:20)라는 의미로 쓰인다. 어떤 것을 다른 것으로 비유해서 설명하는 것을 뜻한다. 우리말 "풍자"(諷刺)의 사전적 의미는 "남의 결점을 다른 것에 빗대어 비웃으면서 폭로하고 공격함"(표준국어대사전)인데, '빗대어' 설명하는 것이라는 점에서 **마샬**과 연결점이 있다. 동시에, "풍자"라는 표현은 27장을 친구들의 규범적 지혜의 언어를 빌려 와 그 지혜를 역으로 공격하는 것으로 이해하는 해석 틀을 제공하기도 한다.

본문 이해

27장은 크게 두 부분으로 나눌 수 있다. 욥이 자신의 무죄를 주장하는 앞부분과 악인이 당하는 운명을 논하는 뒷부분으로 나누어진다. 그런데 전반부를 1-6절로 볼 수도 있고, 1-7절로도, 혹은 1-12절로도 볼 수 있다. 여기서는 1-10절을 하나의 단위로 볼 것이다. 그 이유는 11절부터 상대를 지칭할 때 단수('너')에서 복수('너희')로 바뀌며, "하나님의 솜씨를 내가 너희에게 가르칠 것"이라고 말하면서 하나님의 운행 법칙에 대해 설명하는 내용이 시작되기 때문이다. 이런 관점에서 보면 7-10절, 혹은 8-10절은 악인에 대한 일반론이 아니라, 욥 자신의 무죄 주장의 연속으로서, 욥 자신은 "악인"이나 "불의한 자", "불경건한 자"가 아니라는 점을 강조하는 것으로 이해할 수 있다.

1-10절 욥의 무죄 주장 27장은 한 번도 나온 적이 없는 새로운 도입구로 시작한다. 마샬(מָשָׁל)을 개역개정처럼 "풍자"로 이해하면 친구들의 말에 대한 반박과 역공이라는 해석 틀로 27장을 이해하게 된다. 동시에, 이 단어가 "잠언"으로 번역되는 점에 주목한다면, 마샬이라는 표현은 27장이 왜 규범적 지혜의 언어를 구사하는지 이해할 수 있는 단서를 제공한다. 특히 8-10절과 13-23절은 친구들의 말로 보아도 무방할 정도로 규범적 지혜에 속한 어휘와 신학적 주제가 표현된다. 이 구절들을 욥에게 할당하는 정경의 전승을 존중할 때, 이

구절을 친구들의 말을 빌려 와 친구들을 공격하는 "풍자"로 이해하는 것이 적절해 보인다. 동일한 어휘나 유사한 주제라 할지라도 어떤 문맥에서 사용하느냐에 따라 전혀 다른 의미를 갖게 된다.

욥은 자신의 무죄함을 변함없이 고수한다. 무죄를 주장하는 표현들은 이전과 다를 바가 없다. 지금까지 불의한 거짓을 말한 적이 없으며 사실이 아닌 것을 입 밖에 낸 적이 없다(4절). 4절의 개역개정이 "말하지 아니하리라"라는 번역으로 미래의 의지나 앞으로의 다짐과 같은 뉘앙스로 번역했으나 반드시 미래에 한정해서만 이해할 필요는 없다. 지난날들과 지금 현재, 그리고 앞으로의 날들을 다 포함하는 것으로 이해하는 것이 좋다.

그렇게 봐야 하는 이유는 첫째, 문법적으로 설명하면, 히브리어 동사에는 시제(tense) 개념이 표현되어 있지 않다. 완료와 미완료로 양분되는 히브리어의 동사 시스템은 완료동사와 미완료동사 모두 과거, 현재, 미래에 다 사용된다. 참고로, 이것이 고대 이스라엘 사람의 사고 속에 시제 개념이 없다는 것을 의미하는 것은 결코 아니다. 동사를 통해 시제를 표현하지 않을 뿐, 부사나 전치사구, 접속사 등을 비롯한 다른 품사나 표현들로 시제 개념을 나타낸다.

둘째, '맹세와 서약 구문'(2절)이 꼭 미래의 약속만을 의미하지는 않기 때문이다. 하이(חַי)로 시작하는 '맹세와 서약 구문'은 그 이름 때문에 '앞으로 무엇을 하겠다'라는 것을 의미하는 것으로 오해된다. 그러나 이 구문은 다음에 이어질 것이 확실한 사실임을 분명히 하는 의미로도 쓰인다. 하나님께서 살아 계시는 것이 확실한 것처럼 자신이 하나님의 뜻에 어긋나지 않게 살아왔다는 것도 또한 확실한 사실이라는 뜻이다. 욥은 자신을 정죄하는 친구들의 주장을 죽을 때까지 인정할 생각이 없다. 그는 결코 자신이 하나님의 뜻에 따라 살아왔다는 사실을 부인할 마음이 없고, 지금과 같은 깊은 고난에도 불구하고 앞으로의 인생에서도 하나님의 뜻을 따라 사는 "온전함"을 포기할 생각이 없다(5절).

욥은 자신의 의로움을 부정하고 정죄하는 친구들이 오히려 "악인"이며 "불의한 자"이고(7절), 그들이야말로 하나님을 믿지 않는 자("불경건한 자")라고 "풍자"한다. 친구들이 즐겨 사용하는 규범적 지혜의 언어로써 친구들을 공격하는 수사법이다. 그리고 친구들이 말한 '악인의 결말'을 그대로 친구들에게 되돌려준다. 그들은 욥처럼 죽을 만큼의 고통이 찾아올 때 아무런 소망이 없다(8절). 왜냐하면 그의 부르짖음을 하나님이 듣지 않으시기 때문이다(9절). 이 구절은 엘리바스(15:34), 빌닷(8:13), 소발(20:5)의 말과 궤를 같이한다.

악인은 하나님을 전적으로 의지하지 않고("기뻐하겠느냐") 하나님을 찾지 않는다(27:10). 이러한 악인에 대한 규범적 지혜의 정의는 욥 자신에게는 적용될 수 없는 것이다. 욥은 하나님을 향해 부르짖고 자신의 얘기를 들어 달라고 외치며 하나님과 대면하기를 소망해왔다(13:3, 22, 14:15, 16:20-21, 23:3-6). 악인이라면 하나님을 찾고 그분께 호소할 리가 없다. 그러므로 욥은 악인일 수 없다. 친구들의 말과 유사한 규범적 지혜의 언어로써 욥은 자신의 무죄를 주장함과 동시에 자신을 정죄하는 친구들을 비판하고 있다. 오히려 친구들의 말은 오직 욥을 향해 있을 뿐, 한 번도 하나님을 향한 적이 없다.

11-23절 악인의 결말 이제 욥은 친구들에게 하나님의 운행 법칙("하나님의 솜씨")을 숨김없이 가르치고자 한다(27:11). 앞으로 펼쳐질 내용은 친구들이 모르는 것이 아니다. 그들도 다 알고 경험한 것들이다. 그러나 그들은 이 경험을 제대로 파악하고 이해하지 못한다(12절). "어찌하여 그토록 무익한 사람이 되었는고"에는 안개나 입김, 수증기처럼 잠깐 있다가 사라지고 마는 것들을 의미하는 헤벨(הֶבֶל)이 동사와 동족목적어로 나타난다(הֶבֶל תֶּהְבָּלוּ 헤벨 테흐발루).

욥이 정의하는 악인의 운명은 이것이다: 우선 "악인"의 평행어는 아리찜(עָרִיצִים), 즉 '폭력을 행사하는 자'이다(13절). 이 단어는 마음(내면)의 상태를 의미하는 것이 아니라 인간 상호 간에 있어서 실제적인 폭력을 행사하는 자를 일컫는다. 욥의 친구들의 언어 폭력도 여기에 해당한다. 이 폭력적인 인간들과 그들의 후손이 하나님께 받을 것은 죽음과 배고픔이다(14절). 그들 중 일부가 죽음("칼")에서 용케 살아남았다 해도 병들어 죽게 될 것이며, 장례식에서 그들의 아내는 죽은 남편을 위해 울지 않을 것이다(15절). 악인이 비록 돈을 산더미처럼 쌓아 놓고 입을 옷들을 겹겹이 늘어놓아도(16절), 그의 의복은 의로운 자들이 입게 될 것이고 죄 없는 자가 그의 재물을 나눠 가질 것이다(17절). 악인이 지은 집은 마치 새집이나 거미줄로 된 집처럼 임시로 지은 막사나 움막에 불과하다(18절). 부유한 채로 잠자리에 들지만 자고 일어나면 그는 더 이상 부자가 아니다. 그의 재물은 하룻밤 사이에도 없어질 수 있다(19절). 죽음에 대한 공포와 재물을 잃을 두려움이 매일 밤 악인을 홍수처럼 덮칠 것이며(20절), 한 줄기 바람에도 그의 집과 그 자신마저 날아가 사라질 것이다(21절).

22절과 23절의 3인칭 남성 단수 주어가 무엇을 지칭하는지는 명확하지 않다. 21절의 동풍일 수도 있고, 비인칭 주어로서 불특정한 다수를 의미할 수도 있다. 개역개정은 22절의 주어는 "하나님"으로 보고, 23절의 (동일한 3인칭 단수) 주어는 "사람들"로 해석했다. 그보다는 22절과 23절의 주어를 둘 다 '하나님'으로 일치시키는 것이 타당해 보인다. 즉, 하나님께서 악인에게 아낌없이 "동풍"(혹은 "화살")을 쏘아 보내시면 악인은 하나님의 손에서 벗어나기 위해 사력을 다해 도망쳐야 한다(22절). 하지만 그래 봤자 하나님 손바닥 안이다. 하나님께서는 자신의 처소인 하늘에서 도망치려는 악인을 보고 박장대소하신다(23절).

이러한 악인의 결말은 친구들의 설명과 유사하다(15:28-35, 20:4-29 등). 그러나 세밀한 차이를 살펴보자면 다음과 같다. 첫째, 자손의 많음(27:14)은 규범적 지혜에서 의인/지혜자에게 주는 하나님의 복이다. 욥은 악인에게도 자손이 많을 수 있다고 가정한다. 둘째, '칼에서 살아남는 것'도 의인/지혜자의 '분깃'이다. 그러나 욥은 악인이 칼에서 살아남을 가능성도 염두에 둔다. 셋째, 재물 역시 의인에게 할당된 복이다. 그러나 욥은 악인이 재물이 많을 수 있다고 한다. 돈이 산더미처럼 많고 입을 옷이 즐비한 부자를 악인과 연결시키는 것은 규범적 지혜가 아니다.

욥기 28장

28장은 지혜란 무엇인가에 대한 한 편의 아름다운 찬가이다. 모든 것을 팔아도 아깝지 않은 '밭에 감추어진 보화'보다 지혜가 더 가치 있다고 설파하는 이 시는, 지혜의 궁극적인 출처가 바로 하나님이라는 신앙 고백이 어떤 의미를 갖고 있는지, 하나님을 경외하는 것이 무슨 의미인지를 설명한다. 이 설명은 규범적 지혜의 그것과는 차이가 있다. 어떤 차이가 있는지 아는 것이 28장을 이해하는 핵심이다.

A. 1-14절 지혜는 다른 것과 다르다
B. 15-22절 지혜는 무엇보다 소중하다
C. 23-28절 지혜란 무엇인가

더바이블 욥기 28장

1 은을 찾으려면 광산에 가면 되고
금을 찾으려면 제련소에 가면 된다
2 철은 흙에서 찾으면 되고
구리를 찾으려면 돌을 녹이면 된다
3 사람은 광석을 찾으려고 캄캄한 곳을 끝까지 탐험하고
칠흑 같은 죽음의 골짜기를 샅샅이 뒤진다
4 어느 누구의 발도 닿지 않은 계곡 깊은 곳에 구멍을 내고
사람들로부터 떨어진 곳에 매달려 이리저리 흔들린다
5 음식은 땅에서 나오고
불은 그 땅 아래에서 지펴진다
6 땅에 있는 돌에서 사파이어가 나오고
금은 흙덩이 속에 있다
7 그곳에 이르는 길은 독수리도 알지 못하고
매의 눈으로도 발견하지 못하며
8 무서운 야생동물들도 그 길로 다니지 않으며

개역개정과의 비교

4절 매달려 흔들리느니라: 달루(דָּלּוּ)는 '매달리다', 나우(נָעוּ)는 '이리저리 흔들리다'는 의미로서, 위험한 벼랑에서 광물을 채취하기 위해 밧줄에 매달리는 모습을 표현하고 있다.

5절 그 밑은 불처럼 변하였도다: 불의 기원이 땅 아래쪽에 있다는 고대인의 생각을 엿볼 수 있는 구절이다.

8절 용맹스러운 짐승도: 직역하면 '위엄/존경의 자손들'이다. 이 단어는 욥기에서

사자도 그 길로 지나가지 않는다

9 그런데 사람은 단단한 돌덩이를 부수고

산들을 그 뿌리까지 뒤집어 놓으며

10 돌들 사이로 도랑을 파고서

자신의 눈으로 그 귀한 것을 보고야 만다

11 강이 흐르는 것을 막고

어두운 곳에 빛이 비치게 한다

12 그런데 대체 지혜는 어디에서 발견할 수 있는가

깨달음을 얻을 수 있는 곳은 대체 어디인가

13 사람은 지혜의 가치를 알지 못하며

우리가 사는 세상에서는 지혜를 찾을 길이 없다

14 깊은 심연이 말하기를 그것은 내게 없다 하고

만 두 번 쓰이는데, 욥 41:34에서는 인간이 범접할 수 없는 무서운 야생동물들을 가리킨다. 이 구절에서도 같은 의미를 지니는 것으로 보인다.

12절 그러나 지혜는 어디서 얻으며: 12절은 20절에서 반복되는 구절로서, 일종의 후렴구라 할 수 있다. 즉, 화자가 강조하고 싶은 것은 1-11절이 아니라 바로 이 12절이다. 1-11절은 두 가지 주제가 핵심인데, 1) 모든 것에는 출처가 있다; 2) 동물들과 달리 인간은 그 출처를 찾는다는 것이다. 이 구절 자체만으로는 동물과 다른 인간의 위대함을 설명하는 것처럼 보인다. 그러나 12절이 첨가되면, 그러한 인간의 엄청난 노력으로도 하나님의 지혜에 다다를 수 없다는 뜻이 된다. 인간의 한계를 지적하는 것이다.

13절 사람 사는 땅에서는: 직역하면 '살아 있는 자들의 땅'이다. 이 구절 역시 인간 영역의 한계를 지적하는 표현으로서, 인간 영역 밖의 세계를 강조하는 하나님의 언설(욥 38-41장)과 연결된다.

저 바다는 지혜는 나와 함께 있지 않다 말한다
15 값비싼 금으로도 그것과 바꿀 수 없고
은을 아무리 많이 달아도 그 값에 견줄 수 없다
16 오빌(오피르)의 금이나 아주 귀한 루비나 사파이어로도
그 값을 감당하지 못한다
17 금이나 유리도 거기에 견줄 수 없고
순금으로 된 그릇으로도 그것과 바꿀 수 없다
18 산호나 수정 따위는 언급할 가치도 없을 정도로
지혜의 가치는 진주에 비할 바가 아니다
19 에티오피아의 토파즈도 그에 견줄 수 없고
순결한 금조차 그 값에 이르지 못한다
20 그런데 대체 지혜는 어디에서 발견할 수 있는가
깨달음을 얻을 수 있는 곳은 대체 어디인가

21 지혜는 모든 생명체들의 눈에는 보이지 않으며

16절 오빌의 금: 오피르(אוֹפִיר)의 위치에 대해서는 페니키아, 아라비아, 인도, 아프리카 등 학자들의 의견이 다양하다. 솔로몬과 여호사밧이 이 지역으로부터 금을 가져오는 이야기(왕상 9:28, 22:48)로 미루어 볼 때, 금으로 유명한 지역으로 여겨진다.

16절 귀한 청옥수: 쇼함(שֹׁהַם)은 보석의 일종으로 성경에 자주 등장하나, 어떤 보석인지는 명확하지 않다.

18절 귀하구나: 메쉐크(מֶשֶׁךְ)는 어원적으로 '붙잡다'라는 기본적인 뜻을 가진다. 이 문맥에서는 지혜가 가지고 있는 가치를 뜻하는 것으로 보인다.

21절 숨겨졌고: 어근 알람(עלם)은 '감추어지다, 숨겨지다, 가려지다'라는 의미가 있다. 아주 오랜 옛날(태고)을 의미하는 올람(עוֹלָם)이 이 어근에서 파생된 명

하늘의 새에게조차 감추어져 있다

22 아바돈과 죽음조차

지혜에 대해서 한번 어디서 들어본 적이 있을 뿐이라고 말한다

23 하나님만이 그 지혜로 가는 길을 아시며

그분만이 지혜가 어디 있는지 알고 계신다

24 왜냐하면 그분이야말로 땅의 모든 끝을 다 살펴보시며

온 하늘 아래를 다 알고 계시기 때문이다

25 바람의 세기를 정하시는 분도 그분이시고

물의 양을 정하시는 분도 그분이시다

26 비를 내릴지 말지를 정하시는 분도 그분이시고

천둥번개가 언제 어디서 칠지를 결정하시는 분도 그분이시다

27 아 그분이야말로 지혜를 아시고 지혜를 이해하시는 분이며

지혜를 세우시는 분이고 지혜를 파악하시는 분이다

28 그래서 그분은 사람에게 이렇게 말씀하시는 것이다

하나님을 두려워하는 것이 바로 지혜이며

사이다. 하나님의 지혜는 천지창조 때부터 변함없이 지속된 것이지만, 인간을 비롯한 모든 생명체는 수명의 한계가 있으므로 하나님의 지혜의 전모를 파악할 수 없다.

22절 멸망과 사망도: 아바돈(אֲבַדּוֹן)과 마베트(מָוֶת)는 '저승'이나 '죽음'을 상징하면서, 동시에 21절과 더불어 죽을 수밖에 없는 존재(mortals)를 의미하고 있다.

25절 바람의 무게를 정하시며: '바람에 무게를 달다/주다'라는 표현은 이 구절에서만 등장하는 표현이므로 정확히 어떤 의미를 가지는지 알기 어렵다. 거센 바람과 약한 바람을 결정하거나, 바람이 불 때와 불지 않을 때를 정하는 것을 의미하는 것이라 추정할 수 있다.

욥기 28장 해설

배경 이해

28장은 '지혜의 찬가'라 이름 붙일 만한 지혜시이다. 12절과 20절에서 같은 문장이 반복되는 것이 노래의 후렴구를 연상시킨다. 이런 '후렴구'는 시편에 자주 등장한다. 욥의 독백인지, 친구들 중 한 명의 것인지(소발이나 엘리후), 아니면 욥기 저자의 목소리가 끼어든 것인지에 대해 많은 논쟁이 있어 왔다. 본문에 누구의 말인지를 명시한 표제어가 없기 때문에 정경의 최종 형태에 따라 욥의 말이 계속되는 것으로 보는 것이 좋다.

본문 이해

클린스는 그의 주석에서 28장을 엘리후의 말로 취급하며 이 장의 위치를 37장 뒤에 배치한다. 엘리후의 말로 보는 이유로 첫째, 친구나 청중에게 하는 말이 없고, 둘째, 고통에 대한 호소나 괴로움의 감정이 표출되지 않았다는 점을 든다. "만일 이 장이 엘리후 자료에 속하는 것으로 보이지 않는다면 그것의 기능이 무엇인지 말하기가 쉽지 않다"(클린스, 『욥기 (중)』, 732). 하지만 그의 접근법은 28장에서 결여된 것, 즉 '무엇이 아닌가'에 초점을 맞춘 방식이다. 증거의 부재가 부재의 증거가 될 수 없다. 중요한 것은 28장이 무엇에 대한 것인지, 그리고 28장을 욥의 말로 이해했을 때 어떤 의미가 도출될 수 있는가 하는 것이다. 더불어, 칠십인역(LXX)과 사해문서에서 발견된 아람어 역 욥기(11QtgJob)도 마소라 본문(MT)과 동일한 배치를 하고 있다. 특히 11QtgJob은 마소라 본문과 비교할 때 상당히 자유로운(자의적인) '번역'(이라기보다는 해석)임에도 28장을 다른 누군가에게 할당하지 않는다. 즉, 28장을 엘리후의 말로 볼 수 있는 외적 증거는 없다. 따라서 28장을 이해할 때 중요한 것은 28장이 누구의 말이냐를 결정하는 것이 아니라 그 내용이 규범적 지혜와 반성적 지혜의 틀 안에서 어떻게 이해되는가를 살피는 것이다.

1-14절 지혜는 다른 것과 다르다 1-11절을 동물들과는 다른 인간의 탁월함에 대한 것으로 이해한다면, 그 주제는 규범적 지혜에 속한다. 규범적 지혜는 피조물 중 인간의 특별함과 위대함에 주목한다. 지혜는 인간에게만 주어진 것으로 여긴다. 그러나 구문의 단위를 1-11절이 아니라 1-14절로 보면 완전히 다른 관점과 해석이 나타난다. 특히 12절은 20절에서도 반복되며 그 뒤 이어지는 두 절(13-14절과 21-22절)은 그 질문에 대한 대답으로 주어진다. 이것을 일종의 후렴구로 본다면, 1-11절을 마무리하며 지금까지 언급된 주제들을 반대로 뒤집는 수사법을 사용하는 것으로 이해될 수 있다.

내용을 자세히 살펴보면, 1-2절은 은과 금, 철과 구리 등 귀한 광석들은 모두 저마다의 출처와 기원이 있다는 주제를 다룬다. 이것은 5-6절에서 음식과 불, 그리고 청옥과 사금의 기원과 출처에 대해 언급하는 것에서 반복된다. 3-4절은 사람의 탁월한 능력에 대한 것이다. 사람들은 캄캄한 굴을 헤매거나 아주 위험한 골짜기의 벼랑에 매달려서라도 그 귀한 광석을 찾아내고야 만다. 3-4절의 인간은 7-8절의 동물들과 대비된다. 독수리와 매는 하늘을 높이 날고 멀리 보는 대단한 눈을 가졌지만 그 능력으로도 광석을 찾지는 못한다(사실 동물들은 이러한 광석을 찾을 필요가 없다). 사자처럼 매우 용맹한 동물들도 보석이 있는 험한 길로 다니지 않고 다닐 생각도 하지 않는다. 그들은 광석이 얼마나 귀한 줄 모르기 때문이다. 하지만 인간은 안다. 그래서 바위를 부수고 돌을 깨고, 물의 흐름을 막고 어둔 곳에 빛을 비추고, 심지어 산을 거꾸로 뒤집어서라도 그 귀한 보물을 직접 자신의 눈으로 찾아내고야 만다(9-11절). 귀한 것을 귀한 줄 알고 어떠한 위험을 무릅쓰고라도 찾아내는 것이 인간과 동물의 차이이다. 여기까지는 규범적 지혜라 할 수 있다.

그러나 시인은 여기에 12절을 덧붙인다. 이렇게 보석이 귀한 것을 알고 찾아다니는 인간이 왜 지혜가 어디 있는지 모르며 보석보다 귀한 지혜를 찾아다니지 않는가? 지혜가 어디 있는지 모른다는 점에서 인간과 동물은 아무런 차이가 없다. 이것은 반성적 지혜이다.

인간이 아무리 대단하고 탁월한 피조물이라 해도 지혜의 가치를 알지 못한다. 13절의 에이레크(עֶרְךְּ)를 개역개정은 "길"로 번역했는데, 이 히브리어 단어는 가치(value)를 나타낼 때 사용된다. 구체적으로 살펴보면 레위기와 민수기에서는 은의 무게를 정하는 기준을 가리키는 말로 사용된다(레 5:15, 18, 6:6, 27:2-17; 민 18:16 등). 열왕기하 23:35에서는 각 사람의 가치에 따라 세금을 부과할 때 이 단어가 쓰이며, 시편 55:13에서는 동등한 가치가 있는 동료를 지칭할 때 에이레크가 사용된다. 따라서, 욥기 28:13 상반절은 '사람은 지혜의 가치를 알지 못하며'로 해석하는 것이 적절하다.

또한 이 지혜는 인간의 영역 안에서는 발견되지 않는 것이다(욥 28:13 하반절). "사람 사는 땅"에서 지혜를 찾을 수 없다는 것은 인간의 한계와 지혜의 초월성을 동시에 나타낸다. 규범적 지혜와 상충되는 개념이다. 규범적 지혜가 설명하는 지혜는 마치 부모가 자식에게 가르쳐 주듯이 하나님께서 '환상' 등의 직접 계시를 통해서나 조상들의 축적된 지식을 통해, 혹은 자연의 패턴을 관찰함으로써 얻을 수 있는 것이다. 그리고 그 지혜의 어휘들은 인간과 인간의 생활 영역 안에 있는 것들로써 표현된다. 그러나 28장은 이러한 규범적 지혜와는 전혀 다른 지혜를 이야기한다. 인간은 지혜를 알 수 없으며 인간의 영역 안에서는 지혜가 발견되지 않는다. 이것은 정확히 반성적 지혜의 가르침이며, 욥이 계속 지적한 '인간 인식의 한계'와 동일한 이야기이다(참고로, 욥 38-41장의 하나님의 언설에서 사람이 살지 않고 살 수 없는 야생의 세계를 강조하는 이유가 바로 인간의 한계를 지적하기 위함이다). 28장은 여기서 한 걸음 더 나아가, 인간의 생활 영역을 벗어난 피조세계, 즉 인간이 살 수 없는 "깊은 물"과 "바다"조차 지혜를 발견할 수 있는 공간이 아니라고 강조한다(14절).

15-22절 지혜의 가치는 무엇보다 소중하다 지혜에 관한 두 번째 이야기는 그 가치에 관한 것이다. 그 어떤 값비싼 금이나 그 아무리 많은 양의 은이라도 지혜에 견줄 수는 없다(15절). 오빌의 금, 루비나 사파이어, 황금과 유리, 산호와 수정, 에티오피아의 토파즈와 순금조차도 지혜의 값어치를 감당하지 못한다(16-19절). 이 귀한 것을 대체 어디서 발견할 수 있는지 다시 한번 반복해서 묻고(20절), 그 질문에 대한 대답이 뒤따른다. 지혜는 모든 피조물의 눈에는 보이지 않는 것이다. 하늘을 날고 먼 곳까지 내다볼 수 있는 새들조차 지혜가 어디 있는지 알지 못한다. 심지어 13절의 "사람 사는 땅"과 대비되는 죽음의 공간마저 지혜를 발견할 수 있는 장소를 모른다(22절). 이 구절의 핵심은 어느 누구도 지혜를 깨달았다고, 지혜를 발견했다고 말할 수 없다는 것이다. 욥에게 지혜를 가르쳐 주고자 했던 친구들을 부끄럽게 만든다.

23-28절 지혜란 무엇인가 '지혜의 찬가'의 마지막은 12절과 20절의 질문에 대한 대답으로 마무리한다. 지혜는 어디 있으며 어디에서 발견되는가? 그것은 오직 하나님만이 아시는 것이다(23절). 온 세계를 창조하신 하나님만이 세계의 구석구석을 다 알고 계시며(24절), 그분의 주권하에 두고 있기 때문이다(25절). 모든 것을 결정하신 분은 하나님이시다. 바람을 얼마나 약하게 불게 할까 얼마나 세게 불게 할까, 바다와 강의 물의 양을 정하시고 매번 내리는 비의 양을 결정하시는 분은 하나님이시다(26절 상반절). 언제 어디서 천둥번개

가 칠지 그 세밀한 것 하나하나까지 이 세상에서 벌어지는 모든 것, 심지어 인간의 활동반경을 벗어난 지역까지 모든 것을 주관하시고 결정하시는 분은 하나님 한 분 외에는 없다(24절).

지혜의 출처가 바로 하나님이시고 하나님을 경외하는 것이 바로 지혜라는 것은 규범적 지혜와 반성적 지혜가 모두 공유하는 것이다(잠 1:7, 9:10). 하나님께서 모든 것을 창조하신 주권자라는 점도 욥과 친구들의 공통된 견해이다. 그러나 둘 사이의 차이점은 우선 지혜의 범위를 인간 생활에 중점을 두느냐의 문제와 인간의 인식 가능성에 관한 것이다. 욥기 28장은 이 두 가지 지점에서 반성적 지혜를 설파하고 있다. 따라서, 이 장을 세 친구나 아직 등장하지 않은 엘리후의 말로 보는 것은 28장의 '내용'을 제대로 파악하지 못한 견해라고 생각한다.

하나님께서 정하신 규범을 아는 것이 지혜이자 하나님에 대한 경외라는 것이 규범적 지혜의 핵심이다. 그러나 28장은 지혜에 다다르는 길을 인간은 모르며 오직 하나님만 아시기 때문에 인간은 하나님을 두려워할 수밖에 없다고 가르친다. 하나님 앞에서의 겸손이란 인간은 지혜를 알 수 없다는 것을 인정하는 것이다. 모르는 것을 모른다고 하는 것이 겸손이며, 인간은 모르기 때문에 하나님을 경외(두려워)할 수밖에 없고, 그분 앞에 무릎을 꿇을 수밖에 없다.

욥기 29장

29-31장은 한 묶음으로서 전체가 욥의 독백으로 이루어져 있다. 29장은 과거의 '좋았던 시절'을 묘사한다. 그 시절을 욥은 '하나님께서 함께하셨던 시절'이라고 표현한다. 이 29장은 "그러나 이제는"으로 시작하는 30장과 함께 읽어야 한다. 욥에게 가장 큰 고통은 하나님이 보이지 않는 것, 그분의 음성이 들리지 않는 것, 자신의 기도를 그분께서 듣지 않으신다는 것이다. 고난 이전의 시절에 대한 묘사는 현재의 고통을 더욱 극대화한다.

A. 1-6절	좋았던 시절 (1): 하나님이 함께하신 시절
B. 7-10절	좋았던 시절 (2): 사람들이 함께한 시절
C. 11-19절	좋았던 시절 (3): 하나님의 뜻에 맞는 의로운 삶
D. 20-25절	좋았던 시절 (4): 사람들의 존경을 받았던 시절

더바이블 욥기 29장

1 욥이 또다시 비유로 말을 이어갔다.

2 오 제발 다시 예전처럼
하나님께서 나를 보호해 주신다면
3 예전에는 그분의 등불이 내 머리 위를 비추고 있었고
그분의 빛으로 인해 내가 어둠 속을 걸을 수 있었는데
4 그 좋았던 시절에는
하나님의 보호하심이 내 장막 위에 있었는데
5 그때엔 전능하신 분께서 나와 계속 함께 계셨고
내 하인들이 내 곁에 있었는데

개역개정과의 비교

2절 지난 세월: 직역하면 "동쪽의 달들처럼"이다. 께뎀(קֶדֶם)은 방향으로는 동쪽(앞쪽)을 가리키고, 시간적으로는 과거(앞쪽)를 가리킨다.

2절 원하노라: 미-잇트네이니(מִי־יִתְּנֵנִי)는 비현실적인 가정이나 소망을 나타내는 표현이다(GKC 477 §151. B.)

4절 원기 왕성하던 날: 명사 호레프(חֹרֶף)는 곡식이나 과일이 잘 익어 수확할 때를 의미한다. 일부 영어 번역은 '젊은 시절'로 번역했는데(KJV, CJB 등), '젊음'과 '지혜'는 지혜 장르에서는 반어적 의미를 지닌다.

4절 하나님이 내 장막에 기름을 발라 주셨도다: 쏘드(סוֹד)는 '하나님의 모임'을 뜻하는 의미로 렘 23:18, 22에 사용되었고, 욥 15:8에서도 '천상 회의'를 가리키는 말로 쓰였다. 사람을 향한 하나님의 뜻과 계획을 의미할 때도 사용된다(암 3:7; 시 25:14; 잠 3:32 등). 이 문맥에서는 하나님의 인도하심과 보호하심을 의미한다고 보는 것이 적절하다. 칠십인역(LXX)의 에피스코펜(ἐπισκοπὴν '방문하다, 감찰하다')도 이와 유사한 해석이다.

6 그때에는 내가 걸어가면 우유가 흐르고
내가 곁에 가면 바위에서도 기름이 줄줄 흘렀는데
7 그때는 내가 성문가로 나가서
대로변에 앉을 자리를 깔아 놓으면
8 젊은이들은 나를 보고 스스로 몸을 감추고
노인들은 일어나 섰고
9 귀족들은 말을 멈추고
자기 입을 손으로 막았고
10 지도자들도 소리를 죽이며
입을 다물었는데
11 사람들은 내 말을 듣고 내게 감사했고
나를 보고서는 내 편이 되어 주었는데
12 그것은 도와 달라고 외치는 불쌍한 사람들
아무도 도와주지 않는 고아를 내가 구해 주었기 때문이다
13 죽어가는 사람조차도 내게 와서 축복을 빌었으며
과부들도 나로 인해 기쁨의 노래를 불렀었다
14 나는 하나님의 뜻을 내 옷을 삼아 입었으며
그분의 판단을 내 외투와 모자로 입었었다

6절 바위가 나를 위하여 기름 시내를 쏟아 냈으며: 직역하면, '내 곁에서 바위가 기름의 물줄기를 쏟아부었다'이다.

13절 과부의 마음이 나로 말미암아: 하반절의 원문에는 "나로 말미암아"에 해당하는 표현이 없지만, 상반절의 알라이(עָלַי)가 하반절에까지 영향을 미친다고 보는 해석이다.

15 나는 앞 못 보는 이들에게 눈이 되어 주었고
걷기 불편한 이들에게 발이 되어 주었다
16 나는 찢어지게 가난한 사람들에게 아버지가 되어 주었고
잘 모르는 사람의 일까지도 돌보아 주었다
17 나는 나쁜 놈들의 턱뼈를 부숴 버렸고
피해자들을 그들의 이빨에서 빼내 주었다
18 그래서 나는 이렇게 말했었다
나는 모래처럼 많은 날들을 산 뒤에
내 보금자리에서 숨을 거둘 것이라고
19 나의 뿌리는 항상 물에 맞대어 있었고
내 가지는 밤새 이슬을 머금고 있었다
20 나는 나날이 더욱더 존경을 받았으며
내 활은 내 손에서 날마다 새롭게 되었다
21 사람들은 내가 입을 열기만을 기다렸으며
내가 조언할 때면 조용히 입을 다물었었다
22 내 말이 끝난 후에도 그들은 가만히 있었는데
나의 말이 그들 위에 비처럼 떨어졌기 때문이었다

17절 턱뼈를 부수고: 메탈레오트(מְתַלְּעוֹת)는 1) 이빨의 일종인 '어금니'이거나, 2) 이빨 전체를 담고 있는 '턱뼈'를 의미할 수 있다. 성경에서는 항상 '이빨'을 의미하는 쉐인(שֵׁן)과 평행어로 사용된다(시 58:6; 잠 30:14; 욜 1:6).

17절 빼내었느니라: 원문의 동사는 '던져 버렸다'는 의미이다.

20절 내 화살이 끊이지 않았노라: 직역하면 '내 활은 내 손에서 바뀌었다'이다. 계속적으로 화살이 손에 쥐어지는 것을 의미하는 것으로 보인다.

23 그들은 마치 비를 기다리듯 나를 기다렸으며
늦은 비를 기다리듯 입을 벌렸었다
24 내 말을 신뢰하지 않는 자들에게 나는 조소를 날렸으며
내 얼굴의 광채는 그들에게 비추이지 않았다
25 사람들이 어디로 갈지 내가 결정해 주었으며
애통하는 자들을 위로할 때면
왕이 군대의 상석에 앉듯이 나는 가장 높은 자리에 앉았었다

욥기 29장 해설

배경 이해

27장의 시작과 동일하게 마샬(מָשָׁל)이라는 표제어가 붙어 있다. 내용적으로는 친구들의 정죄에 대해 반론을 제기하는 것으로 볼 수 있지만, 형식상 특별한 수신자가 지정되어 있지 않다(2인칭 대명사가 없다). 언어의 형식이 하나님을 향한 기도나 친구들을 향한 변론이라고 보기는 어렵다. 평행선을 그리는 친구들과의 논쟁이나 '듣지

24절 내가 미소하면: 사하끄(שחק)는 긍정적인 웃음("미소")이 아니라 '조롱, 조소'를 의미하는 부정적인 웃음이다. 시 2:4에서는 '비웃다'는 뜻의 라아그(לעג)와 평행어로 쓰였고, 잠 29:9에서는 아둔한 자에게 보내는 웃음을 뜻하는 말로 쓰였다. 이어지는 장인 욥 30:1에서도 '조롱, 조소'의 의미로 사용되었다.

25절 애곡하는 자를 위로하는 사람과도 같았느니라: 25절의 마지막 구의 위치나 의미에 대해 논란이 많다. 그러나 칠십인역과 타르굼 모두 마소라 본문과 동일하다.

않으시는(욥이 그렇게 느끼는)' 하나님에 대한 호소가 무의미하다는 듯 욥은 넋두리 같은 독백을 한다. 아무도 들어 주지 않는다고 느낄 때 터져 나오는 솔직한 자기고백이다. 이 독백을 들어줄 유일한 청중은 욥기의 독자인 우리다.

본문 이해

욥은 고난을 겪으며 주위 사람들을 잃는다. 형제, 친척, 지인 들이 그를 멀리한다. 그나마 옆에 와 준 친구들은 욥을 정죄하고 가르치려고 할 뿐 욥의 이야기를 진지하게 들어 주며 그의 아픔에 공감하는 이가 하나도 없다. 심지어 하나님을 향한 기도마저 공허한 외침으로 여겨질 뿐이다. 이러한 상황에서 욥은 혼잣말을 한다. 연극으로 따지면 독백이라 할 수 있다. 물론 이 독백은 욥의 속마음을 관객(욥기를 읽는 독자)에게 털어놓는 것이다. 그만큼 진실한 자신의 이야기가 담겨 있다. 욥의 마지막 이야기는 과거의 자신과 현재의 자신을 극명하게 대비시킨다. 과거의 좋았던 시절을 '관계의 온전함(샬롬)'으로 표현한다. 하나님과의 수직적인 관계와 사람들과의 수평적인 관계가 아무런 문제없이 화목(샬롬)하던 시절을 그리워한다. 여기서 중요한 것은 순서이다. 욥은 하나님과의 관계를 먼저 이야기하고 그다음에 사람들과의 관계로 나아간다.

1-6절 좋았던 시절 (1): 하나님이 함께하신 시절 과거를 회상하며 욥은 불가능한 것을 소망하는 전형적 표현으로 시작한다: '다시 예

전처럼 하나님께서 나를 보호하시던 때로 돌아갈 수만 있다면!'(2절). 하나님께서 지켜 주시고(2절 하반절) 그의 빛이 머리를 향해 비추어 어둠 속에서도 길을 잃지 않고 걸을 수 있다는 표현은 민수기 6장의 '제사장의 축복'(아론의 축복)과 시편 23편을 연상시킨다. "(여호와께서) 너를 지키시기를 원하며"(민 6:24)의 동사 샤마르(שָׁמַר)가 욥기 29:2에서 똑같이 사용되었고, "여호와는 그의 얼굴을 네게 비추사"(민 6:25)에서처럼 하나님의 얼굴에서 광채가 나와 앞길을 비춰 주던 시절을 욥은 그리워한다. 그 좋았던 시절("원기 왕성하던 날")은 하나님의 보호하심이 그의 장막 위에 머물던 시절이었고("하나님이 내 장막에 기름을 발라 주셨도다"), "여호와는 그 얼굴을 네게로 향하여 드사"(6:26)라는 복이 실현된 시기였다. "그때에는 전능자가 아직도 나와 함께 계셨으며"(욥 29:5 상반절)라는 표현은 다윗의 "주께서 나와 함께하심이라"(시 23:4)는 고백과 동일한 표현이다.

규범적 지혜와 반성적 지혜의 관계에서 이 구절을 조명해 볼 때 가장 중요한 부분은 욥이 하나님이 자신을 보호하신 이유를 설명하지 않는다는 것이다. 자신이 무엇을 해서 그 대가로 하나님의 보호하심을 받은 것이 아니다. 인과응보가 아니라 '까닭 없는' 것이다. 반성적 지혜가 증언하는 하나님은 '은혜의 하나님'이다. 즉, 인과응보의 원리 안에서 인간의 행동에 사후적으로만 반응하는 하나님이 아니다. 욥의 신앙의 여정은 하나님의 보호하심으로 시작되고 촉발된다. 욥이 가는 길에 저절로 우유와 기름이 흐르는 것처럼 그가 행하는 모든 일이 형통하게 된 것도(욥 29:6) 하나님의 은혜로 인한 것이다. 욥의 어떤 행위에 대한 보상이 아니다. 하나님으로부터 시작된 은혜의 수직적인 관계가 수평적인 관계로 옮겨 간다. 하나님이 함께 계셔서 욥의 주위에는 사람들도 함께 있게 된다(5절 하반절).

7-10절 좋았던 시절 (2): 사람들이 함께한 시절 욥은 이제 사람들과의 수평적인 관계가 어떠했는지 회상한다. 성문가에 자리를 깔아 놓는다는 표현은(7절) 그 지역 사람들의 사회적, 정치적, 사법적 지도자의 역할을 수행했다는 것을 의미한다. 하나님 앞에서 옳고 그름을 가려야 하는 재판이 열리는 장소가 바로 성문이고, 재판장의 역할을 담당하는 자가 왕이나 장로들이었다(신 22:15, 25:7; 룻 4:11; 삼하 15:2, 19:8). 욥은 공동체 사회 안에서 존경을 받았다. 욥이 마을의 중심지인 성문에 나타나면, 젊은 사람들이 겸양의 표현으로 자리를 비켜 줄 뿐 아니라("숨으며"), 심지어 '백발이 성성한 자들'("노인들") 마저 자리에서 일어나 서 있었다. '서 있다'라는 동사 아마드(עמד)는 어떤 지시가 내려질 때까지 가만히 기다리는 것을 의미한다. 예를 들어, 시신을 만져 부정하게 되어 유월절을 지키기 어려운 사람들은 어떻게 해야 하냐고 물어보는 사람들에게 모세는 '서 있어라'라고 명령하는데, 이는 "기다리라"는 의미이다(민 9:8). 마을의 높은 어르신들과 지역 유지들(שַׂר사르는 군대의 대장과 같은 우두머리들을 지칭하는 표현이다)마저 욥의 존재와 사회적 위치를 존중하여 '손바닥을 자신의 입에 갖다 댄다'(욥 29:9). 이와 동일한 표현이 욥기 40:4에

도 나타나는데, 하나님의 위엄 앞에 겸손히 입을 다무는 것을 뜻한다. 지위나 신분이 높은 사람들("지도자들")도 욥 앞에서는 말을 아꼈다(29:10). 사람들은 욥 앞에서 자신의 말을 자제하면서, 그 대신 욥을 주의 깊게 쳐다보며 욥의 이야기를 경청하였는데(11절), 그 이유는 욥이 하나님의 뜻에 맞게 사는 의인이자 지혜자이기 때문이었다.

11-19절 좋았던 시절 (3): 하나님의 뜻에 맞는 의로운 삶 욥이 의로 옷 입고 "나의 정의"로 "겉옷과 모자"를 삼았다고 하는데(14절), 이 표현은 요즘 신앙인들이 흔히 말하듯 '하나님의 의가 아닌 자신의 의를 내세웠다'는 의미가 전혀 아니다. 그와 반대로, 하나님의 뜻과 판단에 맞게 사는 것을 뜻한다(시 132:9; 사 11:5, 59:17). 도움을 요청하는 불쌍한 사람들을 도와주고, "고아"와 "과부"로 대표되는 아무도 도와주지 않는 어려운 사람들을 고통에서 건져 주는 것(욥 29:12-13)은 규범적 지혜가 요청하는 하나님의 뜻이며, 그 뜻에 따라 사는 것이 지혜이다. 끔찍한 고통을 당해서 '죽어 가는 사람'("망하게 된 자")에게 욥은 복이 되었고 기쁨이 되었다(13절).

하나님의 뜻에 맞는 의로운 삶을 욥은 이렇게 표현한다: 앞 못 보는 이들에게 눈이 되어 주고 걷기 불편한 이들에게 발이 되어 주는 것(15절), 극도의 가난을 겪는 이들에게 아버지가 되어 주고, 심지어 잘 모르는 낯선 사람들의 일조차 돌봐 주는 것(16절), 맹수와 같은 악인들을 물리치고 피해자들("노획한 물건"일 수도 있고 악인들의 먹이가 된 피해자를 의미할 수도 있다)을 악인의 이빨에서부터 빼내 주는 것(17절). 의와 의인을 묘사하는 이러한 표현들은 욥의 개인적인 의견이 아니라 성경 전반에서 흔히 나타나는 표현들이며, 엘리바스가 욥을 정죄하면서 사용한 표현이기도 하다(22:5-9).

하나님의 규범에 맞게 살아가는 삶은 '예측 가능한 삶'이기도 하다. 과거로부터 패턴을 익히는 규범적 지혜의 힘은 바로 앞으로 다가올 삶의 불확실성을 예측 가능한 것으로 바꿔 주는 데 있다. 욥은 이렇게 규범대로 살면 규범적 지혜가 약속하는 복을 받을 것이라고 믿었다: '나는 모래처럼 많은 날들을 산 뒤에 내 보금자리에서 숨을 거둘 것이다'(29:18). 규범적 지혜가 말하는 의인의 운명이다(신 5:33; 잠 10:27 등). 시편 1편의 "시냇가에 심은 나무가 철을 따라 열매를 맺으며 그 잎사귀가 마르지 아니함 같으니 그가 하는 모든 일이 다 형통하리로다"(시 1:3)와 같이, 뿌리가 물에 맞닿아 있는 나무는 어려움 없이 풍성한 생명을 누리는 형통한 삶을 사는 것이 마땅하다(욥 29:19).

20-25절 좋았던 시절 (4): 사람들의 존경을 받았던 시절 욥은 다시 한번, 하나님과의 수직적인 관계(하나님의 뜻에 맞는 삶)가 어떻게 사람들과의 수평적인 관계로 이어지는지 묘사한다. 사람들은 욥이 말하기를 기다리며 그의 조언을 경청하였고, 그의 말은 마치 이슬이 떨어져 땅에 스며들 듯 사람들의 가슴에 녹아들었다(21-22절). 그들은 농사에 반드시 필요한 '늦은 비'("봄비")를 기다리듯 욥의 말을 기다렸

다(23절). "미소"로 번역된 사하끄(שׂחק)는 부정적인 의미의 '조소'나 '비웃음'을 의미하기 때문에, 24절은 다음과 같이 이해하는 것이 적절하다: '내 말을 신뢰하지 않는 자들에게 나는 조소를 날렸으며 내 얼굴의 광채는 그들에게는 비추이지 않았다.' 욥은 사람들의 존중과 존경을 받았다. 마치 왕이 군대의 상석에 앉듯이 어디에서나 가장 높은 자리는 욥을 위해 마련되었다. 이러한 왕과 같은 위엄과 권위는 어떤 군사적 힘이나 폭력으로 얻은 것이 아니다. 상을 당해 깊은 슬픔에 빠진 사람들("애곡하는 자")을 욥이 위로했기 때문이다(25절).

욥기 30장 1-15절

29장의 '좋았던 시절'에 대한 과거 회상은 "그러나 이제는"으로 시작하는 30장의 현재의 상황과 대비된다. 29장에서 욥이 기대했던 바와 같이 그의 삶이 예측 가능한 패턴대로 흘러가기만 한다면 아무런 문제가 없다. 그러나 그렇다면 욥기는 쓰이지 않았을 것이다. 하나님의 뜻에 따라 온전히 살아온 욥에게 '까닭 없는' 고난이 발생한다. 규범적 지혜의 패턴이 어긋나면서 반성적 지혜가 등장한다. 잠언이 끝난 곳에서 욥기가 시작된다.

A. 1-8절 욥을 공격하는 사람들
B. 9-15절 그들의 공격을 받는 욥 자신의 처지

더바이블 욥기 30장 1-15절

1 그러나 이제 나보다 어린 것들이 나를 보고 조롱하는구나
나는 그들의 아버지들을
내 양 떼를 지키는 개들 옆에 두려고 하지도 않았었는데
2 그들의 손에 힘이 있다고 해도 그것이 내게 무슨 상관이람
그 힘은 결국 사라지고 말 것이다
3 이전에 그들은 극심한 가뭄과 굶주림으로 비쩍 말라
폐허가 된 황무지에서 마른 흙을 씹던 자들이었다
4 그들은 덤불에서 가지를 벗겨 먹던 자들이며
대나무 뿌리를 먹거리로 삼던 자들이다
5 사람들은 도둑이야라고 외치며
그들을 쫓아내곤 했었다
6 그들은 험한 계곡에 살았고
흙구덩이와 바위 구멍 속에 살았었다

개역개정과의 비교

2절 기력: 켈라흐(כֶּלַח)는 이 구절과 5:26에서만 사용된다. 아랍어에서는 '힘'을 의미하는 단어이다.

3절 마른 흙을 씹으며: 3절 본문에는 '어제'라는 의미의 에메쉬(אֶמֶשׁ)가 쓰였다. 이 단어는 '밤'을 의미할 수도 있고, '이전 시절'을 뜻할 수도 있다. 칠십인역(LXX)은 '어제'를 뜻하는 엑세스(ἐχθὲς)로, KJV는 "in former time"으로, CEB는 "yesterday"로 이 단어를 살려 번역했다. 개역개정은 이 단어를 번역에 반영하지 않았다. 그러나 이 단어가 중요한 이유는 3절 이하를 욥을 공격하는 악인들에게 닥칠 운명으로 볼 것인가, 아니면 그들의 '과거'를 묘사하는 것으로 볼 것인가 하는 해석의 문제를 결정하기 때문이다.

7 덤불 가운데서 소리 지르며
가시나무 아래 모여 있곤 했었다
8 그들은 바보 자식들이며 족보도 없는 자들이고
이 땅에서 쫓겨난 자들이었다
9 그런데 이제는 내가 그들의 노랫거리가 되고
그들의 이야깃거리가 되고 말았구나
10 그런 자들조차 나를 끔찍하게 여겨서
내게서 멀찍이 떨어지려 하고
내 얼굴에 침 뱉기를 주저하지 않는구나
11 하나님께서 내 생명 줄을 놓아 버리시고
나를 비참하게 하셨기에
그들은 고삐 풀린 망아지처럼 내게 달려들었다
12 내 오른쪽에는 어린 놈들이 일어나서 내 발을 넘어뜨리고

7절 부르짖으며: 나하끄(נהק)는 나귀 등이 (배고파서) 소리치는 것을 뜻한다.

8절 이름 없는 자들: 직역하면 '이름이 없는 자손들'인데, 우리말의 '족보도 없는 자들'에 상응하는 표현이다.

11절 내 활시위를 늘어지게 하시고: 직역하면 '그가 내 줄을 풀었다'이다. 예테르(יֶתֶר)는 활의 줄을 뜻하는 단어로 시 11:2과 합 3:9에 사용되었고, 욥 4:21에서는 천막을 지탱하는 쐐기에 연결된 줄을 뜻하는 단어로 쓰였다. 활시위가 느슨해진 것이나 장막의 끈이 느슨해진 것 모두 삶을 지탱하는 힘을 잃게 된 것을 의미한다.

11절 내 앞에서 굴레를 벗었음이니라: Rowley는 이 표현을 '하나님께서 욥의 영향력과 힘을 빼앗으심으로써 욥을 고통스럽게 한 것을 본 사람들이 아무런 제한 없이 욥을 공격한다'라고 이해한다(H. H. Rowley, *Job*, NCBC, 193).

12절 그들이: 피르하흐(פִּרְחַח)는 한 번 쓰인 단어(*hapax*)로서, 같은 어근을 사용하는 단어들인 페라흐(פֶּרַח)나 에프라흐(אֶפְרַח) 등으로 미루어 보아, '어린 사

나를 무너뜨릴 길을 모색하고 있다
13 그들은 내가 가는 길을 망쳐 버리고
내가 받는 고통에서 이익을 얻는다
그들 중에는 어느 누구도 나를 도우려는 자가 없다
14 그들은 구멍을 넓게 파고 왔으며
부서진 틈으로 밀려들었다
15 공포가 내게 엄습해 오니
고상한 척하던 것이 바람처럼 사라지고
안전하게 살던 것도 구름처럼 지나가 버리는구나

욥기 30장 1-15절 해설

배경 이해

30장에서 욥은 자신의 삶이 극단적으로 변하게 된 원인에 대해 언

람들의 무리'를 의미하는 것으로 여겨진다. 개역개정은 이 단어를 번역하지 않았다.

13절 도울 자가 없구나: 직역하면 '그들에게 도움이 없다'이다. 이 표현은 다양한 방식으로 이해된다: 1) 그들은 누구의 도움도 필요로 하지 않는다; 2) 아무도 그들을 도와주지 않는다; 3) 그들 자신에게는 아무런 도움이 되지 않는다. Driver는 Dillmann이 제기한 '막다, 제한하다'라는 해석을 지지한다(G. R. Driver, *AJSL* 52, 1935/36, 163). 이 Dillmann과 Driver의 해석을 많은 번역이 받아들인다(NASB, NRSV, NJB 등): '아무도 그들을 막지 않는다.'

14절 그들은 성을 파괴하고: 전쟁의 이미지에 비유한 것으로 보인다: 벽에 구멍을 내고 그 무너진 곳을 통해 밀려들어 오는 적들의 모습이 연상된다.

급하지 않는다. '까닭 없는' 고난이라는 표현은 하늘에 계신 하나님의 관점에서 욥의 고난을 평가하는 것이고, 이 땅에 발 딛고 사는 욥의 시각에서는 '이유를 알 수 없고 설명할 수 없는 고난'이다. 욥의 고난을 통해 욥기가 하고 싶은 말이자 신앙인인 우리에게 던지는 질문은 바로 이것이다: 하나님의 징벌을 받은 죄인과 악인이라면 조롱과 모욕을 당해도 되는가? 보다 본질적으로는, 욥과 같은 고난을 당하는 사람은 모두 하나님의 명령을 거역한 죄인이고 악인이라고 단정 지을 수 있는가?

본문 이해

30장 1-15절에서 욥은 자신을 공격하는 이들이 어떤 존재인가, 그리고 그들의 공격은 어떠한가를 비유적으로 묘사한다. 이 구절을 이해하는 핵심은 이것이다: 악인들이 왜 자신을 공격하는지, 욥 자신에게 왜 이런 일이 벌어졌는지 그 이유를 분석하고 원인을 찾으려 하지 않는다. 욥은 "하나님이 내 활시위를 늘어지게 하시고 나를 곤고하게 하심으로", 혹은 다른 번역으로는, '하나님께서 내 생명줄을 놓아 버리시고 나를 비참하게 하셨기에'(11절)라고 표현하면서, 자신의 고통이 하나님께서 주신 것이라는 점을 분명히 한다. 그러나 동시에 하나님께서 왜 그렇게 하셨는지 그 이유가 나타나 있지 않다. 욥의 '좋았던 시절'이 하나님의 주권적 결단에 의한 은혜였듯이(29장), 지금의 처참한 상태 역시 하나님의 주권적 결단 외에 다른 설명을 가져다 붙이려 하지 않는다. 욥기 1-2장에서 표현된 하나님의 주권에 대한 신앙 고백이 여전히 변함없이 유지되고 있다.

1-8절 욥을 공격하는 사람들 이 구절에 대한 해석이 나눠지는 지점은 이것이다: 2-8절이 악인들에 대한 저주, 혹은 미래에 발생할 그들의 운명에 대한 묘사인가, 아니면 그들이 얼마나 미약하고 형편없는 존재들인지를 묘사하는 이야기인가? 여기서는 후자의 해석을 따르겠다. 그 이유는 첫째, 3절의 히브리어 원문에 있는 에메쉬(אֶמֶשׁ)가 '어제'라는 뜻으로 과거를 의미하기 때문이다. 칠십인역(LXX)과 일부 영어 번역(KJV, CEB 등)도 후자의 해석에 동의한다. 둘째, 9절이 '그러나 이제는'이라는 의미의 베앗타(וְעַתָּה)로 시작하기 때문이다. 29장의 과거에 대한 언급과 30장의 현재에 대한 언급 사이가 '그러나 이제는'을 회전축(pivot)으로 하여 바뀌는 것처럼, 9절의 "(그러나) 이제는"은 악인의 과거(2-8절)와 악인의 현재(9-15절)를 서로 대비하는 것으로 본다.

이러한 구조에 따라 이 구절을 이해하면 다음과 같다. 욥은 29장에서 자신의 좋았던 시절을 하나님과의 수직적 관계와 사람들과의 수평적 관계로 설명했다. 하나님은 자신에게 '까닭 없는' 은혜를 베풀었고, 욥은 받은 은혜를 가난하고 고통받는 사람들에게 대가를 바라지 않고(= '은혜로') 나누어 주었다. 그래서 사람들은 욥에게 존경을 표했고 그의 말에 귀를 기울였다. 그런데 이 사태가 변했고 욥은 그 이유를 모른다. 단지 '그러나 이제는'으로 사태의 변화를 표현한다. "나보다 젊은 자들"은 규범적 지혜의 과거지향적 관점에서

'나보다 지혜롭지 못한 자'를 의미한다. 심지어 이들의 아버지들조차 욥의 과거 지위에 견주면 욥의 가축을 돌보는 개들 옆에 두지도 못할 정도로 형편없는 사람들이었다. 이러한 표현이 독자의 입장에서는 욥의 교만이나 오만으로 읽혀질 수도 있으나, 욥이 말하고자 하는 의도는 현재 자신을 괴롭히고 경멸하는 인간들이 형편없이 저급한 인간이라는 점을 강조하려는 것이다. 그럼으로써 이들보다 더 낮은 욥의 현재 상태가 얼마나 비참한가를 더욱 극적으로 드러내려 한다.

과거에 그들의 힘은 욥에게 아무런 영향을 행사하지 못할 정도로 약했다("그들의 손의 힘이 내게 무슨 소용이 있으랴", 30:2). 왜냐하면 그들은 세력("기력")이라고 할 것도 없이 몰락한 자들("쇠잔하였으니")이었기 때문이다. 이어지는 3-8절은 이들이 몰락한 세력이라는 것을 설명하는 구절이다. 이들은 극심한 가뭄과 굶주림으로 비쩍 마른 사람들이다(3절 상반절). 이들은 폐허가 된 황무지, 사람이 살 수 없는 땅에서 흙을 씹어 먹고 사는 자들이다(3절 하반절). 먹을 것이 없어서 나뭇가지와 나무뿌리로 겨우 연명하는 사람들이다(4절). 이들이 사람들 중에 있으면 사람들은 그들을 보고 '도둑이야!'라고 외치며 쫓아내곤 했었다(5절). 그래서 이들은 사람들 중에 함께 기거하지 못하고, 즉 도시에 살지 못하고, 험한 계곡이나 바위 굴에 살 수밖에 없는 사람들이다(6절). 그들은 먹을 것이 열리지 않는 "떨기나무"와 "가시나무"에나 모여 사는 사람들이다(7절). 욥은 이들이 얼마나 '지혜 없는' 무지자들인지를 '미련한 자의 자식'과 "이름 없는 자들의 자식"이라는 표현으로 나타낸다(8절). 이들은 거할 곳조차 없는 '땅에서 쫓겨난 자들'이다.

두 가지 점이 다시 한번 강조되어야 한다. 욥은 이들이 왜 이렇게 처참한 상태가 되었는지 그 원인을 분석하거나 설명하려 하지 않는다. 즉, 욥의 친구들이 했던 것과는 달리, 인과응보의 원리를 이들에게 적용하지 않는다. 이들에 대한 설명에 '악'이나 '불의'와 같은 단어를 사용하지 않는다. 즉, 이들이 하나님의 뜻에서 벗어난 어떤 행위를 했기 때문에 하나님의 징벌을 받은 것이라고 설명하지 않는다. 또한, 이들의 상황을 묘사하는 것의 주된 목적은 다음에 이어질 자신의 상황이 얼마나 처참한가를 묘사하기 위한 준비 작업이라는 점이 간과되어서는 안 된다.

9-15절 그들의 공격을 받는 욥 자신의 처지 이러한 사람들에게조차 욥은 조롱을 당한다. 이렇게 처지가 변하게 된 이유를 욥은 모르며 그 이유를 설명하려 들지 않는다. 다만 베앗타(וְעַתָּה '그러나 이제는')로 사태의 전환을 묘사할 뿐이다. 욥에 대한 나쁜 소문은 사람들이 모여 사는 도시를 벗어나 험한 계곡과 바위 굴에 사는 사람들에게까지 흘러가 "놀림거리"가 된다(9절). 성경의 표현에 익숙한 독자들이라면 "놀림거리"와 "이야깃거리"라는 표현이 하나님의 명령을 어긴 사람들에게 내리는 징벌을 나타낸다는 것을 잘 알고 있다: "네가 놀람과 속담과 비방거리가 될 것이라"(신 28:37); "이스라엘은 모든 민족 가운데에서 속담거리와 이야깃거리가 될 것이며"(왕상

9:7); "주께서 우리를 뭇 백성 중에 이야깃거리가 되게 하시며"(시 44:14). 욥의 친구들과 주변 사람들뿐 아니라 욥이 알지도 못하는 사람들조차도 욥의 소문을 듣고는 욥을 하나님의 명령을 거역한 사람으로 취급한다. 사람들이 도둑이라고 싫어하며 몰아낸 자들조차 욥을 미워하고 멀리하며, 욥의 면상에 대고 침을 뱉는 것을 주저하지 않는다(욥 30:10).

사태가 이렇게 된 원인은 욥에게 있지 않다. 하나님께서 욥의 생명 줄("활시위")을 놓아 버리셨기 때문이다. 사람들은 이제 마치 '고삐 풀린 망아지처럼'("무리가 내 앞에서 굴레를 벗었음이니라") 욥에게 달려든다(11절). 고난은 악인에게 내리는 하나님의 징벌이라는 인과응보 원리가 만들어 낸 처참한 결과이다. 죄 있는 자, 정확히는 죄인이라고 그들이 확신하는 자는 돌로 쳐도 된다는 끔찍한 신학이다. 죄인을 공격하는 것에는 어떠한 제한도 없다. 욥의 '오른쪽에는' '어린 놈들'(פִּרְחַח 피르하흐)이 욥을 둘러싸고 넘어뜨리려고 덫을 놓는다. 욥이 가려는 길을 망쳐 놓고 욥의 고통을 재촉한다("재촉"이라고 번역된 단어는 '욥의 고통에서 이익을 취한다'라고 해석할 수도 있다). 욥이 이런 처지에 놓여 있는데도 아무도 곤경에 처한 이를 도와주려고 하지 않는다. 그동안 욥이 도왔던 (29장에서 언급된) 모든 사람은 어디론가 사라져 버렸다. 욥이 베풀었던 것 중 어느 하나도 욥에게 되돌아오지 않는다. 이것도 '뿌린 대로 거둔다'라는 원리가 작동하지 않는 경우이다.

사람들은 오히려 마치 전쟁을 벌이는 것처럼 성에 넓은 구멍을 파고 부서진 틈새로 밀려든다(30:14). 이렇게 몰려드는 사람들로 인해 욥은 공포에 에워싸인다(15절 상반절). 욥이 그동안 누려 왔던 "품위"는 마치 바람처럼 날아가 버렸다. 욥을 이 '사망의 음침한 골짜기'에서 건져 낼 "구원"마저 구름이 사라지듯 사라져 버렸다(15절 하반절).

이 구절에서 강조되는 점은 첫째, 사람들의 적대적인 행동이 하나님의 허락과 주관하에 발생한다는 욥의 생각이다(11절). 하나님의 선하심을 강조하면서 세상에서 벌어지는 악에 대해 하나님의 책임이 없는 것처럼 생각하는 신학적 입장과는 다르게, 욥은, 그리고 욥기 전체는 이러한 고난이 하나님의 주관하에 일어난다는 '하나님의 절대주권' 개념을 강조한다. 둘째, 하나님이 하시는 일과 사람이 하는 일이 서로 분리된 것이 아니라 긴밀히 연결되어 있다는 것을 강조한다. 하나님의 선대가 사람들의 선대로 이어지듯이(29장), 하나님의 공격(욥은 이렇게 생각한다)은 사람들의 공격을 촉발한다. 하늘에서 벌어진 일을 알지 못하는 욥의 탄식은 하나님에 대한 원망이면서도, 동시에 하나님의 주권을 인정하는 신앙 고백이기도 하다.

욥기 30장 16-31절

30장 전반부가 어떤 사람들이 얼마나 끔찍하게 욥을 공격했는가에 대한 것이었다면, 후반부는 사람들의 공격이 욥 자신을 얼마나 처참한 상태로 만들었는지 묘사한다. 욥이 자신의 상태를 묘사하는 언어는 깊은 고통 속에 있거나 있었던 경험이 있는 사람들의 가슴을 절절하게 울릴 만한 것이다. 통곡에 가까운 애가(lamentation)가 구슬프게 울려 퍼진다.

A. 16–19절　욥의 애가: 처절한 고통에 대한 호소 (1)
B. 20–26절　하나님을 향한 질문
C. 27–31절　욥의 애가: 처절한 고통에 대한 호소 (2)

더바이블 욥기 30장 16-31절

16 너무나 고통스런 날들에 휩싸여서
이제는 내 속이 다 뒤집어졌구나
17 밤이면 누군가 내 뼈마디에 구멍을 뚫는 것 같다
나를 아작아작 씹어 먹는 자들은 쉴 줄을 모르는구나

18 그분께서는 엄청난 힘으로 내 옷을 움켜잡으신다
그분이 내 멱살을 잡고서
19 나를 진창으로 집어 던지시니
나는 진흙투성이가 되고 타고 남은 잿더미같이 되었구나

개역개정과의 비교

18절 나의 옷을 떨쳐 버리시며: 하파스(חפש)의 히트파엘형은 '변장하다/변형되다'라는 의미로 사용된다(왕상 20:38, 22:30; 대하 18:29, 35:22). 그러나 어원적 의미는 '손으로 더듬어 찾다'(수탐)라는 뜻이 기본이다(창 31:35, 44:12; 삼상 23:23; 왕상 20:6; 잠 20:27; 암 9:3; 옵 1:6; 습 1:12). 이 문맥에서는 '손으로 움켜잡다'라는 의미로 이해된다.

18절 나의 옷깃처럼 나를 휘어잡으시는구나: 직역하면 '그분은 속옷의 입을 묶는다'이다. 쿳토넷(כְּתֹנֶת)에는 옷깃이 없다. '입'이라는 단어는 아마도 입을 때 머리를 넣는 옷의 구멍을 뜻하는 것으로 보인다. 즉, 목 주위를 가리키는 표현으로 여겨진다.

19절 나를 티끌과 재 같게 하셨구나: 아파르(עָפָר)와 에이페르(אֵפֶר)는 (하나님 앞에) 하찮은 존재임을 나타내는 의미로 사용되기도 하고(창 18:27), 재(에이페르)로 덮힌 베옷은 극심한 고통과 깊은 슬픔을 상징하는 표현이다(에 4:1, 3; 시 102:10; 사 58:5, 61:3; 렘 6:26; 애 3:16; 겔 27:30, 28:18; 단 9:3; 욘 3:6). 욥은 2:8에서부터 이미 재 위에 앉아 있는 상태로 묘사된다. 아파르와 에이페르는 욥 42:6에서 동일한 형태로 나타난다.

20 제가 아무리 당신께 부르짖어도
당신은 제게 아무런 말씀을 하지 않으십니다
제가 아무리 서서 외쳐도 당신은 그냥 쳐다만 보실 뿐입니다
21 당신은 제게 너무 잔인하게 변하셨습니다
당신의 그 엄청난 손의 힘으로 저를 공격하십니다
22 당신은 저를 바람에 태워 날려 버리시고
당신의 입김으로 저를 없애려 하십니다
23 당신께서 저를 죽음으로 몰아가신다는 것을
모든 살아 있는 것들이 가야 할 곳으로
저를 데려가신다는 것을 저는 잘 알고 있습니다
24 하지만 말입니다
엉망이 된 자에게 도움을 줘야 하지 않습니까
재앙이 닥쳐서 살려 달라고 외치면
손을 내밀어 줘야 하는 것 아닌가요
25 저는 누군가 힘든 날을 겪을 때 함께 울어 줬습니다
힘들어하는 사람을 보고 진심으로 괴로워했습니다
26 저는 그동안 선한 것을 추구하며 살았는데

20절 주께서 나를 돌아보지 아니하시나이다: 원문은 '당신은 그냥 쳐다만 보고 계십니다'라는 뜻이다. 동일한 동사 형태가 '(젊은 여인에게) 눈길을 주다'라는 의미로 사용된다. 개역개정은 상반절의 부정어 로(לֹא)가 하반절에도 계속되는 것으로 판단해서 긍정문을 부정문으로 번역했다.

26절 내가 복을 바랐더니: 직역하면 '나는 선한 것을 바랐다'이다. 개역개정의 "복"은 히브리어 또브(טוֹב)를 번역한 것이다. "복을 바랐더니"라고 번역하면 욥이 어떤 잘못된 기복신앙을 가지고 있는 듯 해석될 여지가 있다. 상반절의 나

결국 제게 온 것은 악한 것이군요
밝은 빛을 따라갔더니 깜깜한 어둠이 제게 찾아왔군요
27 고통의 나날들이 제 앞에 있으니
제 오장육부는 찢기지 않은 날이 없습니다
28 저는 햇볕을 보지도 못했는데 피부가 까맣게 되었습니다
그런 채로 사람들 앞에 도와 달라고 소리치고 있습니다
29 저는 늑대처럼 울부짖고
타조처럼 꽥꽥거립니다
30 제 살갗은 시커멓게 타들어 가고
제 뼈는 사막의 태양보다 뜨겁습니다
31 저의 수금은 장송곡만 연주하고
저의 피리는 슬피 우는 자들의 곡조에 장단을 맞춥니다

머지 부분과 함께 이해하면, 욥은 오직 선한 것만을 추구하며 살아왔는데 그 결과로 나쁜 것("화")이 왔다는 진술이다.

27절 내 마음이 들끓어 고요함이 없구나: 원문을 직역하면 '내 속은 끓는다. 그리고 잠잠하지 않다/멈추지 않는다'이다. 한시도 쉬지 않고 속이 뒤집어진다는 의미로 해석된다.

29절 이리의 형제요 타조의 벗이로구나: 직역하면 '나는 자칼의 형제가 되었고, 타조의 딸들의 친구가 되었다'이다. 자칼과 타조의 거칠고 날카로운 울음소리가 이 비유의 연결고리인 듯하다.

30절 열기로 말미암아: 호렙(חֹרֶב)은 '가뭄과 메마름'을 의미하는데, 사막지역의 뜨겁고 건조한 날씨와 뜨거운 태양열을 뜻하기도 한다(창 31:40; 사 4:6, 25:4; 렘 36:30).

욥기 30장 16-31절 해설

배경 이해

욥의 기나긴 탄식과 애가 속에 하나님의 절대주권에 대한 인정이 들어 있고, 하나님이 하시는 일에 대해 원인과 까닭을 묻지 않는 그의 신앙이자 반성적 지혜가 담겨 있다. 욥은 끝까지 이유를 묻지 않는다. 자신을 향한 하나님의 태도가 왜 바뀌었는지 질문하지 않는다. 주시는 분도 여호와시고 거두시는 분도 여호와시기 때문이다. 그분은 자신의 뜻대로 좋은 것을 주시기도 하고 나쁜 것을 주시기도 한다. 그렇다고 그분에 대한 신앙을 버려야 할 아무런 이유가 욥에게는 없다. 그의 신앙은 대가를 바라지 않는 신앙이기 때문이다.

본문 이해

다시 한번 '그러나 이제는'이라는 뜻의 베앗타(וְעַתָּה)로 전환이 일어난다. 1절과 9절의 베앗타가 시간의 변화 혹은 사태의 전환이라 할 수 있다면, 16절의 베앗타는 시선의 전환이다. 30장 전반부가 욥을 공격하는 사람들을 향한 외부적 시선인데 반해, 이번에는 욥 자신에게로 초점이 옮겨진다. 30장 후반부는 총 세 부분으로 나눠지는데, 처음과 마지막 단락은 욥 자신이 느끼는 고통이 얼마나 극심한가를 묘사하며, 그 중간에 2인칭 화법으로 전환하여 하나님을 향한 호소가 위치해 있다.

16-19절 욥의 애가: 처절한 고통에 대한 호소 (1) 욥은 자신의 정신과 영혼의 고통을 육체적인 고통의 어휘로 표현한다. 몸과 영혼은 분리된 것이 아니다. 물론 욥기 2장의 두 번째 재앙은 전신에 악성 피부병이 생기는 육체적인 질병이지만, 친구들과의 논쟁과 30장 전반부에서 묘사된 사람들의 공격은 육체적인 것에 한정되지 않는다. 오히려 죄인/악인으로 취급당하는 조롱과 모욕이 욥의 영혼에 깊은 상처를 남긴다. 고통의 날들이 욥을 사로잡는다(16절). 욥은 자신의 영혼 혹은 호흡(נֶפֶשׁ네페쉬)이 '뒤집어졌다'고 표현한다("내 생명이 내 속에서 녹으니"). 숨을 쉬기 어려운 상태를 가리킨다. 현대의학에서는 '공황장애'로 진단할 만하다. 영혼의 고통은 육체의 아픔으로 나타난다: '밤이면 누군가 내 뼈마디에 구멍을 뚫는 것 같다. 나를 아작아작 씹어 먹는 자들은 쉴 줄을 모르는구나'(17절). '씹어 먹다'라는 의미의 아라끄(ערק)는 3절에서 욥을 괴롭히는 자들이 "마른 흙을 씹으며"에서 동일하게 사용된 단어이다(성경 전체에서 이 두 곳에서만 사용된다). 흙을 씹어 먹던 자들이 이제는 욥의 영혼과 육체를 멈추지도 않고 씹어 먹는 통증으로 탈바꿈한다.

사람들로부터 오는 고통은 곧 하나님으로부터 오는 고통이기도 하다. 욥의 인식에서 이 두 가지는 분리되지 않는다. 영혼이 씹어 먹히는 아픔은 하나님께서 그분의 그 크신 힘을 다해 욥의 목을 조르는 것과 같다(18절). 고대 이스라엘의 속옷에 해당하는 쿳토넷(כְּתֹנֶת)에는 "옷깃"이 없다. '외투(쿳토넷)의 입'을 움켜잡는 것은 목이 들어가는 옷의 구멍을 움켜잡는 것이고, 그것은 멱살을 붙잡고 목을 조르는 것과 같다. 하나님은 욥의 멱살을 잡고서 진창으로 처박아 버리신다(19절 상반절).

욥은 자신의 상태를 이렇게 묘사한다: '나는 진흙투성이가 되고 타 버리고 난 후의 잿더미가 되었습니다'(19절 하반절). 진흙투성이와 잿더미는 극심한 고통과 깊은 슬픔을 표현하는 전형적인 표현이다(에 4:1, 3; 시 102:10; 사 58:5, 61:3; 렘 6:26; 애 3:16; 겔 27:30, 28:18; 단 9:3; 욘 3:6). 시편 102편의 시인이 "주의 분노와 진노로" 인해 "나는 재를 양식같이 먹으며 나는 눈물 섞인 물을 마셨나이다"(시 102:9-10)라고 고백한 것보다 더 심한 고통을 묘사한다. 재를 먹는 것 정도가 아니라 그 자신이 잿더미가 되어 버렸다. 자신에게 이런 고통을 허락하신 분은 하나님이시다.

20-26절 하나님을 향한 질문 자신의 내면(영혼)을 향했던 욥의 시선은 이제 하나님을 향한다. 수신자가 2인칭 단수로 바뀌면서 욥은 보이지 않고 들리지 않는 하나님을 향해 탄식한다. 이 탄식의 기도가 하나님께 닿을 것이라는 기대조차 못한 채로 욥은 절규한다: '제가 아무리 당신께 부르짖어도 당신은 제게 아무런 말씀을 하지 않으십니다. 제가 아무리 오랫동안 기다려도 당신은 그저 아무 말 없이 쳐다만 보십니다'(욥 30:20). 히브리어를 직역하면 개역개정의 번역처럼 "내가 섰사오나"가 된다. '서다'라는 동사 아마드(עמד)는 '가만히 기다리다'라는 의미도 포함한다(민 9:8). 29장의 '좋았던 시절'엔 존경과 지혜로 표상되는 "노인들"마저 욥이 말하기를 서서

기다렸다(욥 29:8). 지금은 욥이 아무리 서서 하나님의 말씀을 기다려도 그분은 아무 말 없이 가만히 쳐다만 보신다(개역개정이 "돌아보지 아니하시나이다"라고 번역한 히브리어 원문은 '당신은 나를 쳐다보신다'이다). 이 두 상황의 대비가 '서다'라는 동사로 표현되고 있다.

욥은 하나님이 변했다고 말한다("주께서 돌이켜"). 하찮은 인간에 비할 바 없는 그 엄청나게 힘 있는 손으로 자신을 적으로 삼아 공격하고 있다고 말한다(30:21). 하나님이 욥을 대적하신다. 욥이 하나님을 공격하고 도전하고 반항하는 것이 아니다. 창조주 하나님과 피조물인 인간 사이의 차이를 극명하게 대비하는 반성적 지혜의 관점에서 '하나님의 힘'은 인간이 감당할 수 있는 수준이 결코 아니다. 하나님의 호흡 한 번이면 인간은 태풍처럼 날아가 버린다(30:22). 그런 하나님이 "무서운 힘으로" 던져 버리신다면 그것은 욥에게 곧 죽음을 의미한다(23절). "모든 생물을 위하여 정한 집"은 죽음의 세계를 뜻한다. 인간을 포함한 모든 피조물은 죽을 수밖에 없는 존재이다. 그들에게 마련된 종착지는 죽음이다. 욥기 3장과 전도서 2-3장에서 묘사된 내세관과 마찬가지로, 죽음 앞에 모든 피조물은 평등하다. 스올 앞에서는 의인도 악인도 없으며, 지혜자와 아둔한 자의 차이도 없다. 심지어 사람과 동물의 차이도 사라진다.

다시 한번 강조하지만, 욥은 하나님께서 왜 이렇게 "잔혹하게" 변하셨는지 그 원인을 분석하려거나 설명하려고 시도하지 않는다. 단지 욥은 하나님께 질문한다: 누군가 넘어지면 도와줘야 하지 않겠냐고, 끔찍한 고통에 처한 사람이 살려 달라고 소리치면 손을 내

밀어 주는 것이 마땅한 도리 아니냐고(30:24). 욥은 29장에서 자신이 고통을 호소하던 불쌍한 사람들을 도와줬던 일을 다시 한번 상기한다: '저는 누군가 힘든 날을 겪을 때 함께 울어 줬습니다. 힘들어 하는 사람을 보고 진심으로 괴로워했습니다'(30:25).

욥은 지금 자신의 삶의 경험이 '뿌린 대로 거두는' 인과응보의 원리와는 거리가 멀다고 호소하는 것이다. 자신이 베푼 만큼 돌아오기는커녕, 구원을 요청하는 소리들에 성심을 다해 응했는데 자신의 호소에 돌아오는 것은 오직 조롱과 멸시와 정죄뿐이다. 그는 하나님의 뜻에 따라 '선한 것'(טוֹב또브)을 추구하며 살아왔다. 그런데 그에게 돌아온 것은 '나쁜 것'(רַע라아)이다(26절). 개역개정은 2:10에서와 마찬가지로 또브와 라아를 "복"과 "화"로 번역하는데, 자칫 이 번역은 욥이 기복신앙을 가졌다고 오해할 여지를 준다. 욥이 사용하는 단어는 선과 악, 좋은 것과 나쁜 것이다. 욥은 하나님께서 밝혀 주시는 '빛'("광명")을 따라갔는데, 막상 그에게 온 것은 '칠흑 같은 어둠'("흑암")이었다. 규범적 지혜의 선과 악의 이분법, 빛과 어둠의 이분법은 욥의 삶에서 규범대로 작동하지 않는다.

27-31절 욥의 애가: 처절한 고통에 대한 호소 (2) 30장의 마지막 부분은 다시 처절한 고통을 호소하는 욥의 애가이다. 고통의 나날들이 임해서 욥의 오장육부는 하루도 찢기지 않은 날이 없다(30:27). "햇볕에 쬐지 않고도 검어진 피부"(28절 상반절)라는 표현은 악성 피부병을 앓고 있는 욥의 상태를 나타내면서, 동시에 자신의 상태가

인과응보의 원리에서 벗어나 있음을 나타낸다. 이런 상태로 욥은 사람들에게 도와 달라고 소리친다(28절 하반절). 그의 울부짖음은 마치 늑대와 타조의 울음소리 같다(29절). 욥의 살갗은 시커멓게 타들어 가고 그의 뼈는 사막의 태양보다 더 뜨겁다(30절). 이 표현 역시 질병을 표현하면서 동시에 욥의 영혼의 상태를 중의적으로 나타낸다. 몸과 마음은 비록 하나라고 말할 수는 없겠지만 서로 분리된 것도 아니다. 육체적 고통은 내면적이고 영적인 고통과 이어져 있고, 그 역도 마찬가지다. 이제 욥 앞에 놓여 있는 것은 죽음뿐이다. 그의 귀에는 이미 장송곡이 들리고 그의 눈앞에는 벌써 장례식이 치러지고 있다(31절). 하나님을 향한 욥의 '애가'는 그 자신에게 '애곡'으로 되돌아온다.

욥기 31장 1-23절

길게 이어지는 욥의 발언(26-31장)은 '무죄 서약'으로 막을 내린다. 지금까지 자신은 하나님의 뜻을 어기지 않고 살아왔다는 무죄에 대한 주장이자 앞으로도 계속 그렇게 살아가겠다는 의지의 표명이다. 욥의 무죄 서약은 크게 열한 가지로 나뉠 수 있다. 31장의 전반부(1-23절)에서는 우선 다섯 가지를 다룬다. 여기서는 사람들과의 관계의 문제가 중점을 이룬다. 욥은 이웃과의 수평적인 관계를 하나님과의 수직적인 관계와 끊임없이 연결시킨다.

A. 1-4절 음욕에 대하여
B. 5-8절 속임에 대하여
C. 9-12절 간음에 대하여
D. 13-15절 종들에 대하여
E. 16-23절 가난한 자들에 대하여

더바이블 욥기 31장 1-23절

1 나는 내 눈에게 맹세를 시켰다
젊은 여성들에게 눈길 한 번 주지 말라고
내가 언제 그런 적이 있었던가
2 만약 그랬다면
내가 하늘에 계신 하나님께 받을 것이 무엇이겠나
저 높은 곳에 계신 전능하신 분께서 내게 무엇을 주시겠는가
3 불의한 자에게 주어질 것은 재앙이 아니겠나
나쁜 짓을 행하는 자들에게 나쁜 일 외에 또 무엇이 일어나겠나
4 그분께서는 내가 걸어온 모든 길을 다 지켜보시며
내가 걷는 모든 걸음걸음을 다 세시는 분이 아니던가
5 내가 언제 잘못된 길로 걸었던 적이 있었던가
내 발이 언제 누군가를 속이려고 빨리 달려간 적이 있었나
6 내가 그분의 뜻에 합당하게 살았는지
제발 그분께서 나를 저울에 달아보시길 간절히 바란다네
하나님께서 제발 내가 그분의 뜻에 온전하게 살았다는 것을
알게 되시길 바란다네
7 내가 언제 그분이 알려 주신 길에서 벗어난 적이 있었던가

개역개정과의 비교

3절 불행이 아니겠느냐: 네이케르(נֵכֶר)의 어근 나카르(נכר)는 '이상한, 낯선, 외국의'라는 의미를 가지고 있다. 비정상적이고 부적절한 것을 가리킨다. 이 문맥에서는 '재앙'을 의미하는 에이드(אֵיד)와 평행어로 사용되고 있다.

언제 내 마음이 눈앞에 보이는 것만을 좇아간 적이 있었던가
언제 내 손에 더러운 것을 묻힌 적이 있었던가
8 만일 그랬다면 내가 심은 것을 남들이 먹어도 좋고
내가 심은 작물이 뿌리째 뽑혀도 좋다
9 내 마음이 언제 여자에게 유혹된 적이 있던가
내가 이웃집 근처에서 숨어 기다린 적이 있던가
10 만약 그랬다면 내 아내가 남의 집 하녀가 되어도 좋고
그녀가 다른 이들의 종이 되어도 좋다
11 그런 행위는 끔찍한 범죄이다

9절 유혹되어: "유혹"으로 번역된 단어의 어근 파타(פתה)는 '단순한, 아둔한'이라는 의미로서 지혜 장르에서 '지혜 없음'을 나타내는 의미로 쓰인다. 피엘형은 타인을 (쉽게) 설득하고 유혹하는 것을 뜻하고(출 22:15; 잠 1:10, 16:29, 24:28), 반면에 니팔형은 쉽게 속임을 당하는 아둔한 상태를 뜻한다(렘 20:7).

9절 숨어서 기다렸다면: 아라브(ארב)는 누군가를 속이거나 무엇을 빼앗기 위해 잠복하여 기다리는 것이나 누구를 해치려고 매복해 있는 것을 뜻한다.

10절 타인과 더불어 동침하기를 바라노라: 직역하면, '다른 이들이 그녀 위에 다리를 올려놓다'이다. 명사 케라아(כְּרַע)는 무릎 아래쪽 다리를 뜻한다. 동사로는 동물(사자 등)이 앞다리를 앞으로 펼치고 엎드린 자세를 의미하거나(창 49:9; 민 24:9), 사람이 무릎을 꿇는 것을 뜻한다(시 22:29, 72:9, 95:6; 대하 7:3, 29:29; 에 3:2, 5; 삿 7:5; 스 9:5; 왕상 8:54, 19:18; 왕하 1:13). 욥 31:1, 9 등 '간음'을 뜻하는 구절과의 연속성 속에서 '(여자) 위에 무릎을 꿇다'라는 숙어를 성적인 행위를 뜻하는 것으로 이해할 수도 있다. 그러나 이 단어가 쓰인 다른 어떤 용례에도 성적 행위를 의미하는 경우는 없다. 복종, 굴복의 의미로 이해하는 것으로 충분하다.

11절 참으로 음란한 일이니: 짐마(זִמָּה)는 넓은 의미로 의도나 계획을 뜻하는 말이다. 주로 부정적인 의미로 사용된다. 그러나 욥 17:11에서는 부정적인 의미를 담고 있지 않은 채로 사용되기도 한다. 토에이바(תּוֹעֵבָה)와 더불어, 하나님께서 싫어하시고 사회적으로 용납되지 않는 '끔찍한 일'을 의미하는데, 좁게는

법정에 끌려갈 만한 죄악이다
12 죽을 때까지 불에 태워질 만한 범죄이며
내가 가진 모든 것을 뿌리 뽑을 만한 죄이다
13 내 남종이나 여종이 나에게 따지고 들 때
내가 언제 사태를 바로잡지 않은 적이 있던가
14 만약 그랬다면 하나님께서 나타나실 때
내가 무엇을 할 수 있겠나
그분께서 찾아오시면 내가 뭐라고 대답할 수 있겠나
15 어머니 뱃속에 나를 만드신 분께서
그 종 또한 만드시지 않았는가
그분께서 우리 모두 하나의 자궁에서 창조하시지 않으셨던가
16 내가 언제 불쌍한 자들의 일을 외면한 적이 있던가
내가 언제 과부의 눈을 멀게 한 적이 있던가
17 내가 언제 고아들에게 나눠 주지 않고
나 혼자 빵을 먹은 적이 있던가
18 사실 나는 젊었을 때부터 고아를 아버지처럼 키웠으며
어머니의 뱃속에서부터 나는 과부들에게 도움을 주었다

성적인 방종과 타락을 뜻한다(렘 13:27; 레 18:17, 19:29, 20:14 등).

16절 소원을: 헤페쯔(חֵפֶץ)는 크게 두 가지 의미로 나뉜다: 1) 기쁨; 2) 일, 사건. 대부분의 경우 첫 번째 의미로 사용되지만, 전 3:1, 17, 5:7, 8:6; 사 58:13 등에서는 후자의 의미로 사용된다. '가난한 자의 기쁨'이라는 직역이 문맥상 적절하지 않기에 "소원"으로 의역했으나, 후자의 의미로 '가난한 자의 일을 외면하지 않았다'고 해석하는 것이 보다 적절하다.

19 내가 언제 옷 한 벌 걸치지 못하고 죽어 가는 자나
덮을 것이 없는 가난한 자를 보고서도
20 내가 가진 양털로 그 배를 따뜻하게 하여
그가 내게 감사하지 않은 적이 있던가
21 내가 언제 성문가에서 내게 도움을 요청하는 고아를 보고서도
손을 흔들어 그를 내친 적이 있던가
22 만약 그랬다면 내 어깨가 떨어져 나가도 좋겠고
내 팔이 어깻죽지에서 빠져 버려도 괜찮다
23 진정 하나님께서 보내시는 재앙은 내게 가장 두려운 것이라서
나는 그 재앙을 감당할 수 없을 것이다

욥기 31장 1-23절 해설

배경 이해

31장의 각 서약의 외적 구조는 다음의 세 가지 하부 구조로 되어 있

20절 그의 허리가: 할라짜임(חֲלָצָיו)은 갈비뼈에서 엉덩이까지의 배 부위를 가리키는 표현으로서, 잘 때 이불을 덮는 신체 부위이다.

21절 나를 도와주는 자가: 에즈라티(עֶזְרָתִי)는 직역하면 '나의 도움'이다. 개역개정의 "나를 도와주는 자"라는 번역은 명사와 인칭 어미의 관계를 목적격으로 이해한 것이다. 이 단어는 '내가 도와줄 사람', 즉 주격 소유격의 관계로 이해하는 것도 가능하고, 또 문맥상 이렇게 이해하는 것이 더 적절해 보인다.

21절 주먹을 들어: 직역하면 '손을 흔들다'인데, 이 행위는 '폭력'보다는 '거절'을 의미한다.

다: 1) 죄를 범한 상황을 가정; 2) 그에 합당한 처벌에 대한 묘사; 3) 그 죄에 대한 평가. 이러한 구조에 따라 분류하면 총 열한 가지로 나뉜다. 31장을 십계명과 연결시켜 열 가지로 만드는 것은 무리가 있다. 형식뿐 아니라 내용에 있어서도 31장이 다루는 죄는 십계명의 그것과 일치하지 않는다.

본문 이해

1-4절 음욕에 대하여 하나님께서 원하시지 않는 죄에 대해 욥이 첫 번째로 언급하는 것은 젊은 여성에게 눈길을 보내는 것이다. 절대 그렇게 하지 않겠다고 자신의 두 눈과 언약(בְּרִית베리트)을 맺었다는 표현으로 과거의 무죄함과 미래의 서약을 동시에 표현한다. 순서(listing)는 중요도를 나타내는 기준 중의 하나인데 욥이 이 음욕의 문제를 맨 처음에 위치시켰다는 것이 아주 흥미롭다. 우선, 젊은 여자에게 눈길을 주어서는 안 된다고 명시한 율법 규정은 없다. 출애굽기 22:16은 '젊은 여자'(בְּתוּלָה베툴라)와 성관계를 했을 경우 결혼지참금을 지불하고 아내로 삼으라고 규정한다. 욥이 첫 번째로 언급하는 죄는 구약의 율법보다 "음욕을 품고 여자를 보는 자마다 마음에 이미 간음하였느니라"(마 5:28)라는 예수님의 말씀에 더 가깝다.

욥은 '시선'을 통해 마음의 범죄를 저지르는 사람이 하나님께 받을 것은 "환난"과 "불행"뿐이라고 말한다(욥 31:2-3). 욥은 하나님께서 자신이 살아온 모든 길을 다 지켜보시고 심지어 지금까지 걸어온 모든 발걸음을 세기까지 하시는 분이기에(4절) 자신은 부끄러운 일을 저지르지 않았다는 사실을 하나님께서는 아신다고 확신한다.

5-8절 속임에 대하여 두 번째는 "허위"와 "속임수"에 대한 것이다(5절). 히브리어 **샤브**(שָׁוְא)는 거짓말로 상대를 속이는 것을 가리킨다. 지키지 않은 맹세(호 10:4)나 재판에서의 거짓 진술을 뜻하고(출 23:1; 신 5:20), 무가치하고 허망한 것을 의미하며(사 1:13; 렘 4:30; 시 139:20 등), 거짓과 속임을 통한 재난과 파괴를 뜻하기도 한다(사 30:28). 특별히, 에스겔은 거짓 예언으로 하나님의 백성을 현혹하는 것을 지칭하는 표현으로 이 단어를 자주 사용한다(겔 12:24, 13:6-9, 23, 21:23, 29, 22:28 등). 욥은 자신의 "발"이 누군가를 속이려고 빨리 달려간 적이 있었냐고 묻는다. 이 표현은 잠언 6장에서 하나님께서 미워하시고 싫어하시는 일곱 가지 중 하나로 "빨리 악으로 달려가는 발"(잠 6:18)이라는 표현과 연결되어 있다.

이 두 번째 죄에 대한 서약도 자신의 무죄를 증명하고 싶은 소망이 뒤따른다. 욥은 자신이 하나님의 뜻에 합당하게 살았는지 하나님께서 저울에 달아 측량해 보시기를 간절히 바란다. 그러면 자신이 무죄하다는 것이 입증될 것이라고 확신한다(욥 31:6). 7-8절은 무죄 서약의 전형적인 형태를 취하는데, '내가 만약 죄가 있다면, 이런 징벌을 받아도 좋다/받기를 원한다'는 구조이다. 이 표현은 욥 자신이 죄가 있다는 것을 가정하거나 그럴 가능성을 염두에 둔 표현이 아니다. 지금까지 하나님께서 알려 주신 길을 벗어난 적이 없었다고 단언하는 것이며 앞으로도 없을 것이라고 서약하는 것이다

(7절 상반절). 눈에 보이는 유혹에 굴한 적이 없고("내 마음이 내 눈을 따랐거나") 더러운 죄악에 손을 댄 적이 없으며 앞으로도 그렇지 않을 것이라고 다짐하는 것이다(7절 하반절). 욥은 1절에서와 마찬가지로 눈에 보이는 것에 현혹되어서는 안 된다고 경계한다.

9-12절 간음에 대하여 1절의 베툴라(בְּתוּלָה)가 결혼 안 한 젊은 여성에 대한 것이라면 9절의 잇샤(אִשָּׁה)는 혼인한 여성을 지칭하는 것으로 보인다. 하반절의 "이웃"이라는 표현은 그 여성의 남편을 가리킨다. '숨어 기다린다'라는 의미의 동사 아라브(ארב)는 전쟁할 때 매복하는 것이나(수 8:2; 삿 20:29, 21:20; 대하 20:22 등), 타인에게 악을 행하기 위해 잠복해 있는 것을 지칭한다(신 19:11; 삿 9:25, 16:2 등). 두 경우 다 상대에게 타격을 입히는 것이 목적이다.

욥은 남의 아내에게 음욕을 품고 그 남편에게 해를 가한 적이 없고 그런 계획조차 세운 적이 없다고 말한다. 만약 그랬다면 자신의 아내가 남의 집 종노릇을 해도 좋다고 선언한다(욥 31:10). "타인의 맷돌을 돌리며"라는 표현을 성행위를 비유적으로 표현한 것으로 보는 해석도 있으나, 단순히 남의 집 하녀로서 일하는 것을 뜻할 수도 있다. 하반절은 개역개정이 "타인과 더불어 동침하기"라고 직접적인 간음을 의미하는 것으로 해석했으나 이 표현도 '하인이 되다'라는 의미로 이해할 수 있다(10절 도움말 참조).

10절의 표현은 현대인의 시각에서 불편한 표현이지만, 이 표현이 의미하는 바는 자신이 타인의 혼인관계를 깨뜨리는 행위를 했다면 자신의 혼인관계 역시 깨지는 것이 마땅하다는 의미로 받아들이는 것이 좋다. 욥은 이러한 행위를 '법정에 끌려갈 만한 끔찍한 범죄'라고 평가한다(11절). 이러한 죄를 저지른 사람은 죽을 때까지 화형에 처해져야 하며 가진 모든 것을 다 빼앗겨야 마땅한 죄라고 규정한다(12절).

13-15절 종들에 대하여 네 번째는 종들에 대한 합당하거나 부당한 대우에 관한 것이다. 욥은 주인인 자신에게 옳고 그름을 따지려는 종들의 이야기에 귀를 닫은 적이 없고, 사태를 올바르게(정의) 바로잡지 않은 적이 없다(13절). "권리를 저버렸다"는 번역의 원문은 '정의를 거부하다'이다. 주인과 노예의 관계, 욥과 종들의 관계를 언급하는 것은 욥과 하나님 사이의 문제로 이어지기 쉽다. 욥이 지금 자신이 그러했던 것처럼 하나님께도 현재의 잘못된 사태를 바로잡고 정의를 실현해 달라고 요청하는 것으로 해석하도록 우리를 '유혹한다'. 만약 이러한 해석이라면 욥이 지금껏 말해 온 것은 (적어도 자신의 경우에 있어서) 하나님의 판단이 틀렸다고 주장하는 것이 된다.

그러나 이어지는 욥의 말은 '하나님의 부당한 판결'에 대한 것이 아니다. 욥은 하나님에 대해 시시비비를 따지지 않는다. 그는 하나님 앞에서 자기 자신이 부끄럽지 않기만을 원한다: '내가 만약 하인들에게 억울한 일을 만들고 그것을 바로잡지 않았다면 내가 하나님 앞에 대체 무슨 말을 할 수 있겠는가'(14절). 하인들에게 억울한 일을 만들어서는 안 된다는 '윤리 규정'에 대해 욥이 제시하는 근거는 놀랍도록 흥미롭다. 모든 인간은 하나님의 피조물로서 모두 하나의 ‘자궁’(רֶחֶם 레헴)에서 나왔기 때문이라는 것이다. 이 자궁은 하나님의 자궁이다. 모두 다 같은 하나님의 창조물이기 때문에 하인일지라도 억울한 일을 당해서는 안 되며 그에게도 올바른 정의가 실현되어야 한다는 사상이 지금으로부터 수천 년 전 고대 이스라엘에 있었다는 것이 놀랍다. 바울의 “유대인이나 헬라인이나 종이나 자유인이나 남자나 여자나 다 그리스도 예수 안에서 하나이니라”(갈 3:28)의 구약적 표현이라 할 수 있다. 주인과 노예의 이분법을 뛰어넘어, 죽음뿐만 아니라 출생에 있어서도 모든 인간이 평등하다는 반성적 지혜를 보여 준다.

16-23절 가난한 자들에 대하여 16절 상반절의 “가난한 자”는 일종의 통칭으로서, 그 안에 과부와 고아, (경제적으로) 가난한 자 등이 포함된다. 이사야 61:1의 “가난한 자”가 “마음이 상한 자”와 “포로된 자”, “갇힌 자”를 아우르는 폭넓은 의미의 단어로 채택된 것과 동일하다. 욥은 이들의 일을 외면한 적이 없고 그들에게 음식과 옷가지를 나누어 주지 않은 적이 없다고 말한다. 욥은 도움을 요청하는 사람들의 소리를 외면한 적이 없다. 만약 자신이 ‘손을 흔들어’(폭력이라기보다는 거절의 의미이다) 불쌍한 사람들을 저리 가라고 내쫓았다면 그 손만이 아니라 팔 전체가 없어지는 게 더 낫다(욥 31:21-22). 이 표현은 죄를 범한 손이나 발, 눈은 차라리 없는 게 낫다는 예수님의 말씀(마 18:6-10)과 연결된다.

욥기 31장 24-40절

계속되는 무죄 주장과 무죄 서약으로 욥의 말이 종결된다. 후반부에는 총 여섯 가지가 더 첨가된다. 재물에 대한 것과 이웃과의 관계에 대한 문제가 중점을 이룬다. 또한 하나님에 대한 신앙의 문제가 중요하게 다뤄진다. 후반부는 전반부와 동일한 구조로 되어 있으면서도 각 단위가 보다 간략한 형태로 표현된다.

A. 24-25절 재물에 대하여
B. 26-28절 천체 숭배에 대하여
C. 29-30절 원수에 대하여
D. 31-32절 나그네와 난민에 대하여
E. 33-37절 죄를 숨기는 것에 대하여
F. 38-40절 땅에 대하여

더바이블 욥기 31장 24-40절

24 내가 언제 금을 신뢰하며
황금에게 나는 너만 의지한다라고 말한 적이 있던가
25 내가 언제 재력이 많다고
내 손에 많은 것이 있다고 기뻐한 적이 있었던가
26 내가 언제 환하게 빛나는 것을 보거나
영롱한 달이 지나가는 것을 보고
27 내 마음 깊은 곳에서 미혹되어
손을 입에 갖다 댄 적이 있던가
28 이것 역시 중대한 범죄이고
저 위에 계신 하나님을 배신하는 짓이다
29 내가 언제 나를 싫어하는 자가 망하는 것을 보고

개역개정과의 비교

26절 달이 밝게 뜬 것을: 야까르(יָקָר)는 보석같이 귀한 것을 의미하는 형용사이다. 여기서는 보석처럼 빛나는 달빛을 가리키는 것으로 보인다.

27절 내 손에 입 맞추었다면: 직역하면, '내 손이 내 입에 키스했다'이다. '내 입이 내 손에 입맞춤했다'가 아니라 주체와 객체가 뒤바뀌어 있다. 손을 입에 갖다 대는 행동을 의미하는데, '내 마음이 유혹되어'라는 상반절에 비추어 '침묵'을 뜻하는 표현은 아닌 것으로 여겨진다. 구약성경에서 이러한 표현이 나온 유일한 구절이어서 정확한 의미를 알기 어렵다. 주술적인 행동으로 추측된다.

28절 속이는 것이리라: 카하쉬(כחשׁ)는 '속이다, 실망시키다' 등의 의미를 지닌다. 피엘형은 '부인하다'라는 뜻으로 주로 쓰인다. 어떤 사실을 부인하거나 맹세나 서약을 깨는 행위를 뜻한다(창 18:15; 호 4:2; 잠 30:9 등).

29절 즐거워하였던가: 히트오라르티(הִתְעֹרַרְתִּי)를 직역하면 '스스로를 흥분시키다'이다. '기운을 차리다, 기운을 북돋다'라는 의미로 사 51:17, 64:7에 사용되

기뻐한 적이 있던가
그에게 나쁜 일이 발생했다고 신이 난 적이 있던가
30 나는 그가 죽기를 바라는 말로 저주하여
내 입으로 범죄한 적이 없다
31 내 장막 안에 거하는 사람들 중에
이렇게 말하지 않는 사람이 있던가
　그가 주는 고기에 배부르지 않은 자가 어디 있는가
32 어느 나그네도 밖에서 자게 하지 않았으며
내 집의 문들은 아무나 들어올 수 있게
항상 길거리를 향해 열려 있었다
33 내가 언제 아담처럼 내 잘못을 숨긴 적이 있으며
내 죄를 내 가슴속에 가린 적이 있던가
34 내가 큰 무리를 무서워하고
가족들의 멸시가 나를 좌절시킨 적이 있던가
그래서 내가 밖에 못 나가고 입 다물고 산 적이 있던가
35 오 누가 내 말에 귀를 기울여 줄까
내가 여기 있으니 부디 전능하신 분께서 내게 대답해 주시기를

었다.

33절 다른 사람처럼: 아담(אָדָם)은 창 3장의 아담을 지칭하는 말일 수도 있고, 일반적인 사람들을 가리키는 말일 수도 있다. 전자의 경우라면 범죄한 후 하나님을 피해 숨어 있던 아담의 이야기를 배경으로 한다.

35절 나의 서명이 여기 있으니: 직역하면 '나의 타브(ת)가 여기 있다'가 된다. 엑스(x) 자 표시를 의미하는 말로 여겨진다.

오 나와 다투시는 분의 소송장이라도 있었으면

36 그랬다면 나는 그 소송장을 내 어깨 위에 들쳐 매고 다녔을 텐데

면류관처럼 내 머리에 쓰고 다녔을 텐데

37 내가 걸어온 모든 걸음걸음을 그분께 말씀드렸을 텐데

마치 귀한 존재가 된 것처럼 나는 그분 곁에 가까이 있었을 텐데

38 내 토지가 언제 나에게 울부짖은 적이 있던가

땅의 이랑들이 일제히 내게 대고 운 적이 있던가

39 내가 언제 돈을 내지 않고 땅의 소산물을 먹은 적이 있던가

땅 주인으로 하여금 한숨을 쉬게 한 적이 있던가

40 만약 그랬다면 밀 대신에 가시가 돋고

보리 대신에 잡초가 나와도 좋다

욥의 말이 완결됐다.

38절 내 밭이 나를 향하여 부르짖고: 창 4장의 가인과 아벨의 기사를 연상시키는 구절이다. "밭"으로 번역된 아다마(אֲדָמָה)는 아담(אָדָם)과 동일한 어원을 가지며, 이 두 단어는 '피'를 뜻하는 담(דָם)과 어원적으로 연결되어 있다고 여겨진다. 이 단어에 대해서는 송민원, 『히브리어의 시간』(복있는사람, 2024), 89-95 참조.

39절 소유주가 생명을 잃게 하였다면: 직역하면, '땅 주인이 숨을 내쉬게 하다'가 된다. 이것이 죽음을 의미하는 것으로 이해될 수도 있고, 혹은 '한숨을 내쉬게 하다'라는 뜻으로 해석될 수도 있다. NASB, ESV, NRSV, KJV 등은 이 표현을 '죽음'으로 해석했고, 반면에 JPS, TNK, CJB 등 유대계 번역과 CEB, NIV 등은 '좌절, 절망'으로 해석했다.

40절 독보리: 바샤(בָּאְשָׁה)는 어원적인 의미로는 '지독한 냄새가 나는 것'이라는 뜻이다. 아마도 좋지 않은 냄새가 나는 잡풀을 의미하는 것으로 추정된다.

40절 욥의 말이 그치니라: "그치니라"로 번역된 동사 탐무(תַּמּוּ)의 어근 타맘(תמם)은 '온전하다, 완성하다'의 의미이다.

욥기 31장 24-40절 해설

배경 이해

욥을 아브라함과 동시대 사람으로 여기기 시작한 것이 언제부터인지는 모른다. 고대인들이 욥의 고향 우스(עוּץ우쯔)와 아브라함의 고향 우르(אוּר)를 혼동했을 것 같지는 않다. 두 단어의 성경 히브리어식 발음은 전혀 다르다. 다만 욥이 '동방 사람'이라는 점(욥 1:3)과 욥기 31:26-28의 천체와 점성술에 관한 언급이 신구약 중간기 시대의 해석가들로 하여금 욥과 아브라함을 연결 짓게 하는 계기가 되었을 가능성이 있다. 고대 주석가들은 아브라함이 '갈대아인의 우르' 출신이라는 것 때문에 아브라함과 점성술을 연결 지었다. '갈대아인'이라는 표현이 천문학과 점성술을 상징하는 단어로 이해되었기 때문이다. 희년서 12장과 필론의 『아브라함에 관하여』에는, 천체의 움직임을 관찰하다가 그 천체들을 만드신 창조주에 대한 인식에 도달하는 아브라함에 관한 이야기가 있다. 그것이 아브라함으로 하여금 갈대아 우르 지역을 떠나게 한 계기가 되었다고 설명한다(제임스 L. 쿠걸, 『구약성경 개론』, CLC, 159-161 참조).

본문 이해

욥의 무죄 서약과 지혜의 관계: 31장의 무죄 서약을 이해하는 핵심은 이것이다: 욥의 무죄 주장이자 무죄 서약은 '내가 만약 이런 죄를 저질렀다면 이런 벌을 받아도 마땅하다'라는 형식을 취한다. 이 형식으로 볼 때 규범적 지혜의 인과응보 법칙을 따른다고 할 수 있다. 그러나 이 인과응보의 법칙은 '반쪽짜리'이다. 왜냐하면 열거된 죄를 저지르지 않은 것에 대한 '보상'에 대해 전혀 언급하고 있지 않기 때문이다. 욥은 자신이 이러한 죄를 저지르지 않았으니, 즉 하나님의 뜻에 맞게 살아왔으니 그에 따른 '복'(재물, 자손, 장수 등)을 달라고 요청하지 않는다. 따라서, 이 무죄 서약을 하나님에 대한 욥의 '당당한 도전'이나 인과응보의 법칙을 따르지 않는 하나님에 대한 '자신만만한 공격'(클린스, 『욥기 (중)』, 916)으로 보는 해석은 설득력이 부족하다. 이러한 종류의 해석은 '도전하고 반항하는 욥'이라는 해석 틀로 31장을 이해하려는 시도이다.

욥은 죄에 대해서는 합당한 처벌을 받아야 하지만, 의로움과 무죄함에 대해 하나님이 응당 보상해야 한다는 논리를 펼치지 않는다. 이것은 자신의 무죄함에 대해 하나님께서 보상하지 않으신다 해도(즉, 뿌린 대로 거두지 못할지라도) 지금까지처럼 앞으로도 계속 하나님의 뜻을 따르겠다는 의지의 표현이자 신앙 고백으로 보아야 한다. 이 신앙 고백은 모든 것을 잃은 재앙에도 불구하고 "이 모든 일에 욥이 범죄하지 아니하고 하나님을 향하여 [무지함을 주지] 아니하니라"(욥 1:22)라는 욥기 화자(narrator)의 평가와 일치한다. 하나님께 비록 '나쁜 것'("화")을 받았다 할지라도 하나님을 섬기고 그분의 이름을 찬양하며 그 뜻대로 사는 삶이 바뀌어야 할 아무런 이유가 없다(2:10). 사탄과 친구들이 '까닭 있는 신앙'을 주장할 때 욥은 언제나 굽히지 않고 '까닭 없는 신앙'을 주장해 왔다. 지금까지 변함 없이 지속되어 온 그의 신앙이 마지막 장에서도 그대로 표출된다.

24-25절 재물에 대하여 욥은 금으로 대표되는 재물에 소망을 두지 않았다고 말한다(31:24 상반절). 자신이 많은 재물을 가지고 있을 때에도("손으로 얻은 것이 많음으로", 25절) 그는 그 재물에 의지하지 않았다. 욥기나 전도서가 대화 상대자로 삼고 있는 규범적 지혜는 부유함이 곧 지혜와 의를 증명한다고 믿는 신앙이다. 하나님에 뜻에 따라 산 자는 그 결과로 부자가 될 수밖에 없고, 따라서 부자는 곧 지혜자라는 일종의 세속적 번영신학이다. 잠언도 마찬가지로 재물을 지혜에 뒤따르는 결과물로 여기면서, 동시에 재물을 탐하고 의지하는 것은 지혜가 아니라고 가르친다(송민원, 『지혜란 무엇인가』, 60-61).

26-28절 천체 숭배에 대하여 26절은 단순히 자연 현상의 아름다움에 매료되는 것이 아니라 해와 달 등의 천체를 숭배하는 것에 관한 것이다. 이것은 하나님을 배신하는 것이며 하나님의 심판대에 회부될 만한 중대 범죄이다(28절). 참고로, 일월성신을 숭배하는 풍습은, 그것을 엄격하게 금지하고 있음에도(신 17:2-7), 이스라엘에서 암암리에 행해지던 것이었다(신 17:2-7; 왕하 17:16; 대하 33:3).

29-30절 원수에 대하여 욥은 자신을 미워하는 자가 망하는 것

을 보고 기뻐한 적이 없으며, 자신에게 적대적인 자들에게 나쁜 일이 발생했다고 좋아한 적이 없다(욥 31:29). 욥은 원수가 죽기를 바라며 말로 저주하는 것은 '입을 더럽히는 행위'라고 비판한다(30절). 구약의 본문에 예수님의 말씀처럼 '원수를 사랑하라'(마 5:44)는 말씀까지는 나와 있지 않다. 하지만 동시에 '원수를 미워하라'라는 말씀도 없다. 신명기 23:6과 에스라 9:12에서는 적대적인 세력의 평안과 안녕을 구하지 말라는 정도의 소극적인 대응이 언급된다. 반면에, 원수가 죽기를 바라는 마음을 하나님께서 좋게 보시지도 않는다. 오히려 하나님은 "원수의 생명을 멸하기"를 구하지 않은 솔로몬의 기도를 마음에 들어 하셨다(왕상 3:10-11). 더 나아가, 원수가 곤란한 상황에 처했을 때 도와주라고 명령하시기도 했다(출 23:4-5).

지혜 장르 안으로 한정한다면, 규범적 지혜의 인과응보 사상은 원수가 자신의 잘못에 대한 보복을 받는 것을 긍정적으로 여긴다(시 54:7, 59:10). 욥의 관점은 자신을 미워하는 사람들에게 미움으로 되갚아 주지 않는 정도의 수준이지만, 동시에 '뿌린 대로 거둔다'는 원리를 탈피하는 반성적 지혜이기도 하다. 상대가 나쁜 행위를 했다고 해서 그에게 나쁜 일이 일어나기를 바라서도 안 된다.

31-32절 나그네와 난민에 대하여 욥은 자신의 장막 안에 거하는 사람들 중 자신이 주는 고기에 배부르지 않은 사람이 없다며, 사람들을 후하게 대접했다는 것을 강조한다. "내 장막 사람들"이라는 표현은 자손과 종들을 모두 포함하는 말이다. 32절의 게이르(גֵּר)로

인해 욥의 주거지 안에 함께 거주하는 나그네 혹은 난민도 여기에 포함된다. 타 지역에서 온 사람들을 환대하는 것은 고대 이스라엘에서 상당히 중요한 가치를 지녔다. 창세기 18장의 아브라함과 19장의 롯, 24장의 리브가, 그리고 사사기 19장의 에브라임 산지 사람의 경우에서처럼 성경은 자기 지역을 지나가는 타지인들을 극진히 대접하는 것을 강력히 요청한다. 특히, 이 환대의 윤리에서 절대 하지 말아야 할 것이 나그네를 집 밖 길거리에서 자게 하는 것이었다(창 19:2-3; 삿 19:20-21). 욥은 자신이 지나가는 사람들을 밖에서 자지 않게 했으며 심지어 집의 대문을 항상 아무나 들어올 수 있게 열어 두었다는 점을 강조한다.

33-37절 죄를 숨기는 것에 대하여 33절은 창세기 3장을 배경으로 하는 것으로 보인다. 히브리어 아담(אָדָם)을 개역개정에서처럼 "다른 사람"이라고 번역하면서 일반적이고 불특정한 누군가를 지칭하는 말로 이해할 수도 있지만, 고유명사 아담으로 해석할 수도 있다. 범죄한 아담이 하나님의 낯을 피하여 숨은 것에 빗대어(창 3:8, 10) 욥 자신은 숨기거나 가릴 만한 잘못을 하지 않았음을 대비시킨다. 특별히 이 구절이 창세기 3장과 연결되는 이유는 숨는 것과 두려움을 연결시키고 있기 때문이다. 아담은 "두려워하여 숨었나이다"(창 3:10)라고 말한다. 반면에 숨길 것이 없는 욥은 어느 누구도 두렵지 않고, 두려울 것이 없는 욥은 숨을 이유가 없다. 그렇기에 32절에서처럼 자신의 대문을 항상 열어 놓을 수 있는 것이며, 또한 문 밖으

로 나가는 것을 두려워할 필요도 없었다(욥 31:34). 욥은 심지어 하나님을 대면하는 것도 두려워하지 않았다. 하나님께서 자신에게 대답해 주시기를 간절히 바랄 수 있는 이유는 그가 아담처럼 하나님의 명령을 어기지 않았기 때문이다(35절). 하나님의 법정 앞에 서더라도 욥은 숨길 것도 두려워할 것도 없다(36-37절).

38-40절 땅에 대하여 마지막 죄의 문제는 땅에 관한 것이다. 욥은 자신이 부당하게 땅을 착취하지 않았다고 말한다. 다른 이의 땅에서 나온 소출을 무단으로 점유해서 땅 주인으로 하여금 죽음에 이르게(혹은 한숨을 쉬게) 한 적이 없다고 밝힌다. 욥은 만일 자신이 다른 이의 노동의 대가를 정당하게 지불하지 않았다면, 자신의 땅에 저주가 내려도 좋다고 선언한다. 이 구절이 희년 규례와 연관되어 있는지는 불분명하다. 다만 악을 행한 자의 땅을 소출을 내지 못하는 상태로 만들겠다는 하나님의 의지를 담은 구절은 종종 등장한다(창 3:18-19, 4:11-12; 사 5:6, 34:13; 호 9:6). 그러나 이 예문들과 욥기 40절의 차이는 '뿌린 대로 거둔다'는 원리의 적용 여부에 있다. 악을 심은 결과로 땅이 악한 것을 내는 것은 인과응보의 보상 규정이다. 그러나 밀을 심은 곳에 가시가 나고, 보리를 심은 곳에 잡초("독보리")가 나는 것을 말하는 40절은 인과응보의 원리에서 벗어난 상태를 뜻한다는 점에서 차이가 있다.

욥기 32장

엘리후가 등장한다. 1) 그의 이름이 '그는 (나의) 하나님이다'라는 의미를 가지고 있다는 점, 2) 그의 말이 욥과 세 친구의 논쟁과 하나님의 말씀 사이에 위치해 있다는 점, 3) 하나님이 세 친구의 말을 '옳지 못함'으로 평가하실 때 (42:7-8) 엘리후에 대해서는 언급하지 않으신다는 점, 4) 그리고 엘리후의 말과 하나님의 말씀이 다루는 주제의 유사성 등으로 인해 하나님의 등장을 예비하는 역할이자 하나님의 말씀으로 연결되는 다리 역할을 하는 것으로 이해되어 왔다. 그런데 과연 그럴까?

A. 1-5절	엘리후의 등장과 인물 소개
B. 6-14절	세 친구에게: 당신들은 실패했다
C. 15-22절	엘리후의 독백: 나는 다른 이야기를 하겠다

더바이블 욥기 32장

1 세 사람은 욥에게 대꾸하기를 그만두었다.
욥이 자신을 의롭다고 여겼기 때문이었다.
2 람 집안 출신 부스(부즈) 족 바라겔(바라크엘)의 아들 엘리후는
욥 자신이 하나님보다 더 의롭다는 것에 대해 그에게 화가 났다.
3 동시에 그는 욥의 세 친구에게도 화가 났는데,
그들이 대답할 말을 찾지 못하면서 욥을 정죄했기 때문이었다.
4 엘리후는 욥에게 말할 차례를 기다리고 있었다.
왜냐하면 그들이 자신보다 더 나이가 많았기 때문이었다.
5 엘리후는 그 세 사람이 더 이상 대꾸하지 않는 것을 보고는 화가 났다.
6 부스 사람 바라겔의 아들 엘리후가 대답했다.

개역개정과의 비교

1절 그 세 사람이 말을 그치니: 원문은 '이들 세 사람은 욥에게 대답하기를 멈추었다(그만두었다)'이다. 31장 마지막 절에서 '욥의 말이 완성되었다'(תַּמּוּ탐무) 라고 표현한 것과 대비되게 친구들의 말에는 '하던 일을 멈추다'라는 의미의 샤바트(שׁבת)가 사용되었다.

2절 욥이 하나님보다 자기가 의롭다: 전치사 민(מִן)을 비교급으로 이해하는 것이 일반적인 문법적 해석이다. 그러나 칠십인역(LXX)은 '하나님 앞에서, 혹은 하나님이 보시기에'를 뜻하는 에난티온 퀴리우(ἐναντίον κυρίου)로 번역했다.

2절 화를 내니: 직역하면 '코가 뜨겁다'이다. 이 숙어는 화가 난 상태를 나타내는 전형적인 표현이다.

6절 뒷전에서 나의 의견을 감히 내놓지 못하였노라: 어근 자할(זחל)은 이 구절에서 단 한 번 쓰인다(*hapax*). 아람어에서 사용되는 의미로는 겁먹고 의기소침한 상태를 가리킨다.

저는 나이가 적고 세 분의 어르신은 많습니다
그 때문에 저는 어르신들에게 제가 아는 것을
말하기를 주저하고 있었습니다
7 세월이 말해 주고 오랜 인생이 지혜를 알려 준다는 것쯤은
저도 알고 있습니다
8 그러나 모든 사람에게는 하나님께서 주신 호흡이 있고
전능자의 숨결이 사람을 깨닫게 해 주신다는 것도 분명합니다
9 나이가 많다고 저절로 지혜로워지는 것은 아니고
어른이라고 올바른 판단력을 얻게 되는 것도 아닙니다
10 그래서 저 역시도 제 얘기를 들어 달라고 말할 수 있고
제가 아는 것을 알려 드릴 수 있습니다
11 저는 지금까지 세 어르신이 말하는 것을 잠자코 지켜봤습니다
어르신들이 제대로 된 지혜의 말을 할 때까지
잠자코 듣고만 있었습니다
12 지금까지 어르신들이 한 말을 분석해 보면
어느 누구도 욥에게 반론을 제기하는 사람이 없었고
그의 말에 적절히 대꾸하는 사람이 없었습니다
13 우리도 지혜가 있지만 욥을 이길 분은 하나님이시지
사람이 아니다 따위의 말은 제발 하지 마시기 바랍니다
14 욥이 저에게 말을 걸지 않은 것처럼
저 역시도 어르신들이 하신 말로
그에게 되돌려줄 생각이 없습니다

15 아 저 세 사람은 완전히 깨져서 더 이상 대답할 능력이 없구나
저들은 말을 잃어버리고 말았다
16 내가 아무리 기다려도 그들은 말을 하지 못할 것이다
저들은 가만히 서 있을 뿐 더 이상 아무 대답도 하지 못한다
17 그러니 이제 나는 내 할 말을 해야겠다
내가 아는 것을 알려 줘야겠다
18 나에게는 할 말이 넘쳐 나고
내 속의 영이 나를 가만히 두지 않는다
19 지금 내 속은 마치 뚜껑을 따지 않은 포도주 같고
금세라도 터질 듯한 새 가죽 부대 같다
20 아 나는 말을 해야 겨우 숨을 쉴 수 있을 것 같다
내 입술을 열어 대답하고자 한다
21 나는 어느 누구의 편도 들지 않을 것이며

15절 그들이 놀라서: 하타트(**חתת**)는 완전히 박살 난 상태를 가리킨다. 심리적으로는 놀라고 좌절하고 낙담한 상태를 표현한다.

15절 할 말이 없음이었더라: 직역하면, '그들은 자신들에게서 말을 제거했다'가 된다.

18절 나를 압박함이라: 어근 쭈끄(**צוק**)는 '누르다, 압박하다, 괴롭히다'라는 의미이다. 이 문맥에서는 도무지 참을 수 없어서 말을 하지 않을 수 없는 상태를 나타낸다.

21절 사람의 낯을 보지 아니하며: '얼굴을 들다'(**נָשָׂא פָּנִים** 나사 파님)라는 숙어는 '누구를 편애하다'라는 의미이다.

21절 사람에게 영광을 돌리지 아니하리니: 카나(**כנה**)는 '누구에게 칭호를 내리다'는 의미로, 상대를 높이 평가하다, 존중하다라는 의미를 지닌다. '편애하지 않겠다'라는 상반절과 함께 '어느 누구도 특별 대우를 해 주지 않겠다'라는 의미로 이해하는 것이 좋다.

어느 사람도 특별 대우해 주지 않을 것이다
22 왜냐하면 나는 누구를 우대할 줄 모른다
만약 그랬다면 나를 만드신 분께서
순식간에 나를 데려가 버리실 것이다

욥기 32장 해설

배경 이해

"의", "공의", "정의" 등으로 번역되는 쩨데끄(צֶדֶק)는 구약 히브리어에서뿐 아니라 아람어나 페니키아어에서도 '신의 뜻에 합하다'라는 의미로 이해되었다. '하나님의 의'라는 표현은 옳고 그름을 판단하시는 하나님의 기준을 의미하고, 사람이 의롭다고 평가받는 경우는 그 기준에 부합하는 것을 뜻한다. 따라서, '하나님보다 의롭다'라는 말은 어불성설이다. 옳고 그름을 판단하는 '의'의 기준이 바로 하나님이시고 하나님보다 하나님의 뜻을 더 잘 알 수는 없기에 하나님보다 의롭다는 것은 불가능하다. 욥기 안에서 보자면, 사람이 하나님보다 의로울 수 없다는 표현이 엘리바스의 입을 통해 나오고(4:17), 욥도 거기에 동의한다(9:2). 심지어는 인간 자체가 의로울 수 없다는 발언이 엘리바스와 빌닷에게서 나오기도 한다(15:14, 25:4).

본문 이해

32장은 엘리후라는 사람이 본격적으로 자신의 주장을 펼치기 전 도입부에 해당한다. 세 단락으로 나뉠 수 있는데, 엘리후라는 사람에 대한 저자의 소개와 그가 등장한 이유에 대한 저자의 설명(32:1-5)이 나오고, 그 이후 엘리후 본인의 입으로 자신이 등장한 이유를 소개하는 단락(6-14절), 그리고 마지막으로는 엘리후의 혼잣말로 그가 앞으로 하게 될 말에 대해 스스로 의미를 부여하는 구절(15-22절)이 이어진다.

1-5절 엘리후의 등장과 인물 소개 31장이 '욥의 말이 끝났다(완성되었다)'로 종결되는 반면 32장은 '이들 세 사람은 욥에게 대답하기를 그만두었다'로 시작한다. 욥은 자신의 말을 충분히 다한 것에 반해 이들 세 사람은 할 말을 다하지 못했고, 욥을 설득하는 데 실패했다는 인상을 준다. 이것이 엘리후라는 인물이 등장하게 된 원인이다. 엘리후는 욥과 세 친구 양측 모두에게 화를 낸다. 엘리후는 욥의 '교만'을 우선 지적한다. 욥의 주장을 "욥이 하나님보다 자기가 의롭다 함"으로 요약하는데, 사실 이 표현은 욥의 말에 대한 엘리바스의 평가에서 나올 뿐(4:17), 욥 스스로는 그렇게 말한 적이 없다. 오히려 '하나님 앞에서, 혹은 하나님에 대해서 어떻게 인간이 의로울 수 있겠냐'고 말했다(9:2). 이런 점에서 욥의 말에 대한 엘리후의 평가와 해석은 세 친구와 동일하다고 볼 수 있다.

엘리후는 또한 세 친구의 말에 대해서도 평가를 하는데(32:3), 우선 그들의 말은 욥을 '정죄'하는 것이었다. 그런데 그들은 동시에 그 정죄에 실패했다. 욥의 말에 적절히 대답하지 못했다는 것이 엘리후의 판단이다. 엘리후가 말을 시작한 이유가 욥의 세 친구가 더 이상 대답하지 못했기 때문이라는 사실은(5절) 곧 앞으로 하게 될 엘리후의 주장이 이 세 친구의 연장선에 있다는 것을 알려 준다. 세 친구가 욥에게 '했어야 하나 하지 못한 말'을 대신해서 계속하는 것이 엘리후의 역할이다. 엘리후의 등장을 알리는 서두(1-5절)는 앞으로 전개될 엘리후의 말이 (뒤에 나오는 하나님의 언설이 아니라) 친구들의 말과 이어져 있다는 것을 강조하고 있다. 이 점이 간과되어서는 안 된다.

6-14절 세 친구에게: 당신들은 실패했다 엘리후라는 인물(캐릭터)의 특징으로 저자와 엘리후 스스로가 꼽는 것은 바로 상대적으로 나이가 어리다는 점이다(4, 6절). 규범적 지혜의 관점에서 나이는 곧 지혜이기 때문에, 지혜를 겨루는 장에서 나이가 적은 것은 심각한 약점이다. 그래서 엘리후는 자신의 약점을 보강하고 설득력을 높이기 위한 전술을 구사한다. 겸양과 동의, 그리고 반론이다. 자신이 나이가 어리기 때문에 엘리후는 자신의 의견을 개진하기를 주저했다는 말로 시작한다(6절). 여기서 한 가지 짚고 넘어가야 할 것은 엘리후가 말하는 상대방("당신들은")이 세 친구에 한정된다는 점이다. 6-14절에서 2인칭 복수는 세 친구를 지칭하고, 욥은 3인칭 단수("그")로 표시된다(12-14절). 엘리후는 지금 세 친구에게만 겸양을 표현하고 있는 것이다. 욥을 대하는 태도는 이와 다르다. 욥에게 하는 첫

마디가 '내 말을 들으라'라는 명령이고(33:1), 욥과 엘리후 자신이 동등하다는 점을 강조한다(33:6).

엘리후는 세 친구의 규범적 지혜의 세계관에 동의를 표한다: '세월이 말해 주고 오랜 인생이 지혜를 알려 준다는 것은 저도 잘 알고 있습니다'(32:7). 이 동의를 전제한 상태에서 엘리후는 규범적 지혜의 논거를 가지고 규범적 지혜를 반박한다. 하나님의 영(호흡, 숨)이 사람에게 깨달음을 준다는 것(8절)은 규범적 지혜의 주제('인간은 하나님의 지혜를 알 수 있다')이고, 특히 엘리바스가 이 점을 강조했다(4:15). 엘리후는 이 말을 근거로 하나님의 영은 누구에게나 있기 때문에, 즉 누구나 숨을 쉬고 호흡을 하기 때문에, 지혜가 반드시 나이 많은 사람에게만 주어지는 것은 아니라고 반박한다: '나이가 많다고 저절로 지혜로워지는 것은 아니고 어른이라고 올바른 판단력을 얻게 되는 것도 아닙니다'(32:9). 이 주제는 반성적 지혜의 주제이다(송민원, 『지혜란 무엇인가』, 226-227). 앞으로도 계속 나타나는 엘리후의 말의 특징은 규범적 지혜와 반성적 지혜를 같이 열거하고 서로 이어 붙인다는 것이다.

'겸양-동의-반박'의 수사적 전술로 엘리후는 스스로에게 발언할 수 있는 자격을 부여한다: '그래서 저 역시도 제 얘기를 들으라고 말할 수 있고 제가 아는 것을 알려 드릴 자격이 있습니다'(10절). 자격을 갖춘 후에 필요한 것은 정당성과 당위성이다: '말을 할 수는 있다. 그런데 왜 꼭 말을 해야 하는가?' 발언을 해야 하는 정당성과 명분은 세 친구의 실패에서 가져온다: '지금까지 당신들이 한 말을 분석해 보면 당신들 중 어느 누구도 욥에게 제대로 된 반론을 제기하는 사람이 없었고 그의 말에 적절하게 대답하는 사람이 없었습니다'(12절). 엘리후는 세 친구의 '지혜 없음' 혹은 '지혜의 부족'을 지적한다. 13절을 이해하기 쉽게 풀어서 번역하면 다음과 같다: "'우리가 지혜가 부족한 것은 아니지만, 욥을 이길 분은 하나님이시지 사람이 아니다' 따위의 말은 제발 하지 마시기 바랍니다." 세 친구의 지혜는 실패한 지혜이기 때문에 엘리후는 그들의 지혜로 욥을 반박할 생각이 없다고 말한다(14절). 이 말은 앞으로 전개될 엘리후의 진술이 세 친구의 지혜와 다르다는 차별성이 강조된 표현이다. 엘리후는 세 친구의 말을 이어받아 욥을 공격한다는 점에서 그들을 계승하고 있다. 그러나 동시에 세 친구와는 결이 다른 논증을 전개하겠다고 선언함으로써 그들과 단절하는 측면도 있다.

15-22절 엘리후의 독백: 나는 다른 이야기를 하겠다 2인칭 복수로 지칭되던 세 친구를 15절부터는 3인칭("그들")으로 표현하기 시작한다. 연극에 비유하자면, 이때부터 엘리후는 욥이나 세 친구가 아닌 관객석을 향해 혼잣말을 하는 것으로 이해하면 좋다. 무대 위의 다른 등장인물들은 듣지 못하지만 관객은 들을 수 있는 독백이다. 이 형식은 엘리후의 속마음을 엿볼 수 있게 하는 장치이다.

엘리후의 속마음은 이렇다: '아, 저 양반들은 완전히 깨져서 더 이상 욥에게 대항할 능력이 없구나. 저들은 말을 잃어버린 꿀 먹은 벙어리가 되었다(15절). 내가 아무리 계속 기다려도 저들은 더는 말하지 못할 것이다. 저들은 그냥 가만히 서 있을 뿐 아무 대답도 하지 못한다(16절). 그러니 이제 내가 말을 해야겠다. 내가 아는 것을 알려 줘야겠다(17절).' 이 속마음은 10-12절에서 '겸양'을 덜어 낸 것이다. 세 친구의 지혜로는 욥을 이기거나 설득하지 못한다는 것이 엘리후의 참여에 당위성을 부여한다.

엘리후는 이제 참을 수가 없다. 말하지 않고는 견딜 수가 없다: '나에게는 할 말이 넘쳐 나고 내 속의 영이 나를 가만히 두지 않는구나(18절). 지금 내 속은 마치 뚜껑을 따지 않은 포도주 같고 곧 터질 것같이 부풀어 오른 새 가죽 부대 같다(19절). 아, 나는 말을 해야 겨우 숨통이 트일 것 같다. 이제 입을 열어 욥에게 한 수 가르쳐 주고자 한다(20절).'

발언의 자격을 스스로 얻고, 발언의 명분과 당위성을 스스로 확보한 엘리후의 다음 진술은 앞으로 펼쳐질 자신의 말이 어떠한 입장을 취할 것인지에 대한 것이다. 이것은 설득력을 얻기 위한 것이다. 엘리후는 자신의 말이 어느 누구의 편도 들지 않고 누구도 특별대우를 하지 않는 공명정대한 것임을 강조한다(21절). "사람의 낯을 보지 아니하며"라는 표현을, 엘리후가 사람이 아닌 하나님만 바라보겠다는 태도를 천명한 것으로 오해하면 안 된다. '얼굴을 들다'라는 숙어는 편애(favoritism)를 나타내는 것으로, '얼굴을 들지 않는다'는 것은 곧 편파적이지 않은 공평과 공명정대를 의미한다(신 1:17, 10:17, 16:19, 그리고 신약에서는 롬 2:11; 갈 2:6; 골 3:25; 약 2:1 참조).

이로써 엘리후는 자격과 명분과 설득력을 확보했다. 그가 어떤 말을 하게 될지 기대되는 순간이다.

욥기 33장

엘리후는 '양비론자'(兩非論者)로 등장한다. 논쟁하며 맞서는 두 집단이나 의견이 모두 틀렸다는 것이다. 세 친구의 규범적 지혜나 욥의 반성적 지혜, 그 어디에도 동의하지 않는 제3의 지혜가 기대된다. 그러나 막상 엘리후의 주장을 들으면 당황하게 된다. 세 친구와 욥의 말과 별반 다를 것이 없기 때문이다. '둘 다 틀렸다'로 시작된 엘리후의 주장은 '둘 다 맞다'로 귀결된다. 엘리후의 지혜는 규범적 지혜와 반성적 지혜를 단순히 이어 붙인 지혜에 불과하다.

A. 1-7절 욥을 향한 준비 발언
B. 8-13절 욥의 잘못된 생각
C. 14-22절 하나님의 계시의 방식
D. 23-30절 지혜를 통한 회복
E. 31-33절 지혜를 가르쳐 주겠다

더바이블 욥기 33장

1 욥이여 제 말을 들으세요

제가 드리는 말에 귀를 기울여 주세요

2 이제 제가 입을 열어

입속에 담고 있던 말을 하겠습니다

3 제가 드리는 말은 저의 올곧은 마음에서 나오는 것입니다

제 입에서 나오는 지식은 순결한 것입니다

4 하나님의 영이 저를 만드셨고

전능하신 분의 입김이 제게 생명을 주셨습니다

5 만약 가능하시다면 제 말을 반박해 보세요

똑바로 서서 제 앞에서 말씀을 늘어놓아 보시지요

6 그렇습니다 당신이 말씀하신 대로 하나님께 대해서는

저 역시도 진흙 알갱이에 불과합니다

7 그러니 제가 아무리 겁을 준다 해도

당신을 무섭게 하지는 못합니다

제가 당신을 위에서 누른다고 그게 무겁기야 하겠습니까

8 그러나 지금까지 당신이 하신 말씀을

제 귀로 들었습니다

개역개정과의 비교

6절 나도 흙으로 지으심을 입었은즉: '나 역시도 진흙에서 쪼개져 나왔다'—어근 까라쯔(קרץ)는 나무나 뼈, 흙을 짓이기고 쪼개고 부수는 것을 가리킨다.

9 당신의 말씀은 이랬습니다
나는 아무런 잘못이 없이 깨끗하고
아무런 죄를 짓지 않은 나는 무죄하다
10 그러나 그분께서 내게서 잘못을 찾으려 하시며
나를 그분의 적으로 여기신다
11 그분께서 내 발에 족쇄를 채우시고
내 모든 길을 막으신다
12 저는 이 지점에서 당신이 틀렸다고 생각합니다
바로 하나님께서는 사람보다 크시다는 점입니다
13 그분은 당신의 말에 하나도 대답하지 않으시는데
어째서 당신은 계속 그분께 시비를 걸고 있습니까
14 하나님께서는 한 번 말씀하시면

10절 잘못을 찾으시며: 테누오트(תְּנוּאוֹת)의 어근 누(נוא)는 다른 셈족어 문헌에서는 나오지 않으며 성경에서는 이 구절과 민 14:34에만 사용된다. 따라서 정확한 의미를 파악할 수는 없고 다만 문맥상 '비판, 꾸짖음, 불만' 등의 의미로 추정된다.

11절 나의 모든 길을 감시하신다: 이 문맥에서 동사 샤마르(שׁמר)는 '지켜보다, 살펴보다, 감시하다' 혹은 '보호하다'라는 의미가 아니라 '못 가게 막다'라는 의미로 이해하는 것이 적절하다. '발에 족쇄를 채운다'는 표현은 욥의 상황을 감옥에 갇힌 것에 비유하는 것으로, 옴짝달싹 못 하는 자신의 상황을 빗대어 설명하고 있다.

14절 하나님은 한 번 말씀하시고 다시 말씀하시되: 마소라의 악센트에 따라 문장을 직역하면 '하나님은 한 번 말씀하신다. 그리고 그는 두 번째로 거기로 돌아가지 않는다'(혹은 '두 번 그것을 쳐다보지 않는다')이다. 개역개정의 "하나님은 한 번 말씀하시고 다시 말씀하시되 사람은 관심이 없도다"라는 번역은 두 가지 점에서 문제가 있다: 1) 마소라의 문장 나누기(아트나흐)에 맞지 않다는

두 번 다시 그 말씀을 반복하지 않으십니다
15 사람들이 밤에 잠자리에서 깊은 잠에 빠질 때
꿈속에 나타나셔서
16 사람들의 귀를 여셔서
교훈의 말씀을 가슴팍에 새겨 넣으십니다
17 그분의 가르침은 사람의 행동을 바꾸시고
인간으로 하여금 교만하지 않게 하시려는 것입니다
18 그의 목숨이 죽음의 구덩이에 빠지지 않게 하시고
그의 생명이 죽음의 강을 건너가지 않게 하시려는 것입니다
19 만일 누군가 잠자리에서 극심한 통증을 느끼거나
뼈마디가 계속해서 욱신욱신 쑤시는 일이 생겨서
20 그가 정말로 좋아하는 음식마저도
먹기를 거부하게 되어
21 근육이 하나도 남아나질 않고
깡말라 뼈가 다 드러나 보이게 되면

점; 그리고 2) 하반절의 주어를 "사람"으로 해석해야 할 근거가 분명하지 않다는 점이다. 다음 이어지는 15절과 16절에서 사람은 복수명사인 아나쉼(אֲנָשִׁים)으로 표현된다. 참고로, 시리아어 성경과 불가타(라틴어) 성경은 '하나님은 한 번 말씀하시고, 그것을 반복하지 않으신다'라는 의미로 해석했다.

16절 경고로써 두렵게 하시니: 어근 하탐(חתם)은 도장으로 인을 새기는 것을 의미한다. '두렵게 하다'라는 해석은 의역이다. '교훈의 말씀을 가슴에 새기다'라는 의미로 이해하는 것이 좋다.

18절 칼에 맞아: 쉘라흐(שֶׁלַח)는 둘 중 하나일 가능성이 있다: 1) 창(던지는 무기); 2) 죽음의 강. 이 단어에 대해서는 36장 12절의 본문 이해 참조(본서 485쪽).

22 그것은 이제 그의 목숨이 죽음의 구덩이에
가까이 있다는 뜻이며
그의 생명이 죽음의 사자들에게서 멀지 않다는 것입니다
23 이때 만일 그 사람에게 천 명의 천사들 중 하나가 중보자로 와서
그에게 무엇이 옳은 길인가를 알려 준다면
24 하나님께서는 그를 불쌍히 여겨 이렇게 말씀하실 것입니다
그를 건져 내어 구덩이에 내려가지 않게 해라
그의 죄는 해결되었다
25 그러면 그는 젊은이보다 더 건장해질 것이고
청년 시절로 다시 돌아가게 됩니다
26 그가 하나님께 기도하면
하나님께서는 기뻐 소리치시며 다시 그의 얼굴을 보시며
그 사람을 그분의 뜻에 맞는 올바른 길로 인도하십니다
27 그때 그는 이렇게 사람들에게 노래합니다

25절 (그의 살이) 부드러워지며: 루따파쉬(רֻטֲפַשׁ)는 이 구절을 제외하고 성경뿐 아니라 다른 셈어 문헌들에서도 나타나지 않아서 어떤 의미인지 알 수가 없다. '물기를 머금다'는 뜻의 어근 라따브(רטב)와 연결하여 '새롭게/신선하게 되다'라는 뜻을 도출해 낼 수 있고, 또는 '살이 찌다'라는 뜻의 따파쉬(טפשׁ)와 연결할 수도 있다.

27절 내게 무익하였구나: 샤바(שָׁוָה)는 크게 두 가지 의미가 있다: 1) 같은, 2) 적절한. 첫 번째 의미로 보면 주어는 하나님으로 이해되어 문장의 의미는 '하나님께서는 내게 동일하게 하지 않았다'라는 의미가 도출될 수 있다. 두 번째 의미로 해석하면 '그것(범죄)은 내게 적절하지 않았다'라고 이해될 수 있다. 개역개정의 "내게 무익하였구나"는 두 번째 해석을 따른 것이고, "하나님이 나를 용서하여 주셨습니다"라는 새번역은 첫 번째 해석을 따른 것이다.

내가 잘못을 저질렀고 하나님의 올바른 뜻에서 벗어났으나
그분은 내게 내가 한 대로 똑같이 되갚아 주지 않으셨습니다
28 그분께서 내 목숨을 건져 주셔서
구덩이로 내려가지 않게 하시니
내 생명이 여전히 빛을 볼 수 있게 되었습니다
29 하나님께서 이런 일들을
인간에게 두 번 세 번 계속 행하시는 이유는
30 그의 목숨을 죽음의 구덩이에서
생명의 빛으로 되돌리시기 위함입니다

31 욥이여 제발 집중해서 제 말을 들으세요
제가 말할 테니 당신은 좀 조용히 계세요
32 만약 제게 하고 싶으신 말이 있으시면 하셔도 됩니다
저는 기꺼이 당신을 바른길로 인도하겠습니다
33 그러나 하실 말씀이 없으시면
당신은 조용히 하시고 제 말을 들어 주세요
제가 당신께 지혜를 가르쳐 드리겠습니다

욥기 33장 해설

배경 이해

6절에 나오는 "흙"이라는 의미의 호메르(חֹמֶר)는 인간 존재의 하찮음을 상징하는 단어이다. 욥기 전체에서 이 단어를 가장 많이 언급한 사람은 바로 욥이다(10:9, 13:12, 27:16, 30:19). 욥 외에는 지금까지 엘리바스의 말에서 딱 한 번 등장한다(4:19). 이 단어와 함께 쓰이는 동의어는 아파르(עָפָר)인데, 주로 "티끌"이나 "진흙"으로 번역된다. 이 단어 역시 욥의 발언에서 가장 많이 등장한다(7:5, 21, 10:9, 14:8, 19, 16:15, 17:16, 19:25, 21:26, 27:16, 28:2, 30:6, 19). 엘리바스는 3회(4:19, 5:6, 22:24), 빌닷(8:19)과 소발(20:11)은 각 1회씩 언급한다.

본문 이해

1-7절 욥을 향한 준비 발언 32장에서 세 친구를 향해 말을 한 엘리후는 이제 욥을 돌아보며 말을 건넨다. 자기 말에 귀를 기울여 달라는 요청으로 말을 시작한다(33:1). 자신의 지혜의 내용이 무엇인지를 말하기 이전에 자신이 가지고 있는 지혜의 출처를 먼저 설명한다. 자신의 지혜는 하나님께서 직접 알려 준 것으로("하나님의 영이 나를 지으셨고", 4절), 자신은 그분의 영이 가르쳐 준 것을 조금도 덧붙이거나 빼지 않고 그대로 전달하고 있음을 강조한다(3절). "정직함"과 "진실"은 엘리후의 지혜가 온전히 하나님께로부터 온 순도 100%의 것임을 강조하는 표현이다.

하나님께 직접 가르침을 받은 지혜이기 때문에 엘리후는 자신감이 넘쳐 있다. 그는 욥에게 "할 수 있거든 일어서서 내게 대답하고 내 앞에 진술하라"(5절)고 말하는데, 이는 표면적으로는 상대방에게 반론을 제기할 기회를 주는 것이지만, 그 속뜻은 반박할 수 없을 것이라는 자신감의 표출이다. 비슷한 표현을 이 장의 마무리에 한 번 더 말하는데("만일 할 말이 있거든 대답하라", 32절), 이렇게 말하면서도 엘리후는 욥이 자신에게 반박할 수 있을 거라고 기대하지 않는다. 반박할 말이 없으면 조용히 입 다물고 자기 말을 들으라고 덧붙인다(33절).

6절의 "나와 그대가 하나님 앞에서 동일하니 나도 흙으로 지으심을 입었은즉"이라는 번역에 대해서는 주의가 필요하다. 이 개역개정의 번역은 마치 엘리후가 욥에게 인간의 보잘것없음을 알려 줌으로써 '건방진 욥'에게 겸손을 가르쳐 주는 것으로 이해될 수 있다. 하지만 히브리어 원문은 '보라, 나도 하나님께 대하여는 당신이 말한 대로이다(כְּפִיךָ 케피카, '당신의 입처럼'). 나 역시도 진흙으로 지어졌다'라고 되어 있다. 즉, 인간이 한낱 흙 알갱이에 불과하다는 사실을 욥은 이미 잘 알고 있고, 엘리후도 욥의 의견에 동의하고 있는 모양새다(배경 이해 참조). 엘리후가 이 말을 하는 의미는, 자기 자신은 욥과 동일한 인간에 불과해서 자신의 힘으로는 욥을 이길 수 없지만(6-7절), 자신의 지혜만큼은 하나님께로부터 직접 받은 것이므로 자신의 말에는 신적 권위가 있다는 것을 부각시키려는 것이다.

8-13절 엘리후의 반성적 지혜: 욥의 잘못된 생각 이제 엘리후는 욥의 말이 무엇이 문제인지, 그의 지혜가 왜 잘못된 것일 수밖에 없는지를 설명하기 시작한다. 9-11절은 엘리후가 이해한 욥의 주장이다: '나는 아무런 잘못이 없이 깨끗하다. 아무 죄도 짓지 않은 나는 그러므로 당연히 무죄다(9절). 그러나 하나님은 내게서 잘못을 찾으려 하시고 나를 그분의 적으로 여기신다(10절). 내 발에 족쇄를 채워서 아무 데도 가지 못하게 가둬 놓으시는 분은 바로 하나님이다(11절).' 욥의 말을 이렇게 요약하는 것은 크게 문제가 없다. 욥의 무죄 주장과 욥의 고난이 하나님의 주권 아래 벌어지는 것이라는 주장이 잘 요약되어 있다.

이제 엘리후는 이 주장의 문제점을 지적한다: '이 지점에서 당신은 틀렸습니다. 바로 하나님께서는 사람보다 크시다는 점입니다'(12절). 엘리후의 주장은 이렇다: '하나님은 인간에 비할 바 없으신 엄청난 분이시기 때문에 인간의 말에 일일이 대꾸하실 필요가 없다. 그분께서 대답을 안 하시는데 어디 감히 인간 따위가 하나님께 시시비비를 가리려고 하느냐'(13절). 엘리후가 지적하는 욥의 문제점은 욥이 하나님의 위대하심을 제대로 알지 못한다는 것이다. 그러나 지금까지 살펴보았듯이, 하나님과 인간의 차이를 더욱 벌리고, 하나님의 위대하심과 인간의 보잘것없음을 강조하는 것은 (규범적 지혜가 아니라) 욥이 대변하는 반성적 지혜이다. 하나님이 옆을 지나가도 인간은 알 수 없고 그분이 말씀하셔도 인간은 모를 수 있다는 것이 욥의 주장이었다. 지금 이 장면은 반성적 지혜의 주장을 가지고 욥을 비판하는 당황스러운 상황이다.

14-22절 엘리후의 규범적 지혜 (1): 하나님의 계시의 방식 엘리후는 하나님과 인간 사이의 거대한 차이를 강조하는 반성적 지혜의 주제를 욥에게 적용한 이후에 규범적 지혜의 주제를 이어 붙인다. 바로 하나님께서 꿈이나 환상, 혹은 질병 등을 통해 사람들에게 말씀하시고 가르침을 직접 주신다는 주제이다(15, 19-22절). 하나님께서 이렇게 사람으로 하여금 귀를 열고 가슴팍에 교훈의 말씀을 새겨 넣으시는 이유는(16절) 바로 인간으로 하여금 잘못된 행실을 버리고 교만하지 않게 하시려는 것이다(17절). 인간이 잘못된 길을 따라가다가 사망에 이르는 우를 범하지 않게 하기 위함이다(18절). 왜냐하면 지혜의 길은 죽음이 아니라 생명으로 인도하기 때문이다. 그런데, 이 엘리후의 주장에 어느 하나 새로운 것이 있는가? 전혀 아니다. 지금까지 엘리바스와 빌닷, 소발의 입에서 줄곧 반복되어 온 주제들이다. 전형적인 규범적 지혜의 가르침이다.

엘리후는 특별히 질병이 생겼을 때 그것이 하나님의 경고라는 사실을 깨달아야 한다고 강조한다: 잠자리에서 극심한 통증을 느끼거나 뼈마디가 늘상 욱신욱신 쑤셔서(19절) 결국 좋아하는 음식마저 못 먹게 되는 상태에 이르러(20절) 근육이 하나도 남아 있질 않고 깡말라 뼈가 다 드러난 상태까지 다다르면(21절), 그것은 곧 죽음이 멀지 않았다는 것을 의미한다(22절). 이것은 인간의 무지(죄)로 인한 것이고 사람을 가르치시려는 하나님의 경고라는 사실을 아는 것이 중요하다. 하나도 새롭지 않은 이야기다.

23-30절 엘리후의 규범적 지혜 (2): 지혜를 통한 회복 죽음에서 생명으로 옮기게 되는 계기는 무엇인가? 엘리후는 그것이 '깨달음'(회개)이라고 진단한다. 하늘에는 일천의 천사가 있는데 그중 하나가 1) 인간에게 와서 무엇이 옳은 것인지 알려 주면, 혹은 2) 그가 의로운 사람이라는 것을 하나님께 전달해 주면 사태가 회복된다는 것이다. 23절의 "그의 정당함을 보일진대"라는 표현을 위의 두 가지로 나누어 이해할 수 있다. 1)번처럼 이해하면 규범적 지혜이다. 원문은 '사람에게(לְאָדָם레아담) 그의 올바름을 알려 주면'으로 되어 있어서 1)번으로 이해하도록 유도한다.

2)번의 경우라면 욥의 주장과 일치하는 반성적 지혜라 할 수 있다. 개역개정의 번역은 2)번으로 해석할 여지를 많이 주는데, 만약 천사가 중보자로서 그 사람이 얼마나 올바른 사람인지를 하나님께 설명해 주어서 고난이 멈추고 사태의 국면이 전환된다면, 애초에 이 질병이 인간의 "행실"과 "교만" 때문이라는 17절의 진술과 충돌한다. 그리고 하나님께서 의로운 자에게 죽음에 이르는 질병을 주셨다는 뜻이 되어 버린다. 중보자가 알려 줄 때까지 하나님은 그 사람이 의롭다는 사실을 모르셨다는 이야기다. 이 주장은 오히려 엘리후가 요약했던 욥의 주장과 일치한다(9-11절). 만약 23절의 엘리후의 진술이 2)번의 의미라면 이 이야기를 욥에게 할 필요가 없다. 오히려 세 친구에게 했어야 했다.

잘못을 깨달은 인간에게 하나님은 무척 기뻐하시며 그 회개한 죄인의 얼굴을 다시 바라보기 시작하시고 그가 계속해서 바른길을 갈 수 있도록 인도하신다(26절). 하나님의 용서와 가르침을 받은 사람은 사람들 앞에서 노래한다: '내가 죄인입니다. 내가 잘못을 저질렀고 하나님의 올바른 뜻에서 벗어났었습니다. 그러나 그분께서는 제가 행한 대로 제게 똑같이 되갚아 주지 않으셨습니다'(27절). 참고로, 27절 하반절의 "내게 무익하였구나"는 '그분은 내게 똑같이 하지 않았다'로 해석하는 것이 좋다(27절 도움말 참조). 사람을 잘못된 길에서 생명으로 인도하시기 위해 하나님께서는 이런 일을 두 번이고 세 번이고 마다하지 않으신다(29-30절).

31-33절 지혜를 가르쳐 주겠다 엘리후는 수미쌍관의 구조로 다시 한번 자신의 말을 귀담아들으라고 명령한다. 욥에게 자기가 말할 테니 조용히 입 다물고 있으라고 요청한다(31절). 자신의 말을 반박할 수 없을 것이라는 자신감에 엘리후는 욥을 향한 자신의 첫 발언을 이렇게 마무리한다: "내가 지혜로 그대를 가르치리라"(33절).

욥기 34장 1-30절

친구들의 규범적 지혜와 욥의 반성적 지혜 모두 틀렸다고 화를 낸 엘리후가 들고 온 새로운 무기는 제3의 지혜가 아니다. 규범적 지혜와 반성적 지혜를 나란히 붙여 놓는 것뿐이다. 이번 장에서도 엘리후는 규범적 지혜의 진술과 반성적 지혜의 진술을 병치한다. 사용된 어휘와 문장의 표현을 비교해 보면, 대부분 지금까지 욥과 친구들의 발언에서 이미 언급된 것들이다.

A. 1-4절	지혜의 대결로의 초청
B. 5-9절	욥의 잘못된 생각
C. 10-12절	규범적 지혜 (1): 인과응보의 원리와 하나님의 선하심
D. 13-20절	반성적 지혜: 하나님의 절대주권
E. 21-30절	규범적 지혜 (2): 악을 징벌하시는 하나님

더바이블 욥기 34장 1-30절

1 엘리후가 대답했다.

2 지혜가 있는 분들은 제 말을 들으세요

지식이 있는 분들은 저에게 귀를 기울여 주세요

3 입으로 맛을 음미하듯이

귀로는 말을 분별합니다

4 자 올바른 것이 무엇인지 분별해 보고

당신의 말이 맞는지 내 말이 맞는지 우리 한번 알아봅시다

5 욥 당신은 이렇게 말했습니다

나는 잘못한 것이 없지만

하나님께서 정당한 판결을 내게서 가져가 버리셨다

6 나에 대한 판결은 잘못되었다

개역개정과의 비교

4절 무엇이 선한가 우리끼리 알아보자: '선한 것'은 하나님의 판단에서 옳은 것을 의미한다. '우리'라는 1인칭 복수는 5절 이하에서 욥의 말을 반박하는 것으로 보아 욥과 엘리후 자신을 가리키는 것으로 보인다.

6절 거짓말쟁이라 하였고: 카자브(כזב)의 피엘형의 기본적인 의미는 '거짓말을 하다, 속이다'이다. 문장을 직역하면 '나는 내 판결에 대해 거짓말을 했다'가 되는데, 문맥에 맞지 않는 말이 된다. 욥이 무엇에 대해 거짓을 말했는가? 이 어근은 욥의 말 중에 딱 한 번 히필형으로 사용된다(욥 24:25). '누가 나를 거짓말쟁이라고 할 것인가?'라는 수사의문문에서 사용되었다. 엘리후의 욥 인용은 욥이 한 말을 그대로 인용한 것이 아니며 욥의 말에 대한 자신의 해석이 가미된 인용이다. 참고로, 칠십인역(LXX)은 카자브 동사의 주어를 하나님으로 해석한다. 즉, 하나님께서 욥의 재판을 잘못 판결하셨다는 뜻이 된다. 이 경우라면, '하나님이 거짓말하다'라는 표현이 신성모독적 발언이기 때문에

아무 잘못이 없는데도 내 모든 것이 엉망이 되었다

7 이런 망발을 물 마시듯 하는 사람이

욥 당신 말고 또 누가 있겠습니까

8 악행을 저지르는 자들과 함께 어울리고

나쁜 놈들과 같이 다니면서

9 사람이 아무리 하나님의 뜻에 따라 살아 봤자

아무 소용없다라는 소리를 지껄이다니

10 자 분별력이 있는 사람이라면 분명 제 말에 동의할 것입니다

전능하신 하나님께서는 악과 불의와는 아무 상관없으신 분입니다

11 왜냐하면 그분께서는 사람이 행하는 그대로

그에게 되돌려주시고

그가 거쳐 온 길 그대로 되돌아가게 하시는 분이기 때문입니다

12 정말이지 하나님은 결코 악을 행하시지 않습니다

전능하신 분께서는 판결을 잘못 내리시는 분이 아닙니다

13 그분께 이 땅을 관할하라고 시키고

지상의 모든 일의 임무를

그분께 부여한 존재가 과연 있기나 할까요

주어를 3인칭에서 1인칭으로 수정한 완곡어법의 일종으로 볼 수 있다.

6절 화살로 상처를 입었노라: 직역하면, '나의 활은 약하다'이다. 개정 이전 개역한글의 "내 상처가 낫지 못하게 되었노라"라는 번역은 힛찌(חִצִּי)를 마하찌(מַחֲצִי)로 수정한 독법이다.

13절 누가 땅을 그에게 맡겼느냐: 하나님보다 더 큰 권세는 없다는 의미의 수사의문문이다.

14 만일 그분께서 자신의 호흡을 거두시기로
마음먹으셨다면
15 모든 생명체는 한꺼번에 숨을 거둘 것이고
모든 인간은 흙으로 돌아갈 것입니다
16 분별력이 있다면 이것이 무슨 말인지 알 것이고
제 말이 맞다는 것을 알 것입니다
17 올바른 판단을 할 수 없는 이가
어떻게 세상을 다스릴 수 있겠습니까
그런데 당신은 올바르시고 전능하신 분을 악하다고 하다니요
18 하나님 외에 그 누가 감히 왕에게 바보라고 말할 수 있으며
귀족들에게 악하다고 말하겠습니까
19 그분은 권력을 가진 자들이라고 편애하시는 분이 아닙니다
가난한 자들보다 귀한 자들을
더 잘 대접해 주시는 분도 아닙니다
왜냐하면 그들 모두 그분의 손으로 만든 피조물이기 때문입니다
20 누구나 순식간에 죽을 수 있고 한밤중에 부르르 떨며
저세상으로 건너갈 수 있습니다
아무리 대단한 사람도 손 한번 쓰지 못하고 갈 수 있습니다
21 그분의 눈은 사람이 가는 모든 길 위에 있으며

19절 고관을 외모로 대하지 아니하시며: 쇼아(שׁוֹעַ)는 높은 자, 귀족 등을 일컫는 말이다. 아람어에서는 '귀한, 부유한, 너그러운' 등의 의미로 사용된다. "외모로 대하지 아니하시며"는 '얼굴을 들지 않는다'라는 숙어적 표현으로 그 의미는 '편애하지 않는다'라는 뜻이다.

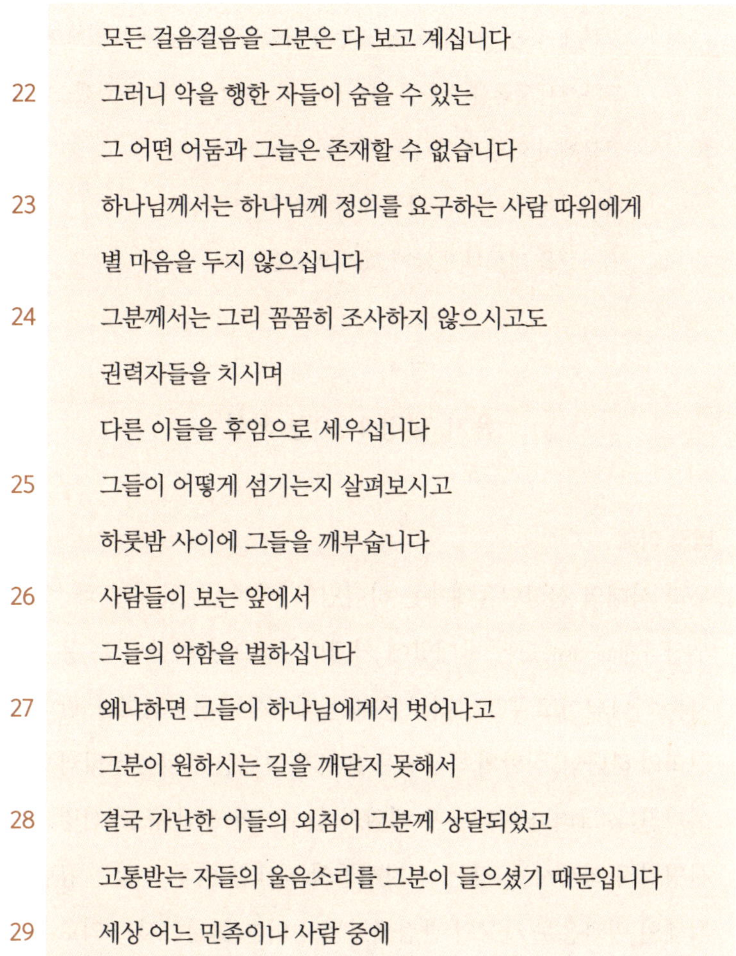

모든 걸음걸음을 그분은 다 보고 계십니다
22 그러니 악을 행한 자들이 숨을 수 있는
그 어떤 어둠과 그늘은 존재할 수 없습니다
23 하나님께서는 하나님께 정의를 요구하는 사람 따위에게
별 마음을 두지 않으십니다
24 그분께서는 그리 꼼꼼히 조사하지 않으시고도
권력자들을 치시며
다른 이들을 후임으로 세우십니다
25 그들이 어떻게 섬기는지 살펴보시고
하룻밤 사이에 그들을 깨부숩니다
26 사람들이 보는 앞에서
그들의 악함을 벌하십니다
27 왜냐하면 그들이 하나님에게서 벗어나고
그분이 원하시는 길을 깨닫지 못해서
28 결국 가난한 이들의 외침이 그분께 상달되었고
고통받는 자들의 울음소리를 그분이 들으셨기 때문입니다
29 세상 어느 민족이나 사람 중에

23절 사람을 심판하시기에 오래 생각하실 것이 없으시니: 직역하면, '그분은 하나님의 심판을 받으러 가는 사람에게 더 이상(계속) (마음을) 두지 않으신다'이다. "하나님은 사람을 심판하시기에 오래 생각하실 것이 없으시니"라는 개역개정의 번역과 유사한 의미의 표현이다. 인간의 모든 걸음을 아시는 하나님(21절)이시기에 판결의 옳고 그름을 다시 재고할 필요가 없다는 의미이면서, 동시에 하나님의 판단은 언제나 올바르기 때문에(12절) 인간은 하나님께 판결을 번복하도록 요청할 수 없다는 의미이다.

그분께서 침묵하실 때 어느 누가 나쁘다고 비난할 수 있으며
그분께서 얼굴을 감추실 때 어느 누가 그 얼굴을 뵐 수 있겠습니까
30 그분께서 이렇게 하시는 이유는
하나님을 믿지 않는 사람이 왕이 되어
백성들을 괴롭히지 않게 하기 위함입니다

욥기 34장 1-30절 해설

배경 이해

우리 시대의 신앙인들에게는 하나님의 '선하심'(goodness)과 '의로우심'(righteousness)은 반대말에 가깝다. '좋으신 하나님'은 용서하시는 하나님이고 무조건적인 은혜를 베푸시는 하나님이다. 반대로 정의의 하나님, 심판의 하나님은 용서가 없으신 무서운 하나님으로 여겨진다. 그러나 출애굽기-레위기-민수기의 율법 규정, 신명기와 신명기적 역사서들, 잠언, 선지서들의 뼈대를 이루고 있는 규범적 지혜의 인과응보 사상의 관점에서는 정의를 실천하시는 의로우신 하나님이 곧 선하신 하나님이다. 소위 '히브리적 사고'에서는 '올바름'(의)과 '좋음'(선)은 같은 것이다. "행위대로" 갚지 않으시는 하나님이 오히려 의로우신 분이 아니고 선하신 분도 아니다(요나가 화를

30절 백성을 옭아매지 못하게: 직역하면, (왕이 된 자가) '백성의 덫이 되지 않게 하기 위하여'이다.

내는 이유가 이것이다). 그렇기 때문에 이 관점에서는 '의인에게도 재앙을 내리실 수 있는 하나님'이라는 욥의 주장은 하나님의 의로우심과 선하심을 부정하는 신성모독적인 발언이 된다.

본문 이해

1-4절 지혜의 대결로의 초청 엘리후의 첫 번째 말에 아무도 응답하지 않았음에도 엘리후는 혼자 '대답한다'(וַיַּעַן 봐야안, 1절). 33장이 욥 한 사람에게 자신의 말을 들으라는 명령으로 시작한 것과는 달리, 34장은 다수의 청자를 상정한다: "지혜 있는 자들아 내 말을 들으며 지식 있는 자들아 내게 귀를 기울이라"(2절). 2인칭 복수를 친구 세 명에 한정할 필요는 없다. 무엇이 옳고 그른지를 분별할 수 있는 사람이라면 엘리후 자신과 욥 사이에 누구의 말이 맞는지 쉽게 분별할 것이라는 자신감의 표출이다. "입이 음식물의 맛을 분별함 같이 귀가 말을 분별하나니"(3절)라는 표현은 직접 경험을 강조하는 욥의 말(12:11)에서 인용한 것이다. 욥은 이 속담 같은 구절을 이론으로 현실을 왜곡하지 말라는 의미로 친구들에게 사용했는데, 지금 엘리후는 같은 표현을 지혜의 대결로 사람들을 초청하는 일종의 광고 문구로 사용한다.

5-9절 욥의 잘못된 생각 앞 장(33:9-11)에서처럼 다시 한번 엘리후는 욥의 발언을 자신의 해석을 가미하여 '인용'한다: "내가 의로우나 하나님이 내 의를 부인하셨고"(34:5). 여기서 하반절의 "하나

님이 내 의를 부인하셨다"라는 표현은 27:2의 직접 인용이다(개역개정은 동일한 표현인 27:2을 "나의 정당함을 물리치신 하나님"으로 번역했다). "내가 정당함에도 거짓말쟁이라 하였고"라는 인용은 정확한 인용은 아니다. '거짓말'과 관련하여 욥은 6:28에서 친구들에게 '나는 거짓을 말하지 않았다/않겠다'고 말한 적이 있고, 24:25에서 '누가 나를 거짓말쟁이라고 할 것인가?'라고 질문한 적이 있다. 둘 다 욥 자신을 가리키며 자신은 거짓말쟁이가 아니라는 의미로 말한 것이다. 6절 하반절의 "나는 허물이 없으나 화살로 상처를 입었노라"는 "전능자의 화살이 내게 박히매 나의 영이 그 독을 마셨나니"(6:4)의 뜻을 풀어 느슨하게 인용한 듯하다.

이 인용문의 핵심은 33:9-11과 마찬가지로, 하나님으로부터 온 고난이라는 주제와 욥의 무죄 항변이다. 두 가지 주장이 함께할 수 없는 이유는 바로 인과응보의 원리를 부정하기 때문이다. 인과응보의 원리는 하나님의 선하심, 즉 의로우심(올바르심)을 나타내는 핵심이기 때문에 이 원리를 부정하는 것은 곧 하나님이 의롭지 않다는 주장이 된다. 규범적 지혜를 고수하는 이들에게 이것은 곧 신성모독이다. 하나님을 "비방"하는 이런 말을 "물 마시듯" 하는 욥을(34:7) 악인이라고 부르지 않으면 대체 누가 악인이겠는가? 엘리후에게 욥은 "악한 일을 하는 자들과 한패가 되어 악인과 함께 다니면서"(8절) 이런 말을 지껄이고 다니는 사람이다. '사람이 아무리 하나님의 뜻에 맞게 살아 봤자 아무 소용 없다'(9절)라는 말을 하는 자는 악인이자 어리석은 사람임이 분명하다. 이런 자에게 하나님의 징벌이 찾아오는 것은 지극히 당연하다. 하지만 욥이 그런 말을 한 적이 없고 악인들과 어울려 다닌 적이 없다는 게 문제이다.

10-12절 규범적 지혜 (1): 인과응보의 원리와 하나님의 선하심 지혜가 있어 "총명"하여 분별력이 있는 사람이라면 엘리후의 편을 들 수밖에 없다. 하나님은 선하신 분이다. 이 사실을 부정하는 욥이야말로 악인 중의 괴수이다. 어떻게 하나님이 의롭지 않으실 수 있는가! 결단코 "하나님은 악을 행하지 아니하시며 전능자는 결코 불의를 행하지 아니하"신다(10절). 그분은 악과 불의와는 아무 상관없으신 분이다.

하나님의 선, 하나님의 의를 설명하는 엘리후의 방식은 세 친구와 동일하게 '뿌린 대로 거둔다'는 원리이다: "사람의 행위를 따라 갚으사 각각 그 행위대로 받게 하시나니"(11절). "행위대로"라는 표현은 인과응보를 나타내는 가장 대표적인 표현이며 규범적 지혜의 상투적인 문구이다(왕상 8:32, 39; 왕하 15:3, 9, 34, 23:32; 대하 6:23, 30, 26:4, 27:2; 잠 24:12; 사 59:18; 렘 21:14; 겔 7:4, 8, 9, 27, 9:10, 11:21, 16:43, 47, 20:44, 22:31, 24:14, 36:19; 호 4:9, 12:2; 슥 1:6).

13-20절 반성적 지혜: 하나님의 절대주권 엘리후가 규범적 지혜의 인과응보 사상을 가지고 욥의 악함을 입증하는 데 성공했다고 생각한다면, 그건 세 친구가 이미 다 한 것이다. 엘리후가 세 친구에게 화를 낼 아무런 이유가 없다. 엘리후의 새로움은 여기에 있지

않다.

이어지는 엘리후의 발언은 하나님의 절대주권에 대한 것이다. 세상 어느 누구도 하나님에게 이 땅의 통치권을 부여한 적이 없으며 어떤 임무를 수행하라고 명령할 수 없다(34:13). 만일 하나님께서 호흡(숨)을 거두시기로 마음먹으셨다면(14절) 모든 생명체는 한꺼번에 숨을 거둘 것이고 인간은 모두 흙으로 돌아갈 것이다(15절). 이 구절은 하나님은 모든 것을 자신의 뜻에 따라 하실 수 있다는 절대주권을 설명하고 있다. 하나님은 모든 생명체와 모든 인간을 죽이실 수 있는 능력을 갖고 계신다는 이 '당연한' 주장 속에는 의인과 악인의 구별이 없다. "행위대로" 상을 받고 벌을 받는 시스템이 아니다. 13-16절은 방금 전에 자신이 말한 인과응보의 원리와 상충한다. 그런데도 엘리후는 이 두 가지를 병치한다.

다시, 17절에는 "의"와 "죄"라는 단어가 등장한다. 규범적 지혜의 어휘이다. 모든 생명체를 의인과 악인을 구분하지 않고 모두 죽이실 수 있는 분이라고 방금 전에 말했음에도 엘리후는 하나님은 의로우시고 선하신 분이라고, 어떻게 욥은 이런 분을 악하다고 말할 수 있냐며 분개한다(17절).

19-20절은 다시 모든 것을 마음대로 하실 수 있는 하나님의 절대주권, 하나님의 자유에 대한 증언이다: '(하나님 외에) 그 누가 왕에게 바보라고 말할 수 있으며 귀족들에게 악하다고 말하겠습니까(18절)? 그분은 권력을 가진 자들이라고 편애하시는 분이 아닙니다. 가난한 자들보다 부자들을 더 잘 대접해 주시는 분도 아닙니다. 왜냐

하면 그들 모두 그분의 손으로 만드신 피조물이기 때문입니다'(19절). 규범적 지혜의 틀 안에서 왕과 귀족, 부자는 의인/지혜자를 대표하는 사람들이다. 그런데 하나님은 이들을 편애하시는 분이 아니고, 모두 동일하게 대접하시는 분이라는 진술은 반성적 지혜의 가르침이다. 엘리후의 이어지는 말은 전도서에 가깝다: '누구나 순식간에 죽을 수 있고 한밤중에 부르르 떨며 저세상으로 건너갈 수 있습니다. 아무리 대단한 사람도 손 한번 쓰지 못하고 죽을 수 있습니다'(20절).

21-30절 규범적 지혜 (2): 악을 징벌하시는 하나님 21-30절은 절대주권자로서의 하나님에 대한 진술을 "행위대로" 심판하시는 하나님 "의"에 대한 진술과 연결시킨다: 하나님은 한 사람 한 사람이 가는 모든 길과 모든 걸음을 다 아시는 분이기 때문에(21절) 악을 행하는 자들이 하나님의 시선으로부터 숨을 만한 어둠이나 그늘이 있을 수 없다(22절). 엘리후가 21절과 22절을 연결하는 기술이 놀랍다. 21절은 하나님의 절대주권에 대한 진술로서, 욥의 반성적 지혜를 인용한 표현이다(14:16, 31:4). 이어지는 22절은 소발의 말의 변형이다(11:10-11). 다시 한번 강조하지만, 세 친구의 규범적 지혜와 욥의 반성적 지혜를 얼기설기 이어 붙인 것이 엘리후의 '지혜'이다.

엘리후의 하나님은 '척 보면 아시는' 분이시기에 악한 사람들을 내쫓으시고 그 자리에 다른 사람을 앉히시는 분이다(34:23-24). 그분께서 사람들을 심판하시는 이유는 그 사람들이 하나님을 떠난 자들이고 "깨달아 알지" 못하는 아둔한 자들이기 때문이다(26-27절). 규범적 지혜가 '악'을 '무지'와 동의어로 취급하는 것을 잘 보여 주는 예문이다. 모르는 자는 악인이고 아는 자가 의인이다. '교만에서의 회개'와 '무지에서의 깨달음'은 동일한 표현이다.

29절의 '하나님의 침묵'과 모든 민족과 인류에게 '하나님의 동일하심'은 엄밀한 의미에서 규범적 지혜에 속해 있지 않다. 사람이 행하는 선과 악에 바로 반응하시는 하나님이 의로우신 하나님이며, 그분은 선한 지혜자는 선대하시고 악한 무지자에게는 징벌을 내리시는 분이어야 한다. 상과 벌을 내리지 않고 침묵하시는 하나님은 선하고 의로운 하나님이 아니다. 그런데 이 문장을 엘리후는 다시 규범적 지혜로 연결시킨다: "이는 경건하지 못한 자가 권세를 잡아 백성을 옭아매지 못하게 하려 하심이니라"(30절). "경건하지 못한 자"라는 단어는 하네이프(חָנֵף)로서 규범적 지혜를 대표하는 어휘 중의 하나이다. 빌닷(8:13)과 엘리바스(15:34)와 소발(20:5)이 사용한 단어이다.

욥기 34장 31절-35장 16절

아무도 반응하지 않지만 엘리후는 꿋꿋이 말을 이어 간다. 말을 이끌어 가는 구조는 이전과 동일하다. 우선 욥의 말을 인용하여 반박하고 무엇이 문제인지 따지고 검증하는 형식을 취한다. 이번에도 마찬가지로, 엘리후의 지혜에는 친구들의 규범적 지혜와 욥의 반성적 지혜가 뒤섞여 있다. 이 둘을 세밀하게 구분해 내는 것이 엘리후의 말을 이해하는 관건이다.

A. 34:31-37	욥의 무지(악)에 대한 정죄
B. 35:1-10	반성적 지혜: 욥에 대한 비판과 조언
C. 35:11-13	규범적 지혜의 주제
D. 35:14-16	욥의 말에 대한 비난

더바이블 욥기 34장 31절-35장 16절

31 하나님을 믿지 않는 이가 하나님께
제가 잘못했습니다
다시는 그러지 않겠습니다
32 제가 모르는 것을 당신께서 제발 제게 알려 주세요
제가 악한 짓을 저질렀다면
또다시 그러지 않겠습니다라고 말할 리가 있겠습니까
33 당신이 하나님의 판결을 거부하면
그분께서 당신의 상황을 원래대로 회복시키셔야 하나요
선택은 제가 아니라 당신이 하셔야 하니

개역개정과의 비교

31절 그대가 하나님께 아뢰기를: 3인칭 단수 주어는 문법적으로 30절의 아담 하네이프(אָדָם חָנֵף)를 지칭한다. 개역개정과 새번역 등은 이 3인칭 단수를 욥을 가리키는 것으로 해석하여 2인칭으로 수정했다.

31절 내가 죄를 지었사오니: 히브리어 원문에는 단순히 '내가 들었다'로 되어 있고 목적어가 없다. 번역 성경들은 문맥과 해석에 따라 목적어를 첨가한다. 개역한글은 "내가 징계를 받았사오니"로 번역하는데, KJV, NRSV, NASB, ESV, JPS 등이 유사하게 판단했다("chastisement"나 "punishment"). 개역개정은 목적어를 "징계"가 아니라 "죄"로 수정했는데, NIV도 개역개정과 같이 해석한다("I am guility").

32절 내가 깨닫지 못하는 것을: 직역하면 '내가 보지 못하는 것을'이다.

33절 그대의 뜻대로 속전을 치르시겠느냐: 33절은 해석이 무척 어려운 구절이다. '속전을 치르다'라는 개역개정의 번역은 상당한 의역이다. 원문에는 "속전"에 해당하는 단어가 없다. 비교를 위해 옛 번역인 개역한글은 33절 상반절을 다음과 같이 번역한다: "하나님이 네 뜻대로 갚으셔야 하겠다고 네가 그것을 싫어하느냐." 원문의 동사 어근 샬람(שׁלם)은 '원상태로의 회복'을 뜻한다.

당신이 아는 바를 말씀해 보세요

34 하나님의 뜻을 올바로 아는 사람이 내 말을 듣는다면

그는 내게 이렇게 말할 것입니다

35 욥은 아는 것도 없으면서 말하고 있고

그의 말에는 아무런 통찰이 없다

36 욥의 대답이 죄인들의 말과 같으니

정녕 그는 앞으로도 계속 시험을 당하겠구나

37 왜냐하면 그는 우리를 조롱하며

여전히 악행을 계속하고 있고

하나님에 대해 몹쓸 말들을 많이 하고 있기 때문이다

1 엘리후가 대답했다.

2 당신이 내가 하나님보다 더 옳다라고 말하는 것이

과연 제대로 된 판단이라고 생각하십니까

3 내가 죄를 짓든 말든 그것이 하나님 당신께

37절 손뼉을 치며: 조롱과 경멸을 의미하는 행위이다.

2절 그대의 의가 하나님께로부터 왔다는 말이냐: 직역하면 '나의 의는 하나님에게서부터'이다. 이 문장을 개역개정에서처럼 "그대의 의가 하나님께로부터 왔다"고 해석할 수도 있다. 이 경우 '욥은 하나님의 뜻에 따라 행했다'라는 무죄 주장의 표현이 된다. 그러나 '의'를 판단하시는 분은 하나님이라는 사실은 워낙 당연한 사실이어서 재고나 반문의 여지가 없는 진술이다. 또 다른 제안으로, 전치사 민(מִן)의 비교급 용법을 적용하여 '내가 하나님보다 의롭다'라는 문장으로 해석할 수도 있다. 즉, 이 구절은 32:2의 "욥이 하나님보다 자기가 의롭다 함이요"를 명사문으로 표현한 것일 수도 있다. NASB와 KJV, CEB 등이 이러한 해석적 판단을 따른다.

무슨 유익이 되겠습니까라고 말하다니요

4 이제 제가 당신께 한 말씀 드리겠습니다

당신뿐 아니라 당신의 친구분들께도요

5 부디 하늘을 바라보시기 바랍니다

당신보다 한참 높은 곳에 있는 저 구름을 쳐다봐 주세요

6 당신이 잘못을 저지른들 그것이 그분께 무슨 영향이 있겠습니까

당신이 수많은 죄를 저지른들

그게 그분께 뭐라도 되는 줄 아십니까

7 설사 당신이 의롭다고 한들

그것이 그분께 뭐 대단한 의미가 있는 줄로 아나요

그분께서 당신에게 구걸이라도 하시는 줄 아나요

8 당신이 악을 행하면

그것은 당신 같은 사람들에게나 영향을 주고

당신이 올바르게 행해도 인간에게나 소용이 있을 따름입니다

9 사람들은 짓밟히면 울부짖고

힘센 자들의 손아귀에서 벗어나게 해 달라고 부르짖지만

10 그러나 하나님이 대체 어디 계시냐고 말하는 사람은 없습니다

4절 그대와 함께 있는 그대의 친구들에게: 욥의 세 친구를 가리키는 표현일 수도 있고 욥처럼 규범적 지혜에 의문을 제기하는 사람들을 가리킬 수도 있다.

8절 어떤 인생에게도 있느니라: "인생"은 '사람의 아들'(인자)이라고 직역되는 벤-아담(בֶּן־אָדָם)을 번역한 것이다. 이 문맥에서 벤-아담은 모든 인간을 가리키는 표현이다. 기독론적 의의를 가지고 있는 '인자'(Son of Man)가 아니다.

10절 밤에 노래를 주시는 자가: 어근 자마르(זמר)는 두 가지 다른 의미가 있다: 1) 노래, 2) 힘. 문맥상 두 번째 의미가 더 적절하다.

그분은 나를 만드신 분이시고 밤마다 힘을 주시는 분입니다
11 그분은 우리에게 땅을 기어다니는 동물들보다
더 많은 지식을 가르쳐 주셨고
저 하늘의 새보다 더 많은 지혜를 주셨습니다
12 그들이 부르짖어도 그분께서 대답하지 않으시는 것은
그들이 교만한 악인들이기 때문입니다
13 잘못된 것에 하나님은 결코 귀를 기울이시지 않으며
전능하신 분은 그런 것에 관심을 두지 않으십니다
14 그런데 당신은 잘 모르겠다고
판단은 하나님께 달려 있으니 두고 보자고
15 그분은 화도 낼 줄 모르시고
사람들이 잘못해도 큰 관심이 없으시다고 말하는군요
16 그러나 욥 당신이 입을 열어 내뱉는 말은
아무것도 모르면서 말만 많이 쏟아 내는 것에 불과합니다

15절 악행을 끝까지 살피지 아니하셨으므로: 파쉬(פַּשׁ)는 한 번 쓰인 단어(*hapax*)로서 정확한 뜻을 알 수 없다. 칠십인역은 넘어서는 안 되는 것을 넘는다는 의미로 이해했다.

욥기 34장 31절-35장 16절 해설

배경 이해

엘리후의 말의 특징 중 하나는 타인의 권위에 의존하는 경향을 보인다는 것이다: '지혜자라면 이렇게 말할 것이다', 혹은 '지혜자라면 내 말에 동의할 것이다.' 엘리후는 자신이 하고 싶은 말을 타인의 입을 통해 말하게 한다: '지혜 있는 사람이라면 욥은 아는 것도 없으면서 무식한 말을 늘어놓고 있다라고 말할 것이다'(34:35). 자신의 지혜가 누구나 동의할 수 있는 것이라는 자신감의 표출일 수도 있고, 권위가 부족한 사람(나이 어린 엘리후)이 설득력을 획득하는 수사법으로 이해할 수도 있다.

본문 이해

34장 31-37절 욥의 무지(악)에 대한 정죄 31-32절에서 엘리후는 불신앙인("경건하지 못한 자")이라면 절대로 할 수 없는 말을 언급한다: "내가 죄를 지었사오니 다시는 범죄하지 아니하겠나이다. 내가 깨닫지 못하는 것을 내게 가르치소서 내가 악을 행하였으나 다시는 아니하겠나이다"(31-32절). 악인은 결코 이렇게 자신의 죄를 회개하고 자신이 얼마나 무지한가를 깨달아 하나님께 가르침을 요청하는 일을 하지 않는다. 한 가지 지적할 것은, 새번역이나 공동번역처럼 의미를 옮기는 번역 방식(의역)을 채택한 성경들이나 『메시지 성경』(유진 피터슨, 복있는사람, 2012) 및 『욥기, 풀어쓴 성경』(강산, 감은사,

2023) 등의 사역이 바로 이 31-32절과 욥의 최후 진술(42:2-6)을 거의 유사한 의미로 이해하고 있다는 점이다. 히브리어 원어로는 31-32절에 있는 어떤 명사와 동사도 42:2-6에 쓰이지 않는다. 서로 전혀 다른 구절이자 서로 다른 사람이 한 말을 유사하게 이해하고 있다는 것이 흥미롭다. 엘리후의 말로 욥의 말을 해석하려는 것, 혹은 엘리후의 말을 욥의 말에 덧씌워 해석하는 것은 욥의 최후 진술을 근본적으로 잘못 이해하는 방식이다.

33절은 번역이 매우 어렵다. 상반절을 문자적으로 직역하면, '네가 싫어한다고(거부한다고) 해서 그가 너로부터 그것을 갚겠는가?' 인데 욥이 무엇을 싫어하고 거부하는지 그 목적어가 생략되어 있고, '그것'(여성 단수 대명사)에 해당하는 여성 명사가 무엇인지 알 수 없다. 본문에 대한 이해를 돕기 위해 새번역과 공동번역을 참고하는 것이 좋다. 이 두 번역은 유사한 해석적 판단을 했다: "어른은 하나님이 하시는 것을 반대하시면서도, 어른께서 원하시는 것을 하나님이 해 주실 것이라고 기대하십니까?"(새번역); "하느님의 판결을 당신이 불복한다고 하여 그가 당신 생각을 따라 보응하실 줄 아시오?"(공동번역).

엘리후는 자신의 두 번째 발언을 욥에 대한 정죄로 마친다: '지혜가 있는 사람이라면 '욥은 아는 것도 없으면서 말하고 있고 그의 말에는 아무런 통찰(지혜)이 없다'라고 말할 것이다'(34:34-35). 엘리후는 세 친구와 마찬가지로 욥에게 '죄인/악인'과 '무지'라는 딱지를 붙인다(36-37절).

35장 1-10절 반성적 지혜: 욥에 대한 비판과 조언 엘리후는 다시 한번 욥의 말을 분석하고 평가한다. "범죄하지 않는 것이 내게 무슨 유익이 있겠느냐"고 욥이 물었고, 이런 태도는 '하나님보다 내가 더 옳다/의롭다'라는 매우 교만한 태도라는 것을 지적한다(35:2 도움말 참조). 그런데 이 비판의 문제점은, 욥이 이런 말을 한 적이 없다는 데 있다. 특히 '유익이 되다, 이득을 얻다'라는 뜻의 두 단어 싸칸(סכן)과 야알(יעל)은 '까닭 있는 신앙'을 주장하는 엘리바스의 말에서 사용된 단어이다(15:3, 22:2). 욥은 오히려 '하나님을 섬기고 그분께 기도하는 것이 무슨 유익이 있겠는가'라고 말하는 불신앙인들을 비판할 때 야알(יעל)을 사용한다: "(그들은) 전능자가 누구이기에 우리가 섬기며 우리가 그에게 기도한들 무슨 소용이 있으랴 하는구나"(21:15).

욥이 하지 않은 말을 비판한 엘리후는 이제 욥에게 조언을 한다(35:4): "그대는 하늘을 우러러보라 그대보다 높이 뜬 구름을 바라보라"(5절). 욥에게 하나님을 바라보라는 조언은 엘리바스도 했는데(5:8), 엘리후는 이 표현을 엘리바스와는 다른 의미로 사용한다. 저 높이 있는 하늘보다 하나님은 더 높이 계시는 분이니 이 낮은 땅에 사는 하찮은 인간의 행동이 하나님께 아무런 영향을 미치지 않는다는 뜻으로 "하늘을 우러러보라"는 표현을 쓴다. 그런데 문제는 엘리후의 이 말("그대가 범죄한들 하나님께 무슨 영향이 있겠으며")이 욥의 말과 동일하다는 것이다: "사람을 감찰하시는 이여 내가 범죄하였던들 주께 무슨 해가 되오리이까"(7:20). 저 하늘 높이 계시는 하나님과 이 낮은 땅에 사는 인간 사이의 차이를 부각하는 것은 반성적 지혜의 관점이다. 엘리후는 욥의 무지를 꾸짖으면서 욥에게 지혜를 가르치려고 하는데, 그 지혜는 흥미롭게도 욥의 지혜이다.

엘리후는 7절에서 계속 욥에게 수사의문문으로 가르침을 준다: "그대가 의로운들 하나님께 무엇을 드리겠으며 그가 그대의 손에서 무엇을 받으시겠느냐." 하찮은 인간 하나가 의롭다고 해서 그것이 하나님께 대단한 의미가 있는 것은 아니라는 말이다. 하나님은 하찮은 인간에게서 무언가를 받으셔야 할 필요가 없다. 하나님 앞에서 겸손해야 하는 인간의 태도를 나타낸다. 그런데, 이 엘리후의 지혜는 엘리바스의 말을 가져온 것이다: "네가 의로운들 전능자에게 무슨 기쁨이 있겠으며 네 행위가 온전한들 그에게 무슨 이익이 되겠느냐"(22:3). 욥과 세 친구에게 진정한 지혜가 무엇인지 알려 주겠다고 시작한 엘리후의 지혜는 결국 욥의 말과 엘리바스의 말을 이어 붙인 것에 불과하다.

엘리후는 계속해서 하나님과 인간의 차이를 극대화한 '반성적 지혜'의 가르침을 전한다. 한 인간의 의로움이나 악함은 인간에게만 해당되는 것이며 하나님께는 아무런 영향을 미치지 못한다(35:8). 사람들은 힘 있는 "군주들"의 폭력과 학대로 인해 고통을 받으면서도 '하나님이 어디 계시냐', 왜 나타나서 도와주지 않으시냐고 요청할 수 없다(9-10절). 그분은 저 높은 곳에 계시는 분으로, 인간의 의로움이나 악행에 아무런 반응을 하지 않으시는 분이기 때문이다.

35장 11-13절 규범적 지혜의 주제 엘리후는 이 반성적 지혜의 가르침에서 다시 한번 교묘하게 규범적 지혜를 끌어내는 기술을 발휘한다. 하나님이 아무런 반응을 하지 않으시는 이유는 사람이 "헛된 것"을 하나님께 질문하기 때문이다(13절). 엘리후가 말하는 헛된 질문은 이것이다: "땅의 짐승들보다도 우리를 더욱 가르치시고 하늘의 새들보다도 우리를 더욱 지혜롭게 하시는 이가 어디 계시냐"(11절). 이런 질문을 하는 이들은 '교만한 악인'이다(12절). 하나님이 인간에게 직접 지혜를 가르쳐 주신다는 주제와 인간은 만물의 영장이라는 주제는 규범적 지혜에 속한다. 그런 하나님이 어디 계시냐는 헛된 말을 하나님은 듣지 않으시고, 그런 말을 하는 교만한 악인을 하나님은 돌아보지 않으신다(13절). 한 가지 미리 얘기하자면, 하나님이 직접 하시는 말씀(38-41장)은 인간이 만물의 영장이라는 '착각'을 무참히 깨뜨린다. 엘리후의 말과 하나님의 말씀은 근본적으로 다르다.

35장 14-16절 욥의 말에 대한 비난 그런데 욥은 이 교만한 악인들보다 더 헛된 말을 하는 사람이다: "하나님은 뵈올 수 없고 일의 판단하심은 그 앞에 있으니 나는 그를 기다릴 뿐이라"(35:14). 욥이 이 말 그대로 한 적은 없어도 이 말이 내포하는 주제는 하나님에 대한 인간 인식의 한계("하나님은 뵈올 수 없고")와 하나님의 절대주권("일의 판단하심은 그 앞에 있으니")이기 때문에 욥의 반성적 지혜와 궤를 같이한다. 엘리후는 세 친구와 마찬가지로 욥의 반성적 지혜를 '헛된 말'이며 "지식 없는 말"로 취급한다(16절).

15절은 좀 자세히 살펴볼 필요가 있다. 이 말이 14절에 이어지는 욥의 말인지, 아니면 개역개정이 번역하듯이 16절과 연결되는 엘리후의 말인지 학자들의 해석이 갈린다. 15절을 쉽게 번역하면, '그분은 화를 낼 줄도 모르시고 사람들이 잘못해도 큰 관심이 없으시다'가 된다. 내용 면에서 하나님의 '침묵' 혹은 '무관심'에 관한 것이기 때문에 14절과 연결되는 것이 더 적절해 보인다. 엘리후가 이런 생각을 가지고 있다고 보기는 어렵다. 따라서, 하나님이 화도 낼 줄 모르시고 사람들의 악행도 잘 조사를 안 하신다는 주장에 대해 엘리후가 '지식 없는 헛된 말'이라고 비난하는 장면으로 이해하는 것이 문맥에 적합하다. 그러나 여기서도 문제는 15절의 말을 욥이 한 적이 없다는 것이다. 욥은 오히려 반대로, 저 높은 하늘에 계신 그 크신 하나님이 왜 이런 하찮은 인간의 잘잘못 하나하나에 관심을 기울이시냐고, 왜 이렇게 자신을 못 잡아먹어서 안달이시냐고 탄식을 했다. 만약 하나님이 인간의 잘잘못에 무관심하시고 사람에게 진노를 내리시지 않는 분이라면 애초부터 욥에게 고난이 임할 리가 없다. 또한 지금 현재 모든 것을 다 잃은 끔찍한 고난을 겪고 있는 욥이 '하나님은 화를 내시지 않는 분'이라고 생각했을 리도 없다.

욥기 36장 1-25절

(소발을 제외하고) 친구들이 세 차례에 걸쳐 말을 한 것처럼, 엘리후도 총 세 번에 나누어 말을 한다(34:1, 35:1, 36:1에 나오는 표제어의 구분에 따라). 마지막 발언(36-37장)에서 엘리후는 욥의 말을 비판하는 형식을 벗어나 본격적으로 자신의 지혜를 설파한다. 1-25절은 일관성 있게 규범적 지혜의 어휘와 주제들이 등장한다. 하나님의 말씀에 따라 살면 남은 인생을 행복하고 기쁘게 살 수 있고, 반면에 하나님의 뜻을 모르면 징벌을 받아 죽게 될 것이라는 권선징악의 이분법이 단순하고 선명하게 나타난다.

A. 1-4절	도입부: 엘리후 자신의 지혜에 대한 소개
B. 5-7절	규범적 지혜 (1): 선과 악을 심판하시는 하나님
C. 8-16절	규범적 지혜 (2): 회개와 깨달음을 위한 하나님의 징계
D. 17-25절	욥을 향한 조언: 악을 멀리하고 선을 행하라

더바이블 욥기 36장 1-25절

1 엘리후가 덧붙여 말했다.

2 나에게 잠시 시간을 내어 주신다면
당신에게 알려 주고 싶은 게 있습니다
하나님에 대해 드릴 말씀이 아직 많이 있으니까요

3 나의 지식은 아주 먼 곳 아주 옛날로부터 온 것이고
무엇이 올바른 것인지는
나를 지으신 하나님께서 알려 주신 것입니다

4 내가 하는 말은 진정 거짓이 아니라서
당신에게 참된 지식을 가르쳐 줄 것입니다

5 하나님은 엄청난 분이십니다
그분의 지혜는 엄청나서
그 누구도 대충 넘어가시는 법이 없습니다

6 그렇기에 그분은 나쁜 놈을 살려 두지 않으시며
고통받는 자들을 위해 정의를 실현하십니다

개역개정과의 비교

2절 나를 잠깐 용납하라: 어근 카타르(כתר)는 히브리어에서는 '둘러싸다'의 뜻으로 쓰이지만(시 22:12, 142:7; 삿 20:43; 합 1:4), 아람어에서는 '기다리다, 참다'의 의미로 사용된다. 성경에서 카타르가 후자의 의미로 사용된 것은 이 구절이 유일하다.

5절 아무도 멸시하지 아니하시며: 목적어가 생략되어 있다. 마아쓰(מאס)는 '멸시'와 '거절/거부'를 의미하는 단어이다.

7 그분은 의로운 자에게서 눈을 떼지 않으시며
그들을 높이 들어 왕의 보좌에 영원히 앉게 하십니다
8 만약 그들이 사슬에 묶이거나
고난의 그물에 얽매이게 된다면
9 그것은 스스로 강해졌다는 그들의 잘못된 착각을
깨우쳐 주시기 위함입니다
10 이렇게 그분은 그들의 귀를 열어서
죄악에서 돌아오라고 말씀하시는 것입니다
11 만일 그들이 그 말씀을 듣고 그분을 다시 섬기게 된다면
그들은 남은 인생을 행복하고 기쁘게 보낼 수 있을 것입니다
12 그러나 만일 그들이 그분의 말씀을 따르지 않는다면
그들은 죽음에 넘겨질 것이고
하나님의 뜻을 몰라서 죽게 될 것입니다
13 하나님을 알지 못하는 자들은 하나님의 진노를 쌓고 있으며
그분께서 징벌을 내리실 때에

7절 그를 왕들과 함께: 많은 번역이 에트(אֶת־)를 '~과 함께'의 뜻으로 해석했는데 (개역개정, 새번역, 공동번역, NASB, ESV, NRSV, JPS, TNK 등), 그러나 직접 목적어 표지로 해석할 수도 있다('왕들을 보좌에 앉히다', CEB, NIV, CJB). 하나님의 뜻에 맞게 행하는 의로운 자가 왕이나 귀족 등 높은 자리에 앉는다는 개념은 규범적 지혜의 대표적인 개념이다.

13절 분노를 쌓으며: 아프(אַף)가 개역개정의 해석처럼 무지한 자의 분노를 의미하는지, 아니면 하나님의 분노를 의미하는지 명확하지 않다. 평행법의 관점에서 볼 때, 13절의 하반절이 하나님의 징계를 표현하기 때문에 상반절의 "분노" 역시도 하나님의 진노로 이해하는 것이 보다 적절해 보인다.

그들은 도와 달라고 소리치지도 못합니다

14 그들은 젊었을 때 죽게 되며

그들의 삶은 몸 파는 이들과 다를 바가 없게 됩니다

15 그분은 고통당하는 자를 그가 겪는 고통을 통해 구원하시며

형벌을 통해 그들의 귀를 여십니다

16 정녕 그분은 당신을 고통의 자리에서 꺼내어

아무 괴로움이 없는 넓은 곳으로

진수성찬이 가득 차려져 있는 식탁으로

당신을 초대하실 것입니다

17 그러나 당신에게 내려진 평결은

온통 악인에게 해당되는 징벌뿐입니다

18 하나님의 진노를 피하려면 돈에 눈이 멀어서는 안 됩니다

누군가 많은 뇌물을 준다 해도 거기에 현혹되어서는 안 됩니다

19 당신이 아무리 소리쳐 외쳐도

14절 젊어서 죽으며: 하나님이 주신 수명을 다 사는 장수(長壽)는 규범적 지혜의 중요한 복의 일종이다. 반대로, 수명을 다 살지 못하는 것은 악인에게 주어지는 징벌이다.

14절 남창과 함께 있도다: 끄데이쉼(קְדֵשִׁים)은 전통적으로 성전에 속한 남창 혹은 창녀를 가리키는 것으로 이해되고 있다. 남성형은 신 23:17; 왕상 15:12; 왕하 23:7에 나타나고, 여성형은 창 38:21; 신 23:17; 호 4:14에 나타난다.

15절 곤고에서, 학대당할 즈음에: 상반절과 하반절의 전치사 베이트(בְּ)는 개역개정의 경우처럼 시간적 의미로 해석할 수도 있으나('그들이 고통당할 때', '그들이 학대당할 때'), 수단의 의미로 이해할 수도 있다('고통을 통해', '형벌을 통해'). 후자의 번역을 선택한 번역본은 공동번역, ESV, NRSV, CEB, JPS, CJB, TNK 등이 있다.

아무리 많은 힘을 끌어모은다 해도
그것이 당신을 고통에서 벗어나게 할 수 있겠습니까
20 부디 밤이 어둡기를 바라지 마세요
그곳은 죽은 자들이나 가는 곳이니까요
21 제발 악으로 향하지 않도록 스스로를 지키세요
고난을 받느니 이렇게 하는 게 훨씬 낫습니다
22 자 하나님은 그 능력이 대단하신 분입니다
그분처럼 가르칠 수 있는 선생님이 또 어디 있겠습니까
23 대체 누가 그분에게 이래라저래라 할 수 있겠습니까
어느 누가 그분께 잘못하셨다고 말할 수 있겠습니까
24 그러니 제발 그분이 행하신 일을
찬양하시기 바랍니다 절대 잊으면 안 됩니다
다른 사람들은 다 그렇게 그분을 찬양하고 있습니다
25 모든 사람이 그분을 바라보고 있습니다
아주 옛날부터 사람들은 그분을 쳐다보았습니다

20절 밤에 그들이 있는 곳에서: 이 구절은 해석하기 어렵다. 다양한 제안들이 있는데, 대부분 단어를 바꾸는 것이다. 새로 제안하고 싶은 해석은, '밤'을 '어둠 > 죽음'으로, 암밈(עַמִּים)을 '죽은 조상들'로 해석하는 것이다.

욥기 36장 1-25절 해설

배경 이해

규범적 지혜의 주제들은 다음과 같다: 1) 인과응보 사상('뿌린 대로 거둔다'); 2) 교만/죄/무지에서의 회개와 깨달음, 그리고 하나님의 경고로서의 징벌; 3) 선명한 이원론적 구분: 선과 악, 상과 벌, 지혜와 무지 등. 이러한 주제들을 표현하는 어휘들은 다음과 같다: 지혜, 지식, 슬기, 명철, 선, 악, 죄, 징벌, 교만, 깨달음, 회개, 죽음, 멸망, 화, 진노, 높은 자(왕, 귀족, 부자)와 낮은 자(가난한 자, 거지, 어린아이, 젊은 이), 재물, 부요, 행복, 기쁨, 불행, 고통, 고난. 이러한 주제와 어휘가 많이 나타나면 규범적 지혜에 속해 있다고 할 수 있다. 반성적 지혜를 논하는 장에서는 이러한 단어들이 거의 나타나지 않는다.

본문 이해

1-4절 도입부: 엘리후 자신의 지혜에 대한 소개 이제 엘리후는 자신의 지혜의 정수를 욥에게 알려 주고자 한다. 이를 위해 잠시 시간을 내 달라고 요청한다("나를 잠깐 용납하라"). 그는 '하나님에 대해'("하나님을 위하여") 욥에게 알려 주고 싶은 지혜가 아직 많이 남아 있다(2절). 이런 형식은 대화 상대자와 독자의 주목을 끌게 하는 효과가 있다. 이제 본격적으로 엘리후의 '제3의 지혜'가 무엇인지에 대해 궁금함과 기대를 품게 만든다.

엘리후는 자신의 지혜의 출처를 우선 밝힌다. 자신의 지식이 "먼

데서" 왔다고 하는데, '멀다'라는 단어를 문자적으로 멀리 떨어져 있는 장소를 가리킨다고 보면, 사람들이 접근하기 어려운 낯설고 신비한 곳에서 자신의 지혜가 왔다는 것을 강조하는 표현이 된다. 일반 사람들은 잘 모르는 지혜라는 점을 부각시키는 것이다. 혹은, '멀다'라는 형용사는 시간적으로 먼 곳, 즉 아주 오래된 과거를 가리키는 의미로도 해석될 수 있다. 규범적 지혜가 옛날(עוֹלָם 올람)에서 지혜의 출처를 찾는 것과 동일하다. 어떤 해석이든, 엘리후의 "먼 데"는 하나님("나를 지으신 이")을 가리키는 표현으로 이해하는 것이 평행법적으로 타당하다. 3절 하반절을 직역하면 '나는 의(올바름)를 나를 만드신 이에게 준다'인데, 무엇이 올바른지를 아는 지혜가 하나님의 소유라는 것을 의미한다. 이렇게 하나님으로부터 온 지혜는 거짓일 수가 없다(4절 상반절). 이제 엘리후는 본격적으로 자신의 참된 지혜를 욥에게 가르쳐 주고자 한다(4절 하반절).

5-7절 규범적 지혜 (1): 선과 악을 심판하시는 하나님 엘리후의 지혜는 하나님의 위대하심으로부터 시작한다. '위대하신 하나님'(אֵל כַּבִּיר 에일 캅비르)은 그분의 지혜도 위대하다(5절). 이 위대하신 하나님이 자신의 위대한 지혜로 다스리시는 세상은 "공의"로운 세상이다. 하나님의 위대하심은 '의로움'으로 표현되고, 그 의로움은 권선징악이 실현되는 것을 의미한다: "악인을 살려 두지 아니하시며 고난받는 자에게 공의를 베푸시며"(6절). 의로우신 하나님의 시선은 의인에게 고정되어 있다. 하나님은 당신의 뜻에 따라 사는 사람을 "왕들

과 함께 왕좌에 앉히사 영원토록 존귀하게" 하신다(7절). 7절 하반절은 '의인들을 왕으로 삼으신다'로도 해석 가능하다(7절 도움말 참조). 규범적 지혜에서 왕은 공의와 정의의 상징이다. 잠언의 예를 들자면, 왕과 연결된 어휘는 "의/공의"(잠 8:15, 16:12, 13), "재판/심판/정의"(16:10, 29:4), "정직"(16:13), "생명"(16:15), "지혜"(20:26) 등이다. 즉, '왕'은 규범적 지혜를 구현하는 의인의 이상형이다. "왕좌"에 앉는 것은 왕일 터이니 의인을 왕들과 함께 왕좌에 앉힌다는 해석보다는 의인을 왕으로 삼으신다는 해석이 더 적절해 보인다.

8-16절 규범적 지혜 (2): 회개와 깨달음을 위한 하나님의 징계 의로우신 하나님이 사람에게 고난을 주시는 이유는 악행과 교만으로부터 회개하고 죄악에서 돌이키기 위함이다. 만약 누군가 고난의 사슬에 묶이거나 재앙의 그물에 얽매이게 된다면(욥 36:8), 그것은 그들이 스스로 강해졌다고 착각하지("교만한 행위") 않게 하시려는 것이다(9절). "교만"으로 번역된 이트갑바루(יִתְגַּבָּרוּ)는 직역하면 '그들은 스스로 강해졌다'이다. 이러한 그들의 잘못된 행실을 그들에게 알려 주기 위해 고난이 찾아오는 것이다. 따라서 재앙이 닥치면 얼른 그분의 경고에 귀를 열어야 한다. '죄악에서 돌아오라'고 말씀하시는 그분의 교훈을 들어야 한다(10절).

고난이 닥친 사람들 앞에는 두 가지 갈림길이 놓여 있다. 순종과 불순종이 그것이다. 만약 재앙이 닥친 사람이 하나님의 말씀에 순종하여 다시 그분을 섬기게 된다면, 그들은 남은 인생을 행복하고 기쁘게 보낼 수 있을 것이다(11절). 그러나 만일 하나님의 말씀을 따르지 않는 불순종의 죄를 범한다면, 그들은 죽음에 넘겨질 것이고, 그들이 죽는 이유는 바로 하나님의 뜻을 모르는 무지 때문이다(12절). 참고로, “칼”로 번역된 쉘라흐(שֶׁלַח)는 흥미로운 단어인데, 어원적으로는 ‘던지다/보내다’라는 뜻의 샬라흐(שלח)에서 파생되었다. 이 단어는 우가릿어에서는 던지는 무기로서 ‘창’을 가리키는 단어이고, 아카드어에서는 ‘죽음의 강’(River Ordeal)을 지칭하는 단어이다. 둘 다 ‘죽음’과 관련된 단어인 것은 분명하다.

하나님의 말씀에 순종하지 않는 자들(“마음이 경건하지 아니한 자들”)은 스스로 하나님의 진노를 쌓아 가고 있다. 13절의 “분노를 쌓으며”의 “분노”는 하나님의 분노, 곧 징벌을 뜻한다. 하나님의 진노가 임해 그들에게 징벌이 내려질 때, 그들은 하나님께 도와 달라고 외치지도 못한다(13절). 왜냐하면 이 모든 일은 하나님을 모르는 그들 자신의 무지에 기인했기 때문이다. 하나님을 모르는 자가 하나님께 도움을 요청할 수는 없다. 그들에게 내려진 징벌은 하나님께서 주신 수명을 다 살지 못하고 일찍 죽는 것이다(14절 상반절). “남창”으로 번역된 끄데이쉼(קְדֵשִׁים)은 (이방신의) 성전에 속한 사제로서 신도들과의 성적 교합을 통해 어떤 영적 깨달음을 얻게 하는 이들을 가리키는 것으로 알려져 왔는데, 문헌적, 고고학적 증거가 튼튼하지 않은 주장이다. 이 문맥에서는 ‘죽은 자들’을 가리키는 것이 아닐까 한다.

이것이 하나님의 경고에 귀를 기울이지 않은 자들의 운명이다.

반면에 어떤 사람들은 그분의 가르침을 깨닫는다. 하나님은 고난을 '통해서'(15절 도움말 참조) 경고하신다. 하나님께서는 당신의 경고에 귀를 연 사람들을 '고난의 입'에서 꺼내셔서 아무 괴로움도 없는 널찍한 곳으로 인도하신다. 그곳에는 지방질이 풍성한 진수성찬으로 가득한 식탁이 있다(16절). 회개한 자들, 즉 고난을 통해 주시는 하나님의 경고의 말씀에 순종한 이들이 경험할 미래는 이렇다.

17-25절 욥을 향한 조언: 악을 멀리하고 선을 행하라 엘리후는 이 규범적 지혜의 일반론을 욥의 경우에 적용한다. 욥이 당하는 고난을 보니 그것은 분명 악인과 무지자에게 내려진 징벌이다(17절). 따라서 하나님의 진노를 피하려면 다음과 같은 악을 저질러서는 안 된다: 첫째, 돈에 눈이 멀어서는 안 된다. 누군가 많은 뇌물을 준다 해도 거기에 현혹되어서는 안 된다(18절). 왜냐하면 돈이 아무리 많고 재물의 능력이 아무리 대단하다 하더라도 욥을 고난에서 구원하지는 못하기 때문이다(19절). 둘째, 악이나 어둠 같은 부정적인 것을 추구하면 안 된다(20-21절). 제발 악한 것으로 향하지 않도록 스스로를 지켜야 한다. 고난을 당하는 것보다 선을 추구하는 것이 훨씬 낫다(21절). 셋째, 하나님을 원망하지 말고 그분을 찬양해야 한다. 그분께 어느 누구도 '당신 잘못했어!'라고 말할 수 없다(23절). 그런 엄청난 분께서 친절하고 세심하게 교훈을 가르쳐 주시는데(22절), 마땅히 그분을 찬양해야 한다. 욥 당신은 하나님을 원망해도, 다른 모든 사람은 다 하나님을 찬양하고 있다(24절). 넷째, 하나님만 바라

보아야 한다(25절 상반절). 다른 사람들은 아주 멀리 있는 사람조차, 혹은 아주 옛날 사람들부터 다 그렇게 하나님만 바라보고 있다(25절 하반절).

그런데, 과연 그런가? 만약 욥을 제외한 모두가 다 하나님을 찬양하고 하나님을 바라보고 있다면 그들 중 어느 누구에게도 고난과 재앙이 임할 리가 없다. 지금까지 열거된 엘리후의 규범적 지혜 중에 욥의 세 친구가 말하지 않은 새로운 이야기는 단 하나도 없다. 엘리후는 자신의 지혜가 사람들이 접근하기 어려운 '먼 곳'에서 기원했다고 하는데, 그 지혜는 누구나 다 아는 흔한 지혜라는 사실이 놀랍다. 1-25절의 지혜는 그다음에 이어지는 엘리후의 또 다른 지혜(반성적 지혜)와 연결해서 이해해야 한다. 엘리후는 마지막 진술에서도 규범적 지혜와 반성적 지혜를 나란히 붙여 놓는다.

욥기 36장 26절-37장 24절

1-25절에서 규범적 지혜를 설파한 엘리후는 26절부터는 전혀 다른 지혜를 이야기하기 시작한다. 그 지혜는 인간이 알 수 없고 헤아릴 수 없는 하나님의 위대하심에 대한 지혜이며 그 지혜가 펼쳐지는 주무대는 하늘이다. 비와 구름, 천둥과 번개, 바람과 폭풍우, 눈과 우박이 어떠한 방식으로 생겨나는지 설명한다. 그런데, 인간이 알 수 없는 것을 엘리후는 대체 어떻게 알고 있는가?

A. 36:26-37:13 반성적 지혜: 창조세계에 나타난 하나님의 위대하심

B. 37:14-24 규범적 지혜와 반성적 지혜의 종합: 놀라운 일을 깨달으라

더바이블 욥기 36장 26절-37장 24절

26 하나님은 엄청나게 크신 분이라서
우리가 그분을 알 수 없습니다
그분이 얼마나 오래되신 분인지 아무도 헤아릴 수 없답니다
27 그분께서 땅에 떨어진 물을 다시 회수하시면
그 물은 비가 되었다가 다시 안개가 됩니다
28 그것이 구름에서 넘쳐흘러
사람 위에 다시 많은 비를 내려 줍니다
29 그분께서 자신의 처소에서 소리를 발하시며
구름을 펼치시기로 마음먹으셔서 그렇게 되는 것이랍니다
30 그분께서는 그 구름 위에 번개를 펼치셔서
바다의 가장 깊은 곳까지 다 덮으십니다
31 그분은 이렇게 온 백성들을 굽어살피셔서
그들에게 먹을 것을 넘치도록 주신답니다
32 또한 그분은 두 손으로 번갯불을 감싸 쥐고서

개역개정과의 비교

29절 겹겹이 쌓인 구름과 그의 장막의 우렛소리: "구름"과 "장막"이 평행어로 되어 있다. 구름이 하나님께서 머무시는 곳이라는 생각을 반영하고 있다. 욥 20:6, 22:14 참조.

31절 만민을 심판하시며: 동사 딘(דִּין)은 '재판하다, 판단하다'라는 뜻이다. 이 문맥에서는 '선악 간의 심판'이나 잘잘못을 따지는 재판을 의미한다고 보기 어렵다. 사람들 각자의 필요를 '판단하고 살펴보다'의 의미로 이해하는 것이 적절하다.

정확히 과녁에 맞도록 명하시기도 합니다
33 그분은 날씨의 변화를 목동들에게 알려 주시며
가축들마저 그것을 잘 알고 있습니다

1 이러면 저의 심장은 쿵쾅거리다 못해
그만 떨어져 버릴 것 같습니다
2 여러분들 제발 그분의 입에서 나오는 그 소리를
그 엄청난 천둥 같은 소리를 들으세요
3 온 천하에 그분은 자신의 소리를 발하시며
온 땅끝까지 자신의 번개를 보내십니다
4 천둥번개가 친 이후에 저 높은 곳에서
그분의 소리가 울려 퍼집니다
그분의 소리가 울려 퍼져야 하므로
그분은 천둥번개를 아끼지 않으십니다
5 하나님은 인간의 이해를 초월한 소리를 발하시며

33절 가축들도 그 다가옴을 아느니라: 33절은 정확한 해석이 불가능할 정도로 어렵다. 번역 성경마다, 그리고 학자들마다 해석이 다르다.

2절 똑똑히 들으라: 2인칭 복수 명령형으로 되어 있다. 욥 한 사람만이 이 명령의 대상자가 아니다.

3절 땅끝까지: 원문은 '땅의 날개들 위에'이다. 히브리어의 날개는 옷의 끝자락을 지칭할 때 쓰이기도 하므로 "땅끝"이라는 번역은 적절하다.

5절 하나님은 놀라운 음성을 내시며: 니플라오트(נִפְלָאוֹת)는 '비범한, 기이한, 놀라운 일' 등으로 번역되는데, 인간의 이해를 초월한 것을 가리킨다. 하반절의 '우리는 알 수 없다'는 구절이 평행구절로서 니플라오트를 설명해 주고 있다.

그분이 행하시는 일을 우리는 도무지 이해할 수 없습니다
6 눈에게 비에게 그 엄청난 폭우에게
땅에 내리라고 그분은 말씀하십니다
7 우리 인간들은 그분이 하시는 대로
손이 묶여 있을 수밖에 없는데
그게 다 모든 일을 그분께서 하시는 것이라는 걸
사람들이 알게 하려 하심입니다
8 그러면 동물들은 자신의 은신처로 들어가서
각자의 굴에 머물게 됩니다
9 거센 바람이 자기 방에서 나오고
추위가 북쪽에서 몰려오는데
10 하나님께서 숨을 쉬셔서 찬 기운을 내뿜으시면
엄청나게 큰 물마저 얼어붙고 맙니다
11 그분은 구름에 물기를 머금게 하시며
번개를 쳐서 구름을 흩으십니다
12 그러면 구름들은 그분이 지시하시는 데 따라
이리저리 돌아다니며
그분께서 명령하시는 대로 지표면에서 움직입니다
13 누구에게 벌을 주시거나 아니면 땅의 농사를 위해서

7절 사람의 손에 표를 주시어: 하탐(חתם)은 편지 등에 인장을 찍어 봉인하는 것을 의미한다. 이 문맥에서 정확히 무엇을 의미하는지 알기 어렵다. 욥 24:16에서는 '(집의 문을) 닫다, 잠그다'라는 의미로 쓰였다는 점에서 '사람의 손을 꼼짝 못하게 묶다'의 의미로 이해하는 것이 적절해 보인다.

혹은 누구를 불쌍히 여기셔서 그렇게 하시는 것입니다

14 욥이여 제발 이 말을 들으세요
똑바로 서서 인간이 이해할 수 없는 하나님의 기적을 깨달으세요
15 하나님께서 어떻게 이런 것들에 명령을 내리셔서
구름 속에서 번갯불이 치게 하는지 당신은 알고나 계십니까
16 구름이 어떻게 저렇게 하늘을 떠다니는지
그 이해할 수 없는 놀라운 것에 대한 완전한 지식을
당신은 가지고 계십니까
17 이 땅에 남풍이 솔솔 불 때
옷을 껴입으면 더운 법이랍니다
18 당신이 그분과 함께 저 하늘을
마치 단단한 거울처럼 넓게 폈나요
19 우리가 그분에 대해 도대체 뭐라고 얘기해야 하는지
제발 좀 알려 주세요
우리는 지혜가 부족해서 도무지 당신을 설득할 수 없네요

14절 하나님의 오묘한 일을 깨달으라: "오묘한 일"은 5절에서도 사용된 니플라오트(נִפְלָאוֹת)이다. 인간이 이해할 수 없는 것을 가리킨다. 따라서 "오묘한 일을 깨달으라"라는 명령은 깨달을 수 없는 것을 깨달으라는 형용모순이다.

16절 완전한 지식의 경이로움을 아느냐: "경이로움"으로 번역된 미플라오트(מִפְלְאוֹת)는 니플라오트(נִפְלָאוֹת)와 같은 말이다. 인간이 이해할 수 없는 지식을 온전히 알라는 요구는 불가능한 것을 하라는 것으로 이 역시도 형용모순에 해당한다.

19절 아둔하여: 직역하면 '어둠으로 인해서'이다.

20 말만 하면 다 그분께 전달되나요
죽고 싶은 사람이 아니라면요
21 때로는 구름에 가려 저 밝게 빛나는 태양을 볼 수 없기도 합니다
바람이 불면 다시 하늘이 맑아지죠
22 북쪽 하늘에서 금빛 광명이 나옵니다
하나님께로부터 저 엄청난 위엄이 나오는 것이죠
23 전능하신 분의 능력이 얼마나 대단한지
우리는 결코 알 수 없습니다
그분은 결코 올바른 판단에 실수가 없으신 분입니다
24 그래서 사람들은 그분을 두려워하고 경외하는 것입니다
그분은 자기가 지혜롭다고 착각하는 사람을
거들떠보지도 않으시는 분이십니다

욥기 36장 26절-37장 24절 해설

배경 이해

반성적 지혜는 규범적 지혜의 원리가 기계적으로 항상 적용되는 원리가 아니라는 것과, 선명한 이분법적 가치에 대해 의문을 제기하

23절 정의나 무한한 공의를: 정의(미쉬파뜨)와 공의(쩨다까)는 규범적 지혜의 어휘이다. 36:26부터 이어지는 엘리후의 '반성적 지혜' 속에는 '의로움'이나 '올바름'에 대한 언급이 전혀 없었다.

며 다시 한번 되돌아보는 지혜이다. 따라서 반성적 지혜는 인간의 활동 영역이나 이해 범위의 한계를 초월한 것들이 존재한다는 것과 선과 악, 옳고 그름으로 따질 수 없는 것들을 신학적 사유의 대상으로 삼는다. 사용되는 어휘들은 하나님의 크심과 인간의 작음을 대비하는 단어들과 인간이 컨트롤할 수 없는 자연 현상이나 인간의 생활반경을 벗어난 야생의 세계를 대표하는 단어들이 주를 이룬다: 놀라운 일, 기사, 이적, 알 수 없는, 이해할 수 없는, 헤아릴 수 없는, 크신, 진흙, 재, 비, 구름, 번개, 천둥, 바람, 하늘, 죽음, 스올, 야생동물들.

본문 이해

엘리후의 말은 친구들의 규범적 지혜와 욥의 반성적 지혜가 서로 얽혀 있는 형태로 되어 있기 때문에, 규범적 지혜와 반성적 지혜의 차이를 명확히 알지 못하면 엘리후의 말이 무슨 말인지 혼란스럽게 된다. 특별히 36-37장은 바로 뒤에 이어지는 하나님의 언설과 형식과 내용에서 유사점을 보이기 때문에 엘리후의 말이 하나님의 말씀을 예비하는 말로 (잘못) 이해되기도 한다. 욥과 세 친구와 엘리후의 말의 옳고 그름, 혹은 그 말의 가치를 판단할 수 있는 가장 기본적인 기준은 이것이다: '만약 이들이 욥기 1-2장의 천상 회의를 알고 있었다면 지금과 동일한 얘기를 할까?' 엘리후의 말이 규범적 지혜와 반성적 지혜를 변증법적으로 통합시킨 위대한 제3의 지혜처럼 들릴지라도, 엘리후가 하늘에서 벌어진 하나님과 사탄의 내기 장면을 엿보았다면 지금처럼 욥의 죄나 무지를 탓하지는 않았을 것이다. 하늘에서 벌어진 일을 잘 알고 있는 것처럼 말하는 엘리후 역시 하늘에서 벌어진 일을 모른다. 엘리후의 발언의 가치는 욥기 1-2장을 배경으로 평가되어야 한다.

36장 26절-37장 13절 반성적 지혜: 창조세계에 나타난 하나님의 위대하심 1-25절에서 권선징악의 원리로 세상을 다스리시는 하나님에 대해 설명하던 엘리후는 시야를 하늘로 돌린다. 주제를 바꾸면서 그가 던지는 첫마디는 전형적인 반성적 지혜의 표현이다: '하나님은 엄청나게 크신 분이라서 우리 인간은 그분을 알 수 없습니다. 그분이 얼마나 오래되신 분인지 아무도 그분이 몇 살이신지 셀 수 없습니다'(36:26). 하나님의 크심과 인간의 작음을 대비하면서 인간 인식의 한계를 지적한다. 인간의 능력으로 하나님을 안다는 것은 불가능하다.

그런데 그 이후에 이어지는 엘리후의 발언은, 인간이 알 수 없다고 말한 하나님께서 다스리시는 영역이 어떠한 방식으로 움직이는가에 대한 설명이다. 인간은 알 수 없는데 엘리후 자신은 알고 있다: '하나님께서 비가 되어 땅에 떨어진 물을 회수하시면 그것은 다시 구름이 됩니다. 구름 속의 물이 흘러넘치면 그것은 다시 비가 되어 사람들 위에 쏟아집니다'(27-28절).

29절은 26절과 마찬가지로 하나님의 놀라우심과 인간의 이해 능력의 한계를 지적하는 문장이다: "겹겹이 쌓인 구름과 그의 장막의 우렛소리를 누가 능히 깨달으랴"(29절). 아무도 능히 깨달을 수 없는 것을 엘리후 본인은 아주 잘 깨닫고 있다: '하나님께서는 구름 위에 번개를 펼치셔서 저 바다의 가장 깊은 밑바닥까지 다 덮으신답니다. … 그분은 이렇게 모든 생명체를 굽어살피셔서 모두가 먹을 수 있도록 차고 넘치도록 주십니다. 번갯불과 천둥도 다 그분께서 조종하시는 것입니다'(30-32절).

지구 전체 차원의 물의 순환은 인간을 포함한 모든 생물들이 살 수 있는 기반이 된다. 여기서 중요한 것은 비가 내리고 안 내리는 것을 옳고 그름(선악)의 차원에서 접근할 수 없다는 것과, 그 비가 의인들에게만 내리고 악인들에게는 안 내리는 그런 선별적 현상이 아니라는 사실이다. 모든 사람, 모든 생명체를 언급하는 곳에는 선악 개념이 자리할 공간이 없다. 참고로, 예수님이 "하늘에 계신 너희 아버지의 온전하심과 같이 너희도 온전하라"(마 5:48)라는 말씀을 하시면서 해와 비를 언급하시는 이유는 그것이 선인과 악인, 의로운 자와 불의한 자를 차별하지 않기 때문이다(5:45).

36장에 이어서 37장에서도 엘리후는 번개와 천둥에 대한 주제를 이어 간다. 특히 천둥소리("우레")는 히브리어로 '하나님의 소리'라고 표현되기 때문에, 엘리후는 이러한 자연 현상 속에서 하나님의 음성을 들으라고 사람들에게 촉구한다(욥 37:2). 그 하나님의 음성은 듣는 이의 심장을 쿵쾅거리다 못해 떨어져 버리게 만들 정도로 대단한 것이다(1절): '온 천하에 그분은 자신의 소리(천둥)를 발하시며 온 땅의 끝까지 자신의 빛(번개)을 보내십니다. 천둥번개가 치면 그것은 곧 그분의 소리가 울려 퍼지는 것이므로 그분은 자신의 소리가 온 세상에 퍼지도록 천둥과 번개를 아끼지 않으시는 분이시죠'(3-4절).

엘리후는 5절에서 다시 36:26, 29과 동일한 의미의 말을 반복한다: '하나님은 인간의 이해를 초월한("놀라운") 소리를 발하시기 때문에 그분이 행하시는 일을 인간은 도무지 이해할 수 없습니다("헤아릴 수 없는 큰일").' 이번에도 마찬가지로 엘리후는 그 알 수 없고 이해할 수 없는 일을 설명하기 시작한다: '눈에게, 비에게, 그 엄청난 폭우에게 그분은 말씀하십니다. "땅에 내리라". 그러면 우리 인간들은 그분이 하시는 대로 손이 묶여 꼼짝없이 눈이나 비, 폭우를 맞을 수밖에 없지요. 이게 다 이 모든 일을 그분께서 하시는 것이라는 걸 알려 주시기 위함입니다'(6-7절).

엘리후는 계속해서 인간이 컨트롤할 수 없는 자연 현상마저 주관하시는 하나님에 대해 말한다: '(눈이나 비, 폭우가 내리면) 동물들은 각자의 은신처로 들어가서 몸을 피합니다'(8절). 참고로, 개역개정은 8절에 "그러나"라는 접속사를 사용해서, 인간은 알지만(7절) 동물은 모른다(8절)는 것을 대비하는 해석적 판단을 내렸다. 그러나 이 해석은 규범적 지혜의 관점으로 본문을 이해한 것이다. 비나 눈, 폭우 등의 자연 현상은 사람과 동물을 차별하지 않는다.

계속해서, '거센 바람이 자기 방에서 나와서 추위가 북쪽에서 몰려오는 것은(9절) 하나님께서 숨을 내쉬셔서 그런 것입니다. 그분께서 차가운 바람을 보내시면 엄청 커다란 강물도 얼어붙고 맙니다(10절). 이뿐 아니라 하나님은 구름에 물기를 머금게도 하시고 또 번개를 쳐서 구름을 흩으시기도 합니다(11절). 그러면 구름은 하나님이 지시하시는 대로 이리저리 돌아다니며 움직입니다(12절). 그분께서 이렇게 하시는 것은 누구에게 벌을 주시거나 아니면 땅의 농사를 위해서, 혹은 누구를 불쌍히 여기셔서 그렇게 하시는 것입니다(13절).' 마지막 13절이 흥미로운데, 엘리후는 구름이 이리저리 다니며 비를 뿌리는 이유가 "징계"나 "긍휼" 때문일 수도 있고, 혹은 단순히 땅을 위해서일 수 있다고 말한다. "징계"나 "긍휼"은 선악(옳고 그름)의 가치판단이 개입된 규범적 지혜의 표현이고, "땅을 위하여"는 선악 개념으로 이해될 수 없다. 중요한 것은 어떤 비가 "징계"에 해당하고 또 어떤 비가 "긍휼"에 해당하는지, 아니면 그냥 자연 전체의 생명을 위해 그러는 것인지를 누가 어떻게 판단하느냐 하는 것이다. 이 질문에 대해 엘리후는 대답하지 않는다.

37장 14-24절 규범적 지혜와 반성적 지혜의 종합: 놀라운 일을 깨달으라 엘리후의 마지막 발언에서 규범적 지혜와 반성적 지혜의 통합이 일어난다. 엘리후가 욥에게 마지막으로 요청하는 것은 "하나님의 오묘한 일을 깨달으라"는 것이다(14절). "오묘한 일"은 니플라오트(נִפְלָאוֹת)로서 인간이 알 수 없고 이해할 수 없는 것을 가리키는 반성적 지혜의 대표적인 단어이자 욥기의 핵심 단어이다. 즉, 엘리후의 요청은 '알 수 없는 것을 알아라'라는 불가능한 요청으로서, 반성적 지혜("오묘한 일")와 규범적 지혜("깨달으라")를 혼합시키는 것이다. 동일한 요청이 계속 이어진다: 하나님이 어떻게 번갯불을 움직이시는지 "그대가 아느냐"(15절); "완전한 지식의 경이로움", 즉 인간은 알 수 없는 것을 아는 지식(형용모순이다)을 당신은 "아느냐"(16절). 엘리후는 심지어 욥에게 저 하늘을 창조하는 일에 참여했냐고 묻기까지 한다(18절).

이 질문의 형식은 38장 이하의 하나님의 질문 형식과 동일하다. 하나님은 이런 질문을 하실 수 있다. 그런데, 엘리후는 스스로 인정했듯이 욥과 동일한 인간에 불과하다(33:6). 엘리후 자신은 인간의 한계를 초월한 존재가 아니다. 엘리후 스스로가 하나님의 창조 작업에 직접 참여했는가? 엘리후가 지금 하고 있는 것은 스스로 '하나님인 척하는 것'(playing God)이다. 이렇게 하늘의 일을 잘 아는 엘리후는 왜 욥기 1-2장의 천상 회의를 모르는가? 만약 그가 하나님과 사탄의 내기를 알았다면 지금과 똑같이 욥에게 말했을까? 그럴리 없다. 같은 말이라도 그 말을 하나님이 하셨는가 인간이 했는가에 따라 그 의미는 완전히 달라진다. 하나님의 말씀을 사람이 똑같이 한다고 해서 그 사람이 하나님이 되는 것은 아니다.

엘리후의 최종 발언은 "정의"와 "공의"(37:23), 그리고 하나님에 대한 "경외"와 인간의 겸손(24절)이다. 이 단어들은 규범적 지혜에 속해 있다. 36:26부터 화려하게 묘사된 자연 현상은 정의와 공의라는 개념과는 아무런 관련이 없는 것들이다. "그는 스스로 지혜롭다 하는 모든 자를 무시하시느니라"(37:24)라는 그의 마지막 말이 엘리후 자신에게 실현된다. 엘리후의 말에 아무도 반응하지 않는다. 스스로 지혜 있는 척하는 자의 말에 욥도, 세 친구도, 그리고 하나님도 아무 관심을 기울이지 않는다.

욥기 38장 1-18절

드디어 욥과 친구들의 오랜 논쟁을 해결해 주실 수 있는 분이 등장한다. 왜 욥이 고난을 당하고 있는지, 누구 말이 맞고 누구 말이 틀렸는지 확실하게 판단해 주실 수 있는 분은 오직 하나님뿐이시다. 그런데, 과연 하나님이 하시는 말씀은 '왜 욥이 고난을 받고 있는가'에 대한 충분하고 명시적인 대답이 되는가? 그렇지 않다면, 하나님의 말씀은 대체 무슨 뜻인가? 이 부분을 이해하는 것이 욥기 전체를 이해하는 핵심이다.

A. 1–3절 지혜로의 초청

B. 4–18절 하나님의 반성적 지혜: 하나님의 크심과 인간의 작음

- a. 4–11절 인간의 시간적 한계: 천지창조의 때
- b. 12–18절 인간의 공간적 한계: 깊은 바다와 죽음의 공간

더바이블 욥기 38장 1-18절

1 폭풍 속에서 하나님은 욥에게 대답하셨다.

2 알지도 못하면서 창조의 원리에 대해 떠드는 자가 대체 누구냐

3 사나이라면 옷을 추켜세우고 한판 붙을 준비를 해라

자 이제 내가 질문을 던질 테니 내게 답을 알려 줘라

4 내가 이 지구의 토대를 만들었을 때 대체 너는 어디 있었느냐

네가 지혜가 있다면 내게 답을 말해라

5 누가 이 지구의 크기를 정했는지

누가 그렇게 커다란 것을 측량할 수 있는지 너는 알고 있느냐

6 지구의 토대들은 어떤 것 위에 세워져 있는가

지구의 모퉁잇돌은 누가 세웠느냐

7 그때 샛별들이 다 함께 노래하고

개역개정과의 비교

3절 허리를 묶고: '허리춤을 묶는다'라는 숙어적 표현은 다리 아래 쪽으로 드리워진 옷을 허리띠에 감아 움직이기 편한 상태로 만드는 것을 나타낸다. 어떤 힘든 일(렘 1:17)이나 전쟁(사 5:27), 혹은 달리기(왕상 18:46)를 위한 준비 자세를 취하는 것을 뜻한다.

5절 도량법을 정하였는지: 어근 마다드(מדד)는 '크기'를 의미한다. '지구의 크기를 정하다'는 의미이다.

5절 그 줄을 그것의 위에 띄웠는지: 까브(קו)는 측량용 줄을 뜻한다. 지구를 하나의 건축물로 비유해서 그렇게 커다란 건물을 측량하며 건축할 수 있는 이는 하나님밖에 없음을 나타낸다.

6절 주추, 모퉁잇돌: 토대 위에 기둥이 세워져 있다는 표현은 이 세상을 하나의 건축물에 비유한 것이다. 참고로, 시 24:2은 이 세상을 바다 위에 세워진 건축물로 표현하고 있다.

하나님의 모든 자녀들이 기뻐 소리쳤다

8 바다가 자궁에서 뛰쳐나올 때

그 바다를 문으로 막은 것이 바로 나다

9 바로 내가 구름으로 바다의 옷을 삼았고

먹구름으로 바다를 감싼 것도 나다

10 내가 바다에게 넘지 말아야 할 경계선을 지어 줬고

바로 내가 문을 만들고 빗장을 걸었다

11 그러고선 나는 말했다

너는 여기까지만 올 수 있고 더 이상은 안 된다

너의 파도가 넘어올 수 있는 곳은 여기까지이다

12 너의 평생에 한 번이라도 아침이 오도록 명령한 적이 있느냐

새벽에게 동이 틀 때를 알려 준 적이 있느냐

13 네가 땅의 끝자락들을 붙잡고 흔들어서

8절 가둔 자가 누구냐: 마소라 본문은 3인칭 평서문으로 되어 있다('그가 막았다'). 불가타(라틴어) 성경은 이것을 의문문('누가 막았느냐?')으로 번역했고, 대부분의 현대어 번역은 이 불가타의 해석을 차용하고 있다. 반면, 칠십인역(LXX)은 다음 절(9절) 이하와 연속하여 1인칭 평서문으로 번역했다('내가 막았다').

13절 악한 자들을: 레샤임(רְשָׁעִים)을 '악인들'로 해석할 수도 있고, 문맥에 따라 '어둠'으로 이해할 수도 있다. 이 문맥의 상황은, 땅이 커다란 천으로 덮혀서 어두워진 상태를 어둠으로 이해하고, 그 천의 끝자락을 잡고 들추면 빛이 비쳐 아침이 온다는 고대인들의 이해를 바탕으로 하고 있다. 아침과 새벽이 오게 하기 위해(12절) '나쁜 것들', 즉 어둠을 쫓아내는 것을 의미한다. 규범적 지혜의 '선인과 악인의 이분법'은 땅의 창조(바다와 육지의 경계)와 빛의 창조(낮과 밤의 경계)를 설명하는 문맥에 어울리지 않는다.

어둠을 몰아낸 적이 있느냐
14 빛이 비치면 땅은 반죽한 진흙 덩이처럼 변하고
만물은 옷을 입은 듯 선명해진다
15 빛이 비치면 어둠이 물러간다
밤새 한껏 들어 올렸던 어둠의 팔은 부서지고 만다
16 너는 바닷물이 흘러나오는 원천으로 가 본 적이 있는가
깊은 심연 속을 걸어다녀 본 적이 있는가
17 죽음으로 가는 문들이 너에게 모습을 드러낸 적이 있었는가
그 어둠의 나라를 너는 본 적이 있는가
18 네가 이 땅이 얼마나 큰지 안다면
네가 아는 모든 것을 말해 보아라

욥기 38장 1-18절 해설

배경 이해

하나님의 언설(38-41장)은 "욥에게 말씀하여 이르시되"라는 표제어가 붙어 있기 때문에 오직 욥을 향해 하나님이 말씀하시는 것처럼

14절 땅이 변하여 진흙에 인친 것같이 되었고: 이 구절은 새벽에 빛이 비치면 각각의 사물들이 반죽으로 빚은 것처럼 하나씩 나타나면서 옷을 입은 듯 점점 선명해진다는 의미로 이해된다.

15절 악인에게는 그 빛이 차단되고: 13절에서처럼 레샤임(רְשָׁעִים)을 '어둠'으로 해석한다면, 빛이 비치면 어둠이 물러간다는 의미로 해석할 수 있다.

이해되기 쉽다. 그러나 욥과 세 친구의 대화를 보면, 욥의 말이 바로 앞에 말한 한 사람만을 대화 상대자로 설정하지 않고 '너희'라는 2인칭 복수로 표현하는 경우가 많았다. 친구들이 욥에게 하는 발언에서도 '너희'라는 2인칭 복수를 사용하기도 한다(18:2-3). 엘리후도 욥을 향해 2인칭 단수로 말을 하다가 갑자기 2인칭 복수가 등장하기도 한다(34:10). 서구의 개인주의적 시각에서는 나와 우리, 너와 너희, 그와 그들은 엄밀하게 구별되는 표현이지만, 집단주의가 강한 문화권의 언어는 단수와 복수의 구별이 선명하지 않다.

본문 이해

1-3절 지혜로의 초청 마침내 하나님께서 등판하신다. '강하고 거센 바람'("폭풍우")을 배경으로 한다. 쎄아라(סְעָרָה)는 폭풍(storm)이나 회오리바람(whirlwind)같이 강하고 거센 바람을 가리킨다. 일상적인 바람과는 다르고, 또 언제 어떤 방식으로 부는지 예측이 불가능하기 때문에 하나님의 현현(theophany)을 나타내는 데 주로 사용된다(왕하 2:1; 사 29:6, 40:24, 41:16; 시 107:29; 겔 1:4; 슥 9:14). 니플라오트(נִפְלָאוֹת)의 두 가지 의미(일상적이지 않고 특이한, 인간의 예측을 뛰어넘는)가 강하고 거센 바람으로 표현된 것이다(참고로, 이러한 바람을 잠잠케 하는 능력[시 107:29]은 인간에게는 불가능한 신적 능력을 나타낸다: 마 8:23-27; 막 4:35-41). 등장 배경 자체가 인간을 압도하는 하나님의 위대하심을 상징한다.

하나님의 말씀의 첫마디는 흥미롭게도 대답이 아니라 질문의 형식을 취한다. 대답을 기대했던 이들을 당황시키기에 충분하다: "무지한 말로 생각을 어둡게 하는 자가 누구냐"(욥 38:2). "누구냐"는 질문에 그 답이 욥이라고 미리 단정 지을 필요는 없다. 표제어와 실제 수신자의 불일치는 욥기 전체에서 적지 않게 발견되는 현상이기도 하고(배경 이해 참조), 욥의 마지막 말과 하나님의 등장 사이에 엘리후의 장광설이 가로막고 있기 때문이기도 하다. "생각"으로 번역된 에이짜(עֵצָה)는 지혜 장르에서 하나님의 창조원리를 가리키는 말이므로 새번역의 "내 지혜"나 공동번역의 "나의 뜻"이라는 의역은 상당히 적절한 번역이다. 2절의 질문은 '지식 없는 말들'로 하나님이 운행하시는 원리 혹은 이 세상을 창조하신 원리에 대해 잘못 이야기하는 자에 대한 것이다. 하나님이 어떠한 분이시고 하나님이 창조하신 이 세계가 어떠한 원리로 움직이는지 잘 알지도 못하면서 떠들어 댄 사람이 과연 욥인가? 아니면 세 친구 혹은 엘리후인가? 비와 바람과 천둥과 번개에 대해 (나이도 어린) 엘리후가 한참을 떠든 뒤에 이어진 질문이라는 점이 간과되어서는 안 된다.

정작 중요한 것은 질문을 '누구에게' 했느냐가 아니라 질문의 내용이다. 하나님은 당당하게 한판 붙어 보자고 지혜의 대결로 초청하신다(3절). 하나님의 뜻이 무엇인지 아는 것이 지혜인데, 지혜에 있어 하나님과 견줄 자는 아무도 없음을 누구나 잘 알고 있다.

4-18절 하나님의 반성적 지혜: 하나님의 크심과 인간의 작음

1) 4-11절 인간의 시간적 한계—천지창조의 때: 하나님의 본격적인

질문은 우리를 이 세상이 창조되던 태고(עוֹלָם올람)의 공간으로 초청한다: '내가 이 세상의 토대를 만들었을 때 대체 너는 어디 있었느냐? 누가 이 지구의 크기를 정했는지, 누가 그렇게 커다란 것을 측량해서 건축했는지 너는 알고 있느냐? 지구의 토대들은 어떤 것 위에 세워져 있고 그 모퉁잇돌은 누가 세웠느냐?'(4-6절)

질문의 형식은 두 가지이다: '너는 아느냐'와 '누가 했느냐'. 하나님의 질문이 무슨 의미인지 이해하기 위해 던져야 할 두 가지 질문이 있다. 첫째, 이 질문이 대답하기 어려운 질문인가? 그리고 둘째, 이 질문이 욥에게만 해당하는 질문인가? 하나님의 질문을 통해 욥이 그동안 몰랐던 새로운 사실을 깨달았다는 해석이 설득력이 없는 이유는 천지를 창조하신 분이 하나님이라는 사실은 주일학교 어린아이들도 알고 있는 것인데 그것을 욥이 몰랐다고 볼 수 없기 때문이다. 지금까지 욥은 모든 것을 다스리시고 주관하시는 하나님의 절대주권을 강조해 왔다. '누가 했느냐'라는 질문에 하나님 스스로 답하신다: "그때에 내가"(9절). 따라서, '누가 했느냐'라는 질문은 대답을 얻기 위한 질문이나 욥에게 그 정답을 가르쳐 주기 위한 질문이 아니다. 또한, 천지를 창조할 당시 존재하지 않았던 것은 욥만 아니다. 세 친구와 엘리후, 그리고 욥기를 읽는 독자 모두 존재하지 않았다. 따라서 하나님의 질문이 욥에게만 해당된다고 볼 수는 없다.

정작 중요한 것은 이것이 인간이 존재하지 않았던 시간에 대한 언급이라는 점이다. 천지창조의 시간은 욥 한 사람이 아니라 인간 전체의 존재적 한계를 드러낼 목적으로 차용되었다. 이어지는 내용도 창세기 1장과 연결된다: '바다가 생겨날 때 그 바다가 함부로 육지를 넘어오지 못하도록 만든 것이 바로 나다(욥 38:8). 내가 바다에게 넘지 말아야 할 경계선을 정해 줬고 문을 만들고 빗장을 걸어 바다와 육지의 경계를 확실하게 하였다(10절). 바다가 있어야 할 공간을 구름으로 둘러싸 정해 준 것이 바로 나다(9절).' 육지와 바다의 경계선을 나누신 창조의 셋째 날에 대한 설명이다.

하나님께서 육지와 바다의 경계선을 나누시던 때(8-11절)는 아직 인류가 창조되기 이전의 시간이다. 그 모든 것은 하나님께서 창조하시고 결정하시고 운행하시는 것이다. 인간이 할 수 있는 것이 아니다. 다시 한번 강조하지만, 이 질문은 욥에게만 해당하는 것이 아니다. 욥은 천지창조의 때를 자신이 알고 있는 것처럼 말한 적이 없다. 오히려 태곳적을 언급한 사람은 소발이다: "네가 알지 못하느냐 예로부터 사람이 이 세상에 생긴 때로부터"(20:4). 자신의 한계를 한참 넘어 "무지한 말"을 지껄인 것은 욥이 아니라 소발이다.

2) 12-18절 인간의 공간적 한계—깊은 바다와 죽음의 공간: 하나님의 질문이 계속된다. 2인칭 단수 대명사에는 욥을 비롯한 인류 모두가 대입될 수 있다: '너의 일평생에 한 번이라도 아침이 오도록 명령한 적이 있느냐? 새벽에게 동이 언제 터야 하는지 알려 준 적이 있느냐? 네가 땅을 덮은 천의 끝자락을 붙잡고 흔들어서 어둠("악한 자들")을 몰아낸 적이 있느냐? 빛이 비치면 땅은 반죽한 진흙덩이처럼 점점 형태가 드러나고 만물은 옷을 입은 듯 선명해진다. 아침이 밝으면 어둠("악인")이 물러간다. 밤새 기세등등하던 어둠의

팔은 꺾이고 만다'(38:12-15).

12-15절은 빛과 어둠이 나뉘던 천지창조의 시간으로, 그리고 구름 너머 우주의 공간으로 시야를 확장한다. 저녁이 되고 아침이 되게 하신 분은 하나님이시다. 하늘 너머의 공간마저 모두 하나님이 창조하시고 하나님이 다스리신다는 절대주권에 대한 진술이면서, 동시에 인간이 가닿을 수 없고 통제할 수 없는 인간의 공간적 한계를 드러내는 것을 목표로 하는 질문이다. 절대주권과 인간의 한계는 반성적 지혜의 핵심적 주제이다.

그다음 이어지는 질문들 역시 인간의 한계를 지적하는 것이다: '너는 바닷물이 흘러나오는 샘으로 가 본 적이 있는가? 깊은 심연 속을 걸어 다녀 본 적이 있는가(16절)? 죽음으로 가는 문들이 너에게 모습을 드러낸 적이 있던가? 그 어둠의 나라(죽음의 세계)를 너는 본 적이 있는가(17절)? 네가 이 세상이 얼마나 큰지 알고 있는 만큼 한번 말해 보렴(18절).' 깊은 바다 밑바닥이나 죽음 이후의 세계 역시 인간이 갈 수 없는 공간이다. 인간의 시간적 한계와 공간적 한계는 곧 인간의 존재적 한계와 인식적 한계를 의미한다. 하나님의 창조세계 안에는 인간이 경험하지 못한 시간과 경험할 수 없는 공간이 (아주 많이) 있다는 것은 하나님의 크심과 인간의 하찮음을 대비하는 것이며, 그 모든 세계가 어떠한 방식으로 움직이는지 인간이 다 알 수 없다는 것을 강조하는 것이다.

하나님이 "욥에게" 말씀하셨다는 사실(1절)과 질문의 '고압적인 태도'로 인해 하나님의 언설은 하나님이 욥을 윽박지르고 무지한 욥을 꾸짖는 것처럼 해석되기 쉽다. 하지만 천지창조의 순간에 "네가 어디 있었느냐"(4절)라는 질문은 왜 욥에게 고난을 허락하셨는지 욥뿐만 아니라 세 친구를 납득시키는 설명이 되지 못한다. 욥 한 사람을 겸손하게 만들고 그가 몰랐던 무언가를 깨닫도록 하기 위해 욥기가 쓰인 것이 아니다. '무죄한 자의 고난'이라는 소재를 통해 우리가 알고 경험하는 세계가 하나님의 창조세계의 극히 일부라는 사실을 깨닫고 하나님이 어떠한 방식으로 움직이시는지 인간이 "무지한 말로" "어둡게" 하지 않도록 하기 위함이다. 말의 어투와 태도가 아니라 말의 내용에 집중해야 하나님의 말씀이 무슨 뜻인지 알게 된다.

욥기 38장 19-38절

하나님의 질문이 계속된다. 질문의 형식도 여전하다. "네가 했느냐?", "네가 할 수 있겠느냐?", "네가 아느냐?", "누가 했느냐?"와 같은 질문들이 연속된다. 하나님의 질문들이 무슨 의미를 가지고 있는지를 이해하기 위해 우리는 다시 질문을 던져야 한다: 이 질문들이 어려운 질문인가? 욥이 대답할 수 없는 질문들인가? 하나님은 지금 욥에게 무엇인가를 설명하고 가르치고 계신가? 아니다. 너무 쉬워서 대답할 필요조차 없는 질문들이다. 욥은 이미 그 대답을 잘 알고 있다. 그렇다면 하나님은 대체 왜 이런 질문들을 던지시는가?

A. 19-21절	인간의 공간적 한계 (1): 지평선 아래의 세계
B. 22-25절	인간의 공간적 한계 (2): 구름 위의 세계
C. 26-30절	인간의 공간적 한계 (3): 사람 없는 땅
D. 31-38절	창조원리(규범)를 만드신 주체

더바이블 욥기 38장 19-38절

19 태양이 지평선 너머로 사라지고 나면 어디에서 잠을 잘까
낮 시간 동안 어둠은 어디에 가서 쉴까
20 너는 빛과 어둠을 그들이 사는 둥지로 데려다줄 수 있는가
그들의 집으로 가는 길을 알고 있느냐
21 천지창조 때에 네가 태어났다면
네가 그렇게 오래 살았다면 알 수 있을 것이다
22 너는 눈을 쌓아 놓은 창고에 가 본 적이 있느냐
우박을 쌓아 놓은 창고를 본 적이 있느냐
23 눈과 우박은 내가 긴급상황을 위해
전투와 전쟁을 벌이는 날을 대비해서 쌓아 둔 것이다
24 빛이 어디에서 갈라지는가
동풍이 어디에서 땅으로 부는가
25 비가 내리는 길들을 나눠 놓은 이가 누구냐
천둥번개가 어디서 치는지 결정한 이가 누구냐
26 사람이 아무도 없는 곳에

개역개정과의 비교

20절 너는 그의 지경으로 그를 데려갈 수 있느냐: 20절의 대명사는 3인칭 남성 단수이다. 19절의 빛이나 어둠 중 하나, 혹은 둘 다를 지칭하는 것으로 해석할 수 있다.

25절 물길을: 테알라(תְּעָלָה)는 '올라가는 곳'이라는 뜻으로, 수로/물길의 의미로 성경에 쓰인다(왕상 18:32; 왕하 18:17, 20:20; 사 7:3, 36:2; 겔 31:4).

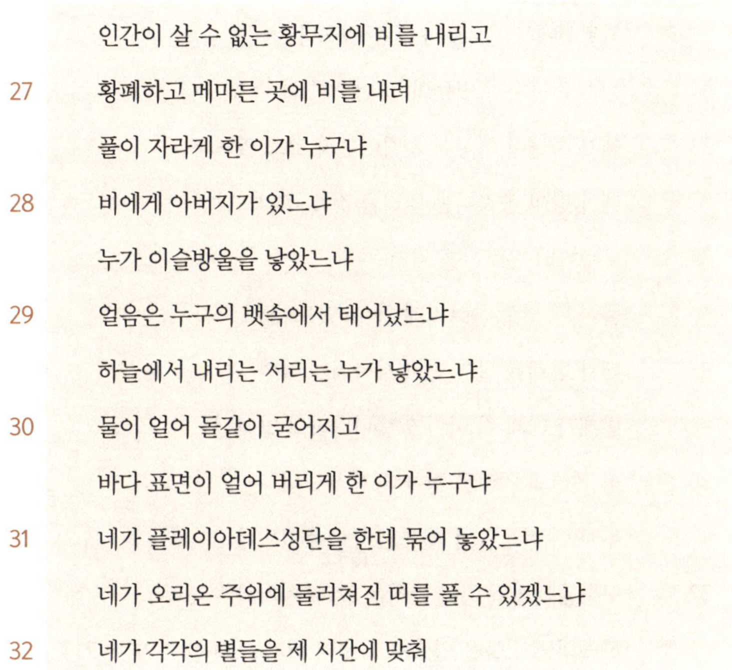

인간이 살 수 없는 황무지에 비를 내리고

27 황폐하고 메마른 곳에 비를 내려

풀이 자라게 한 이가 누구냐

28 비에게 아버지가 있느냐

누가 이슬방울을 낳았느냐

29 얼음은 누구의 뱃속에서 태어났느냐

하늘에서 내리는 서리는 누가 낳았느냐

30 물이 얼어 돌같이 굳어지고

바다 표면이 얼어 버리게 한 이가 누구냐

31 네가 플레이아데스성단을 한데 묶어 놓았느냐

네가 오리온 주위에 둘러쳐진 띠를 풀 수 있겠느냐

32 네가 각각의 별들을 제 시간에 맞춰

31절 묘성: 동양천문학의 이십팔수 중 하나인 묘성(묘수), 혹은 플레이아데스성단은 황소자리에 있는 산개성단이다. 고대 문명들에서 잘 알려진 별이다. 괴베클리 테페 유적의 돌기둥에서 플레이아데스성단을 묘사한 것으로 보이는 흔적이 발견되었고, 호메로스의 『일리아스』와 『오디세이아』에서도 언급된다. 우리나라에서는 좀생이별로 불리며 매년 음력 2월에 '좀생이보기'를 하며 한해 농사를 점치는 풍습이 있었다고 한다.

31절 삼성의 띠: 삼성은 오리온좌를 가리킨다. '띠'는 세 개의 별 주위에 둘러쳐진 별들을 의미하거나, 이 세 별이 항상 함께 움직이는 것을 '띠로 묶었다'는 표현으로 나타낸 듯하다.

32절 별자리들을 각각 제때에 이끌어 낼 수 있으며: '나오다'라는 뜻의 동사가 사용되었고, 이 문장은 지평선에서 별이 차례차례 떠오르는 것을 의미한다. 개역개정이 "별자리들"로 번역한 맛자로트(מַזָּרוֹת)가 무엇을 가리키는지에 대해서는 학자들 사이에 통일된 견해가 없다. 금성(샛별)이나 히아데스성단, 대각성(아르크투루스) 등 어느 특정한 별을 지칭한다는 여러 주장이 있고, 또한

지평선에서 떠오르게 할 수 있느냐
네가 큰곰자리 별들의 길 안내를 할 수 있느냐
33 네가 하늘이 어떻게 움직이는지 알고 있느냐
네가 땅이 움직이는 원리를 정해 주었느냐
34 구름한테 큰소리를 쳐서
물이 네 위로 쏟아지게 할 수 있느냐
35 네가 번개를 집어 던져 사라지게 하면
번개가 네게 저 여기 있습니다라고 말하겠느냐
36 이 세상의 원리를 정한 자가 누구냐
누가 이 현상들에 법칙을 정해 주었느냐
37 구름들에게 운행의 법칙을 알려 준 자가 누구냐
하늘의 물병들을 옆으로 기울여 비가 오게 한 자가 누구냐

별들 전체를 가리킨다는 주장도 있다.

36절 가슴속의 지혜, 수탉에게 슬기를: 개역개정의 "가슴속의 지혜"와 "수탉에게 슬기를"은 평행법적으로 어울리지 않는다. 공동번역의 "따오기에게 지혜를"과 "닭에게 슬기를"은 평행법에 잘 맞는다. 고대 이집트에서 따오기는 나일강의 범람을 예고하는 동물로 인식되었고 닭은 아침이 밝는 시간을 알려 주는 동물이다. 다른 해석으로는, 뚜호트(טחות)가 '심장, 내부'를 의미하고 세크비(שֶׂכְוִי)는 그와 동의적으로 평행한 '마음'을 의미할 수도 있고, 반어적으로 '외부, 현상'을 의미할 수도 있다. 혹은 시리우스 같은 별을 지칭하는 것으로 보는 학자들도 있다.

37절 수를 세겠느냐: 싸파르(ספר)의 피엘형은 '숫자를 세다'라는 의미뿐 아니라 '기록하다, 알리다'라는 의미도 있다. 본문은 '별이 몇 개인지 셀 수 있는 능력'을 나타내거나 '별들에게 운행의 법칙을 알려 주는 능력'을 의미할 수 있다.

37절 하늘의 물주머니: 상반절의 평행어인 "구름"을 지칭하는 은유적 표현이다. 구름에서 비가 내리는 것을 물병을 기울여 물을 따르는 것에 비유하고 있다.

38 흙을 굳어지게 하고
진흙에게 서로 엉겨 붙는 성질을 준 자가 누구냐

욥기 38장 19-38절 해설

배경 이해

하나님의 언설은 질문의 형식을 취한다. 그러나 하나님의 질문은 사실 질문이 아니다. 하나님이 궁금하셔서 물어보시는 것이 아니다. 동시에, 하나님이 그 대답을 우리에게 알려 주시려고 질문하시는 것도 아니다. 하나님은 지금 천문학 강의를 하고 계시는 것이 아니다. 인간이 모르는 것을 친절하게 알려 주시려는 목적이 아니다. 이 모든 것을 (인간이 아닌) 하나님께서 하셨다는 것을 분명히 하고자 함이다. 인간이 할 수 없고 알 수 없는 것(한계)에 대한 진술이다.

본문 이해

19-21절 인간의 공간적 한계 (1): 지평선 아래의 세계 인간은 바다의 깊은 속에도 죽음 너머의 세계에도 가 본 적이 없다. 적어도 살아 있는 인간은 그렇다. 하나님은 인간의 눈에 보이는 영역 뒤의 세계에 대해 묻는다: '태양이 지평선 너머로 사라지고 나면 어디에서 잠을 잘까? 낮 시간 동안 어둠은 어디에 가서 쉴까(19절)? 너는 빛과 어둠이 어디에 둥지를 틀고 사는지 알고 있는가? 그들을 자기

쉴 자리로 옮겨다 놓을 수 있겠느냐(20절)?' 이런 질문들은 고대인들의 우주관에 기초한 것이다. 이 땅에 발 딛고 사는 인간들은 지평선 아래의 세계에 갈 수도 없고 볼 수도 없다. 하나님이 천지를 창조하시는 장면을 직접 목격한 인간이 있다면 지평선 아래의 세계에 대해서 알 수도 있을 것이다. 만약 누군가 그렇게 오래전에 태어난 사람이 있다면 말이다(21절).

22-25절 인간의 공간적 한계 (2): 구름 위의 세계 지평선 아래의 세계에서 다시 시선이 구름 위의 세계를 향한다. 구름이 움직이는 공간 정도까지는 사람이 어느 정도 파악할 수 있다. 엘리후가 구름과 비의 순환에 대해 알고 있는 것처럼 말이다. 눈과 우박, 비와 바람, 천둥과 번개는, 그것이 예측할 수 없는 '놀라운' 일임에도, 인간의 생활반경 내에서 경험되는 것이기도 하다. 그래서 엘리후 같은 어쭙잖은 신학자도 그에 대해 장광설을 늘어놓을 수 있다. 하나님은 인간이 경험할 수 있는 구름 아래의 세계가 아니라 그 너머의 세계를 말씀하시기 시작한다. 겨울에 눈이 내리는 것은 사람이 어렵지 않게 경험하는 것이다. 그런데, 그 눈이 하늘 어디에 '보관'되어 있다가 내리는 것일까(22절 상반절)? 예측할 수 없을 때에 내리는 우박은 고대인들에게는 상당히 위협적인 것으로 여겨졌다. 이집트에 내리신 열 가지 재앙 중 하나였고(출 9장), 길갈에서 아모리 족속들을 궤멸시킨 것도 우박이었다(수 10:11). 그래서 눈과 우박은 하나님이 전쟁을 벌이실 때 사용하는 무기로 여겨졌다(욥 38:23 하반절). 이

런 말씀들을 바탕으로 사람들은 우박이 내리면 그것을 하나님의 진노로 인한 재앙으로 '해석'할 수 있다. 그러나 하나님은 눈이나 우박을 '재앙'(징벌)이라는 규범적 지혜의 관점으로 설명하시지 않는다. 선악의 가치판단을 개입시키지 않으신다. 질문은 이것이다: '그 눈과 우박은 어디에 쌓아 놓았다가 방출되는 것인지 아는가? 그 창고에 가 본 인간이 있을까?'(22절 하반절).

해가 떠서 날이 밝아지고 바람이 여기저기서 불어오는 것은 인간의 생활 영역 안에서도 경험되는 것이다. 그런데 하나님의 질문은 이 영역을 벗어난다. 태양이 움직이는 경로가 어떻게 할당되었는지(חלק할라끄) 아는가(24절 상반절)? 동쪽에서 불어오는 바람이 이 땅의 어디까지 가는지 아느냐(24절 하반절)? 비와 홍수, 우레와 번개도 관찰 가능한 현상이지만, 그 관찰 너머의 세계에서 언제 홍수가 발생하는지, 구름 너머 창고에 고히 모셔져 있던 우레와 번개가 언제 길이 열려 인간 세계로 오는지, 그걸 누가 결정하는가(25절)?

욥은 애초부터 인간이 알 수 없는 세계에 대해서 아는 체를 하려 하지 않았다. 비와 바람과 우레와 번개에 대해서는 엘리후가 한참을 설명하고 나서 욥에게 이런 놀라운 것을 '너는 아는가'라고 물었었다. 하나님의 질문에 대답해야 할 사람은 기상 현상과 일기 예보의 전문가를 자처하는 엘리후가 되어야 한다.

26-30절 인간의 공간적 한계 (3): 사람 없는 땅 하나님의 말씀의 핵심이 무엇인지 알려 주는 표현은 바로 이것이다: "사람 없는 땅"

과 "사람 없는 광야"(26절). 지금까지의 하나님의 말씀과 앞으로의 말씀이 결국 말하고자 하는 바는 사람이 존재하지 않는 영역이 있다는 것이다. 그 영역들이 바로 지금까지 얘기한 천지창조의 순간, 죽음 이후의 세계, 바다 밑의 세계, 지평선 아래의 세계, 그리고 구름 너머의 세계였다. 이런 우주적인 공간뿐 아니라 이 지상에서도 인간이 모든 영역을 다 알고 있는 것은 아니다. 인간의 생활 영역, 생존 가능한 영역은 극히 일부에 불과하다. 인간이 살 수 없는 황무지에도 비는 내리고 풀은 자란다(27절). 농사를 짓지 않는 곳에도 비가 내리고 풀잎에 이슬이 맺힌다. 그렇게 하시는 이가 바로 하나님이시다. 그분이 비를 낳은 아버지이시고 이슬의 어머니이시다(28절).

하나님의 진술은 엘리후의 진술과 충돌한다. 엘리후는 이런 기상 현상이 사람들에게 음식을 주기 위함이라고 말했다(36:31). 그리고 모든 사람이 창조주를 깨닫게 하기 위함이라고 말했다(37:7). 인간을 "징계"하시기 위해서나 혹은 인간이 불쌍해서("긍휼") 벌어지는 일이라고 욥에게 가르쳤다(37:13). 이러한 시각과 '신학'이 얼마나 인간 중심적인 신학인지를 하나님은 폭로하신다. 기상 현상과 천재지변이 욥으로 하여금 죄인임을 알게 하기 위함이라는 세 친구와 엘리후의 신학의 실체는 '인본주의 신학'에 불과하다는 것이다. 비가 오고 바람이 불고 천둥과 번개가 치는 것은 사람이 존재하지 않는 곳에서도 늘상 일어나는 일이다. 인간으로 하여금 주 하나님 지으신 모든 세계를 찬양하도록 하기 위해 풀이 자라고 꽃이 피는 것이 아니다. 창조세계의 아름다움에 매료되어 그 너머에 계신 창조주를 인식하고 그분을 찬양하는 것은 아름다운 신앙의 표현이다. 창조세계의 무섭도록 커다람에 압도되어 그것을 창조하신 분 앞에 겸손히 머리 숙이는 것도 현상 너머의 창조주를 인식하는 '지혜'이다. 그러나 하나님이 이 세계를 창조하신 것이 사람을 '위해서' 창조하신 것만은 아니다. 사람이 가 본 적도 없는 곳에도 풀은 자라고 꽃은 핀다. 하나님의 반성적 지혜는 규범적 지혜의 인간 중심주의를 벗어나도록 요청한다. 물이 얼음이 되고 하늘에서 서리가 내리는 것, 심지어 바다의 표면까지 얼어붙는 것은(38:29-30) 인간의 삶에 지대한 영향을 미친다. 그러나 그것이 반드시 인간을 위해서나 인간에게 무언가를 깨닫도록 하기 위해 발생하는 것은 아니다.

31-38절 창조원리(규범)를 만드신 주체 31-38절은 현상들에 규칙성을 부여하신 주체가 바로 하나님이시라는 지극히 당연하고 누구나 다 아는 이야기에 대한 것이다. 하나님께서 정하신 규칙과 원리, 즉 패턴이 존재한다는 것은 규범적 지혜의 핵심이다. 그렇다면 앞으로 이어지는 하나님의 말씀은 규범적 지혜에 관한 것일까? 한번 살펴보자. 31-32절은 별자리에 대한 것이다. 플레이아데스성단에 속한 여러 별들이 항상 함께 움직이고, 오리온좌의 세 별과 그걸 둘러싼 "띠"(Orion's Belt)가 흩어지지 않고 함께 움직이도록 결정하신 분은 하나님이시다(31절). 밤의 지평선에 별자리들이 하나씩 일정하게 올라오도록 패턴을 정하신 분도 그분이시다(32절). 별들의 궤도가 일정한 패턴을 유지하도록 하신 분도 물론 하나님이시다(33

절).

인간은 구름에서 비가 쏟아지게 할 수 없다(34절). 번개를 향해 오라 가라 명령할 수도 없다(35절). 구름이 움직이는 법칙을 정하신 분은 하나님이시고 구름에 물이 차면 그 '물병'을 기울여 비가 쏟아지도록 법칙을 정하신 분도 하나님이시다(37절). 진흙에게 서로 엉겨 붙을 수 있는 성질을 부여하신 분도 하나님이시고 붙은 채로 놔두면 굳어지게 되는 성질을 부여하신 분도 하나님이시다(38절). 이런 모든 원리와 패턴을 정하신 규범의 창조자는 하나님이시다. 욥도 세 친구도 엘리후도 이걸 모르거나 부인하지 않는다. 규범적 지혜나 반성적 지혜 모두 하나님의 주권을 부인하지 않는다.

그런데 규범을 설명하시는 하나님의 언설이 '규범적 지혜'와 근본적으로 다른 지점이 있다. 그것은 이 '규범'을 선과 악, 옳고 그름의 문제로 설명하지 않는다는 것이다. 하나님은 규범에 대해서 말씀하시지만, 그 규범에 선악의 가치를 부여하지 않으신다. 또한, 창조질서와 규범이 인간을 위한 것이라는 설명이 없다. 서로 엉겨 붙고 굳는 진흙의 성질 때문에 집을 지을 때 이용하기 좋지만, 사람으로 하여금 집을 짓게 하기 위해 진흙에 그런 성질을 부여하신 것이 아니다. 구름에 물이 차면 비가 오는 규범을 만드셨지만, 인간이 농사를 짓고 살 수 있게 하기 위해 그 규범을 창조하신 것이 아니다. 진흙의 독특한 성질이나 비와 구름의 상관관계에는 선악, 좋고 나쁨, 옳고 그름의 가치가 적용될 수 없다. 하나님은 '규범'에 대해서 말씀하시지만 '규범적 지혜'에 대해서 말씀하시지는 않는다.

욥기 38장 39절-39장 30절

욥의 고난이 욥의 죄나 무지 때문인가 하는 문제를 둘러싼 논쟁이 천문학 강의에서 이제 생태학 강의로 옮겨 간 것처럼 보인다. 대체 산 염소의 임신과 출산이 고난의 문제와 무슨 상관이란 말인가? 아무런 상관이 없다면 하나님은 왜 이런 말씀을 하시는가? 성경의 하나님이 우리가 기대했던 대답을 하지 않으신다면, 그것은 하나님이 잘못된 걸까? 아니면 우리의 기대가 잘못된 걸까?

A. 38:39-41	사자와 까마귀
B. 39:1-4	산 염소와 암사슴
C. 39:5-12	들나귀와 들소
D. 39:13-25	타조와 말
E. 39:26-30	매와 독수리

더바이블 욥기 38장 39절-39장 30절

39 네가 암사자에게 줄 먹이를 사냥한 적이 있느냐
젊은 사자에게 먹잇감을 준 적이 있느냐
40 사자들이 굴이나 풀숲에 숨어
사냥하려고 엎드려 있을 때
그들에게 먹이를 준 적이 있느냐
41 까마귀 새끼들이 먹을 것이 없다고
하나님께 부르짖으며 여기저기 돌아다닐 때
그에게 먹거리를 제공하는 이가 누구냐

1 너는 벼랑에 사는 산 염소가 언제 새끼를 낳는지 아느냐
암사슴들이 새끼 낳는 걸 지켜본 적이 있느냐
2 새끼 낳는 데 몇 달이 걸리는지 네가 세어 봤느냐
언제 출산을 하는지 아느냐
3 그들은 엎드려 앉아 새끼들을 낳아
출산의 고통에서 벗어난다
4 새끼들은 점점 튼튼해져서 들판에서 커 간다
그러다가 결국 어미를 떠나서 다시 돌아오지 않는다

개역개정과의 비교

39절 젊은 사자의 식욕을 채우겠느냐: 직역하면, '너는 젊은 사자의 생명을 충만하게 했는가'이다. 이 구절의 암사자와 젊은 사자는 인간이 길들일 수 없는 야생동물을 대표한다.

5 누가 들나귀를 자유롭게 풀어놓았느냐
누가 야생 나귀의 고삐를 풀어 주었느냐
6 바로 내가 사막을 그의 집으로 주었고
소금 땅을 그의 거처로 삼아 주었다
7 들나귀는 도시의 시끄러운 소음에 코웃음 치며
가축을 모는 자가 내지르는 소리에 복종하지 않는다
8 대신 들나귀는 목초지를 찾아 산을 두루 돌아다니며
각종 풀을 뒤좇아 다닌다
9 들소가 과연 너의 시중을 들며
네 외양간에서 잠을 자겠느냐
10 들소에게 줄을 매어 밭일을 시킬 수 있겠느냐
들소가 네 뒤를 따라 계곡을 밭으로 일구겠느냐
11 들소의 힘이 세다고 네가 그 힘을 이용할 수 있겠느냐
너의 할 일을 그것에게 맡길 수 있겠느냐
12 들소가 네가 뿌린 씨앗을 거둬 오고
너의 타작마당에서 곡식을 모으도록 믿고 맡길 수 있겠느냐
13 타조는 날개를 펄덕거리기는 하지만

5절 (들나귀를) 놓아 자유롭게 하였느냐: 어근 샬라흐(שׁלח)의 피엘형은 '(돌아오지 않고) 떠나보내다'라는 의미로 사용된다. "자유롭게"는 주로 종이 주인에게서 벗어나는 경우에 쓰이는 홉쉬(חָפְשִׁי)를 번역한 것이다.

13절 타조는 즐거이 날개를 치나: 이 구절에 대한 해석은 분분하다. '뽐내며/거만하게 날갯짓하다'로 해석될 수도 있다. 참고로, 칠십인역(LXX)은 타조에 대한 부분이 없다. 대신 '공작새는 아름다운 날개를 가졌다'로 되어 있다.

13절 학의 깃털과 날개 같겠느냐: 직역하면 '그것이 황새의 깃털과 날개 같지는 않다'

그의 깃털과 날개로는 황새처럼 날지는 못한다

14 타조는 땅에 알을 낳아

흙으로 알들을 따뜻하게 한다

15 그런데 야생동물들의 발에

그 알이 짓밟혀 깨어질 것까지는 생각하지 못한다

16 그 알들을 마치 자기 새끼가 아닌 것처럼 막 대하며

애써 낳은 것이 수포로 돌아갈 걱정을 전혀 하지 않는다

17 그것은 내가 타조에게

그러한 지혜와 분별력을 허락하지 않았기 때문이다

18 반면에 타조는 높이 뛰쳐나가면서

기마와 기병을 보고 비웃는다

19 말에게 힘을 부여한 자가 너냐

네가 그의 목에 휘날리는 갈기를 입혔느냐

이다. 타조는 황새처럼 날지 못한다는 의미이다. 개역한글은 하씨다(חֲסִידָה)를 헤쎄드(חֶסֶד)와 같은 단어로 보고 "인자"로 번역했다. 이 단어는 황새(stork)를 뜻한다. 개역개정에서는 "인자"를 "학"으로 개정했다.

15절 (밟힐 것을) 생각하지 아니하고: 원문은 '잊어버리다'로 되어 있다.

16절 그 새끼에게 모질게 대함이: "모질게 대함"의 어원적인 의미는 '딱딱한, 단단한, 굳은'이다. 이 본문을 제외하고 사 63:17에서 한 번 더 사용되는데, "마음을 완고하게 하사"라고 번역되었다.

18절 말과 그 위에 탄 자: 기마와 기병을 뜻한다. 이 문맥에서는 야생동물과 대비되는 인간 세계의 영역 안에 있는 것들을 지칭한다.

19절 흩날리는 갈기를: 성경에 한 번 쓰였다(*hapax*). 어원은 '천둥'과 관련된 것으로 여겨지는데, 정확한 의미를 알지 못한다. "갈기"는 문맥에 따른 의역이다.

20 그것을 마치 메뚜기처럼 뛰어다니게 만든 것이 너냐
말에게 무서울 정도로 엄청난 콧소리를 준 것이 너냐
21 말은 힘차게 소리치며 계곡으로 돌진하여
적들의 무기를 향해 달려간다
22 두려움 따위는 아랑곳하지 않고 우왕좌왕하지도 않으며
칼 앞에서 도망치지도 않는다
23 바로 그 앞에서 화살촉이 날아다니고
창과 단검이 불꽃을 일으켜도
24 말은 세차게 땅을 박차고 나가며
적들의 나팔소리에도 멈추지 않는다
25 나팔소리가 들리면 말은 히잉 소리를 내며
멀리서 장군들의 외침과 전쟁의 함성을 감지한다
26 매가 날개를 펴고 남쪽으로 날아가는 것이
너의 지혜 덕분이냐
27 독수리가 높은 곳에 둥지를 만드는 것이
네가 명령했기 때문이냐
28 독수리는 산꼭대기에 거하며
험준한 계곡이나 산마루 끝에 집을 짓는다
29 거기에서 먹이를 찾는데

20절 위엄스러운: '공포, 두려움'을 의미하는 에이마(אֵימָה)를 번역한 것이다.

22절 두려움을 모르고: 직역하면 '그것은 두려움을 비웃는다'이다. 사하끄(שׂחק)는 비웃음과 조롱을 의미하는 단어이다. 7절의 "(들나귀는) 비웃나니"에서 동일한 단어가 쓰였다.

그의 눈은 멀리서도 볼 수 있기 때문이다
30 어린 독수리들도 피 흘리는 것을 먹으니
사체가 있는 곳에 독수리가 있다

욥기 38장 39절-39장 30절 해설

배경 이해

규범적 지혜는 이분법적 세계관을 가지고 있다. 지혜와 무지, 선과 악, 옳고 그름 등. 그중 하나가 정결과 부정의 이분법이다. 정결한 것은 좋은 것이고 부정한 것은 나쁜 것이라는 가치가 매겨진다. 39장에서 언급되는 모든 동물들은 다 부정한 짐승들이다. 까마귀도 부정한 짐승이고(레 11:15; 신 14:14), 사체를 먹는 매와 독수리는 말할 것도 없다. 그런데 그렇다면 이 동물들이 '나쁜' 동물들인가? 반성적 지혜가 던지는 질문이다. 노아의 방주에 정결한 짐승과 부정한 짐승이 모두 탔다. 왜 '좋은' 짐승들만 골라서 태우지 않았나? '나쁜' 짐승들은 다 없애면 좋지 않았을까? 전혀 이런 개념이 아니다. 단지 제사를 드리기에 적합한(appropriate) 짐승이냐 그렇지 않느냐가 정결과 부정을 나누는 차이일 뿐이다. 하나님께 제사를 드리기에 적합하지 않은(inappropriate) 짐승일지라도 나쁜 짐승이거나 더러운 짐승이거나 없어져야 할 존재는 아니다.

본문 이해

한바탕 시간 여행과 우주 여행을 시켜 주신 후 하나님은 우리를 사파리로 초대하신다. 이제부터 퀴즈 탐험 신비의 세계다. 언급되는 동물들이 이집트나 메소포타미아 등 고대 근동 지역에서 어떤 위치와 의미를 가졌는지 연구해 보는 것도 우리가 알지 못했던 욥기의 의미를 새롭게 이해하는 데 도움이 될 수 있을 것이다. 그러나 앞 장에서 기후현상과 별자리에 관한 지식을 알려 주는 것이 목적이 아니었듯, 이번에도 야생동물들의 습성에 대한 정보를 제공하는 것이 목적이 아니다. 욥기 39장으로 생태학 공부를 하는 사람은 없을 것이다. 굳이 태초로 시간 여행을 하지 않아도, 굳이 저 높은 하늘로 올라가지 않아도, 이 지상에도 얼마든지 인간이 알지 못하는 세계가 있다는 것을 알려 주는 것이 이 장의 목적이다. 인간의 경험과 지식이 지극히 한정적이라는 사실이 다시 한번 강조된다.

38장 39-41절 암사자와 까마귀 하나님이 언급하시는 첫 번째 야생동물은 사자다(38:39-40). 사자의 먹거리를 염려하시거나 먹이 주는 법을 알려 주시려는 것이 아니다. 배고픈 야생의 사자가 굴이나 풀숲에 엎드려 사냥감을 노리고 있는 와중에 그 근처에 가서 먹이를 놔주고 올 수 있는 담력이 있는 사람이 대체 얼마나 될까? 자신의 목숨을 걸지 않으면 안 되는 상황이다. 그다음 동물은 까마귀다(41절). 까마귀와 사자의 관계 문제, 까마귀가 시체를 먹는 부정한 짐승이라는 것, 노아의 홍수 사건 때나 엘리야에게 먹이를 준 사건 등은 이 문맥과는 아무런 상관이 없다. 하나님이 까마귀를 언급하시는 이유는 이런 새들조차 먹이시는 분이 하나님이심을 강조하기 위해서다. 인간의 생활 영역 안에서 인간의 보호를 받아야만 동물의 생명이 유지되는 것이 아니다.

39장 1-4절 산 염소와 암사슴 이번에는 산 염소와 암사슴이다. 그냥 염소라면 가축의 일종으로 인간의 영역 안에 있겠지만 '산 염소'는 인간의 보호를 필요로 하지 않는다. 아마도 산 염소의 임신 기간은 가축 염소의 임신 기간과 그리 큰 차이가 나지 않을 것이다. 정말 산 염소와 암사슴의 임신 기간이 궁금하거나 그 기간을 알려주고 싶은 것이 아니다. 요즘 시대에는 간단한 검색만으로도 쉽게 알 수 있다. 그들의 출산의 고통이 얼마나 극심한가도 관심거리가 아니다. 가장 중요한 단어는 "빈 들"이다(39:4). 사람이 살지 않는 공간에서 산 염소와 암사슴의 새끼들은 성장한다. 새끼들은 불과 몇 달 되지 않아 어미 곁을 떠나 독립적으로 살아간다. 어미의 도움도 필요 없다. 인간이 먹이고 입히지 않아도 그들은 잘만 살아간다.

39장 5-12절 들나귀와 들소 나귀와 소는 가축의 일종이다. 들나귀와 들소는 가축이 아닌 야생동물을 말한다. 여기서도 핵심단어는 "들"이다. 인간이 길들이는 동물이 아니라는 점이 중요하다. 5절의 "누가 들나귀를 놓아 자유롭게 하였느냐 누가 빠른 나귀의 매인 것을 풀었느냐"는 수사의문문이다. 야생 나귀는 원래부터 자유로웠다. 태어나면서부터 누구에게도 매인 적이 없다. 하나님께서 원래부터 그들에게 건조한 사막(עֲרָבָה아라바)과 “소금 땅”을 거처로 주셨다(6절). 사막과 소금 땅도 “빈 들”과 마찬가지로 사람이 생존할 수 없는 공간이다.

여기서 두 공간이 대비된다. “성읍”과 “나귀 치는 사람”은 인간의 생활 영역을 표상한다. 여기서 나귀는 가축이다. 가축을 치는 사람이 자신의 나귀에게 일을 시키는 것은 야생 나귀에게는 아무런 영향을 끼치지 않는다(7절). 야생 나귀는 사람들이 어떻게 살아가든 상관없이 목초지를 찾아 이 산 저 산을 두루 다니며 자신의 먹거리를 스스로 찾는다. 사람이 주는 사료 따위는 필요 없다.

9-10절의 “외양간”과 “이랑”, “써레”는 인간의 생활 공간 내부를 뜻한다. 들소는 이 영역 바깥에 존재한다. 야생 소가 농사일을 거들지는 않는다. 아무리 야생 소가 힘이 좋다고 해도 사람이 그것에게 일을 시킬 수는 없다(11절). 들소가 논밭의 추수를 도울 리 만무하다(12절).

39장 13-25절 타조와 말 타조는 ‘지혜 없는’ 동물로 그려진다. 날지도 못한다(13절). 어디 나무 위나 덤불 속에 둥지를 만들어 자기 알을 보호하지도 않는다. 그냥 땅바닥에 알을 낳고 흙으로 덮어 둘 뿐이다(14절). 누가 지나가다 알을 발로 밟을까 걱정할 만도 한데, 타조는 신경도 쓰지 않는다(15절). 자신이 낳은 알을 마치 자기 새끼가 아닌 양 막 대한다. 애써서 낳은 것이 수포로 돌아갈 걱정도 전혀 하지 않는다(16절). 왜냐하면 하나님께서 타조에게 그런 '지혜'와 '명철'을 주시지 않았기 때문이다. 여기서 지혜(חָכְמָה 호크마)와 명철(בִּינָה 비나)은 규범적 지혜에서 가장 중요한 단어이다. 지혜와 명철이 없으면 죽는다. 멸망으로 가는 지름길이다. 그래서 친구들과 엘리후가 그렇게 욥에게 지혜 타령을 한 것이다(4:21, 11:6, 15:8, 20:3, 32:7, 13, 33:33, 34:16). 그런데 지혜와 명철이 없어서 타조가 멸종했나? 그런 것 없어도 타조는 잘만 살아간다. 말을 타고 전쟁에 나가 살아남으려면 지혜와 명철이 필수다. 그런데 타조는 기마와 기병을 보고 비웃을 뿐이다(39:18). 저게 뭐하는 짓거리들인가 싶을 것이다. 사람들이 그 귀한 지혜와 명철로 전쟁이나 벌이는 것이 타조에게는 미련하게 보일 뿐이다.

18-25절에서 언급되는 말은 경우가 좀 다르다. 야생 말이 아니라 군대에서 쓰는 기마인 것 같다. 그러니까 인간의 생활 영역 내부에 존재하는 동물이다. 여기서의 비교 대상은 말과 인간(군인들)이다. 적들이 맞서고 있는 상황에(21절) 칼과 화살과 창과 투창이 빗발치면(22-23절) 군인들은 무서워 걸음을 멈추고 도망갈 수도 있다. 그러나 말은 그렇게 하지 않는다. 두려움을 모르고 겁을 모른다(22절). 적들의 나팔소리에도 멈추지 않고 세차게 땅을 박차고 나간다(24절). 22절의 두려움/공포(פַּחַד 파하드)는 욥과 친구들 사이의 대화에서 자주 언급되는 중요한 주제였다(3:25, 4:14, 13:11, 15:21, 21:9, 22:10, 23:15, 25:2, 31:23). 그러나 타조와 말은 두려움이 없다(39:16, 22). 이것이 인간과 다른 점이다.

사람이 사는 공간 안에서는 지혜와 명철(규범적 지혜)이 필요할 것이다. 그러나 그것이 필요 없는 공간도 이 창조세계 안에는 존재한다. 두려움과 공포가 인간의 행동에 가장 많은 영향을 주는 요소 중 하나일 것이다. 공포에 질려 죽을 수도 있고 두려움을 느껴 오히려 목숨을 구할 수도 있다. 그러나 인간이 느끼는 두려움과 공포가 없이도 잘 살아가는 피조물들도 있다. 인간에게 중요한 것이 다른 존재에게도 똑같이 중요한 것은 아니다.

39장 26-30절 매와 독수리 매와 독수리가 어느 방향으로 날아갈지 어디에 둥지를 칠지를 결정하는 데 인간의 "지혜"가 필요한가(26절)? 인간이 일일이 지시했기 때문에 독수리가 저 높은 곳에 둥지를 만든 것일까(27절)? 왜 그렇게 멍청하게 그 불편한 곳에 자리를 잡는가? 사람의 눈엔 혹시 그렇게 보일지 몰라도 독수리는 상관 안 한다. 피를 철철 흘리는 사체를 먹는 것은 부정하기 이를 데 없는 일이다. 그러나 인간의 정결과 부정의 이분법은 독수리들에게는 전혀 무관한 일이다(30절). 하나님의 창조세계 안에는 인간이 목숨을 걸 만큼 중요한 것들이 아무런 의미를 가지지 못하는 세계도 존재한다.

욥기 40장

하나님의 말씀이 후반부에 이르렀다. 욥과 하나님 사이에 짧지만 매우 흥미로운 대화가 있은 후, 베헤못에 관한 묘사가 길게 이어진다. 욥과의 대화가 지금보다 더 길고 선명하게 논지를 전개하거나 지금까지의 논쟁들을 정리했으면 좋았을 것이다. 그러나 욥기의 하나님은 인간이 당하는 고난의 문제보다 베헤못에 더 관심을 보이시는 듯하다. 왜 그럴까? 베헤못이 대체 무엇이 중요하다는 것일까?

A. 1-5절	하나님의 질문과 욥의 답변
B. 6-14절	하나님의 두 번째 언설
C. 15-24절	베헤못에 대하여

더바이블 욥기 40장

1 하나님께서 욥에게 말씀하셨다.

2 전능하신 분과 논쟁하여 그를 바꿀 수 있겠느냐

하나님을 가르치려는 자가 있으면 여기에 답을 해 보거라

3 욥이 하나님께 대답했다.

4 저는 정말 아무것도 아닌 사람입니다

제가 당신께 무엇을 돌려드릴 수 있나요

저는 단지 손으로 입을 막을 뿐입니다

5 저는 이미 말했으니 더 말할 필요가 없습니다

같은 말을 또 반복할 필요는 없습니다

6 하나님은 폭풍 속에서 욥에게 대답하셨다.

개역개정과의 비교

2절 트집 잡는 자가: 어근 리브(ריב)는 '말다툼하다, 논쟁하다'라는 의미이다. 재판을 요청하거나 법정에서 시시비비를 가리는 의미로 흔하게 쓰인다. 마소라 본문의 로브(רֹב)는 부정사 절대형이다. "트집 잡는 자"라는 번역은 이 단어를 분사로 수정한 해석이다.

2절 전능자와 다투겠느냐: 잇쏘르(יִסּוֹר)는 이 형태로 성경에 이 구절에서만 등장한다. 어근 야싸르(יסר)는 지혜 장르에서 '가르치다, 훈계하다'라는 의미로 쓰인다.

2절 하나님을 탓하는 자는: 어근 야카흐(יכח)는 리브(ריב)와 유사하게 '(말로) 논쟁하다'라는 의미이다.

4절 나는 비천하오니: 어근 깔랄(קלל)은 '가볍다, 하찮다'는 의미이다. 크신 하나님에 비해 인간의 보잘것없음을 표현한다.

4절 손으로 내 입을 가릴 뿐이로소이다: 직역하면 '나는 내 손을 내 입에 둔다'이다. 침묵을 의미하는 표현이다.

7 사나이라면 옷을 추켜세우고 한판 붙을 준비를 해라
자 이제 내가 질문을 던질 테니 내게 답을 알려 줘라
8 나의 판단이 틀릴 수 있는가
정말 내가 틀리면 네가 옳게 되는가
9 아니면 너에게 신과 같은 팔이 있는가
너는 신처럼 천둥 같은 소리를 낼 수 있는가
10 위엄과 존귀를 입어 보아라
영광과 명예로 옷을 입어 보아라
11 너의 흘러넘치는 분노를 발산해 보아라
잘난 척하는 자를 보거든 코를 납작하게 해 주어라
12 거드름 피우는 놈을 보거든 밟아 주어라
나쁜 놈들을 짓밟아 주어라
13 그놈들을 싸잡아서 진창에 처박아 보아라
그놈들의 얼굴을 지하에 가둬 두어라
14 그러면 너의 오른손이 너를 구원할 수 있다고
나조차도 너를 높이 평가해 주겠다

7절 허리를 묶고: 38:3 도움말 참조.

8절 부인하려느냐: 어근 파라르(פרר)는 '깨다, 부수다, 나누다'라는 의미이다.

13절 진토에 묻고: 어근 따만(טמן)은 '숨다, 숨기다'라는 의미이다. 상반절을 직역하면 '그들을 함께 진흙에 숨겨라'가 된다.

14절 내가 인정하리라: 야다(ידה)의 히필형은 '찬양하다, 감사를 드리다, 높이 평가하다'라는 의미이다.

15 자 저기에 소처럼 풀을 먹고 있는 베헤못(브헤이모트)이 있다
내가 너뿐 아니라 저것도 창조했다
16 저 힘이 넘치는 허리를 보아라
저 튼튼한 배의 근육 좀 보렴
17 꼬리는 마치 백향목처럼 달려 있고
허벅지의 힘줄은 서로 단단히 얽혀 있다
18 뼈들은 구리관 같고
갈비뼈는 쇠막대기 같다
19 이것이야말로 내가 만든 것 중 최고다
오직 그것을 창조하신 분만 그것의 이빨에 접근할 수 있다

15절 베헤못: 베헤못은 동물/가축을 의미하는 브헤이마(בְּהֵמָה)의 복수형 명사이다. 그러나 이 문맥에서는 단수로 취급되며 고유명사처럼 쓰인다. 참고로, 하마는 고대 이스라엘 지역에는 없었지만 이집트에는 있었다. 고대 이스라엘인들에게는 악어와 하마는 이국적이면서 신비한 동물로 여겨졌다.

17절 (백향목이) 흔들리는 것 같고: 어근 하파쯔(חפץ)가 '매달리다, 달려 있다'라는 의미로 사용된 것은 이 구절이 유일하다. '구부리다, 흔들리다("꼬리 치는")' 등의 의미는 문맥상으로 추론한 의역이다.

19절 자기의 칼을 가져오기를 바라노라: "칼"이라는 의미의 헤레브(חֶרֶב)가 실제적인 칼인지 아니면 하마의 이빨을 은유적으로 표현한 것인지 명확하지 않다. 문장의 구조도 선명하지 않다. 한 가지 해석은 '창조주만이 그것에 가까이 다가가 칼로 죽일 수 있다'는 것이다. 이 해석은 신이 거대한 짐승과 싸워 이긴다는 신화적인 배경을 가지고 있다. 개역개정은 "자기의 칼을 가져오기를 바라노라"로 번역했는데, 사역형 동사 약게이쉬(יַגֵּשׁ)에 맞춘 번역이다. 단, 이 경우에는 두 번의 인칭 어미가 서로 다른 것을 지칭하게 된다: '그것(하마)을 창조하신 분이 그(창조주)의 칼을 가져오게 한다.' 하마가 하나님의 칼을 운반한다는 생각도 낯설다. 참고로, 칠십인역(LXX)은 '천사들이 가지고 놀기 위해 창조된 것이다'로 번역했다.

20 온갖 야생동물이 뛰노는 산들은
그것에게 음식을 가져다 바친다
21 그것은 연꽃잎 아래나 갈대밭 그늘진 곳이나 늪 속에
자리를 펴고 눕는다
22 연꽃잎이 그늘로 그것을 덮어 주며
시냇가의 버드나무가 그것의 몸을 둘러싼다
23 강물이 덮쳐도 그것은 결코 놀라지 않으며
요단강이 넘쳐도 꿈쩍도 하지 않는다
24 그것이 눈을 뜨고 있을 때 과연 그것을 잡을 수 있을까
갈고리로 그것의 코를 꿸 수 있을까

욥기 40장 해설

배경 이해

하마는 고대 이집트인들에게 큰 위협이 되는 존재였다. 하마가 무리를 지어 농사를 망치는 경우가 많아서 농민들에게 하마는 부정적인 이미지였다. 그래서 이집트 초기 왕조들의 기록에 파라오는 늪지대로 사냥을 나가서 하마를 남쪽(상이집트)으로 몰아내곤 했었다. 하마는 후에 '혼돈'(chaos)과 연결되었고, 이집트 파라오들이 하마를 사냥하는 것은 곧 악을 무찌르는 것으로 인식되었다. 하마가 신성화된 여신 타웨레트(Taweret)는 '위대한 (여)자'라는 뜻으로 '지평선의 여

인', '물을 옮기는 자' 등의 별명으로 불렸다.

본문 이해

1-5절 하나님의 질문과 욥의 답변 이번에도 하나님께서 "욥에게" 말씀하신다. 다시 한번 강조하지만, 누구에게 말을 하느냐가 중요한 것이 아니라 그 말의 내용이 무엇인지가 중요하다: '전능하신 분과 논쟁하여 그를 바꿀 수 있겠느냐 하나님을 가르치려는 자가 있으면 여기에 답을 해 보거라'(2절: 이 번역에 대해서는 보론 참조). 과연 누가 하나님과 논쟁하여 그분의 생각을 바꿀 수 있을까? 욥이 감히 그런 생각을 했을까?

욥은 바로 대답한다: '저는 정말 아무것도 아닌 사람입니다. 제가 당신께 무엇을 돌려드릴 수 있나요? 저는 단지 손으로 입을 막을 따름입니다(4절). 저는 이미 말했으니 더는 말할 필요가 없습니다(5절).' 하나님 앞에서 겸손한 신앙인의 모습을 잘 보여 주고 있다. 그러면서도 지금까지의 자신의 말이 잘못되었으니 수정하거나 철회할 필요가 있다고 말하지 않는다. 겸손하지만 동시에 당당하다.

6-14절 하나님의 두 번째 언설 다시 하나님께서 강하고 거센 바람("폭풍우")으로부터 욥에게 말씀하신다: '나의 판단이 틀릴 수 있는가? 정말 내가 틀리면 네가 옳게 되는가? 아니면 너에게 하나님과 같은 팔이 있나? 너는 하나님처럼 천둥소리를 낼 수 있느냐? 그렇다면 위엄과 높음을 입어 보아라. 영광과 명예로 옷을 입어 보아라'(8-10절).

이 구절의 표현들은 '할 수 있다면 하나님이 되어 보라'는 의미이다. 불가능한 일이다. 욥만이 아니라 어느 인간도 그렇게 될 수 없다.

하나님은 계속해서 하나님이라면 할 수 있는 것들에 대해 열거하신다: '잘난 척하는 자나 거드름 피우는 자의 코를 납작하게 밟아 주라고, 교만하고 나쁜 놈들을 싸잡아서 흙에 처박아 보라고'(11-13절). 가능하기만 하면 아마 세상 어느 누구도 이런 능력을 갖고 싶을 것이다. 만약 욥이 이럴 수 있었다면 세 친구와 엘리후를 가만히 두지 않았을 터이다. 욥은 하나님이 아니기에 상처를 후벼 파는 그들의 언어 폭력을 당할 수밖에 없었다. 하늘 위를 날거나 지평선 너머의 세계를 넘나드는 능력, 혹은 삶과 죽음의 세계를 왔다 갔다 할 수 있는 능력에 비한다면, 교만하고 악한 사람들을 혼내 주는 정도는 그리 대단한 능력이 아닐 것이다. 그러나 인간은 그 정도조차 마음대로 하지 못하는 존재이다. 11-14절은 하나님이 욥에게 자신의 능력을 과시하시려는 장면이 아니다. 겨우 인간 하나에게 자신의 힘을 과시하는 신이란 그리 대단해 보이지 않는다. 이 구절은 욥만이 아니라 우리 인간이 자신을 괴롭히는 나쁜 사람에게마저도 마음대로 폭력을 행사할 수조차 없는 별 볼 일 없는 존재라는 사실을 각인시키는 데 목적이 있다.

15-24절 베헤못에 대하여 이제 하나님은 주제를 베헤못과 리워야단으로 옮기셔서 당신의 최후 진술을 마치신다. 베헤못은 하마를 상상하면 된다. 개역한글은 "하마"로 번역했으나 개정하면서 히브

리어를 그대로 음역했다. 베헤못은 소처럼 생겼고 채식을 한다(15절). 힘이 넘치는 허리와 튼튼한 복근을 가지고 있다(16절). 꼬리가 마치 백향목처럼 튼실히 달려 있고 허벅지의 힘줄은 서로 단단히 얽혀 있다(17절). 엄청난 통뼈라서 골격들이 마치 구리관 같고 갈비뼈는 쇠막대기 같다(18절). 베헤못을 묘사하는 표현들에 대해 상세한 설명은 생략하겠다. 베헤못이 어떤 존재인지를 설명하는 것 자체가 중요한 것은 아니다. 하나님의 말씀 중에 중요한 부분을 보자면 다음과 같다.

1) **"내가 너를 지은 것같이 그것도 지었느니라"(15절)**: 베헤못이 어떤 존재이든 간에 하나님의 피조물이라는 사실이 강조되고 있다. 고대 이스라엘 사람들의 관점에서, 당대의 사람들이 상상할 수 있는 최고로 엄청난 존재이지만, 하나님의 창조물이고 하나님의 주권하에 있는 존재이다. 즉, 하나님은 이 대단한 베헤못보다 훨씬 위대하신 분이다.

2) **"그것은 하나님이 만드신 것 중에 으뜸이라"(19절)**: 우선 이 구절은 하나님께서 창조하신 피조물 중에 으뜸이 인간이 아니라는 사실을 강조한다. 지금까지 하나님의 말씀은 인간 존재의 한계와 인식의 한계에 대한 것이었다. 인간이 그리 대단한 존재가 아니라는 것을 말씀하셨고, 9-14절에서 사람이 하고 싶어도 할 수 없는 것들에 대해 이야기하셨다. 베헤못이라는 피조물의 존재는 인간의 보잘것없음을 다시 한번 확인시켜 주는 역할을 한다. 하나님과 인간 사이에 베헤못이라는 존재를 위치시킴으로써 하나님과 인간 사이의

거리를 넓히려는 것이 목적이다. 반성적 지혜의 중요한 주제 중 하나이다. 인간은 베헤못이 눈을 뜨고 있을 때 갈고리로 그것의 코를 꿰어 포획하지도 못한다(24절). 인간은 딱 그 정도의 존재일 뿐이다. 물론 21세기에 하마 한 마리를 사냥하는 것은 그리 어려운 일이 아닐 것이다. 하지만 이렇게 발전한 시대에도 건방진 인간들의 콧대를 꺾는 일은 여전히 어렵다.

보론: 욥기 40:2의 개역개정 번역의 문제점

"트집 잡는 자가 전능자와 다투겠느냐 하나님을 탓하는 자는 대답할지니라"(2절)라는 번역은 1) 하나님을 부당하게 트집 잡고 원망하는("탓하는") 욥의 모습을 표현하고, 2) 그런 욥의 잘못을 하나님이 꾸짖는 장면으로 이해하게 만든다. 전체적인 이해가 완전히 잘못된 것은 아니지만, 번역자의 어휘 선택이 지나치게 부정적이라는 점에서 문제가 있다.

1) "트집 잡는 자"로 번역된 단어 리브(ריב)는 '말다툼하다, 논쟁하다'라는 의미로서, 재판을 요청하거나 법정에서 시시비비를 가리는 의미로 흔하게 쓰인다. 욥기 안에서는 개역개정의 번역으로 변론(9:3, 10:2, 13:6, 8, 19), 다툼(23:6), 송사(29:16), 쟁론(31:13), 고발(31:35), 논쟁(33:13)으로 번역하고 있다. 이 번역들은 이 단어가 법정적 용어라는 것을 잘 보여 준다. '트집 잡다'라고 번역한 적은 없다.

2) "탓하는 자"로 번역된 단어의 어근 야카흐(יכח)가 욥기의 다른 곳에서 번역된 것을 보면, 징계(5:17, 33:19), 책망(6:25, 13:10, 22:4),

꾸짖음(6:26), 판결자(9:33), 변론(13:3, 15:3, 23:7), 아룀(13:15), 중재(16:21), 증언(19:5) 등이다. 이 역시 법정적 용어로서, 소송 당사자들 사이에 옳고 그름을 가리기 위해 변론하거나, 아니면 그 사이를 중재하거나 혹은 판결하는 것을 의미한다. 부당하게 남을 탓하는 경우를 표현하는 단어가 아니다.

3) '다투다'로 번역한 잇쏘르(יִסּוֹר)는 이 형태로는 성경 전체에서 이곳에 단 한 번 쓰이지만, 어근 야싸르(יסר)는 지혜 장르에서 흔하게 쓰이는 단어로서, 가장 흔한 번역은 "훈계"이다. 욥기에는 4:3에서 한 번 사용되는데 "훈계"로 번역했다(개역한글은 "교훈"). 생각이나 행동을 바르게 바꾸는 것을 뜻한다.

'트집'과 '다툼', '탓함'이라는 번역어의 선택이 완전히 불가능한 것은 아니지만 이 단어들이 번역된 다른 경우들과 비교하면 극단적으로 부정적인 어휘를 선택했다는 것을 알 수 있다.

새로 제안하고 싶은 번역은 다음과 같다: '전능하신 분과 논쟁하여 그를 바꿀 수 있겠느냐 하나님을 가르치려는 자가 있으면 여기에 답을 해 보거라.'

문법적인 설명을 덧붙이자면, 1) 로브(רֹב)는 부정사 절대형이지 분사가 아니다. "트집 잡는 자"가 아니라 '전능하신 분과 논쟁하는 것'을 의미한다. 2) 이 문장에는 2인칭으로 지칭하는 표현이 전혀 등장하지 않는다. '너'라고 번역될 만한 단어가 이 문장에서 쓰이지 않았다. "(하나님을) 탓하는 자"로 번역된 모키아흐(מוֹכִיחַ)는 정관사가 없이 사용되었다. 어떤 특정한 사람을 지칭하지 않는다.

욥기 41장

1-2장의 천상 회의를 살짝이라도 언급했으면 세 친구와 엘리후는 창피해서 고개를 들지 못했을 것이다. 그런데 사실 욥기의 하나님은 왜 욥이 고난을 당한 것인지 설명하실 필요가 없다. 우리 독자는 이미 다 알고 있기 때문이다. 욥기는 욥기 안의 등장인물들을 설득시키고 납득시키려는 데 목적을 두지 않는다. 욥기는 현대소설이 아니다. 욥기는 지혜서이다. 욥기의 인물들이 아니라 욥기의 독자들에게 '지혜'를 알려 주는 책이다. '무죄한 자의 고난'이라는 주제를 통해 인간의 한계와 인간이 알고 있는 패턴(규범)의 한계를 지적하려는 것이다. 마지막 하나님의 말씀은 정확히 이 목적에 부합한다.

A. 1-8절	리워야단의 존재와 인간의 한계
B. 9-12절	하나님의 위대하심
C. 13-34절	리워야단에 대한 묘사

더바이블 욥기 41장

1 너는 낚시로 리워야단(레비아탄)을 낚을 수 있겠느냐
밧줄로 혀를 못 움직이게 묶을 수 있겠느냐
2 너는 그것의 코에 줄을 맬 수 있겠느냐
갈고리로 그 턱을 꿸 수 있겠느냐
3 그것이 너에게 살려 달라고 애원하겠느냐
그것이 너에게 비굴하게 말하겠느냐
4 그것이 너와 계약을 맺겠느냐
너는 그것을 영원히 종으로 삼을 수 있겠느냐
5 너는 새에게 장난치듯 그것을 놀릴 수 있겠느냐
너는 그것을 붙잡아서 여자애들에게 보여 줄 수 있겠느냐
6 어부들이 그것을 내다 팔 수 있을까
상인들이 그것을 나눠 가질 수 있을까
7 너는 창으로 그것의 가죽을 꿰뚫을 수 있겠느냐

1절 그 혀를 맬 수 있겠느냐: 어근 샤까아(שׁקע)는 '가라앉게 하다'는 의미로서, 이 문맥에서는 '묶다'로 이해하는 것이 적절해 보인다.

3절 간청하겠느냐: 타하눈님(תַּחֲנוּנִים)은 '은혜, 자비'와 '불쌍히 여김'을 뜻하는 어근 하난(חנן)에서 파생된 추상명사이다.

3절 부드럽게 네게 말하겠느냐: 형용사 라크(רַךְ)는 '얇다, 약하다'는 의미이다.

6절 장사꾼들이: 합바림(חַבָּרִים)은 한 번 나오는 단어(*hapax*)이다. 어원적으로는 '협동하다'라는 의미를 가지는데, 어부들을 지칭하는 것으로 여겨진다.

6절 상인들이: 문자적으로는 '가나안 사람들'이다. 가나안 지역민들이 상인이나 무역상의 의미로 사용된 구절로는 잠 31:24이 있다.

작살로 그 머리를 찌를 수 있겠느냐
8 너의 손바닥으로 그것을 만져 볼 수 있겠느냐
어떤 전쟁이 일어날지 상상해 보면
다시는 엄두를 내지 못할 것이다
9 그런 희망은 헛된 것이다
그것의 모습을 보기만 해도 고꾸라질 테니
10 그것을 건드릴 수 있을 만큼 용감한 사람이 없는데
누가 감히 내 앞에 당당히 설 수 있겠느냐
11 내 앞에 맞서 있는데 내가 가만히 살려 둘 자가 있겠느냐
하늘 아래 모든 것이 다 내 것이다
12 나는 그것의 각 부분에 대해 말하지 않을 수 없다
얼마나 힘이 대단한지 얼마나 멋진 몸을 가지고 있는지 말이다
13 누가 그것의 가죽을 벗길 수 있겠느냐

10절 아무도 그것을 격동시킬 만큼 담대하지 못하거든: 이 문장은 다른 해석도 가능하다: '그것은 매우 용맹해서 누구도 그것을 격동시킬 수 없다.' 새번역은 이 해석을 따랐다: "그것이 흥분하면 얼마나 난폭하겠느냐?"

10절 감히 대항할 수 있겠느냐: 어근 야짜브(יצב)의 히트파엘형은 주로 군사적 문맥에서 사용되는 단어로서, '주둔하다, 보초를 서다, 도열하다' 등의 의미로 쓰인다.

11절 누가 먼저 내게 주고: 어근 까담(קדם)은 장소적으로 '앞'을 가리킨다. 여기서는 '앞에 서다'라는 의미로 10절의 '내 앞에 주둔하다'라는 말과 평행어이다. 개역개정은 이 단어를 공간적이 아니라 시간적으로 "먼저"라고 해석했다.

13절 겹재갈: 다양한 해석이 존재한다: 이중 비늘, 이중 갑옷(즉, 피부), 이중 털(즉, 입). '이중 턱'이라는 해석은 14절의 '얼굴의 문들'과 평행하여 둘 다 악어의 입을 표현한다.

누가 그것의 입속으로 들어갈 수 있겠느냐
14 누가 그 입을 열겠느냐
그것의 이빨은 근처에 갈 수도 없을 만큼 무섭다
15 단단히 박혀 있는 방패 같은 등 비늘은 얼마나 멋진가
16 서로서로 한데 붙어 바람도 그 사이로 비집고 들어갈 수 없다
17 서로 착 달라붙어 단단히 얽혀 나뉠 수 없다
18 그것이 입을 벌리는 것은 마치 해가 떠오르는 것 같고
그것이 눈을 치켜 뜨는 것은 마치 새벽이 걷히는 것 같다
19 그 입에서는 횃불이 발산되고 불똥이 튀어나온다
20 콧구멍에선 마치 숲이 타듯이
연기가 피어오른다
21 그것이 숨을 내쉬면 입에서 불꽃이 나와
숯불을 피울 수 있다
22 엄청난 힘이 그의 목에 깃들어 있어서
그 앞에 서기만 해도 두려움이 엄습한다
23 근육들은 서로 단단히 뭉쳐서
마치 주물에 부어 만든 듯 흔들림이 없다
24 그의 심장도 돌처럼 단단한데
맷돌의 하단부같이 단단하다

14절 그의 둥근 이틀은 심히 두렵구나: 직역하면 '공포가 그의 이빨 주위에 있다'이다.

22절 절망만 감돌 뿐이구나: 직역하면 '공포가 그의 얼굴 앞에서 춤을 춘다'이다.

25 그것이 몸을 일으키면 천사들마저 두려워한다
그것이 이빨로 물어뜯으면 혼비백산하고 만다
26 칼로 그것을 내리쳐 봤자 아무 소용 없고
창이나 표창이나 작살도 마찬가지다
27 그것은 단단한 철을 지푸라기쯤으로 여기며
구리를 썩은 나무 정도로 취급한다
28 화살을 쏘아 봤자 도망갈 줄 아느냐
돌팔매를 던져도 그것에게 가면 바람에 나는 겨가 된다
29 몽둥이도 지푸라기에 불과하고
창이 날아와도 비웃기만 한다
30 뱃가죽은 마치 날카로운 토기 조각 같아서
그것이 지나가면 타작기가 할퀴고 간 땅바닥처럼 자국이 남는다
31 그것은 깊은 물도 가마솥처럼 끓게 만들고
바다도 기름 끓듯이 만들 수 있다
32 지나가는 뒤로 물보라가 퍼져 나가
마치 바다가 백발이 된 듯하다
33 그것은 두려움을 모르도록 창조되었기 때문에
지상에서 그것을 다스릴 자는 아무도 없다
34 그것은 제아무리 높은 자라도 내려다보고
제아무리 대단한 자라도 왕처럼 그 위에 군림한다

욥기 41장 해설

배경 이해

리워야단은 악어를 상상하면 된다. 개역한글판은 "악어"라고 번역한 것을 개역개정판에서 히브리어를 음역하여 "리워야단"으로 바꿨다. 베헤못과 리워야단을 상상할 때 동물원에 가면 볼 수 있는 하마와 악어를 떠올리면 안 된다. 평생 한 번도 하마와 악어를 사진이나 영상으로라도 본 적이 없는 사람이 난생 처음 하마와 악어를 직접 눈으로 접했 때를 상상하길 바란다. 그것도 안전한 우리 안에 갖혀 있는 상태가 아니라, 아마존 늪지대나 아프리카 밀림을 홀로 헤매다가 갑자기 하마나 악어를 마주쳤다고 상상해 보라. 그때의 놀라움과 공포의 감정으로 40장과 41장을 읽어야 한다.

본문 이해

1-8절 리워야단과 인간의 한계 리워야단을 왜 소재로 사용했는지 그 이유를 분명히 알 수 있는 질문들로 시작한다: 너는 낚시로 리워야단(악어)을 낚을 수 있겠느냐? 밧줄로 그 혀를 움직이지 못하게 묶을 수 있겠느냐(1절)? 그 코에 줄을 꿰고 갈고리로 턱을 꿸 수 있고(2절) 창과 작살로 그것을 찌를 수 있겠느냐(7절)? 그러면 그것이 네게 한 번만 살려 달라고 비굴하게 애걸하겠느냐(3절)? 너는 그것과 노예 계약을 맺을 수 있겠느냐(4절)? 그걸 가지고 노는 모습을 여자애들한테 자랑삼아 보여 줄 수 있겠느냐(5절)? 과연 어부나 상

인들이 그것을 잡아다 시장에 내다 팔 수 있을까(6절)? 손으로 그것을 한 번 건드릴 때 어떤 사달이 날지 상상해 본다면 감히 만질 엄두를 못 낼 것이다(8절).

이 질문들의 구조와 핵심 내용은 동일하다. 모두 인간과 리워야단을 대비하는 것이며, 그 대비의 목적은 리워야단 앞에서 인간이 무력하다는 것을 선명히 드러내기 위함이다. 그리고 인간의 보잘것없음에 대한 진술은 자연스레 하나님의 위대하심이라는 주제로 이어진다.

9-12절 하나님의 위대하심 리워야단을 슬쩍 만질 용기도 없는 인간이 하나님께 감히 견줄 수는 없다(11절 상반절). 하늘 아래 모든 것이 다 하나님의 것이다(11절 하반절). 그 엄청난 베헤못도 자신의 피조물에 불과하다고 말하신 하나님이 이제 리워야단도 "내 것"이라고 천명하신다. 다시 한번, 인간과 하나님 사이에 리워야단을 가져다 놓는다. 중간에 낀 베헤못과 리워야단으로 인해 하나님과 인간 사이는 더욱 벌어진다. 하나님의 위대하심과 인간의 보잘것없음을 극명하게 보여 주는 반성적 지혜이다.

이 리워야단을 1-2장의 사탄과 연결하여 악의 기원을 설명하려는 해석에 동의하기 어렵다. 구약위경인 『에녹서』의 해석일 수는 있어도 리워야단에 대한 성경의 이해는 아니다. 성경은 리워야단을 하나님의 피조물로서 하나님의 주권하에 있는 것으로, 심지어 하나님은 그것을 사람들에게 먹거리로 주실 수도 있다고 설명한다(시

74:14, 104:26; 사 27:1). 하나님의 크심과 인간의 작음을 표현하기 위한 보조출연자에 불과하다. 베헤못과 리워야단의 역할은 그 이상도 그 이하도 아니다.

13-34절 리워야단에 대한 묘사 이어지는 리워야단에 대한 묘사는 주둥이와 이빨, 등껍질 같은 외양에 대한 것과(욥 41:14-17) 큰 입을 쩍 벌리는 모습, 입과 코에서 불과 연기가 발산되는 모습 등이다(18-21절). 두꺼운 목과 튼튼한 근육, 단단한 껍질로 인해 각종 무기로 아무리 공격을 받아도 조금의 피해도 입지 않는다(22-29절). 반면에 인간에게는 이런 무기들이 치명적이다. 인간과 리워야단의 비교를 통해 말하고자 하는 바는 결국 인간은 그리 대단한 존재가 아니라는 단순한 사실이다: '이 땅에서 그것을 다스릴 수 있는 사람은 아무도 없다(33절). 제아무리 잘나고 대단한 인간이라도 리워야단은 그보다 위에 있다(34절).'

* * *

41장 전체를 리워야단에 대한 설명으로 채운 하나님의 언설은 여기서 끝난다. 하나님이 창조하신 세계 속에는 인간이 경험할 수 없고 이해할 수 없는 수많은 영역들이 존재한다는 것, 그리고 인간보다 뛰어난 피조물이 있다는 사실이 길게 설명된다. 하나님의 말씀이 무슨 의미인지 제대로 이해하려면, 그것이 무엇을 말하고 있는 가만큼이나 무엇을 말하지 않고 있는가를 살피는 것도 중요하다. 38-41장에 걸쳐 적지 않은 분량의 말씀 속에 전혀 언급되지 않은 것이 하나 있다. 바로 권선징악, 인과응보에 해당될 만한 발언이 전혀 나타나지 않는다는 것이다. 욥과 친구들 사이에서 가장 문제가 되는 바로 그 '뿌린 대로 거둔다'라는 주제에 대해 하나님이 침묵하고 있다는 것이 하나님의 언설을 이해하는 핵심이다. 아래 보론은 하나님의 말씀을 욥과 세 친구, 그리고 엘리후의 발언과 비교한 것이다. 이 비교를 통해 욥기의 하나님이 누구의 편을 들고 계시는지 분명해질 것이다.

보론: 하나님의 발언 비교(송민원, 『지혜란 무엇인가』, 157-158)

하나님의 말씀을 욥과 친구들, 엘리후의 발언과 간략히 비교하자면 크게 세 가지 주제로 나눠 살펴보아야 한다.

1) 신의 절대주권: '모든 것은 내가 했다'

2) 신의 절대 선(인과응보): '뿌린 대로 거둔다'

3) 인간의 한계성: 인간의 지혜로는 하나님을 온전히 이해할 수 없다

욥의 세 친구는 1)번과 2)번을 강조한다. 그들 역시 하나님을 다 이해할 수 없다는 3)번의 말을 어느 정도 하고 있음에도 하나님의 뜻을 이해하는 것이 (경험과 환상 등을 통해) 가능하다고 주장한다. 특히 인과응보의 원리대로 하나님이 움직이시기 때문에 신의 운행은 인

간의 예측이 가능한 영역에 속하게 된다. 만약 하나님의 운행이 인식 불가능하고 예측 불가능하다면 어느 누구도 규범적 지혜를 가질 수 없을 것이다. 콩을 심으면 콩이 나와야 한다.

엘리후는 규범적 지혜와 반성적 지혜 모두를 주장한다. 즉, 상호모순임에도 불구하고 1)번, 2)번, 3)번을 모두 주장하고 있는 셈이다. 반면에 하나님은 1)번과 3)번을 말씀하시면서 2)번에 대해서는 전혀 언급이 없다. 일견 비슷해 보이는 엘리후와 하나님의 발언의 차이점이 바로 여기에 있다.

인과응보의 원리에 하나님을 가두는 것은 하나님의 절대주권을 약화시키는 것이다. 동시에 하나님의 창조세계를 어느 하나의 원리로 설명하고자 하는 것은 하나님의 신비(니플라오트)를 퇴색시키는 것이다. 즉, 2)번은 1)번과 3)번 둘 다와 충돌한다. 1)번과 3)번을 극단으로 몰고 가면, 2)번에 대해서는 침묵할 수밖에 없게 된다.

그런데 욥기의 독자는 하나님처럼 1)번과 3)번을 주장해 온 한 사람을 알고 있다. 바로 욥이다. 욥은 친구들과 논쟁을 시작하기 이전부터 줄곧 정확히 이 이야기를 해 왔다: '하나님은 절대주권자이기 때문에 마음대로 주기도 하고 거두기도 하신다'; '하나님이 무언가를 주고 거둘 때 인간이 파악할 수 있는 어떤 고정된 원리에 따라 움직이지 않으시므로, 나는 왜 내게 고난이 임했는지 이유를 모른다.' 하나님의 발언은 욥의 주장과 근본적으로 일치한다. 40:5의 "내가 한 번 말하였사온즉 다시는 더 대답하지 아니하겠나이다"라는 욥의 말은 하나님의 '꾸짖음' 앞에 '겸손하게 된' 욥의 태도를 나타낸다고 해석할 수도 있지만, 하나님의 질문에 욥이 이미 정확히 대답했음을 표현하는 말로 이해될 수도 있다. 욥을 윽박지르고 꾸짖는 듯한 '말투'에 현혹되지 않는다면, 욥의 주장과 하나님의 말씀이 동일하다는 사실이 보인다.

욥기 42장

욥의 가족 이야기로부터 하늘에서 벌어지는 하나님과 사탄의 내기, 끔찍한 재앙들, 그리고 친구들과 욥 사이의 긴 논쟁과 마침내 등장하신 하나님에 이르기까지 그 수많은 사건과 말들의 향연이 이제 대단원의 막을 내린다. 욥의 마지막 발언은 거의 모든 구절이 다양한 해석을 가능하게 할 정도로 어렵다. 어쩌면 욥기를 읽는 독자가 자신의 상황에 맞게 이해할 수 있도록 욥기 스스로가 다양한 해석이 가능하도록 의도한 것은 아닐까? 각자가 자신만의 욥기를 가질 수 있다는 것은 축복이다.

A. 1-6절 욥의 마지막 신앙 고백
B. 7-9절 세 친구에 대한 하나님의 평가
C. 10-17절 욥의 나중

더바이블 욥기 42장

1 욥이 하나님께 대답했다.

2 당신께서 모든 것을 하실 수 있으며
당신이 계획하시는 것이라면
누구도 그것을 막을 수 없다는 것을
저는 잘 알고 있습니다

3 알지도 못하면서 지혜를 어둡게 한 자가 대체 누구입니까
그래서 저는 이해할 수 없다고
저의 능력을 벗어난 놀라운 일들을 알 수 없다고 말한 것입니다

4 제가 말씀드릴 테니 제발 귀를 기울여 달라고
제가 질문을 드릴 테니 제발 알려 달라고 말씀드렸었습니다

5 저는 당신을 귀로 들어왔습니다만

개역개정과의 비교

3절 무지한 말로 이치를 가리는 자가: "무지한 말로"의 원문은 '지식 없이'이다. "이치"는 2절의 "계획"과 동일한 의미의 에이짜(עֵצָה)로서, 하나님의 의지와 계획을 뜻한다. "가리는 자"는 어근 알람(עלם)의 히필형으로, '숨기다', '안 보이게 가리다', '깨닫지 못하게 하다'라는 의미로 쓰인다(레 20:4; 삼상 12:3; 왕하 4:27; 잠 28:27 등).

4절 내가 말하겠사오니: 4절을 욥의 말로 해석하기도 하고 하나님의 말씀으로 해석하기도 한다. 하나님의 말씀으로 해석하는 근거는 4절 하반절('내가 너에게 묻겠다, 너는 내게 알려 줘라')이 하나님의 말씀에서 두 번 동일하게 나타나기 때문이다(38:3, 40:7). 그러나 상반절과 동일한 표현이 하나님의 말씀 중에는 없다. 오히려 하나님을 향하여 '나의 말을 들어 달라'는 요청은 욥에게서 나타난다(13:3, 22).

이제 제 눈으로 당신을 봅니다

6 저는 이 흙먼지와 잿더미 위에서 멸시를 당해 왔습니다만

이제 위로를 받습니다

7 하나님은 욥에게 말씀하신 후에 데만 사람 엘리바스에게 말씀하셨
다.

"나는 너와 너의 두 친구에게 매우 화가 났다.

왜냐하면 너희는 나에 대해 나의 종 욥이 그런 것처럼

사실을 말하지 않았기 때문이다.

8 이제 너희는 수소 일곱 마리와 숫양 일곱 마리를 가져와서

나의 종 욥에게 가야 한다.

그리고 너희는 너희 자신을 위해서 번제를 드려야 한다.

만약 나의 종 욥이 너희를 위하여 기도하면 내가 그의 편을 들어
서 너희의 무지함을 되갚아 주지 않을 것이다.

6절 스스로 거두어들이고: 동사 마아쓰(מאס)는 타동사로서 '거절하다, 거부하다'와 '경멸하다, 모욕을 주다'라는 의미로 사용된다. 성경의 다른 구절에서 단 한 번도 '의견을 철회하다'와 같은 의미로 사용된 적이 없다. 욥기 안에서는 '싫어하다, 멸시하다, 조롱하다'의 의미로 쓰인다(7:16, 8:20, 9:21, 10:3, 19:18, 30:1, 31:13, 34:33).

6절 회개하나이다: 어근 나함(נחם)은 '생각이나 마음이 바뀌다'라는 의미로서, 주로 '회개, 후회, 한탄'이나 '위로'로 번역된다. 욥기에서 동사형으로 총 일곱 번 사용되는데(2:11, 7:13, 16:2, 21:34, 29:25, 42:6, 42:11), 이 구절을 제외하고 모두 "위로"의 의미로 번역되었다.

7절 옳지 못함이니라: 네코나(נְכוֹנָה)는 토대와 근거가 튼튼하고 확실한 '사실'이나 '진실'을 가리킨다.

비록 너희가 나에 대해 나의 종 욥처럼
사실을 말하지 않았더라도 말이다."

9 데만 사람 엘리바스와 수아 사람 빌닷과 나아마 사람 소발은
욥에게 가서 하나님께서 그들에게 말씀하신 그대로 행했다.
하나님은 욥의 편을 들어 주셨다.

10 욥이 친구들을 위해 기도했을 때 하나님은 욥의 묶임을 풀어 주셨다.
하나님은 욥의 모든 재산을 두 배가 되게 하셨다.

11 욥의 모든 형제와 자매와 그를 아는 모든 이들이 그를 보러 왔다.
그들은 그의 집에서 그와 함께 먹었다.
그들은 하나님께서 그에게 보내신 모든 재앙에 대해
그에게 슬픔을 표하며 그를 위로했다.
각 사람이 욥에게 은화 하나와 금고리 하나씩을 주었다.

12 하나님은 욥의 이전보다 그의 나중에 더 복을 주셨다.
그에게는 일만 사천 마리의 양과 염소, 육천 마리의 낙타와 천 마리
의 소, 천 마리의 암나귀가 생겼다.

13 그에게 일곱 명의 아들과 세 명의 딸이 있었다.

9절 욥을 기쁘게 받으셨더라: '편애'(favoritism)나 '누구를 편들다'라는 의미의 '얼굴을 들다'라는 숙어가 사용되었다. '하나님께서 욥의 편을 드셨다'로 해석할 수 있다.

10절 욥의 곤경을 돌이키시고: 쉐부트(שְׁבוּת)는 (바빌론 포로와 같은) '포로 됨'을 뜻하는 단어이다(신 30:3 참조). '상황을 원상태로 되돌리다'라는 의미로 습 3:20에 사용되었다.

11절 케쉬타 하나씩: 께시따(קְשִׂיטָה)는 은(돈)의 단위인데, 어느 정도의 양(무게)인지는 알려진 바 없다(창 33:19; 수 24:32).

14 그는 첫째 딸의 이름을 여미마(예미마)라 불렀고, 둘째 딸은 긋시야(께
찌야), 셋째 딸은 게렌합북(께렌-합푸크)이라 불렀다.
15 지상 어느 곳에도 욥의 딸들보다 더 아름다운 여자는 없었다.
욥은 아들들과 마찬가지로 딸들에게도 유산을 물려주었다.
16 이후에 욥은 백사십 년을 살았다. 그는 네 세대의 후손을 보았다.
17 욥은 하나님께서 주신 수명을 다 살고 죽었다.

욥기 42장 해설

배경 이해

욥이 자신의 교만을 회개했거나 어떤 잘못된 생각에서 벗어나 새로운 깨달음에 이르렀다는 해석은 다음의 질문에 답을 해야 한다: 1) 욥이 잘못한 것이 무엇이며 욥이 모르고 있다가 새롭게 깨달은 것이 무엇인가(욥의 죄나 무지가 무엇이라고 성경에 '명시'되어 있는가)? 2) 죄나 무지 때문에 욥에게 고난이 찾아왔다면 그것은 욥의 고난이 '까닭 있는' 고난이라는 주장인데, 그렇다면 욥의 친구들의 말이 결국 옳았다는 얘기인가? 3) 그런데 왜 하나님은 욥의 친구들이 틀렸고 무지하다고 말씀하시는가? 4) 순종하던 욥이 극심한 고난으로

14절 여미마, 긋시아, 게렌합북: 욥의 세 딸의 이름의 의미는 순서대로, '비둘기', '카시아(cassia) 계피(귀한 향료 중 하나)', '화장품을 담는 뿔로 만든 통'을 의미한다고 알려져 있다.

인해 도전하고 반항하는 교만한 욥으로 변했다면, 그것은 하나님을 욕할 것이라던 사탄의 말이 옳았다는 것을 입증한다. 그렇다면 하나님과 사탄 사이의 내기의 승자는 사탄이지 않은가? 5) 에스겔은 가장 의로운 사람의 예로서 욥을 들고(겔 14:14, 20), 야고보서는 욥을 (회개의 화신이 아니라) '인내의 화신'으로 평가한다(약 5:11). 그렇다면 에스겔과 야고보는 욥기를 오독하고 욥을 잘못 판단하고 있는 것인가?

본문 이해

1-6절 욥의 마지막 신앙 고백 욥의 마지막 발언은 아주 다양한 방식으로 해석되어 왔다. 각 구절마다 여러 다른 해석들이 도출될 수 있다. 특히 42:6의 니함티(נִחַמְתִּי)를 '회개'(= 깨달음)로 볼 것이냐, 아니면 '위로'로 볼 것이냐에 따라 이 구절뿐 아니라 욥기 전체를 바라보는 해석이 크게 달라진다. 각 절마다 어떤 해석들이 가능한지 살펴보겠다.

2절: 내용 자체는 하나님의 절대주권에 관한 것이다. 해석의 문제는 욥이 하나님은 모든 것을 할 수 있는 분이라는 사실을 이전에는 몰랐다가 '새로이' 깨달았느냐 하는 점에 있다. 새번역은 "이제 저는 알았습니다", "저는 깨달았습니다"라는 말을 첨가하면서, 욥이 이전에는 몰랐던 사실을 새롭게 알게 되었다는 것을 강조해서 번역한다. 그러나 하나님은 특정한 원리에 매여 계신 분이 아니고 그분의 뜻대로 행하시는 분이라는 것은 그 누구보다 욥이 강조해

온 바이다. 욥기 1-2장의 "주신 이도 여호와시요 거두신 이도 여호와시오니"와 "복을 받았은즉 화도 받지 아니하겠느냐"라는 욥의 신앙 고백은 바로 2절에서 말하는 하나님의 절대주권에 관한 것이다. 하나님께서 모든 것을 다스리시고 모든 것을 그분의 뜻대로 행하신다는 욥의 인식은 욥의 첫 발언부터 마지막 발언까지 조금의 변화도 없다.

3절: 이 구절은 38:2의 하나님의 말씀("무지한 말로 생각을 어둡게 하는 자가 누구냐")과 거의 일치한다는 점에서 하나님의 질문을 욥이 인용하는 장면으로 이해될 수 있다. 많은 번역이 새번역처럼 "바로 저입니다"라는 대답을 첨가한다. 그러나 하늘에서 벌어진 일들(천상 회의)을 모른 채로 하나님의 뜻과 계획, 그분이 정하신 창조의 원리에 대해서 설명한 사람은 욥이 아니라 욥의 친구들이었다. 3절 하반절을 개역개정처럼 번역하면 욥이 자신의 한계를 넘어선 말들을 했다는 뜻이 되는데, 욥이 언제 그런 말을 했는가? 1장부터 31장까지의 욥의 발언 중에 욥이 인간의 한계를 뛰어넘어 모든 것을 다 알고 있는 것처럼 말한 적이 있던가? 3절은 다시 번역할 필요가 있다: '그래서 저는 이해할 수 없다고 말했습니다. 제 이해를 넘어서는 (당신의) 놀라운 일들(נִפְלָאוֹת 니플라오트)을 저는 모릅니다.'

4절: 4절은 이것이 욥의 말인지 하나님의 말씀인지에 대해서만 해석의 논란이 있다. 욥의 말로 이해하는 것이 5절과 더 잘 연결된다. 혹은, 상반절은 욥에게, 하반절은 하나님에게 할당하는 해석도 가능하다.

5절: 우선 상반절과 하반절이 서로 반의적으로 연결되었는지 아니면 동의적으로 연결되었는지가 해석의 관건이다. 하반절이 베앗타(וְעַתָּה)로 시작하면서('그러나 이제'), 상반절은 하나님을 대면하기 이전의 욥의 이해를 가리킨다는 해석에 힘을 싣는다. 이때 '귀로 들은 하나님'이라는 표현이 욥이 '원래 가지고 있던 (잘못된) 하나님 이해'라는 해석이 지배적이다. 그러나 이 경우에도 욥이 '원래 가지고 있던 하나님 이해'가 대체 무엇인지에 대한 설명이 필요하다. 욥은 처음부터 절대주권자로서의 하나님과 피조물로서의 인간의 한계에 대해 충분한 이해를 가지고 있었다. 지금까지 욥의 귀에다 대고 하나님의 운행 원리를 설명한 사람들은 바로 욥의 친구들이다. 따라서, 만약 욥에게 폐기해야 할 하나님 이해가 있다면 그것은 친구들에게서 '귀로 들은' 하나님 이해이다.

그러나 세 가지 점에서 상반절과 하반절을 동의적으로 연결하는 것도 가능하다: 1) 평행법은 상반절의 부족한 부분을 하반절에서 더욱 보강하여 설명할 수도 있다는 점, 그리고 2) 욥이 하나님을 직접 뵌 것뿐 아니라 하나님의 음성을 직접 들은 것도 이번이 처음이라는 점, 3) 상반절에 하나님에 '대해서' 들었다고 해석할 만한 전치사가 없다는 점. 하반절이 '당신을 보다'인 것처럼 상반절도 '당신을 듣다'이다. 즉, 상반절과 하반절을 합쳐, 그리고 4절을 연결하여 '(내게 알려 달라고 했는데) 이제 당신의 음성을 나의 귀로 직접 듣게 되었고 나의 눈으로 당신을 보게 되었습니다'라는 해석도 충분히 가능하다. 구약 히브리어의 표현에서 '하나님의 음성을 듣는 것'

과 '하나님을 보는 것'은 의미의 차이가 그리 크지 않다.

6절: "스스로 거두어들이고"라는 다소 애매한 번역은 새번역에서 "제 주장을 거두어들이고"로 목적어가 분명해진다. 그러나 마찬가지로, 거두어들일 욥의 주장이 무엇인지 설명해야 할 필요가 생긴다. 또한 마아쓰(מאס)는 '주장을 철회하다'라는 의미로는 사용된 적이 없다. 이 동사는 욥기에서 '싫어하다, 멸시하다'라는 의미로 쓰인다(욥 7:16, 8:20, 9:21, 10:3, 19:18, 30:1, 31:13, 34:33, 36:5). 가능한 해석은 니팔형으로 이해해서 '나는 멸시/조롱을 당했습니다'로 해석하는 것이다.

"회개하나이다"로 번역된 니함티(נִחַמְתִּי)는 '나는 위로를 받습니다'로도 해석이 가능하다. 어근 나함(נחם)은 '생각이나 마음이 바뀌다'라는 기본적인 의미를 가진다. 마음 상태가 좋았다가 나빠지면 '회개, 후회, 한탄' 등으로 번역되고, 마음이 안 좋았다가 다시 좋아지는 상황에서는 '위로'로 번역된다. 어근 나함의 니팔형은 '회개'라는 의미이고, 피엘형은 '위로'라는 의미를 지닌다는 선입견이 학계에 널리 퍼져 있는데, 이것은 잘못된 것이다. 창세기 24:67("이삭이 … 위로를 얻었더라")과 38:12("유다가 위로를 받은 후에")의 경우에 니팔형의 나함이 '위로'의 의미로 쓰였다. 니팔형과 피엘형의 차이는, '회개'냐 '위로'냐가 아니라, 주어의 마음이 바뀐 것인지(자동사-니팔형), 아니면 상대방의 마음을 바꾼 것인지(타동사-피엘형)에 달려 있을 뿐이다.

어근 나함은 욥기에서 동사로 총 일곱 번 사용되는데, 개역개정은 42:6을 제외한 나머지를 모두 “위로”로 번역했다(욥 2:11, 7:13, 16:2, 21:34, 29:25, 42:11). 따라서 42:6에서만 “회개”로 번역해야 할 특별한 이유는 없어 보인다.

* * *

욥이 자신의 교만을 회개했거나 혹은 무지로부터 어떤 깨달음을 얻었을 것이라는 선입견을 버리고 2-6절을 다시 번역하면 다음과 같다.

> 2 당신이 모든 것을 하실 수 있으며 당신의 뜻이라면
> 그 누구도 막을 수 없다는 것을 저는 잘 알고 있습니다.
> 3 알지도 못하면서 당신의 뜻에 대해 함부로 이야기한 사람이 대체 누구입니까? 그래서 저는 말했던 것입니다, 저는 모른다고요.
> 인간의 이해 능력을 벗어나는 당신의 놀라운 일들은
> 저로서는 알 수 없는 것이라고 저는 줄곧 말해 왔습니다.
> 4 ‘제발 제가 하는 말을 잘 들어 주세요.
> 제가 여쭐 테니 제게 알려 주세요’(라고 간절히 원했습니다).
> 5 그동안 친구들이 저의 귀에 대고 하나님에 대해 그토록 떠들어 댔는데 이제 저의 눈으로 당신을 뵙게 되는군요(혹은, 이제 저의 귀로 당신의 음성을 듣고 저의 눈으로 당신을 만나 뵙게 되는군요).
> 6 저는 그동안 이 진흙 더미와 잿더미 위에서 멸시와 조롱을 당해

왔습니다만 이제 (당신으로 인해) 위로를 얻습니다.

7-9절 세 친구에 대한 하나님의 평가 "여호와께서 욥에게 이 말씀을 하신 후에"는 38-41장의 하나님의 언설을 가리킨다. 42:2-6의 욥의 마지막 말에 대한 하나님의 직접적인 반응은 나타나지 않는다('욥의 회개 혹은 깨달음'이 욥기 자체의 핵심이 아니라고 보는 이유 중 하나이다). 하나님은 세 친구에게 '화가 났다'라는 표현과 함께, 그들이 말한 것은 '사실'(נְכוֹנָה 네코나)이 아니라는 점을 지적한다. 특별히 욥을 "내 종"이라고 여러 번 강조하며 지칭하는 것(7절에 한 번, 8절에 세 번)은 친구들과 욥 사이에서 하나님이 욥의 편을 들고 있다는 것을 분명히 한다. 9절의 "여호와께서 욥을 기쁘게 받으셨더라"라는 번역의 원문은 '주님께서 욥의 얼굴을 드셨다'인데, '얼굴을 들다'라는 숙어는 편애(favoritism)를 나타내는 전형적인 표현이다. 9절을 '주님께서는 욥의 편을 드셨다'로 번역해도 무방하다. 욥과 친구들 사이의 지난한 논쟁은 하나님에 의해 욥의 승리로 판명난다. 특별히, 친구들에 대해 "우매"(נְבָלָה 네발라)라는 표현을 사용하는데, 지혜의 관점에서 이 단어는 악과 무지의 영역을 대표하는 단어이다.

10-17절 욥의 나중 하나님은 욥에게 "처음보다 더 복을" 주셨다. 그의 재산은 두 배가 되었다(1:3, 42:12 참조). 자녀들의 숫자가 두 배로 늘지 않은 것은 욥의 자녀들이 죽지 않았다는 주장을 뒷받침한다. 욥기 1:2은 욥에게 열 명의 자녀들이 '태어났다'(וַיִּוָּלְדוּ 바이발레두)라

고 표현하는데, 42:13은 단순히 욥에게 열 명의 자녀가 '있었다'(וַיְהִי 바예히)라고 말한다. 자녀들이 새로 태어났다고 표현하지 않았다.

덧붙여 말하자면, 욥의 아내에 대한 이야기는 무슬림의 경전인 『쿠란』에도 나온다. 여기서 욥의 아내는 성경에서처럼 '하나님을 저주하고 죽으라'라는 과격한 표현을 쓰지는 않는다. 단지 고통을 없애 달라는 청원 기도를 하나님께 올리라고 욥에게 요청한다. 욥은 이 청원마저 하늘의 뜻을 순순히 받아들이는 경건한 신앙인의 태도가 아니라는 이유로 아내에게 어리석은 말을 한다고, 막대기로 백 대를 때려야겠다고 꾸짖는다. 욥이 회복한 이후 그는 연약한 풀 백 개를 모은 다발로 아내를 살짝 한 번 때림으로써 백 대를 때려야겠다는 자신의 말을 이행한다.

* * *

욥이 고난을 당하던 때가 몇 살 때였는지 모르기 때문에 욥이 몇 살에 사망했는지는 알 수 없으나, 고난의 사건 이후로 백사십 년을 더 살았다. "아들과 손자 사 대"라는 표현은 고대근동에서 '장수'를 나타내는 전형적인 표현이다. 또한 "늙어 나이가 차서"라는 표현 역시 하나님께서 주신 수명을 다 살았다는 표현이다.

욥에게 임한 복을 재물과 자녀, 장수로 나타낸 것은 전형적인 규범적 지혜의 언어이다. 그렇다면 욥기의 결말은 다시 규범적 지혜로의 회귀를 의미하는가? 만약 욥이 회개했거나 무언가를 새롭게 깨달아서 다시 회복된 것이라면 그것은 다시 '까닭 있는' 신앙으로의 복귀라 할 수 있다. "만일 하나님을 찾으며 전능하신 이에게 간구하고 또 청결하고 정직하면"(8:5-6) "네 시작은 미약하였으나 네 나중은 심히 창대하리라"라는 빌닷의 말(8:7)이 사실로 입증된 셈이다. 그러나 그렇지 않다. 본문에는 하나님께서 욥에게 왜 복을 주셨는지 그 '까닭'이 나와 있지 않다. 42:10에는 "욥이 그의 친구들을 위하여 기도할 때 여호와께서 욥의 곤경을 돌이키시고"라고 표현되어 있다. 친구들을 위해 기도했기 '때문에' 욥을 회복시키신 것이 아니다. 욥에게 고난을 허락하신 것이 하나님의 주권적 결단에 의한 것이었듯이, 욥을 회복시키신 것 역시 하나님의 주권적 결단이다. 거두시는 분이 하나님이신 것처럼 주시는 분도 하나님이시다. 욥기는 처음부터 끝까지 반성적 지혜의 절대주권 개념과 '까닭 없는' 신앙을 말한다.

나가며:
하나를 둘로 나누면

"욥의 인내"에 대하여: 진공과 진공 견디기

> 보라 인내하는 자를 우리가 복되다 하나니 너희가 욥의 인내를 들었고(약 5:11)

욥은 인내하지 않았다고들 한다. 나를 왜 태어나게 해서 이 고생을 시키는 거냐, 아무 잘못도 없는 나를 왜 이렇게 괴롭히는 거냐며 하나님께 바락바락 대드는 시건방진 욥을 도무지 '인내'라는 개념으로 이해할 수 없다는 얘기다. 나로서는 한편으론, 야고보서의 욥기 이해가 틀렸다는 저 대범한 주장이 놀랍다. 그 '불경스런 망발'이 별 거부감 없이 받아들여지는 것은 더더욱 놀랍다. 또 한편으론, 많이 아파 보지 않아서 저런 말을 하나 보다 하고 생각하게 된다.

묵묵히 고난을 감내하며 아파도 안 아픈 척하는 것이 '인내'라고 알고 있다면, 부디 앞으로도 계속 그렇게 알고 계시길 바란다. 아무리 누르고 억지로 삼켜도 구토처럼 꾸역꾸역 올라오는 아픔을 안 겪어 봤다면 앞으로도 계속 그런 아픔을 안 겪으시길 바란다. 덮어 놓고 모른 척하면 괜찮을 줄 알았는데 십 년 뒤 이십 년 뒤 거북이 등껍질마냥 딱딱해진 피부를 뚫고 터져 나오는 썩은 고름 같은 고통을 경험해 보지 않았다면 앞으로도 계속 그러시길 간절히 바란다. 하지만, 상처받지 않은 척 고통을 참고 의연하게 견디는 자세가 신앙인에게 요구되는 바람직한 태도라고 한다면, 미안하지만 나는 그런 신앙은 정중히 사양하겠다.

* * *

영혼에 빈 자리가 생기는 것을 나는 '진공'(vacuum)이라 부른다. 사랑하는 사람을 잃고, 관계가 깨어지고, 그동안 누려 왔던 삶의 기반이 무너지고, 나를 지탱해 온 믿음이 깨어지고, 오래 품었던 꿈이 사라지고, 지금껏 알고 있던 인생의 정답이 무너지면, 가슴속에 빈 자리가 생긴다. 그 빈 자리가 '진공'인 이유는 그 빈 자리가 있는 채로는 도무지 견딜 수가 없기 때문이다. 그 빈 곳을 빨리 다른 것으로 채우지 않으면 삶을 버텨 낼 수가 없다. 가슴에 뚫린 구멍을 어떻게든 메워야만 한다. 만약 내가 그곳을 채우지 않고 버티고 있으면 주위 사람들이 가만두지 않는다. 욥의 친구들의 심정이 이해가 간다.

빨리 잘못을 인정하면 저 구멍이 메워질 텐데 왜 저렇게 미련하게 버티고 있는지 도무지 이해할 수 없었을 것이다.

내가 욥의 처지였다면 나는 아마 조금 버티다 곧 친구들의 설득에 넘어갔을 것 같다. 까닭 없는 고난, 이해할 수 없고 이해되지 않는 고통이 가장 견디기 괴로운 법이니까. 뭔가 잘못을 했으니 하나님이 이런 징벌을 내린 것이라는 설명보다 더 논리적이고 더 선명하고 더 납득할 수 있는 이유가 또 있을까.

자신의 잘못을 인정하기만 하면 모든 것이 이해된다. 잘못을 인정하는 데 돈이 드는 것도 아니다. 잘못을 인정한다고 지금보다 사정이 더 나빠지지도 않을 듯싶다. 그런데 그렇게 쉬운 것을 욥은 하지 않는다. 그는 버틴다. 지나온 모든 걸음을 되짚어 봐도 내 잘못으로 인해 이런 일이 벌어진 것은 결코 아니라고 항변한다. 욥은 타협하지 않는다. '정답'이 무너진 자리를 친구들의 손쉬운 '오답'으로 대체하지 않는다. 아픈 것을 안 아픈 척하지도 않고 알 수 없는 것을 아는 척하지도 않는다. 영혼의 빈 자리를 진공 상태인 채로 버티고 악착같이 견뎌 낸다. 이것이 '인내'이다.

이러한 '인내'를 나는 '진공 견디기'라고 한다. 마음에 진공이 생기면 그다음에 해야 할 일은 그 진공을 견디고 버티는 일이다. 그 빈 곳을 다른 무언가로 채워 넣고 싶은 욕망과 싸우고, 그 자리를 채워 넣으려는 주위 사람들의 '선한 영향력'을 단호히 거절하며 버티면, 그 자리로 무언가가 찾아온다. 나는 그 무언가를 '나의 하나님'이라고 부른다. 귀로 들은 하나님에 대한 '모범답안'들을 거부할 때 눈앞에 직접 나타나신 '욥의 하나님'이 바로 그것이다.

> 내가 주께 대하여 귀로 듣기만 하였사오나
> 이제는 눈으로 주를 뵈옵나이다(욥 42:5).

지금 하루하루 살을 에는 고통을 겪고 있는 이가 있다면, 그 빈 자리를 다른 것으로 채워 넣지 않고 매 순간을 버티고 살아가는 이가 있다면, 이 욥의 고백이 당신의 고백이 되기를 간절히 기원한다. 인내하는 자가 복이 있다.

성경에 욥기가 있는 이유

삶이 왜 고통스러운지 그 이유를 찾고자 욥기를 읽는다면 무척 당황하게 될 것이다. 욥기를 아무리 읽어도 욥이 왜 고통을 당하는지 그 이유에 대해서는 '하나님과 사탄의 내기' 이외의 별다른 설명이 나오지 않기 때문이다. 물론, 욥의 죄 때문이라는 친구들의 잘못된 설명이 있기는 하다. 욥은 나는 그 이유를 모른다고 처음부터 끝까지 주장하고 있고, 폭풍 가운데서 나타나신 하나님도 그 고난의 이유를 설명하지 않으신다. 단지, 이 창조세계 안에는 인간이 가닿을 수 없고 인간이 도무지 이해할 수 없는 것들이 가득하다는 말씀뿐이다.

사정이 이러한 것은, 우리가 경험하는 삶의 수수께끼(혹은 하나님의 신비)를 해석하고 설명하려는 것이 욥기의 주된 목적이 아니기 때문이다. 욥기는 이해할 수 없는 것을 이해시키려는 책이 아니다. 지혜서로서 욥기의 일차적인 목적은 우리로 하여금 욥의 친구들처럼 되지 말라는 것에 있다. 우리 중 누가 고통 앞에서 욥처럼 '나는 아무 잘못한 것이 없다', '아무리 털어도 먼지 하나 안 날 것이다'라고 하나님 앞에서 당당히 외칠 수 있을까. 욥에게 감정이입을 하고 욥과 나 자신을 동일시하기에는 그가 너무 깨끗하다.

우리는 욥의 위치에 서 있을 때보다 훨씬 많은 경우 욥의 친구들의 자리에 있게 된다. 주위의 누군가 아프거나 힘들거나 외롭거나 괴로울 때, 욥의 친구들이 욥에게 했던 말들이 우리 입에서 나온다. 그 말들은 모두 '좋은' 말들이고, '선한 의도'에서 나오는 것이다. 하나님만 바라봐라(엘리바스, 5:8), 죄를 지으면 벌을 받게 된다(빌닷, 8:4), 열심히 기도하면 하늘의 위로를 받게 될 것이다(빌닷, 8:5-6), 이 또한 지나가리라(소발, 20:5), 우리 모두가 죄인이다(빌닷, 25:4-6), 깨달음과 성장을 위해 이런 시련을 주시는 거야(엘리후, 33:16-17).

이런 말들이 틀렸다거나 절대 해서는 안 된다고 말하는 것이 아니다. 이런 '위로'가 고통 속에 있는 사람을 살리고 힘을 주는 경우가 아무리 많더라도, 상대의 영혼을 처참히 짓밟는 폭력이 될 수도 있다는 것을 반드시 명심하라는 것이다. 아무리 옳은 이야기라도, 아무리 선한 의도에서 나온 말이나 행동이라도 그것이 누군가에게 깊은 상처가 될 수 있다. 선한 의도가 반드시 선한 결과를 보장하는 것은 아니다. 욥기의 첫 번째 목적은 '사랑'이라는 이름으로 행해지는 수많은 폭력들을 고발하는 것이다.

* * *

털어서 먼지 안 나는 사람은 없다는 '규범'은 아마 진리일 것이다. 그러나 동시에, 자신의 잘못이 아님에도 자신을 탓하는 이들을 만나게 된다. 어려움에 처하거나 피해를 당한 사람들을 죄인으로 낙인찍는 견고한 선입견들을 마주하기도 한다. 장애를 가진 아이가 태어나면 부모는 죄인이 된다. 특히 엄마가 그렇다. 성폭력에 노출된 많은 이들이 자신을 탓한다. 가정폭력 피해 여성들은 '자기 십자가를 지라'는 2차 가해를 당한다. 어릴 때 부모에게 버림받고 입양된 사람은 끊임없이 내가 무엇이 부족해서 버림을 받았을까를 고민한다. 자기 잘못은 아닐 거라고 어쩔 수 없는 사정이 있을 거라고 아무리 머릿속에 되뇌어도 자신이 조금만 잘못하면 또 버림을 당할 거라는 불안에서 벗어나기 어렵다. 이런 이들에게 "그건 네 잘못이 아니야"라고 말해 주는 것이 욥기의 또 다른 목적이다. 물론 일반화할 수는 없다. 어려움에 처한 모든 이가 다 무죄한 것도 아닐 테고, 모든 피해자가 자신의 탓을 하는 것도 아닐 것이다. '일반화의 오류' 혹은 '규범의 폭력'에서 벗어나라는 가르침도 욥기가 알려주는 중요한 지혜이다.

욥의 이야기가 굳이 성경에 있어야 하는가? 어떤 부자가 잘 먹고 잘 살다가 잠시 어려움을 겪고 난 후 이전보다 더 큰 부자가 되었다는 이야기가 과연 지금 내가 겪는 이 고통을 충분히 설명해 주고 있는가? 누군가에게는 꿈과 희망이 될 수 있다 하더라도, '회복'을 경험하지 못한 이들을 더욱 좌절시킬 수도 있고, 나와 아무런 상관없는 딴 세상 이야기로 들리기도 한다.

그렇다면 욥기가 성경에 있는 이유는 무엇일까? 욥기가 가지는 중요성과 가치를 묻는 질문은 대답하기 그리 어렵지 않다. 욥기가 없는 성경을 상상해 보면 된다. 고난과 질병에 대해서 답을 주는 것이 잠언밖에 없다고 상상해 보라. 모든 병은 귀신이 들린 것이고 모든 고난은 죄 때문이라는 '정답'만 성경에 기록되어 있다고 가정해 보라. 욥기가 없었다면 나는 목사는커녕 기독교인도 되지 못했을 것이다.

그건 네 잘못이 아니야, 아프면 아프다고 소리쳐도 괜찮아, 도대체 나한테 왜 이러시는 거냐며 하나님께 따지고 대들어도 된다고 말해 주는 욥기가 성경에 있어서 정말 감사하다. 모르는 걸 모른다고 말해도 괜찮다고, 남들이 다 믿는 신앙의 '정답'을 받아들이지 않아도 괜찮다고 말해 주는 욥기의 하나님께 깊은 감사를 드린다. '지혜'라는 하나의 단어를 '규범적 지혜'와 '반성적 지혜'의 두 단어로 나누면, 나 자신의 삶과 주변 사람들의 인생, 내가 경험하는 이 세계와 하나님에 대한 이해가 훨씬 깊어지고 넓어진다. 2차원 평면인 줄 알았던 세계가 3차원의 입체적인 공간이 된다. 신앙이 성장하는 것은 신앙의 어휘를 늘려 가는 것이다.

콩 심은 데 콩이 나기까지

규범적 지혜가 규칙을 말한다면 반성적 지혜는 예외를 말한다. 규범적 지혜가 의로움과 올바름을 이야기한다면 반성적 지혜는 은혜와 신비를 드러낸다. 규범적 지혜가 세상을 질서 있고 조화롭게 창조하신 하나님에 대한 증언이라면, 반성적 지혜는 우리의 예측과 상상을 뛰어넘는 경이로운 하나님에 대한 신앙 고백이다.

주님의 높고 위대하심을 내 영혼이 찬양할 때, 그것은 단순히 내가 예상하고 기대했던 것보다 훨씬 좋은 것을 주시는 하나님께 드리는 감사를 넘어선다. 때로 그분은 내 앞에 넘을 수 없는 산과 벽을 두시고 나를 진창에 처박으신다. 어떻게 그렇게 하실 수 있나 싶을 만큼 정확한 때에 쉴 만한 물가와 푸른 초장으로 인도하시는가 하면, 어떻게 그러실 수 있나 싶을 만큼 사망의 음침한 골짜기로 나를 밀어 넣으신다. 나의 작은 신음에도 응답하시다가도, 그분의 인도하심이 절실할 때 모른 척하며 침묵하시기도 한다.

그분은 태양과 같은 분이시다. 따스한 온기로 나를 감싸시며 내가 살아가는 데 필요한 모든 에너지와 양분을 넉넉하게 공급해 주신다. 매일매일 나는 그분을 피부로 가까이 느낀다. 그분을 볼 수 있냐 없냐가 나의 하루에 지대한 영향을 미친다. 그분의 현존은 나의 순간을 좌우한다. 그러나 동시에 그분은 나로부터 1억 4,960만 킬로미터 떨어져 계시는 분이기도 하다. 시속 4킬로미터의 속도로 쉬지 않고 걸어도 4,269년이 걸리고, 시속 110킬로미터로 정속 주행

해도 155년이 필요하다. 리터당 20킬로미터의 연비 좋은 차라도 748만 리터의 기름이 필요하며, 5천 킬로미터마다 엔진 오일을 갈아야 한다면 대략 3만 번을 교환해야 한다. 태양은 나를 위해 존재하지만 나만을 위해 존재하는 것은 아니며, 내가 태어나기 훨씬 이전부터 존재해 왔고 내가 죽은 후에도 무척 오래도록 계속 빛을 발할 것이다. 태양이 있어서 내가 존재할 수 있지만 내가 이 세상에서 사라진다고 해도 태양은 눈 하나 깜짝하지 않고 내일 또 떠오를 것이다. 규범적 지혜가 전자의 하나님을 설명하고 있다면 반성적 지혜는 후자의 하나님을 묘사한다. 하나님에 대한 어느 설명이 맞고 어느 설명은 틀린 것이 아니다. 둘 다 맞다. 어느 하나만 맞다고 하는 것이 틀렸다. 하나밖에 모르는 사람이 틀렸다.

* * *

콩을 심으면 콩이 난다. 이 당연한 원리는 사실 그렇게 당연하지 않다. 적절한 햇볕이 있어야 하고 적당량의 이른 비와 늦은 비가 적절한 시기에 내려야 한다. 아직 자라지 않은 씨앗을 새들이 먹어서도 안 되며, 충분히 자라지 않은 뿌리를 두더지가 파헤쳐서도 안 된다. 비닐하우스가 아니라면 콩을 심는 시기와 수확하는 시기는 1년 중 아주 잠깐이다. 계절의 변화가 분명해야 하며, 이 계절이 예상대로 변화하려면 지구가 시속 107,000킬로미터 혹은 초속 30킬로미터의 속도로 어김없이 태양 주위를 돌아야 한다. 대기 중의 산소 농도가 21%를 유지하고 있어야 하며, 오존층이 자외선을 적절히 차단해 주어야 한다. 이 중 어느 하나라도 삐끗하면 콩을 심어도 콩이 날 수 없다. 콩을 심었는데 무척 높은 확률로 콩이 난다는 것은 정말 기적 같은 일이다. 이 모든 것이 합력하여 콩 하나를 자라게 하는 것이다.

내가 살아 있는 것도 당연한 것이 아니다. 아내가 가꾸는 정원에서 배운다. 새 꽃을 옮겨 심으면 기존에 있던 꽃들은 새로 이사온 친구를 위해 기꺼이 자리를 양보하며 함께 성장할 수 있도록 흙의 양분을 서로 나눈다. 그렇게 해야 할 이유나 까닭이 있는 것이 아니다. 내가 자라고 내가 더 커져야 하니 너는 없어져야 한다며 얼마든지 새 꽃을 괴롭히고 몰아낼 수 있다. 그러나 그렇게 하지 않는다. 까닭 없이 베푸는 은혜다. 물과 불과 흙과 공기가, 지구와 달과 태양과 별들이 나를 위해 존재하는 것은 아니지만 내가 살아갈 수 있는 모든 조건을 제공해 준다. 그들이 그렇게 해야 할 의무가 없음에도 이 모든 것들이 자신의 존재 방식에 충실함으로써 내가 존재할 수 있다. 내가 지금 이 순간 살아 숨을 쉬는 것은 나 혼자만의 일이 아니다. 정말 기적 같은 일이다. 은혜이고 신비이다.

감사의 말

『더바이블 욥기: 정답이 무너진 자리에서』가 책으로 출간될 수 있었던 것은 2023년 1월부터 8월까지 진행된 욥기 원문 해설 강의 “욥기: 고난과 신비, 인내와 위로”에 참여해 주신 분들 덕분입니다. 이 자리를 빌려, 성경 원문의 세계를 더 가까이 더 깊이 소개하고 안내하려는 더바이블 프로젝트의 비전에 함께해 주시는 동역자분들께 머리 숙여 감사의 마음을 전합니다.

강득현 강주성 김미도 김미쉘 김보광 김사랑 김선용 김성수
김성환 김수근 김영식 김원주 김인철 김주호 김태욱 김태준
김태철 김해란 김혜영 김희찬 노태완 마충렬 박근호 박도준
박상웅 박성엽 박슬기 박영진 박재성 박정서 박준수 박준식
배성덕 배태진 백창원 서상훈 송소연 송원옥 신경수 신승호
신현숙 안준혁 안혜란 유남호 유성근 유성용 유종춘 윤희철
이동열 이선우 이연희 이원국 이윤주 이은혜 이지연 이현진
임석기 임영빈 장영준 장혜영 전옥엽 정기환 정재영 조규현
조용현 주원준 지상천 최경희 최복희 최영일 최의경 최재명
최태운 최형재 표준한 한지은 한창국 허영권 황선우

욥기 원문 해설 강의:
"욥기: 고난과 신비, 인내와 위로"

아래 QR코드 또는 링크를 통해 송민원 교수님의 욥기 원문 해설 강의를 들으실 수 있습니다.

http://bit.ly/4iSzlBU

구약성경

창세기

출애굽기

레위기

민수기

신명기

여호수아

사사기

시편

잠언